Hiltrud Schwetje-Wagner
Andreas Wagner

Wanderführer Astrid Lindgrens Småland – 21 Familienwanderungen in Südschweden

Impressum

Hiltrud Schwetje-Wagner, Andreas Wagner
Reise Know-How Wanderführer Astrid Lindgrens Småland

erschienen im
Reise Know-How Verlag Peter Rump GmbH
Osnabrücker Str. 79, 33649 Bielefeld

1. Auflage 2021

ISBN 978-3-8317-3354-5

Gestaltung
Umschlag: G. Pawlak (Layout), der Verlag (Realisierung)
Inhalt: G. Pawlak (Layout), S. Jakuscheit (Realisierung)
Karten: Dimitrios Gavrides, der Verlag
Fotos: Hiltrud Schwetje-Wagner, Andreas Wagner (haw); Astrid Lindgren Company (al); Thorsten Altheide (ta); Wikimedia Commons (Bild S. 305); Adobe Stock (Autorennachweis jeweils am Bild)
Titelfoto: Hiltrud Schwetje-Wagner, Andreas Wagner (Motiv: Blick auf Åsens By)

Lektorat: S. Jakuscheit

Druck und Bindung: mediaprint solutions GmbH, Paderborn

Printed in Germany

Bibliografische Information der Deutschen Nationalbibliothek
Die Deutsche Nationalbibliothek verzeichnet diese Publikation in der Deutschen Nationalbibliografie; detaillierte bibliografische Daten sind im Internet über http://dnb.dnb.de abrufbar.

Reise Know-How-Bücher finden Sie in allen gut sortierten Buchhandlungen. Falls nicht, kann Ihre Buchhandlung unsere Bücher hier bestellen:
D: Prolit GmbH, prolit.de und alle Barsortimente
CH: AVA Verlagsauslieferung AG, ava.ch
A: Freytag-Berndt und Artaria KG, freytagberndt.com
B, Lux, NL: Willems Adventure, willemsadventure.nl
oder direkt über den Verlag: **www.reise-know-how.de**

Wir freuen uns über Kritik, Kommentare und Verbesserungsvorschläge.
Alle Informationen in diesem Buch sind von den Autoren mit größter Sorgfalt gesammelt und vom Lektorat gewissenhaft bearbeitet und überprüft worden.
Da inhaltliche und sachliche Fehler nicht ausgeschlossen werden können, erklärt der Verlag, dass alle Angaben im Sinne der Produkthaftung ohne Garantie erfolgen und dass Verlag wie Autoren keinerlei Verantwortung und Haftung für inhaltliche und sachliche Fehler übernehmen. Die Nennung von Firmen und ihren Produkten und ihre Reihenfolge sind als Beispiel ohne Wertung gegenüber anderen anzusehen. Qualitäts- und Quantitätsangaben sind rein subjektive Einschätzungen der Autoren und dienen keinesfalls der Bewerbung von Firmen oder Produkten.

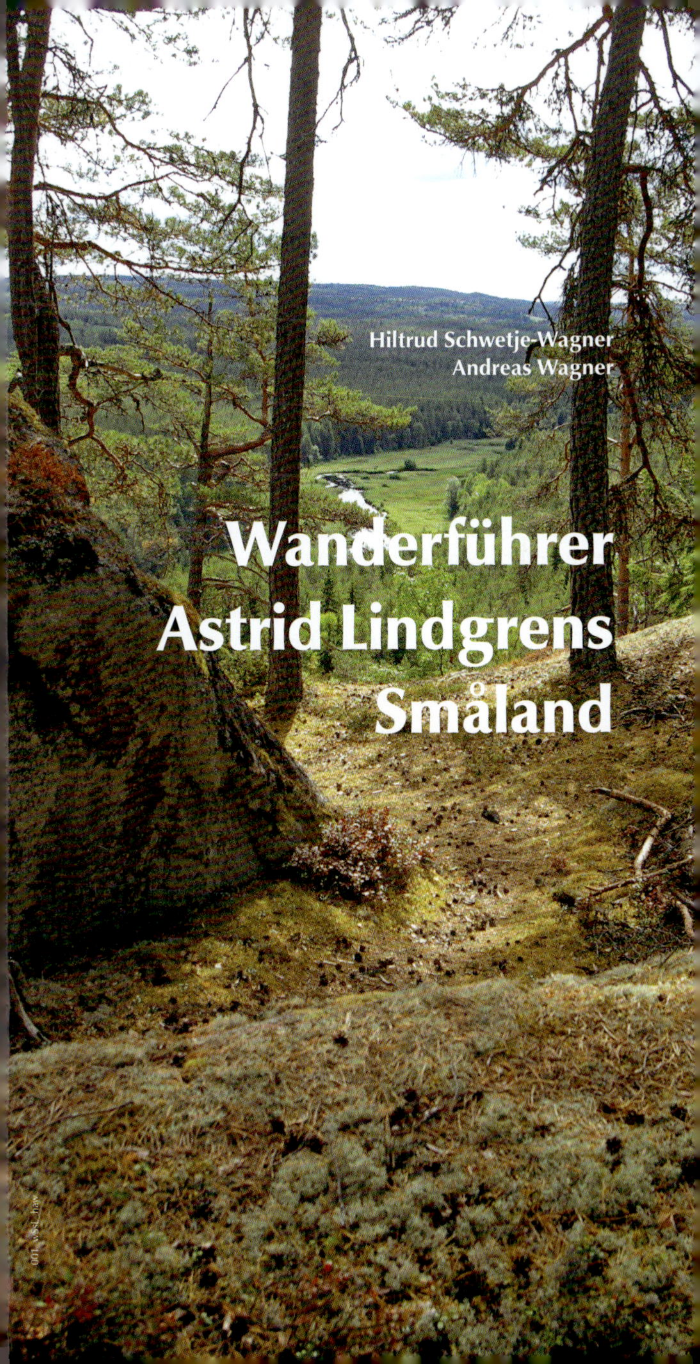

Hiltrud Schwetje-Wagner
Andreas Wagner

Wanderführer Astrid Lindgrens Småland

Vorwort

Märchenhafte Wälder, klare Seen, idyllische Flussläufe und malerische Kulturlandschaft warten in Småland auf den Wanderer. Kein Wunder, dass es jährlich Hunderttausende naturverbundene Urlauber dorthin zieht. Viele kommen aber auch, weil sie seit Jahren begeistert von **Astrid Lindgrens Geschichten** sind und ihre Heimat kennenlernen möchten. Naturverbundenheit und Astrid-Lindgren-Spurensuche lassen sich bei einem Urlaub in **Småland** wunderbar verbinden, beziehungsweise: Das eine bereichert das andere. Die småländische Landschaft ist vielen von uns nahe und vertraut aus ihrem literarischen Werk. Aber wollen wir Astrid Lindgren und ihre Geschichten noch besser verstehen, so müssen wir raus in die småländische Natur.

Verbindet man den Besuch von **Katthult, Bullerbü, Mariannelund** oder **Lönneberga** mit einer Wanderung, kann man tief in die Stimmung der Erzählungen eintauchen. Viele Orte zwischen Mariannelund und Vimmerby haben einen direkten biografischen **Bezug zur Autorin.** Einige sind Filmorte gewesen und andere spiegeln in besonders charakteristischer Weise das Småland ihrer Erzählungen wider.

In einem einzelnen Urlaub ist es nicht immer einfach, diese Orte zu finden. Noch schwieriger wird es, eine passende Wanderung daran anzuschließen. Auf den Karten ist oft nicht ersichtlich, welche Qualität die Wege haben. So sind auch wir schon manchen Pfad gelaufen, der sich als nicht lohnenswert herausgestellt hat. Da wir aber das Glück haben, seit mehr als zehn Jahren immer einige Sommerwochen in unserem Ferienhaus in Krogstorp bei Bullerbü (www.smaland-villa.de) zu verbringen, ist unsere Pfad- und Spurensuche inzwischen auch häufig erfolgreich gewesen. Nun möchten wir anderen Menschen, die nach Småland kommen – vor allem **Familien mit Kindern** – helfen, passende Wanderwege zu finden. Häufig stehen die beschriebenen **Wandertouren** in einem Zusammenhang mit den Michel- und Bullerbü-Geschichten oder der biografischen Schrift „Das entschwundene Land". Aber auch viele andere Geschichten haben Bezüge zu einzelnen Touren, sodass vielleicht Lust aufkommt, die ein oder andere (noch einmal) zu lesen.

Vorderseite: Blick ins Tal des Stångån bei Katthult

Weiterhin ist es unser Anliegen, die **småländische Kulturlandschaft,** die der Rahmen für **Astrids Kindheit** war, anschaulich werden zu lassen. 55 Exkurse zu unterschiedlichsten Themen findet der Leser auf die verschiedenen Touren verteilt. **Kulturhistorischer Hintergrund, småländische Natur** und **Astrid-Lindgren-Geschichten** sind in unserem Buch eng miteinander verflochten und bieten wanderfreudigen Astrid-Lindgren-Fans eine reiche Quelle. Aber sicher wird auch jeder weniger wanderfreudige Leser, der sich für die berühmte Autorin interessiert, viel Lesenswertes darin entdecken können, so wie auch wanderfreudige Smålandbesucher fern von literarischem Interesse in diesem Buch schöne und zuverlässige Wanderwegbeschreibungen finden werden.

Hiltrud Schwetje-Wagner
Andreas Wagner

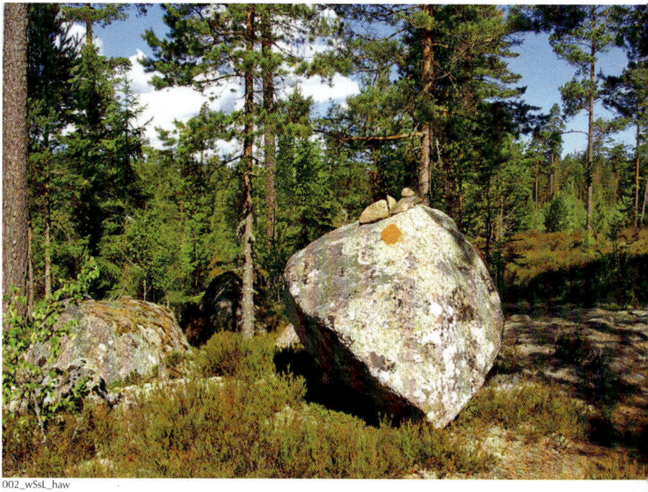

002_wSsL_haw

Unterwegs auf dem Sevedeleden

Inhalt

Wandertouren in Småland 112

Anhang 324

Exkurse

Hinweise zur Benutzung

Für alle im Buch vorgestellten Wanderungen stehen auf www.reise-know-how.de GPS-Tracks im Formaten gpx zum kostenlosen Download bereit. Sie finden die Daten auf der Produktseite dieses Titels.

Die im Wanderführer beschriebenen Wanderungen sind zur Darstellung der jeweils benötigten Kondition durch drei verschiedene Farben gekennzeichnet.

grün = leicht **orange = mittel** **rot = schwer**

Höhenmeter (Auf-/Abstieg): Mit dem Begriff „Höhenmeter" meinen wir in diesem Buch die Summe aller zu bewältigenden Höhendifferenzen vom Start der Wanderung bis zu ihrem Endpunkt. Wir geben diese Angabe in Metern und getrennt nach Auf- und Abstieg an.

Gehzeit: Bei der Gehzeit in diesem Wanderführer handelt es sich um die reine Gehzeit, also ohne Pausen. Außerdem wird von einer mittleren Geh-Geschwindigkeit ausgegangen.

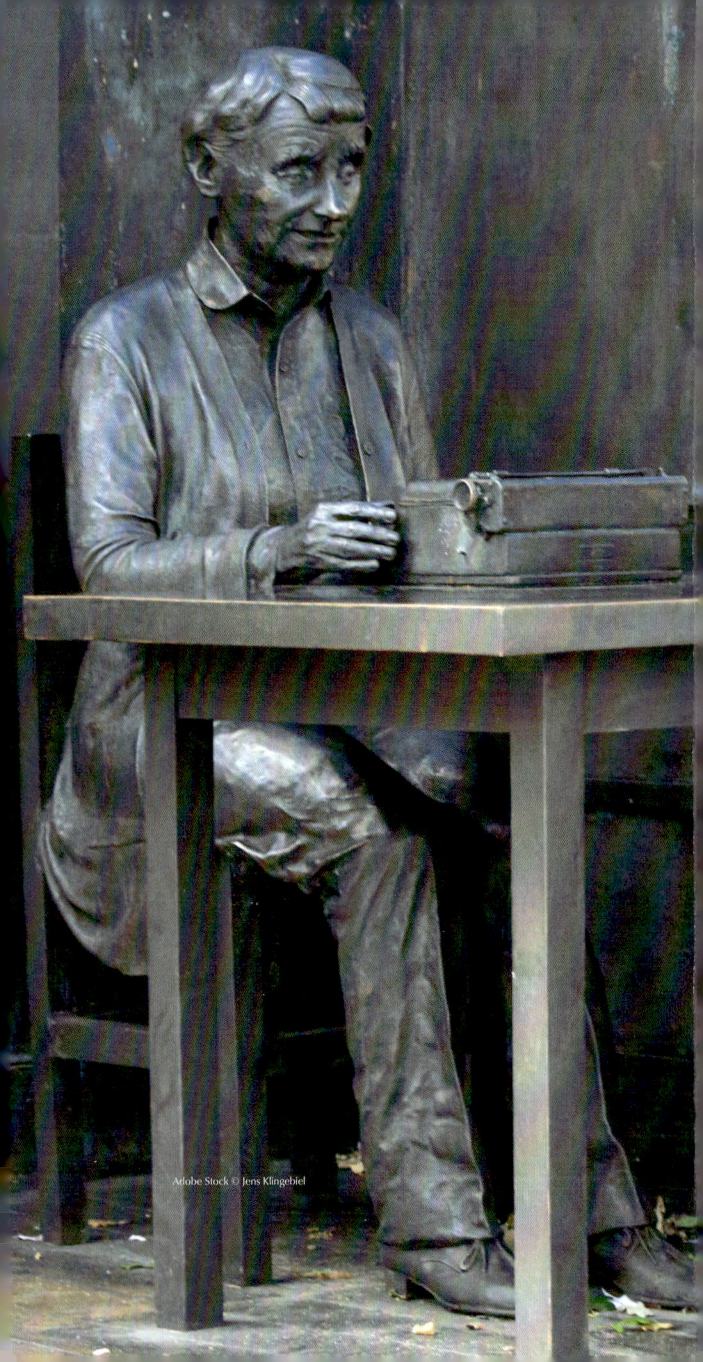

Astrid Lindgrens Leben

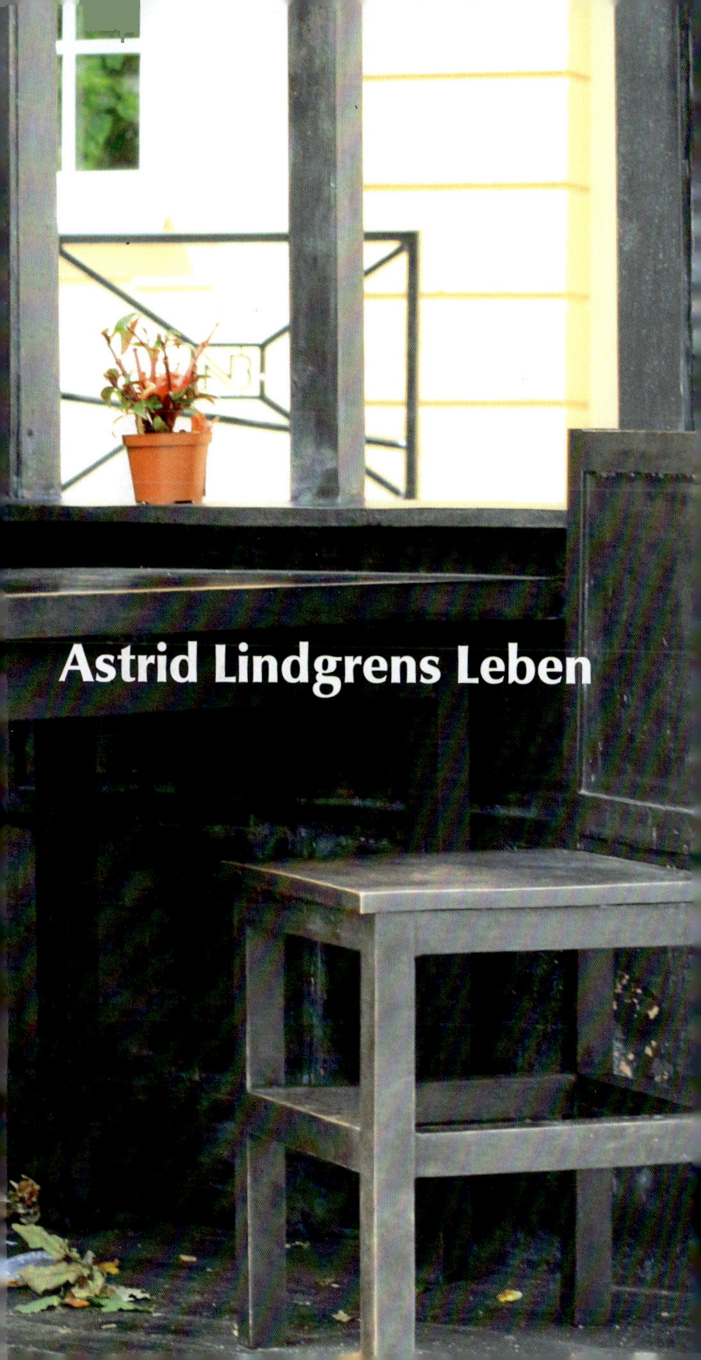

Astrid Lindgrens Leben – umschlossen von der Natur

„Fragt mich aber jemand nach meinen Kindheitserinnerungen, dann gilt mein erster Gedanke trotz allem nicht den Menschen, sondern der Natur. Sie umschloss alle meine Tage und erfüllte sie so intensiv, dass man es als Erwachsener gar nicht mehr fassen kann."

Astrid Emilia Lindgren, geb. Ericsson, kommt am 14. November 1907 als zweites von vier Kindern der Eheleute Hanna und Samuel auf dem **Pfarrhof Näs bei Vimmerby** zur Welt. Geborgenheit und Freiheit sind, wie sie selbst rückblickend sagt, die Grundpfeiler ihrer **Kindheit.** Hanna und Samuel sorgen mit ihrem Fleiß und Können für eine sparsame, aber gesicherte Existenz auf dem Hof. In inniger Liebe einander zugetan schaffen sie eine Atmosphäre der Geborgenheit. Der bäuerliche Alltag gibt den Kindern einen selbstverständlichen Platz, eingebettet in sinnvolle, durchschaubare Tätigkeiten. Hanna und Samuel fehlt es im bäuerlichen Alltag an Zeit zur ständigen Überwachung ihrer Kinder, aber sie schenken ihnen Vertrauen, sodass Astrid und ihre Geschwister **große Freiheit** im Spiel genießen. Sie selbst sagt: „Wir spielten und spielten und spielten, sodass es das reine Wunder ist, dass wir uns nicht tot gespielt haben." Es ist ein sehr lebendiges, anregendes Umfeld auf einem Hof der damaligen Zeit. Viele Menschen neben der Familie stehen in alltäglichem Kontakt zu den Kindern: Knechte, Mägde, Häusler, Landstreicher ... Und Kinder gibt es überall.

Eingebettet und eng verbunden ist dieses Leben mit der Natur, welche mit ihren unumstößlichen Gesetzen, dem Wiederkehren der Jahreszeiten und ihrem unerschöpflichen Reichtum zusätzlich Geborgenheit vermittelt. Die urwüchsige småländische Natur ist aber auch ständige Inspiration für freies Spiel. So schreibt Astrid Lindgren: „Fragt man mich jedoch nach meinen Kindheitserinnerungen, dann gilt mein erster Gedanke trotz allem nicht

Geburtshaus Pfarrhof Näs bei Vimmerby

Kapitelstartseite: Astrid-Lindgren-Denkmal in Vimmerby

den Menschen, sondern der Natur. Sie umschloss all meine Tage und erfüllte sie so intensiv, dass man es als Erwachsener gar nicht mehr fassen kann [...] In der Natur ringsum war auch all das angesiedelt, was unsere Phantasie zu erfinden vermochte. Alle Sagen und Märchen, alle Abenteuer, die wir uns ausgedacht oder gelesen oder gehört hatten, spielten sich nur dort ab, ja sogar unsere Lieder und Gebete hatten dort ihren angestammten Platz."

Diese **enge Naturverbundenheit** zieht sich als roter Faden durch Astrid Lindgrens Leben und Werk, „eins mit der Natur zu sein, in sie einzutauchen und zu spüren, wie ihre Kräfte über einen kommen [...] es ist eine Liebe, die ich nie verliere, die man behält, solange man lebt" sagt sie im Alter von 75 Jahren. Kaum eine Geschichte schreibt sie, in der die Natur nicht greifbar nahe ist, sie nicht ihr Entzücken über die Schönheit der Natur ausdrückt.

Bereits als Dreizehnjährige glänzt sie in einem Schulaufsatz mit dem Titel: „Promenad från Vimmerby till Krön" nicht mit einer sachlichen Wegbeschreibung, sondern einer Schilderung ihrer verzauberten Empfindungen, ganz eingetaucht in die winterliche Natur: „Ich weiß nicht recht, wie es dazu kam, dass ich an einem frühen Wintermorgen am Waldesrand stand und die schneebeladenen, ernsthaften Bäume betrachtete, die fragend auf mich niedersahen, als wollten sie sagen: ‚Was willst du hier, kleines Menschenkind?' ‚Es war bestimmt die Sehnsucht nach

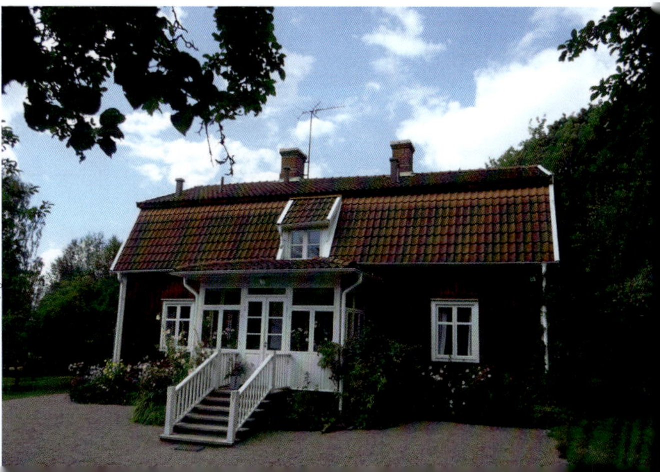
Adobe Stock © Jogerken

euch und all dem anderen Wunderbaren in der Natur, die mich hierher trieb, bevor irgendjemand im Haus erwacht und noch bevor die Sonne aufgegangen war', antwortete ich leise. Eine Weile blieb ich in Gedanken stehen: Wie schön hier alles ist, dachte ich. [...] Ein Stück weiter stand eine große Fichte direkt am Weg. Einige Stümpfe rundherum zeigten, dass die jungen Bäume umgeschlagen worden waren, die vorher einen Kranz gebildet hatten. Ich lehnte mich an den Stamm, streichelte die raue Borke des Baums und fragte: ‚Armer alter Vater Fichte, wer hat Dir deine Kinder genommen?' Vater Fichte schüttelte zur Antwort betrübt das Haupt [...] Ich genoss es unbeschreiblich und füllte die Lungen mit frischer Luft [...] Die Stille wurde nur hin und wieder von einem aufgeschreckten Vogel gestört, und dann von einem einzigen Klang einer Kuhglocke in der Ferne. Mir war so feierlich und ernst zumute."

Im Oktober 1924 schreibt Astrid für die Smålands-Zeitung („Smålands-Tidningen") einen Report über die Einweihung der

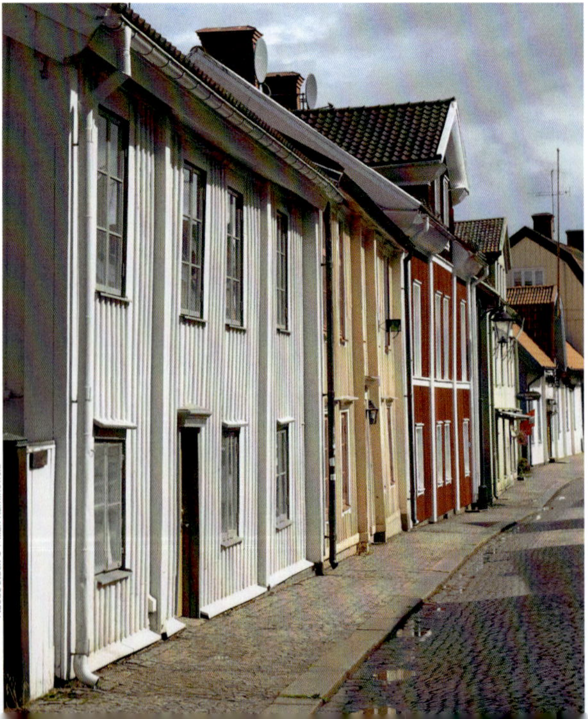

Eisenbahnstrecke von Vimmerby nach Ydrefors. Auch hier unterlässt sie es nicht, neben der korrekten Aufzählung aller Würdenträger auch die Schönheit der Natur ausführlich zu würdigen. Im folgenden Sommer 1925 schließt sie die Schule ab und begibt sich auf eine Wanderung mit fünf Freundinnen. Darüber erscheint eine dreiteilige Fortsetzungsgeschichte von ihr in derselben Zeitung. Sie wählt den Titel „På luffen" („Auf der Walz"). Schon in der Kindheit scheinen Landstreicher eine Faszination für sie gehabt zu haben. Im Buch „Das entschwundene Land" lesen wir: „Auch die Landstreicher gehörten zu unserer Kindheit [...] man stelle sich vor: es gab Leute, die nirgends wohnten, die immer nur gingen und gingen! [...] Mit den Landstreichern wehte ein Hauch von Abenteuer in unsere bäuerliche Welt."

Die Faszination für das freie, ungebundene Landstreicherleben in der Natur finden wir später auch in dem 1956 erschienenen Roman „Rasmus und der Landstreicher" wieder: „Da ging Rasmus ein Licht auf, was es hieß, Landstreicher zu sein. In einem einzigen, erleuchteten Augenblick wurde ihm das Wunderbare an diesem neuen Leben klar. Man konnte genau das tun, was man wollte. Man konnte essen und schlafen und wandern, ganz wie es sich ergab. Man war frei, so göttlich frei wie ein Vogel im Walde."

Nach dem Schulabschluss geht Astrid als **Volontärin** nun fest zur **Vimmerbyer Zeitung,** wo sie sich dank ihres sprachlichen Geschicks schnell unersetzlich macht und sich in den bedeutend älteren Chefredakteur, Reinhold Blomberg, verliebt. Im Frühjahr 1926 merkt sie, dass sie schwanger ist. Sie verlässt Vimmerby, um dem unerträglichen Kleinstadttratsch über ihre uneheliche **Schwangerschaft** zu entfliehen, und zieht nach **Stockholm,** wo sie eine **Sekretärinnenausbildung** anfängt. Ihr Sohn Lasse wird im Dezember in Kopenhagen geboren, wo er auch die ersten drei Jahre bei einer Pflegemutter lebt. Wie man aus etlichen Äußerungen in Astrid Lindgrens Briefen dieser Zeit lesen kann, sind es traurige Jahre, in denen die junge Mutter in ständiger Sehnsucht nach ihrem kleinen Sohn und dauernden Gewissensbissen lebt. Weihnachten verbringt sie weiterhin in Näs, aber die Sommmerwochen fährt sie stets nach Kopenhagen zu ihrem Sohn. Als Lasse drei Jahre alt ist, erkrankt seine Pflegemutter und Astrid holt ihren Sohn nach Stockholm. Das Leben alleine in der Stadt mit dem kleinen Kind, das auch gerade noch Keuchhusten hat, stellt sich innerhalb einiger Wochen als unmöglich dar. Aber nun haben ihre Eltern die anfängliche Skepsis gegenüber dem unehelichen Enkel überwunden, und Lasse kann zu den Großeltern nach **Näs.** Dort entwickelt er ein inniges Verhältnis zur ganzen Familie und führt die nächsten anderthalb Jahre ein ähnliches Bullerbü-Dasein wie einst seine Mutter. Astrid ist glücklich, ihr Kind nun in diesem Umfeld zu sehen und schreibt an ihren künftigen Mann, **Sture Lindgren:** „Es ist Tierquälerei in der Stadt Kinder zu haben, auch in kleineren Städten. Ein Kind muss zwischen Hühnern und Schweinen und den Blumen des Feldes aufwachsen. Hier ist Frühjahr, vor allem am Abend. Es ist die selbe blaue Frühlingsluft, die in meiner zarten Jugend meine Sehnsucht nach dem Wunderbarsten weckte."

1931 **heiraten** Astrid und Sture. Sie kündigt ihre Stelle als Sekretärin beim Automobilclub, um sich nun ganz dem kleinen Lasse zu widmen. Im Jahr 1934 wird die Tochter Karin geboren.

Tiere begleiteten Astrid Lindgrens Kindheit auf dem elterlichen Hof

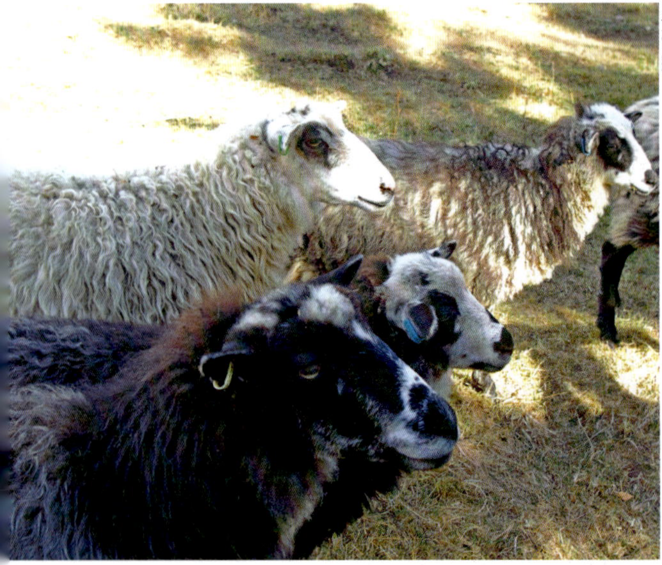

207_wSsL_haw

Auch in Stockholm findet sie ihre grünen Plätze. Viel Zeit verbringt sie mit ihren Kindern im Vasa-Park, wo sie sich auch nicht scheut, in Bäumen herumzuklettern. Neben dem Elternhaus in Näs kommt das alte Lotsenhaus Stenhällen auf der Schäre Furusund als Zufluchtsort in der Natur für Astrid und ihre Familie hinzu. Zunächst von ihren Schwiegereltern gemietet, dann von diesen gekauft, später von Astrid und Sture übernommen, bietet es Platz für unbeschwerte Sommerwochen.

Ihre Liebe zu diesem Ort mündet in das Werk „Ferien auf Saltkrokan", in dem Vater Melcher, der Stadtmensch, klagt: „Weshalb konnte man nicht das ganze Leben hindurch die Fähigkeit bewahren, Erde und Gras und rauschenden Regen und Sternenhimmel als Seligkeiten zu empfinden."

Astrids starke **Naturverbundenheit** verliert sich nicht durch den Stockholmer Stadtalltag. So ist eines der Bücher, das bis zu ihrem Tod auf dem Regal über ihrem Bett steht, der autobiografische Aussteiger-Bericht „Walden" des US-Amerikaners Henry-David Thoreau, von dessen wohltuender Wirkung für den Stadtmenschen Astrid überzeugt ist.

Selbst während des Krieges, den Astrid sehr aufmerksam verfolgt, wie wir aus ihren Kriegstagebüchern wissen, schafft sie es, die Schönheit der Natur zu sehen. Zwischen bestürzenden Einträgen im Sommer 1944, lesen wir: „Und ich und die Kinder sind in Näs und genießen die Freizeit, obwohl das Wetter hundsmiserabel ist. Es hat geregnet und geregnet und geregnet. Aber heute Nachmittag war es warm und schön, und Stina und ich haben einen herrlichen Spaziergang durch Kohagen und zur Eisenbahnlinie hinunter gemacht (wobei wir an einem Graben vorbeigekommen sind, der voller Primula farinosa war, und dort am Grabenrand haben wir ein Vogelnest gefunden), dann hinunter zum Stångån und über die Eisenbahnbrücke nach Nybble und zurück nach Hause. Die Natur ist im Moment von üppiger Schönheit! [...] Außerdem haben Lasse und ich eine Fahrradtour gemacht [...] Und Småland war wunderschön."

Eine wahre **Ode an die Natur** und das Landleben ist ihr 1945 erschienener Jugendroman „Kerstin und ich", der vom Leben 16-jähriger Zwillingsmädchen erzählt, die von der Stadt aufs Land ziehen: „Es ist ganz merkwürdig, wie leicht man draußen in der Natur gehen kann. Wenn man über grasige Wiesen geht oder über einen Teppich aus abgefallenen Tannennadeln, wird man nicht müde. In der Stadt würde man von einem Spaziergang von solcher Länge Blasen an jeder Zehe bekommen. [...] Wir machten die entzückendsten Entdeckungen – jedenfalls waren sie entzückend für mich armes Stadtkind, das sich noch nicht an die einzig dastehende Verschwendung der Natur gewöhnt hat. [...] und ich konnte nicht mehr begreifen, dass mir die Naturkunde in der Schule so furchtbar trocken vorgekommen war", sinniert die Protagonistin Barbro.

In den kommenden Jahren gelingt mit „Pippi Langstrumpf" der **Durchbruch zur erfolgreichen Schriftstellerin.** „Wir Kinder aus Bullerbü", „Kalle Blomquist", „Michel aus Lönneberga", „Die Kinder aus der Krachmacherstraße" und viele weitere folgen. Die Liste der Zitate daraus, in denen wir von Leberblümchen, Schlüsselblumen, blanken Seen, Höhlen, wunderbaren Bäumen und Wäldern lesen, und in denen sich ihre Liebe zur Natur ausdrückt, wäre endlos.

Ihr letzter, 1981 in der Zeit der Kernkraftdiskussion erschienener Roman, „Ronja Räubertochter", spiegelt noch einmal im Besonderen die **Symbiose von Kindheit und Natur** wider: „Lange saßen sie still da und waren mitten im Frühling. Sie hörten die Amsel singen und den Kuckuck rufen, der Gesang erfüllte den ganzen Wald. Fuchswelpen tollten nur einen Steinwurf von ihnen entfernt vor ihrem Bau. Eichhörnchen schwangen sich von Wipfel zu Wipfel, und Hasen hoppelten über das Moos und verschwanden im Gebüsch. Ein Kreuzotterweibchen, das bald Junge bekommen würde, lag dicht neben ihnen friedlich in der Sonne. Sie störten es nicht, und es störte sie nicht. Der Frühling gehörte allen."

Endlos und frei streift Ronja alleine oder mit ihrem Freund Birk durch den Wald, der das Zuhause der Räuberkinder ist, wie es die Autorin aus ihrer eigenen Kindheit kannte. Auf unsere Frage nach speziellen Wanderwegen rund um Näs bekamen wir von Astrids Tochter, Karin Nyman, die Antwort, dass auch ihre Mutter nicht auf festen Wegen durch den Wald spazierte, sondern frei und wild mit ihren Geschwistern im Wald um Näs herumstreunte.

Astrid Lindgren erhält in ihrem Leben zahlreiche **Preise** und **Auszeichnungen.** Zunehmend gewinnt sie Bedeutung als Meinungsbildnerin, engagiert sich in sozialpolitischen Fragen und ergreift das Wort für die, die es schlecht selbst können. Zunächst für die Kinder und deren gewaltfreie Erziehung. Bekannt ist hier vor allem ihre Rede bei der **Verleihung des Friedenspreises** des Deutschen Buchhandels. Aber auch **Umwelt- und Tierschutz** sind ihr wichtige Anliegen. In diesem Zusammenhang versucht sie auch, die traditionelle Landschaft rund um Näs zu retten. Dort hatte sie 1965, als die Landwirtschaft aufgegeben wurde, ihr Geburtshaus erworben. Dies richtete sie ein wie zu Zeiten ihrer Kindheit, nicht um ein Museum zu eröffnen, sondern um ihr „Bullerbü" für sich und die Familie zu erhalten und einen festen Platz in ihrem Småland, einem „Land, das man lieben muss", zu haben.

Mit über 80 Jahren sagt sie einmal im „Svenska Dagblad": „Wenn ich Trost will, gehe ich in die Natur. Sie ist die größte Trösterin in allen Lebenslagen." Es ist nicht erstaunlich, dass diese innige Verbundenheit mit der Natur tief Astrids Verständnis der Welt und des Menschen prägt. So kann sie als alte Frau in einem Interview im Jahr 1992 sagen: „Woher wissen die Blumen, dass sie im Frühjahr blühen müssen, woher wissen die Vögel, dass sie singen sollen? Wissenschaftler glauben, die gesamte Schöpfung und die gesamte Menschheitsgeschichte erklären zu können. Aber ich frage mich: Wie kann alles so planmäßig sein? Und wie kann es sein, dass wir Menschen uns so viel mit Religiösem beschäftigen? Was treibt den Menschen dazu? Also zweifle ich an meinem eigenen Zweifel."

Am 28. Januar 2002 stirbt Astrid Lindgren und findet ihre letzte Ruhestätte auf dem **Friedhof in Vimmerby/Småland.**

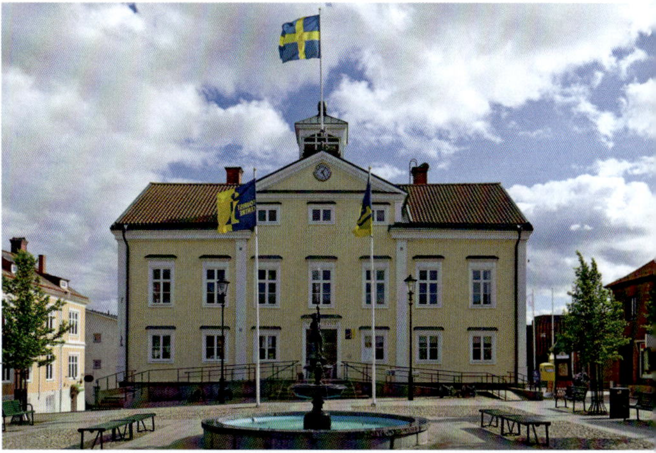

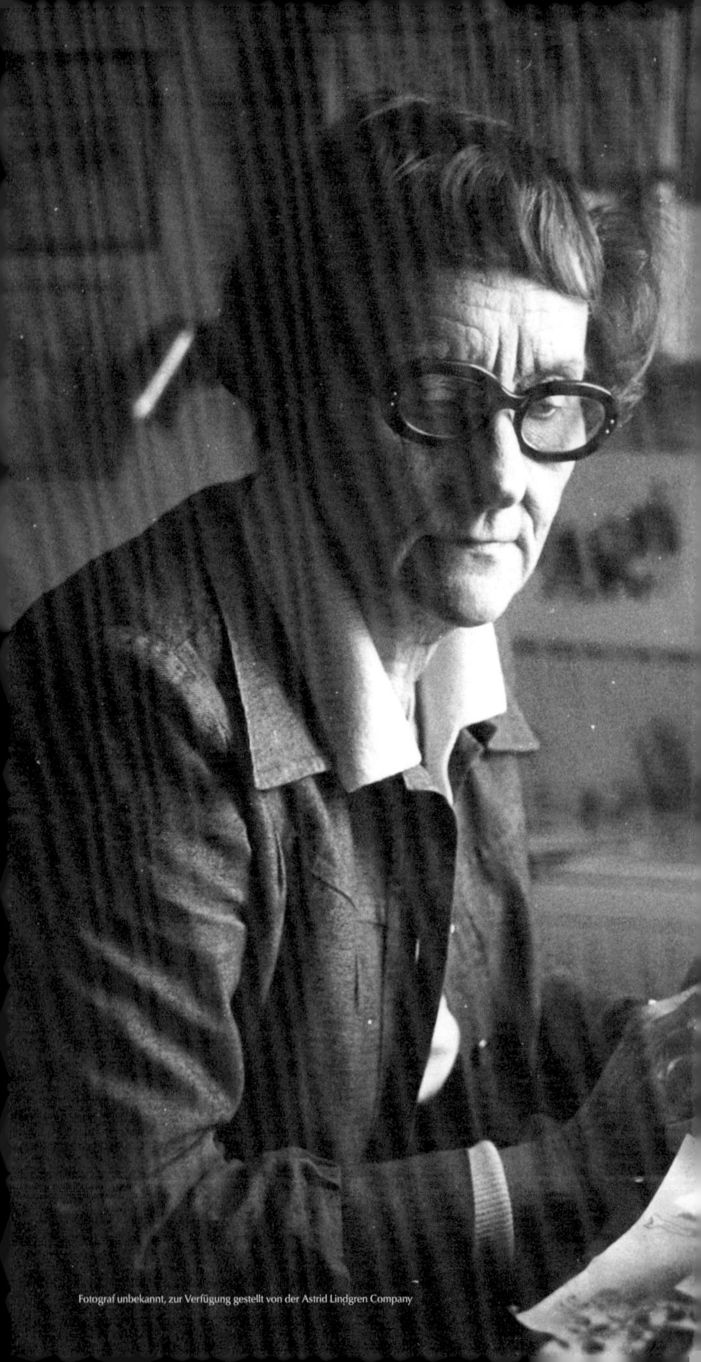

Fotograf unbekannt, zur Verfügung gestellt von der Astrid Lindgren Company

Praktisches und Wissenswertes

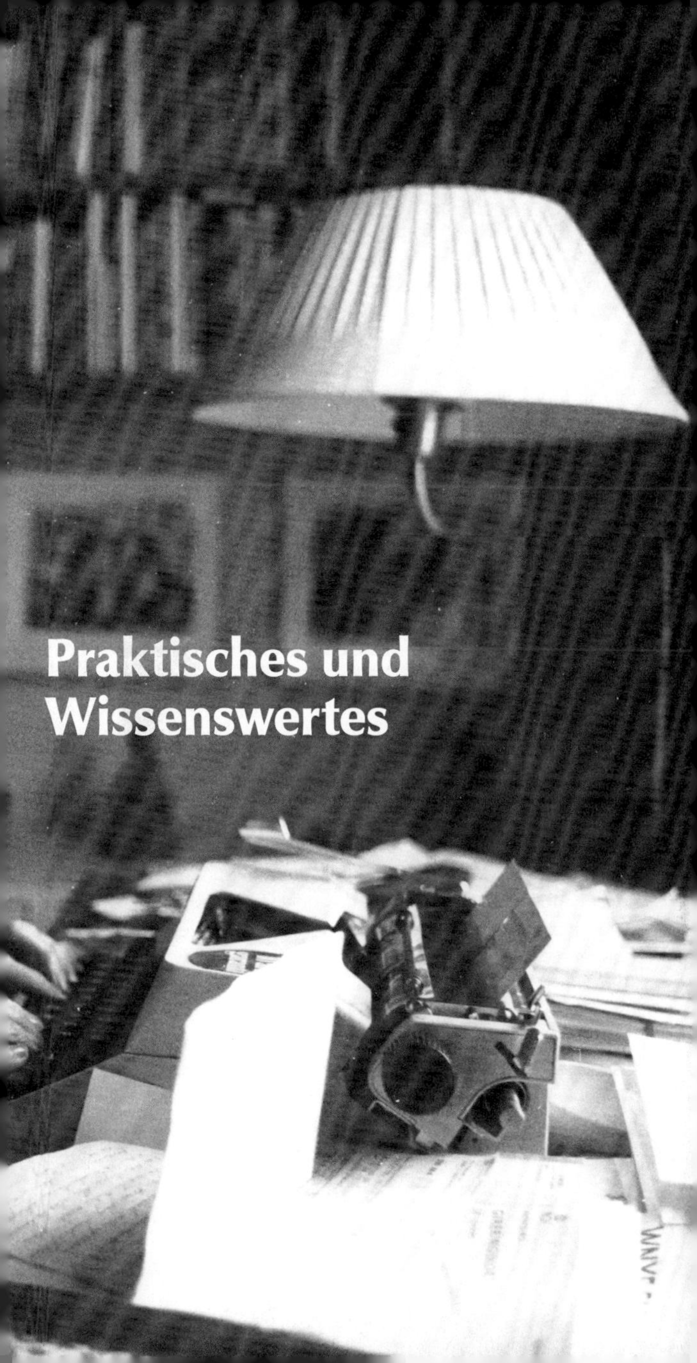

Wandern in Südschweden

Dass Schweden ein wahres **Wanderparadies** ist, weiß natürlich auch Google: Die vier häufigsten Begriffe, die dort in Kombination mit dem Land Schweden von ausländischen Besuchern als Aktivität gesucht werden, sind „Skifahren", „Nordlichter", „Kreuzfahrt" und eben „Wandern". Wandern kommt also noch vor Angeln, Kanu, Strand. Gerade die Deutschen - so heißt es - seien besonders fleißig im Einsammeln von Informationen im Internet über ihr Urlaubsland, noch bevor die Reise losgeht. Doch speziell in puncto Wandern werden sie nicht allzu viel Konkretes finden.

Jetzt kann man vielleicht meinen: „Wandern ist Wandern", wozu braucht man spezifische Informationen über das Wandern in Schweden bzw. das Wandern in Småland? Aber wenn man sich tiefer in die Materie „einläuft", stellt man so etwas wie nationale Unterschiede fest, die mannigfache Ursachen haben. Dabei sind sich Schweden wie Deutsche im Grundsatz ja ziemlich einig, dass Wald und Flur, seien sie staatlich oder seien sie privat, den Erholungssuchenden wie den Sportlern offen stehen müssen. In Schweden hat man schon recht früh im 20. Jahrhundert - also ähnlich wie in Deutschland - damit begonnen, **Wanderwege** anzulegen. Der älteste ist der „Kungsleden" ganz im Norden. Ähnlich wie in der deutschen Wandervogelbewegung lebte der Gedanke in der Gesellschaft, dass man sich mit der Heimat - bzw. national gedacht: mit dem Heimatland - wandernd enger verbinde. Das Streben nach Gesundheitsertüchtigung, Begegnung mit der Natur, Kennenlernen der eigenen Traditionen und Kultur gingen Hand in Hand. Die Fernwanderwege schufen vor allem der Jugend die Möglichkeit, sich ganze Landstriche wandernd zu erschließen, um sich (im Idealfall) für das eigene Land zu begeistern.

Aber anders als in Deutschland entwickelte sich offenbar gar nicht oder nur marginal die bürgerliche Tradition des Sonntagsspaziergangs im Wald. Während in Deutschland besonders in den Mittelgebirgen zahllose Rundwanderwege angelegt worden sind, vom kurzen Nachmittagsspaziergang für Familien mit kleinen Kindern oder Senioren bis hin zu großen Runden für sportlich ambitionierte Wanderfreunde, findet man derlei in Schweden kaum.

Kapitelstartseite: Astrid Lindgren an ihrer Schreibmaschine

Dies mag auch damit zusammenhängen, dass das vorhandene Wegenetz solches nicht ohne Weiteres hergibt. Man kommt zwar überall hinein in die Natur, aber wie kommt man wieder zurück? Drei Viertel der Wege enden als **Holzweg** im Nirgendwo. Verantwortlich dafür sind vermutlich Siedlungs- und Eigentumstraditionen. Die Bauern erschlossen nur ihr eigenes Land und ließen die Wege dort enden, wo auch ihre Felder und Wälder zu Ende waren. Anhand von Karten kann man vielerorts gut nachvollziehen, wo einmal die Grundstücksgrenzen verliefen und im Übrigen auch heute noch meist verlaufen.

Will man beim Wandern also zum Ausgangspunkt zurückkommen, muss man entweder die Route sehr genau heraussuchen, oder man läuft abschnittsweise querfeldein (was unter schwedischen Wanderern offenbar Usus ist), oder man muss den Hinweg wieder als Rückweg nehmen. Wir haben uns in unserem Wanderführer für die erste Variante entschieden. Dies erforderte intensives Kartenstudium vorweg. Im Laufe der Zeit entwickelte sich eine gewisse Routine darin, brauchbare Streckenverläufe ausfindig zu machen. Vielfach verläuft dabei ein Teilstück des

Rastplatz mit Übernachtungskojen

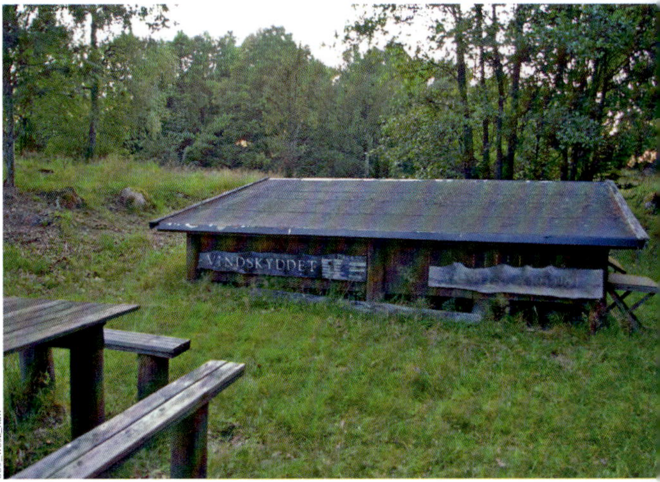

009_wSsL_haw

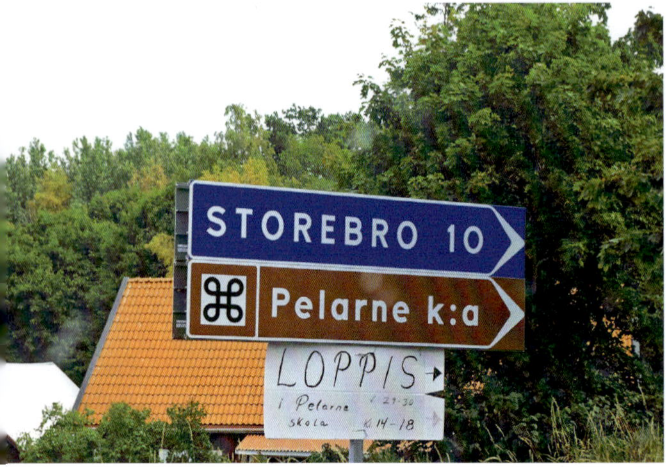

010_wSsL_haw

Das „Johannskreuz" als Zeichen auf einem Schild

Wegweiser für Wanderer

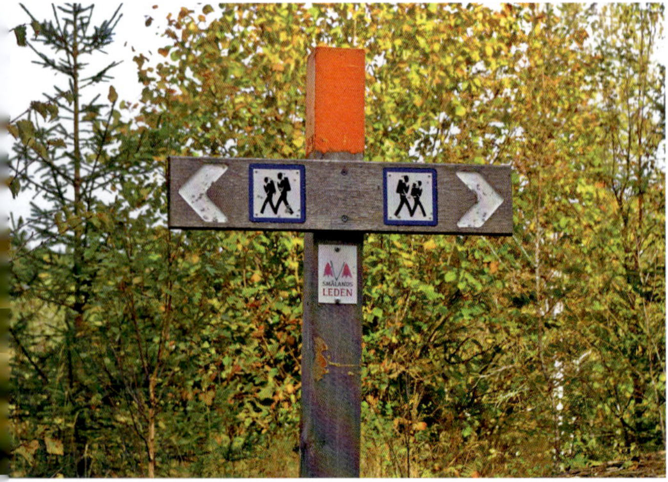

011_wSsL_haw

Wegs an einem der Fernwanderwege entlang, die das Gebiet kreuzen. Dann gilt es, den passenden Abzweig zu finden. Immer wieder erlebt man dabei unangenehme Überraschungen, weil vorhandene Wege auf den Karten fehlen, was die Orientierung erschwert, oder umgekehrt, weil eingezeichnete Wege nicht (mehr) vorhanden sind oder plötzlich enden.

Die Routen in diesem Wanderführer sind alle **erprobt** und **sorgfältig beschrieben,** sodass vergleichbare Malheure nicht passieren dürften. Von der Entfernung und der Kondition her sind sie fast alle für **Familien mit Kindern** gut zu bewältigen. Die entsprechenden Toureinschätzungen orientieren sich also nicht an Sportwanderern oder erfahrenen Alpinisten. Für diese Zielgruppe fallen die meisten Runden wohl eher in die Kategorie „Spaziergang". Es handelt sich um Wandertouren, die einen **guten Einstieg ins Wandern** auch für jene bieten, die nicht ganz so regelmäßig zu Fuß unterwegs sind. Dafür ist das Relief Südschwedens ideal: Es geht beständig ein wenig bergauf oder bergab, selten einmal aber über ein längeres steiles Stück. Die Landschaft ist abwechslungsreich und fast immer für ein Postkartenmotiv geeignet. In den landwirtschaftlich geprägten Abschnitten sorgen rote Häuser, Holzzäune, Steinmauern und weidende Tiere für „Idyllestimmung". In den Wäldern und Sümpfen ist es teils „wildromantisch" und schon ein gutes Stück „nordischer".

Erfrischung findet man häufig an Seen oder Flüssen mit Badestellen, die in den Tourbeschreibungen auch vermerkt werden. Etwas schwieriger ist es in der Regel, geeignete **Rastmöglichkeiten** zu finden. Nur ganz wenige Touren bieten unterwegs eine Einkehrmöglichkeit. Angelegte Rastplätze sind sehr dünn gesät, dafür aber meist sehr einladend gestaltet: Sitzbänke mit Tischen, Unterständen, Grill- bzw. Feuerstellen (oft auch mit Brennholzvorrat) sind quasi Standard. Einzelne Bänke zum Ausruhen begegnen den Wanderern hingegen fast gar nicht.

Auf die Beschreibung von tourbezogenen Übernachtungsmöglichkeiten haben wir fast durchgehend verzichtet. Die meisten Smålandurlauber – gerade Familien mit Kindern – wohnen mehrere Tage an einem festen Ort, z. B. einem Ferienhaus, Campingplatz, Bed and Breakfast oder Vandrarhem. Liegt diese Basis recht zentral zwischen Eksjö und Vimmerby, bieten sich von dort aus die allermeisten Touren als Halbtags- oder Tagestouren mit recht kurzer Anreise an. Alle unsere Rundwege liegen innerhalb eines Umkreises von höchstens 180 km. Zieht man die äußersten drei Routen ab, schrumpft er sogar auf 65 km.

Die **Fernwanderwege,** die häufig in die Streckenverläufe einbezogen wurden, sind im Grundsatz sehr einheitlich markiert: Orangefarbene Punkte oder Balken zieren Bäume, Zäune, Steine oder eigens gesetzte Pfähle. Hinzu kommen ab und an blauweiße quadratische Piktogramme mit Wanderersymbol oder auch blaue Schilder mit Pfeil, Ziel- und Kilometerangabe. Wenig einheitlich hingegen ist die Quantität, Qualität und Verlässlichkeit der Markierungen. Vielfach sind die Zeichen so regelmäßig, dass man sich unmöglich verlaufen kann. An anderen Stellen wiederum sind Markierungen so lose gesetzt, dass man die Strecke nur mit Glück findet. Für Probleme sorgen bisweilen systematische Waldrodungen, denen auch die markierten Bäume zum Opfer fallen. In den neu aufgeforsteten Flächen sieht man dann keine orientierenden Zeichen und auch nur schwerlich den Trampelpfad. Teils gibt es auch Probleme, wenn Zubringer zu den Fernwanderwegen genauso markiert wurden wie der Hauptweg. Dann weisen orangefarbene Punkte kommentarlos in mehrere Richtungen gleichzeitig. Welche Route nun die Hauptstrecke ist, bleibt der Interpretation des Wanderers überlassen, wenn er keine Karte oder andere Orientierungshilfen dabei hat. In den von uns beschriebenen Routen haben wir versucht, auf Problemstellen hinzuweisen und Missverständnisse auszuschließen.

Sehenswürdigkeiten werden oftmals mit einem in ganz Schweden verbreiteten **Symbol** angekündigt, das auch Johannskreuz, Schleifenquadrat oder Tristramsknoten heißt und an ein vierblättriges Kleeblatt erinnert. Dieses Zeichen findet sich auch als Schild im Straßenverkehr, teils in blau-weiß, teils in schwarzweiß, oft in Kombination mit einem braunen Hinweisschild, auf dem zu erkennen ist, worin denn die Sehenswürdigkeit besteht.

Archäologische Überreste, vorwiegend aus der Wikingerzeit, werden mit einem eigenen Symbol, einem „R“ angekündigt, das an Runenzeichen angelehnt ist. Meist handelt es sich um Steinhaufen, die Gräberfelder markieren. Manchmal sind es auch alte Thingplätze (Plätze, an denen Volks- und Gerichtsverhandlungen abgehalten wurden), selten historisch erhaltene Runensteine.

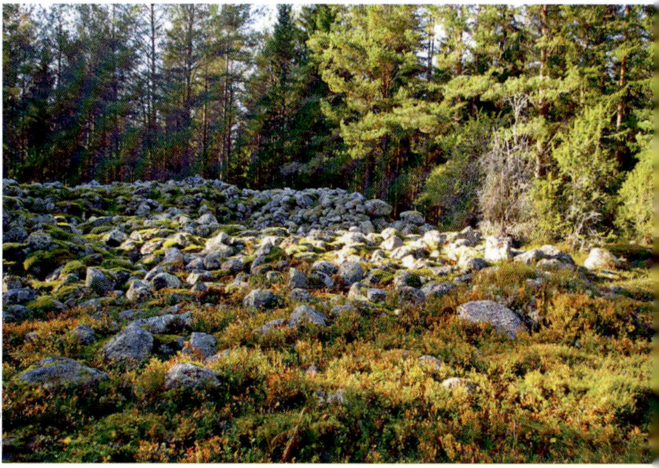

012_wSsL_haw

Vorzeitliches Gräberfeld

Thingplatz

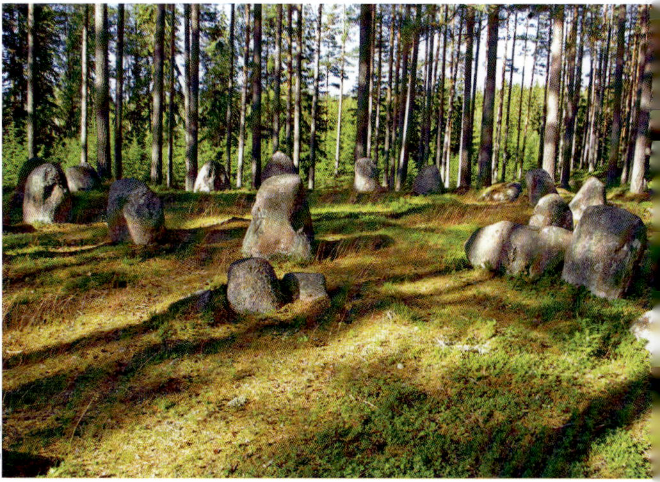

013_wSsL_haw

Wissenswertes A–Z

Vor allem für diejenigen, die zum ersten Mal nach Schweden reisen, haben wir einige Tipps zusammengestellt und diese alphabetisch geordnet. Das meiste basiert auf unseren persönlichen Erfahrungen.

Anreise

Mit dem Auto

Die meisten Urlauber reisen mit dem Auto an. Es kommen dafür im Grundsatz drei verschiedene Möglichkeiten infrage:

1. Brückenroute über Dänemark
Für diejenigen, die gar nicht aufs Wasser wollen, oder die es eilig haben: In Deutschland sollte man die A7 bis hoch nach Flensburg nehmen. Jetzt fährt man weiter durch Dänemark bis Kolding (E45), dann biegt man rechts ab auf die E20 – Odense – Storebeltbrücke (Maut) – Kopenhagen – Öresundbrücke (Maut) – Malmö. Jetzt führt die Strecke weiter durch Schweden: die E6 und E4 oder die E22 und Riksväg 23.

Diese Route ist streckenmäßig am weitesten (von Flensburg nach Eksjö sind es rund 660 km), aber dennoch am schnellsten. Durch die Brückenmaut kommen zusätzlich zu den Kilometern

Öresund vom Auto aus

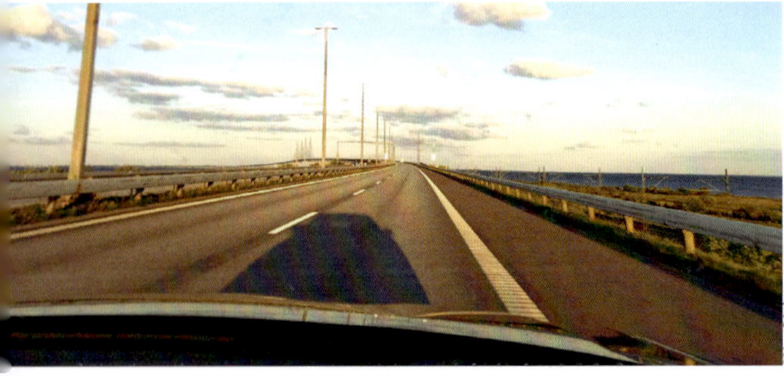

weitere Kosten dazu. Sinnvoll ist das dann, wenn man ohnehin aus dem Norden Deutschlands kommt und schnell am Ziel sein will. Der „BroBizz" – ein System für die automatische Mauterhebung – hinter der Windschutzscheibe erspart den Reisenden weitere Minuten. (https://storebaelt.dk und www.oresundsbron.com)

2. Vogelfluglinie

Die kürzeste Route: In Deutschland sollte man die A1 über Lübeck bis Puttgarden auf Fehmarn nehmen. Jetzt geht es auf die Kurzfähre nach Rödby/Dänemark (Überfahrt ca. 45 Min.), dann weiter nach Kopenhagen. Ab hier weiter wie die Brückenroute (Entfernung Rödby – Eksjö rund 500 km). Oder man fährt noch weiter durch Dänemark bis Helsingör und nimmt die zweite Kurzfähre nach Helsingborg (15 Min.). Von dort fährt man weiter über die E4. Eine Variation der Route geht über die Fähre Rostock – Gedser (alle drei Kurzfähren unter: www.scandlines.de). Die Vogelfluglinie ist streckenmäßig kürzer als die Brückenroute. Durch die Fähre(n) verliert man aber unter dem Strich ein wenig Zeit. Wie viel hängt v. a. von der Wartezeit ab. Durch die Kurzfähre(n) und ggf. Brückenmaut kommen zusätzlich zu den Kilometern weitere Kosten dazu. Sinnvoll ist diese Variante evtl., wenn man in Deutschland bereits ein Stück bis zur Küste gefahren ist und sich über die Pause(n) an Deck freut oder ein paar Autokilometer sparen will.

3. Fähren

Vor allem, wenn man innerhalb Deutschlands bereits eine große Strecke zurückgelegt hat, kann es erholsam und sinnvoll sein, mit dem Auto eine der längeren Fährrouten zu nehmen. Die meisten Überfahrten dauern 6–10 Stunden und sind auch als Nachtfahrten buchbar. So benötigt man zwar insgesamt mehr Zeit, spart aber ggf. die Übernachtung und – je nach Route – mindestens 300 Kilometer mit dem Auto. Die Kosten für die längeren Fährfahrten schwanken gewaltig zwischen den verschiedenen Unternehmen, Routen und Abfahrtszeiten. Manche Reedereien bieten Kampagnenpreise, die letztlich preiswerter sein können als die Kurzfähren oder die Brückenmaut. **Abfahrtshäfen in Deutschland:** Kiel, Lübeck-Travemünde, Rostock, Sassnitz (und ggf. Swinemünde an der deutsch-polnischen Grenze). Zielhäfen in Schweden: Göteborg, Malmö, Trelleborg, Ystad. Unternehmen: Stena, TT, Finnlines, Scandlines, Unity-Line. Eine vollständige Übersicht über die Ostseefähren mit praktischer Kartenfunktion gibt es auf www.ferrylines.com. Für die eigentliche Buchung geht man besser auf die Seite der jeweiligen Unternehmen.

Mit dem Flugzeug

Eine Anreise mit dem Flugzeug ist von verschiedenen deutschen Städten aus möglich. Die nächsten schwedischen **Flughäfen** liegen in Jönköping, Linköping und Växjö, werden aber nur wenig angeflogen. Größere Flughäfen liegen in Göteborg-Landvetter und Stockholm-Skavsta jeweils ca. 220 km von Mariannelund/Vimmerby entfernt. Bis zu den größeren Drehkreuzen in Stockholm-Arlanda und Kopenhagen-Kastrup sind es ca. 350 km. Von hier aus geht es einfach mit dem **Mietwagen** weiter. In Kastrup waren diese in den letzten Jahren deutlich günstiger als in Schweden. Dafür aber muss man noch die Brückenmaut dazu

Öresund und Malmö von der Fähre aus

022_wSsL_haw

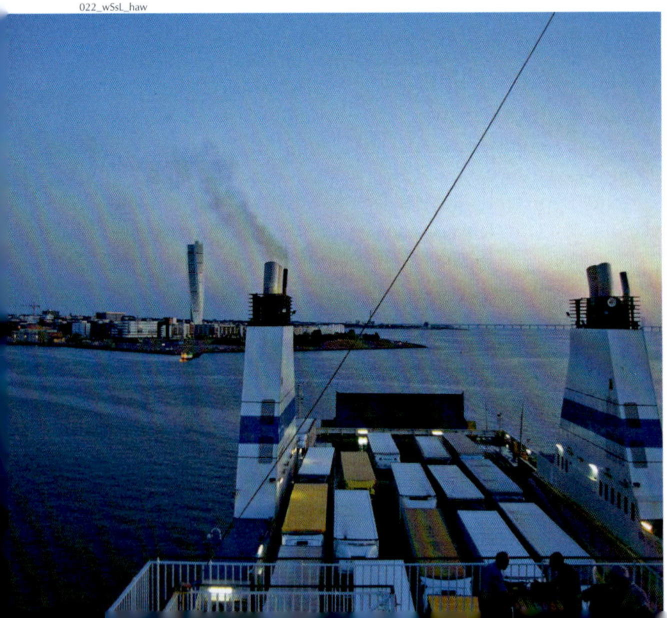

buchen und eine kleine Gebühr für „Fahren ins Ausland" zahlen. Wer vom Flughafen aus mit dem **Zug** weiterreisen will, ist mit Kastrup am besten bedient. Direkt vom Terminal aus kommt man in den Bahnhof, von wo aus durchgehende Züge bis Nässjö verkehren.

Mit dem Zug

Die Anreise mit dem Zug ist natürlich auch direkt von Deutschland aus möglich. Oftmals treten jedoch Buchungsschwierigkeiten auf, weil drei verschiedene Bahnunternehmen involviert sind. Unter Umständen kann es sinnvoll sein, das Ticket zu stückeln: Die erste Fahrkarte bis Kopenhagen bucht man bei der Deutschen Bahn. Von dort aus geht es weiter mit der Schwedischen Bahn bis Nässjö (www.sj.se). Beim Ausfüllen der Formulare „Köbenhavn" schreiben, sonst wird die Destination nicht erkannt. Nächste Formularfalle: Verlangt wird meist die Eingabe einer Telefonnummer. Deutsche Telefonnummern produzieren

Die Öresundbrücke aus der Luft

023_wSsL_haw

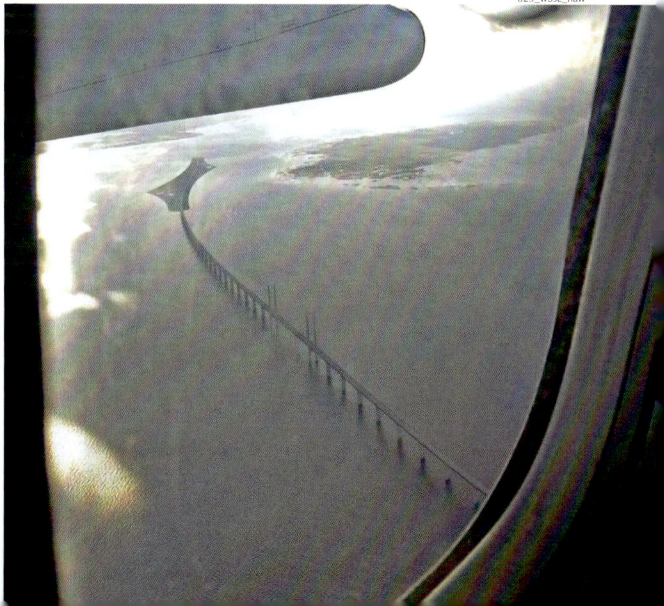

aber Fehlermeldungen. Lässt man eine der zwei Eingangsnullen weg, klappt es. Von Nässjö aus verkehren Busse nach Osten Richtung Mariannelund/Vimmerby.

Ausrüstung

Besondere Ausrüstung ist beim Wandern in Småland selten vonnöten. **Festes Schuhwerk** und dem Wetter **angepasste Kleidung** sind wohl selbstverständlich. Wanderstöcke können im unwegsameren Gelände hilfreich sein. Aufgrund der vergleichsweise tief stehenden Sonne, die einem gerne ins Gesicht scheint, sind entsprechende Kopfbedeckung, ggf. Sonnenbrille und Sonnenmilch sinnvoll. Ausrüstung für Essenszubereitung und ggf. Übernachtung sind notwendig, wenn man mehrere Tage am Stück unterwegs ist. Für die meisten Touren dieses Wanderführers muss **ausreichend Proviant** für einen Tag mitgenommen werden.

Wer im **Winter** wandert, benötigt u. U. spezielle Ausrüstung. Dies können für manche Touren **Schneeschuhe** sein, mit denen

Sparks (Tretschlitten) werden als Fortbewegungsmittel genutzt

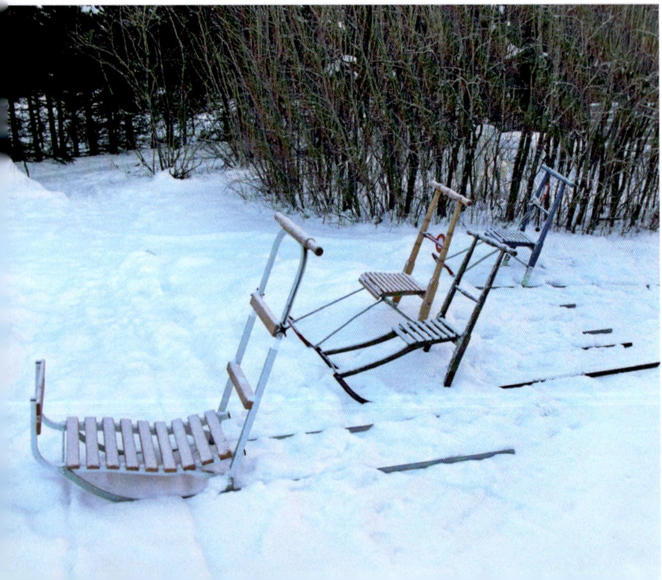

014_wSsL_haw

man nicht so tief im Neuschnee versinkt. Auf vereisten Wegen lassen sich teils auch sogenannte **Sparks** (Tretschlitten) hervorragend einsetzen. Viele Wege lassen sich im Winter aber auch ganz normal wie im Sommer laufen. Im Moor ist das Fortkommen evtl. sogar leichter, wenn der Boden gut gefroren ist.

Autofahren

Das Verkehrsaufkommen ist meistens gering. So kommt man trotz Tempolimits gut voran. Die schwedische Verkehrspolizei gilt als streng und die schwedischen Autofahrer als diszipliniert und rücksichtsvoll. Vielleicht hängt das eine ja mit dem anderen zusammen. Auf der **Autobahn** fährt man oft in gleichmäßiger und lockerer Kolonne stressfrei bei Tempo 110 kilometerweit, ohne dass ein Überholmanöver, ein Drängler oder sonst etwas Aufregendes für Abwechslung sorgt. Wer allerdings viel auf **Landstraßen** unterwegs ist, wird feststellen, dass es auch Ausnahmen von der Regel gibt. Besonders auf den kleinen Straßen sollte man sich vor Postautos, Holzlastern und weiteren gefährlichen Fahrzeugen ein wenig in Acht nehmen. Spaziergänger sind hier auffallend oft mit Warnwesten unterwegs, vermutlich nicht ganz ohne Grund.

In puncto „Alkohol am Steuer" wird offenbar besonders rabiat durchgegriffen. Vor allem im Umkreis der großen Festivitäten zu Mittsommer oder zum Krebsessen im August werden teils demonstrativ groß angelegte Kontrollen veranstaltet. Solange man nüchtern ist, kann man aber hoffen, dass z. B. bei fehlenden Papieren ein Auge zugedrückt wird. Die Beamten, mit denen wir bislang zu tun hatten, waren immer auffallend freundlich.

Die **Verkehrsregeln** sind fast identisch mit denen in Deutschland. Tagsüber muss auch im Sommer mit Licht gefahren werden. Der Linksverkehr wurde in den 1960ern abgeschafft. Im Kreisverkehr gilt „Blinken nach links", wenn man eine Dreivierteldrehung fährt. Tempolimits sind fast lückenlos beschildert. Auf den Autobahnen gilt meist Tempo 110 oder 120, über Land 70, 80, 90 oder selten 100, innerorts 30, 40 oder 50.

Tankstellen findet man in allen kleinen Städten und ab und an auch noch dazwischen. Das große Tankstellenproblem beginnt eigentlich erst nördlich von Stockholm. Etwas gewöhnungsbedürftig sind die Tankautomaten, die sich bis vor einigen Jahren mit deutschen Kreditkarten sehr schwertaten. Inzwischen geht es aber fast überall problemlos, teils sogar mit Debitkarte (EC-Karte). Benzinpreise sind ähnlich wie in Deutschland, Diesel ist allerdings spürbar teurer.

Wer beim Fahren gerne etwas erleben will, sollte die kleinen, teils geschotterten Straßen wählen, auch wenn sie für Karosserie und Insassen nicht immer die schonendste Fortbewegungsart sind. Man kommt auch nicht besonders zügig vom Fleck, aber es gibt meistens etwas zu sehen: Wälder, Seen, Wiesen, Bauernhöfe, wilde und weniger wilde Tiere, einsame rote Häuschen mal links, mal rechts. Wenn man langsam genug fährt, kann man sogar gute Pilz- oder Blaubeerstellen ausfindig machen. Die gelb beschilderten Straßen sind **Privatstraßen,** die eigentlich nicht für den Durchgangsverkehr vorgesehen sind. Sie werden dennoch von Navigationssystemen häufig als Route vorgeschlagen. Aus Rücksichtsnahme sollte man diese Strecken meiden.

Viele Wanderwege führen auch über Schotterstraßen

024_wSsL_haw

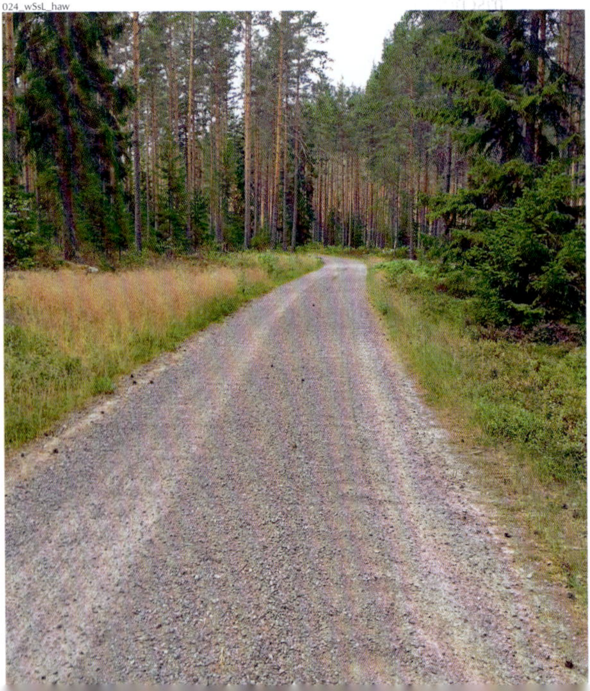

Einkaufen als Selbstversorger

Das Warenangebot in den Supermärkten ist ähnlich wie in Deutschland, das Preisniveau meistens etwas höher. In manchen Bereichen ist die Produktauswahl etwas größer (z. B. beim Fisch), in anderen etwas geringer (z. B. beim Käse). Beim Brot muss man den deutschen Maßstab ablegen. Am besten, man steigt direkt auf Knäckebrot um: Hier gibt es eine große Auswahl und auch gute Qualität. Die am meisten verbreiteten Supermärkte heißen ICA, Coop, Willys und Hemköp. Daneben gibt es auch noch einige Lidl-Filialen. Unser Favorit ist Willys!

Je größer der Markt, desto länger die Öffnungszeiten. Vielfach haben die Supermärkte auch bis abends spät und an **Sonn- und Feiertagen** geöffnet. Gezahlt wird am einfachsten mit der Debitkarte/EC-Karte.

Trotz fremder Sprache kann man beim Einkaufen kaum Fehler machen. Die zwei Klassiker: Die Butter schmeckt salzig. Das kann man nur vermeiden, wenn man *osaltat* kauft. Statt Milch *(mjölk)* kauft man Schwedenmilch *(filmjölk)*, ein joghurtähnliches, erfrischendes Milchprodukt, das sich hervorragend fürs Müsli eignet und in typischen Milch-Tetrapacks verkauft wird. Der Prozentsatz deutscher Schwedenurlauber, der sich schon einmal aus Versehen die Schwedenmilch in den Kaffee geschüttet hat, ist fast identisch mit dem der Kaffee-mit-Milch-Trinker.

Allergikerprodukte sind meist gut zu bekommen. **Vegetarier** und **Veganer** finden ihre Produkte leicht, denn die Begriffe sind identisch. Wer **ökologisch produzierte Waren** sucht, achtet auf die Etikett-Aufschrift *krav* bzw. die selbsterklärenden Bezeichnungen *ekologiskt* oder *bio*. Lediglich beim Honig kann man leicht hereinfallen: Oft steht auf den Gläsern *biodling*, was so viel wie „Bienenhaltung" bedeutet („bi" = „Biene", „odling" = „Anbau") und dann nichts mit Bio-Qualität zu tun hat.

Alkoholische Produkte erhält man fast ausschließlich in staatlichen Spezialgeschäften *(Systembolaget)* zu recht hohen Preisen. Das Bier im Supermarkt hat höchstens 3,5 % Alkohol und nennt sich dann *starköl*. Mariestads (2,8 %) hat ein ausgesprochen frisches Hopfenaroma und schmeckt abends im Freien sogar aus der Dose. Die Pfandautomaten in den Supermärkten für Dosen, PET- und andere Flaschen sind leicht verständlich und recht störungsfrei.

Wer gerne **shoppen** geht, kommt im småländischen Hochland nicht leicht auf seine Kosten. Ein riesiges Einkaufszentrum steht an der Autobahn E4 in Jönköping, vorwiegend mit den auch in Deutschland bekannten Ketten. Die kleineren Städte Vimmerby, Eksjö, Nässjö usw. haben kleine Fußgängerzonen mit ein paar Läden. Interessante Geschäfte mit ausgefallenen Artikeln, selbst produzierten Lebensmitteln, Handarbeitsprodukten usw. findet man ab und an verstreut im Land, teils auch als Hofläden. Originell und in jedem Fall sehenswert sind die als *Loppis* bezeichneten Trödelläden, die v. a. im Sommer sehr zahlreich sind.

(Nicht) Essbares am Wegesrand

Beeren

Mit ihren roten Verwandten, den Preiselbeeren, bedecken die **Heidel- bzw. Blaubeeren** *(blåbär)* wie Moosteppiche den Waldboden zwischen Schonen und Lappland. Im Norden sind sie Hauptnahrungsmittel der Bären im Sommer. In Småland muss man sich die „Plantagen" aber weder mit diesen Tieren noch mit professionellen Erntetrupps teilen. Wenn man denkt, man hat die beste Sammelstelle gefunden, sieht man sich wenig später schon wieder getäuscht, weil man eine noch bessere Stelle gefunden hat. Rotblaue Finger, Lippen und Zungen sind in jedem Fall garantiert. Der Fuchsbandwurm ist allerdings inzwischen auch in Schweden aufgetreten, wenn auch eher sporadisch. **Gründliches Abkochen** (z. B. zu Marmelade) hilft. Vorsicht auch vor den ähnlich aussehenden, leicht giftigen Rauschbeeren!

Im Spätsommer und Herbst lösen **Preiselbeeren** *(lingon)* die blauen Geschwister ab. Danach folgen die **Moosbeeren** *(tranbär)*, die aber deutlich mühsamer zu ernten sind und die auch nicht so flächendeckend auftreten. Noch seltener sieht man die als Delikatesse gehandelten **Multebeeren** *(hjortron)*, die vorwiegend in Lappland zu Hause sind, von denen sich aber immer wieder Einzelexemplare in den Süden verirren.

An Wegrändern und auch im Wald wiederum häufig anzutreffen sind **Himbeeren** *(hallon)* und **Walderdbeeren** *(smultron)*, die in der Gunst der Schweden sehr hoch stehen und fest mit dem Sommer assoziiert sind. Plötzlich treten sie in Scharen auf, und genauso plötzlich sind sie kurze Zeit später wieder alle verschwunden. Eine gute Sammelstelle hütet man als kleines Geheimnis. Im übertragenen Sinne bedeutet *smultronställe* so viel wie „Lieblingsplatz“ oder „Geheimtipp“, eine tolle Stelle, die nicht jeder kennt. Von Ingmar Bergman gibt es sogar einen Spielfilm mit dem Titel *Smultronstället* (1957).

Brombeeren *(björnbär)* findet man nur in Küstennähe und auch dort nur sporadisch.

Pilze

Mit etwas Glück, dem richtigen Blick und der richtigen Witterung kann man beeindruckende Sammelergebnisse erzielen. Häufig sind **Pfifferlinge** *(kantareller)* und **Steinpilze** *(Karl-Johan-svamp)* anzutreffen. Daneben findet man Birkenpilze, Krause Glucken, Schopftintlinge und viele weitere. **Giftpilze** sind natürlich auch zahlreich vertreten, darunter die dekorativen Fliegenpilze, aber auch gefährliche Arten wie der Grüne Knollenblätterpilz. Pilze sollte man nur sammeln, wenn man sich gut auskennt und sich bei der Bestimmung sicher ist.

Wildkräuter

Auch beim Sammeln von **Wildkräutern** kann reiche Ernte gemacht werden. Entlang der Wegränder findet man leicht große Mengen an Johanniskraut, Schafgarbe, Mädesüß und vielen anderen Wiesenblumen, die sich zum Sammeln eignen.

Belohnung fürs Sammlerglück: Waffel mit Blaubeersahne

028_wSsL_haw

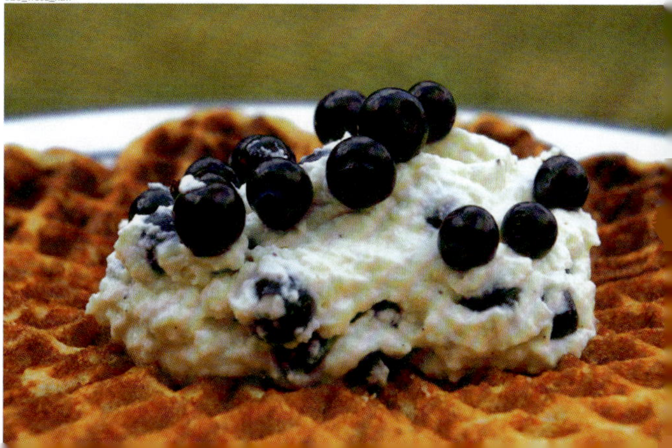

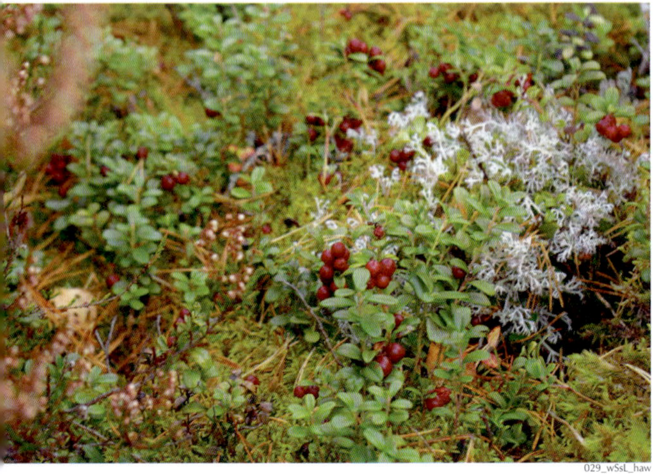

029_wSsL_haw

Preiselbeeren auf Moos

Walderdbeeren

030_wSsL_haw

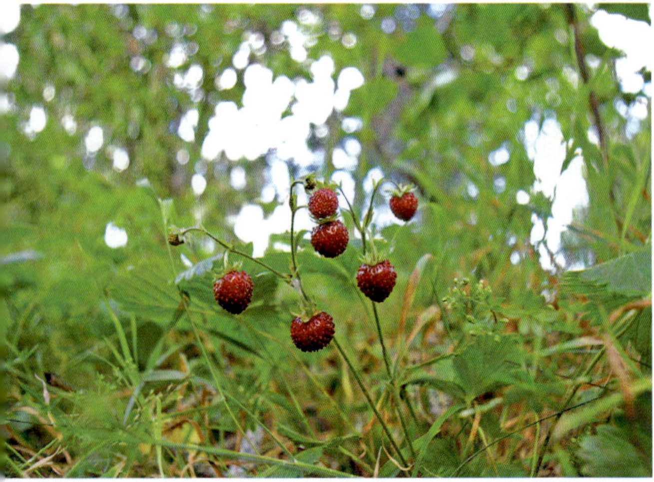

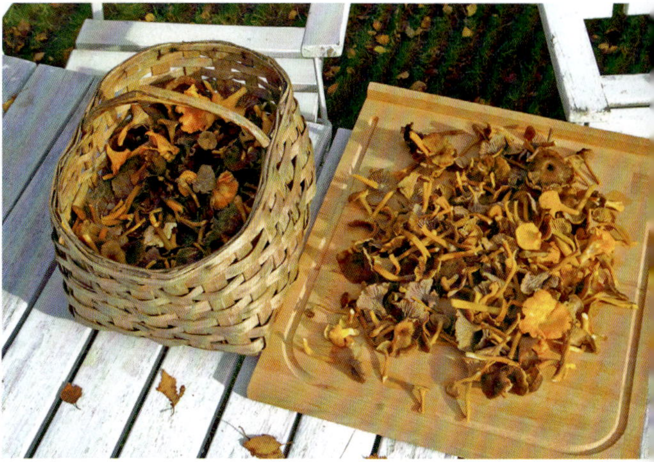

039_wSsL_haw

Pfifferlinge und durchbohrte Leistlinge

Steinpilze

040_wSsL_haw

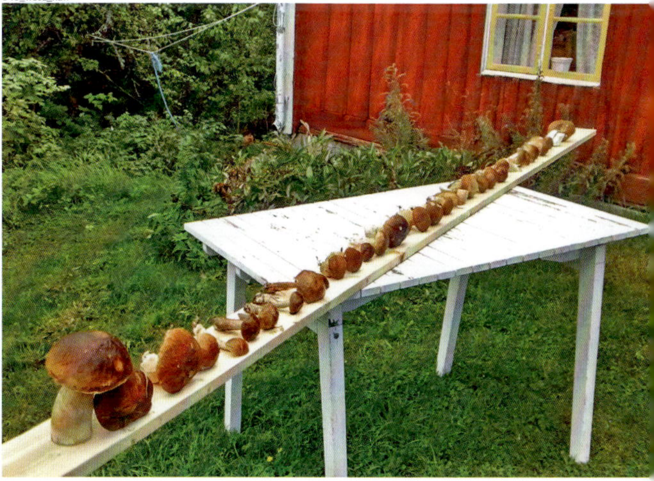

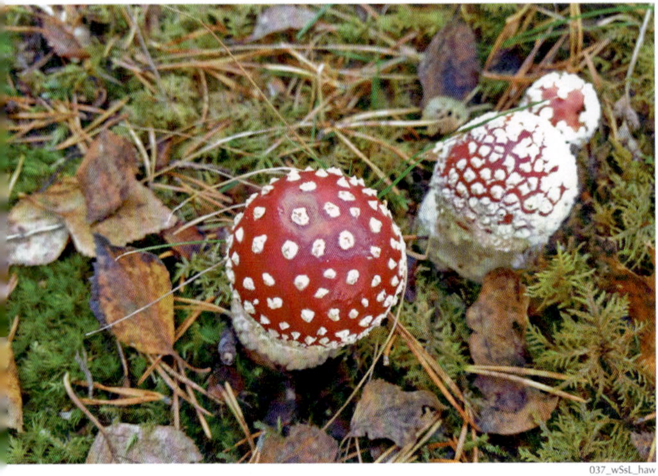

037_wSsL_haw

Die giftigen Fliegenpilze

Pilze mit interessanten Verzweigungen: Die Krause Glucke

038_wSsL_haw

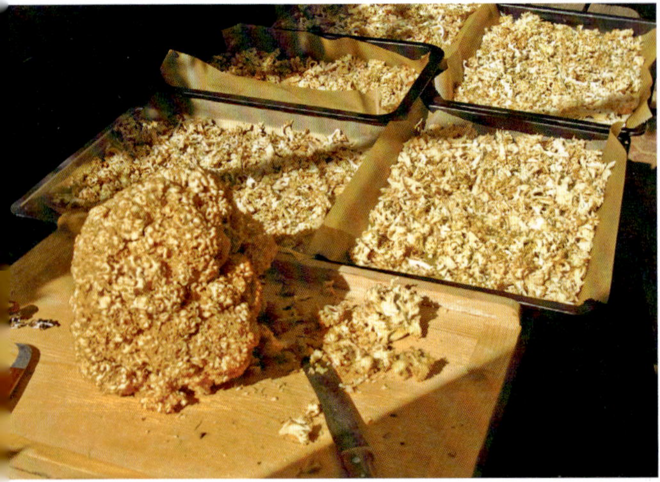

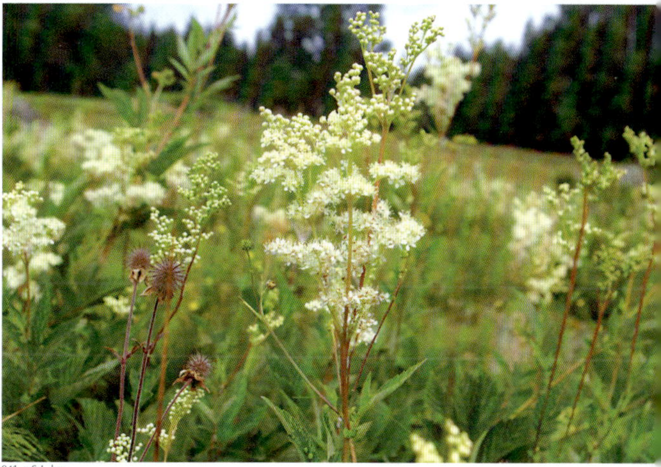

041_wSsL_haw

Mädesüß

Johanniskraut

042_wSsL_haw

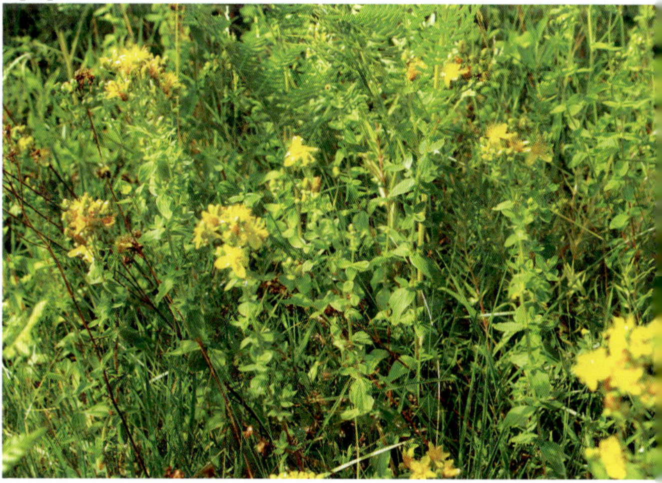

Fahrradfahren

Småland eignet sich **fast ideal** zum Radeln: Humane Steigungen, wenig Autoverkehr; auf den vielen kleinen Straßen und Schotterwegen gibt es viel zu sehen. Ausgewiesene Fahrradwege gibt es jedoch wenige, obwohl in den letzten Jahren der Trend dahin geht, parallel zu den größeren Straßen räumlich getrennte Radwege zu bauen. Entlang der Reichsstraße Nr. 40 in Ost-West-Richtung ist dieser aber noch sehr lückenhaft. Auf dieser Straße fühlt man sich als Radler auch nicht sehr wohl. Leider ist es auch schwierig, eine Alternativroute nördlich oder südlich dieser Hauptachse zu finden.

Wer die Möglichkeit hat, sollte sich wegen der Straßen- und Wegbeläge für **robustere Fahrradtypen** entscheiden. Einfache Fahrräder werden in vielen Ferienhäusern vom Vermieter bereitgestellt. Einen kommerziellen Fahrradverleih zu finden, ist nicht ganz einfach. Einen gibt es in Vimmerby: www.motorsport.se und auf der Website nach „cykeluthyrning" suchen.

Feiertage

Ein Großteil der Feiertage ist mit denen in Deutschland weitgehend identisch:

1. Januar – Neujahr (Nyårsdagen)
6. Januar – Heilige Drei Könige (Trettondedag jul)
Karfreitag (Långfredagen)
Ostersonntag und Ostermontag (Påsk, Annandag påsk)
1. Mai – Tag der Arbeit (Första maj)
Christi Himmelfahrt (Kristi himmelfärds dag)
Allerheiligen (Alla helgons dag), fällt in Schweden auf den Samstag zwischen dem 31. Oktober und dem 6. November
25. Dezember – 1. Weihnachtsfeiertag (Juldagen)
26. Dezember – 2. Weihnachtsfeiertag (Annandag jul)

Im Juni kommen hinzu:

6. Juni – Nationalfeiertag (Sveriges Nationaldag)
Mittsommertag (Midsommardagen), der Samstag, der zwischen dem 20. und 26. Juni liegt, also in unmittelbarer Nachbarschaft zur Sommersonnenwende am 21. Juni.

Teils sind auch die Vortage zu größeren Feiertagen ganz oder zur Hälfte arbeitsfrei. Darunter fallen u. a. Mittsommerabend (Midsommarafton), Heiligabend (Julafton), Silvester (Nyårsafton), Walpurgisnacht (Valborgsmässoafton) und der Vortag zum Tag der Heiligen Drei Könige (Trettondagsafton). An allen arbeitsfreien Tagen sind auch die meisten Geschäfte geschlossen mit Ausnahem der Lebensmittelläden, die z. T. jeden Tag im Jahr die Türe öffnen.

Neben den offiziellen Feiertagen gibt es noch sog. „Flaggentage" in Schweden, z. B. Namens- und Geburtstage von Mitgliedern der Königsfamilie, den „UN-Tag" am 24. Oktober, den „Gustav-Adolf-Tag" am 6. November und den Nobel-Tag am 10. Dezember, an denen an öffentlichen und auch an vielen privaten Gebäuden die Flagge gehisst wird (sofern sie nicht ohnehin schon ganzjährig dort flattert).

Anfang August beginnt in Schweden traditionell die **Krebsfangsaison.** Im privaten Kreis werden viele Feste veranstaltet mit Krebsessen, passenden Getränken und Liedern. In den Supermärkten findet man in dieser Zeit ein entsprechendes Warenangebot.

Im **Juli** haben **viele Firmen ganz geschlossen** oder auf Notbetrieb umgestellt, weil der Großteil der Belegschaft im Urlaub ist. Dies gilt auch für Polizeistationen, Krankenhäuser und Arztpraxen.

Freizeitbeschäftigungen

Feste und Veranstaltungen

Wanderer sind im Urlaub vermutlich eher selten auf besondere Events aus. Das trifft sich im småländischen Hochland gut, denn das Kulturangebot ist nicht sehr üppig. Man findet im klassischen Bereich aber durchaus einige **Konzerte** den Sommer über, v. a. Orgelkonzerte in Kirchen oder Kammermusik. Auf Sinfoniekonzerte oder Opernaufführungen muss man verzichten.

Volksmusik findet man teils als Konzert, teils im Rahmen von Mittsommer-, Mai- und Heimatfesten, deren Besuch auch ansonsten lohnend sein kann. Verbreitet sind Theateraufführungen von Laienspielgruppen, die dem sprachunkundigen Zuschauer allerdings wenig Kunstgenuss bieten und selbst dem Fortgeschrittenen häufig wegen des verwendeten Dialekts Schwierigkeiten bereiten.

Für größere **Rockfestivals** ist die Stadt Hultsfred bekannt. In Eksjö findet immer am letzten Wochenende im August das *Stadsfest* statt, bei dem sich die Altstadt in eine große Bühne verwandelt, auf der in Schweden bekannte Künstler aus den Bereichen Rock, Pop und Schlager auftreten.

Eventcharakter haben die v. a. im Sommer vielfach veranstalteten **Auktionen, Märkte** und **Kofferraumflohmärkte, Dorf-** und **Hoffeste** wie z. B. auch der Bullerbü-Tag. Wer ganz allgemein nach Veranstaltungen sucht, achte auf den Begriff *Evenemang,* unter dem z. B. die Städte und Gemeinden ihre Termine im Internet veröffentlichen.

Kultur

Museen unterschiedlichster Prägung gibt es in allen Städten, Städtchen und auch in manchen Dörfern. Fast jede Siedlung verfügt über einen **Hembygdsgård,** ein Freilichtmuseum mit historischen Holzhäusern und Wirtschaftsgebäuden.

Bildende Kunst wird vielfach auch im ganz kleinen Rahmen gepflegt. Nicht nur in kleinen **Galerien,** sondern auch in **Cafés** und manchmal weist auch mitten auf dem Land an **Privathäusern** ein Schild mit der Aufschrift *„Konst"* darauf hin, dass man hier Bilder, Skulpturen usw. anschauen und evtl. auch kaufen kann. Über die jeweilige Qualität der Erzeugnisse mag man sich

Auktion in einem Hembygdsgård

035_wSsL_haw

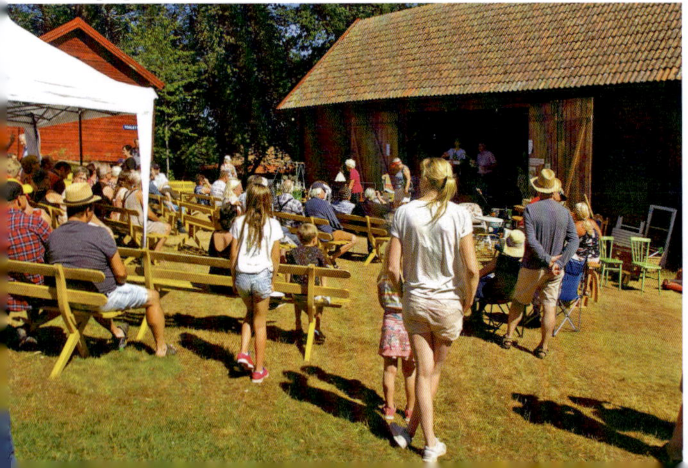

selbst vor Ort ein individuelles bzw. fachkundiges eigenes Urteil bilden. Ähnlich steht es auch mit dem Kunsthandwerk, das an verschiedenen Stellen zu bestaunen ist. Hier ragen v. a. die **Glasbläserbetriebe** heraus, deren Zentrum allerdings ein gutes Stück weiter südlich in Richtung Växjö liegt.

Aktivitäten

Tägliches Unterhaltungsprogramm bieten die **Freizeitparks:** „Astrid-Lindgrens-Värld" in Vimmerby mit Live-Theater rund um die bekannten Geschichten sowie der Vimmerby Adventure (früher Nils-Holgersson-Park) bei Södra Vi. Wer weitere Anreisen in Kauf nimmt, kann in „High Chaparral" bei Värnamo Cowboy- und Western-Feeling tanken.

Wenn man schon mal so viele Seen vor sich hat, will man vielleicht auch einmal weiter raus, als es schwimmend möglich wäre. Nicht wenige Urlauber bringen ihr eigenes Gefährt mit. Viele Ferienhäuser verfügen über Boote. An einigen Gewässern gibt es auch einen **Bootsverleih** bzw. Boote, die von Privatleuten gemietet werden können. Fast alle größeren Campingplätze haben ein solches Angebot, das auch Nicht-Campern offensteht. Weitere Adressen bekommt man über die Touristenbüros bzw. über die Internetseiten der Kommunen.

Theaterbühne in einem Hembygdsgård

036_wSsL_haw

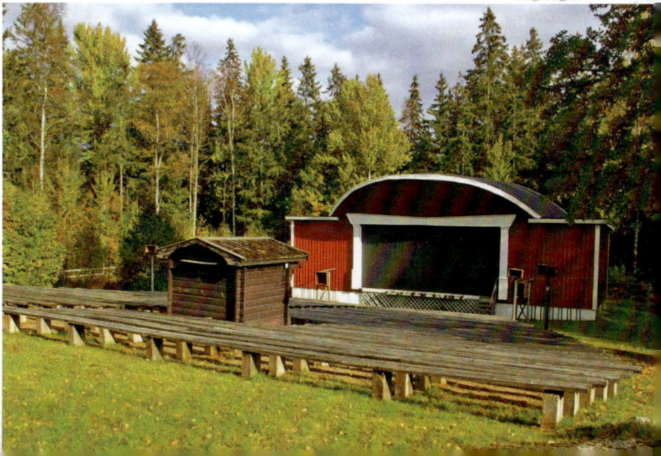

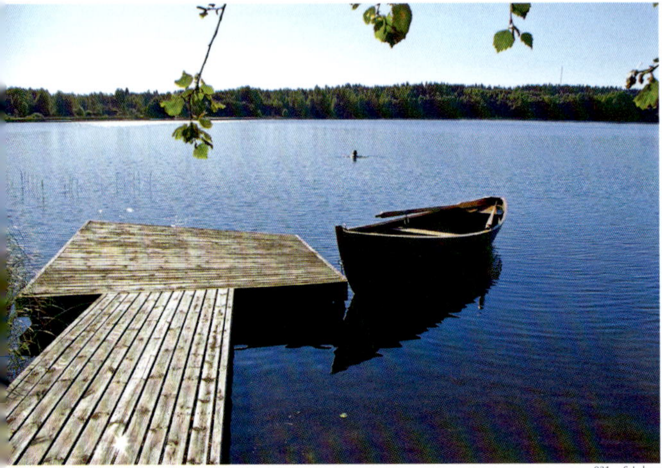

031_wSsL_haw

Auch mit dem Ruderboot kommt man über einen See

Ein Ausflugsboot als gemütliches Fortbewegungsmittel

032_wSsL_haw

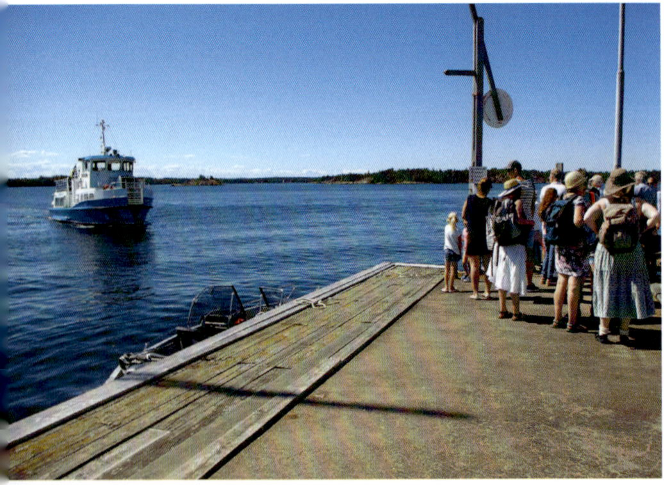

Bei der Wahl der **Boote** sollte man bedenken: **Kanus** und **Kajaks** sind meist sehr wendig, auch in Flüssen gut zu gebrauchen. Vor allem für Kinder kann das lange Sitzen aber anstrengend sein, denn viel Bewegungsfreiheit bieten diese nicht, es sei denn, man hat nichts dagegen, ins Wasser zu fallen.

Im **Ruderboot** sitzt man dagegen deutlich bequemer. Das Fahren an sich geht meist beschaulicher. Mit vielen Personen muss die Größe des Bootes unbedingt angemessen mitwachsen. Der erste Anschein, wie viele Leute in einem Boot mitfahren können, trügt oftmals.

Motor- und Segelboote sind schwerer zu leihen. Am ehesten findet man noch Ruderboote mit Außenbordern. In verschiedenen Seen gibt es auch Beschränkungen für Motoren. Schilder mit „hk" oder einer einfachen Zahl darauf bezeichnen die PS-Zahl *(hästkraft)*, die höchstens zulässig ist.

In alle diese Bootstypen sollte man nur mit **Schwimmwesten** einsteigen, die teils an den Bootsverleihen, teils auch in den Touristenbüros erhältlich sind. Auf ausreichenden Sonnenschutz und ggf. warme Kleidung sollte man achten.

Offizieller Badeplatz am See mit Kanus

026_wSsL_haw

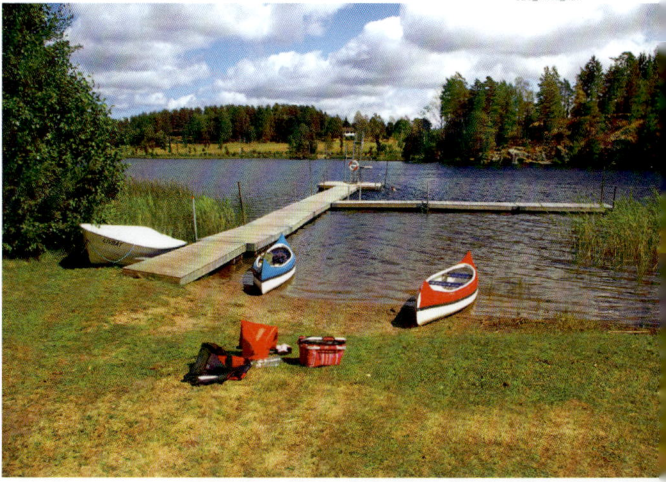

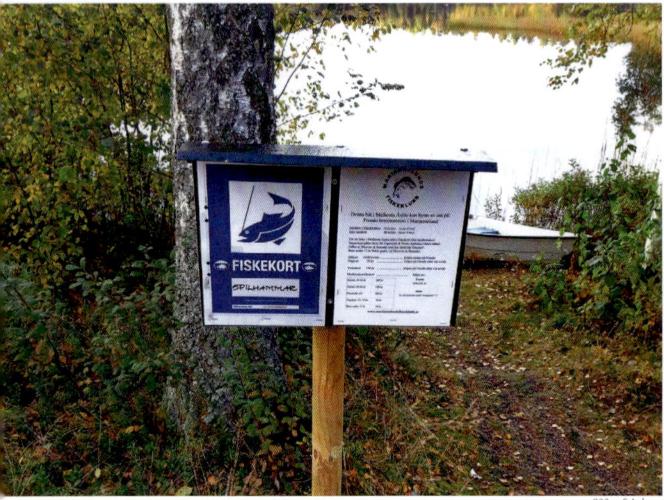

033_wSsL_haw

Hinweis zur „Fiskekort“

Golfplatz am See

034_wSsL_haw

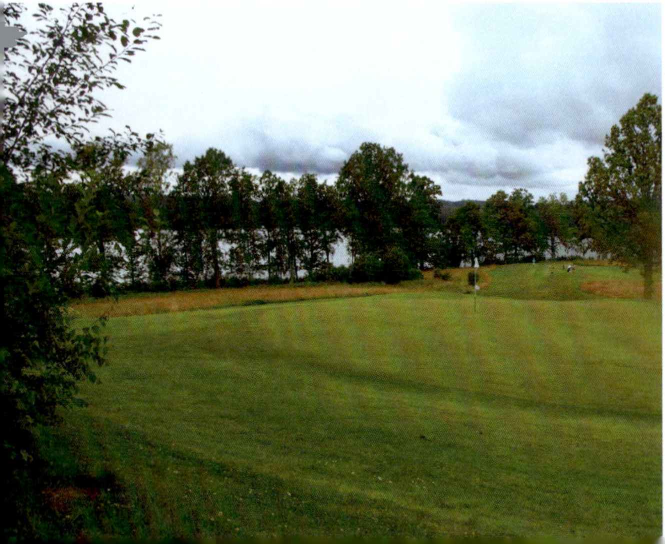

Wer lieber gefahren wird, kann auch eine Tour auf einem Ausflugsboot unternehmen. Diese verkehren z. B. im Schärengarten von Västervik, auf dem See Sommen, dem Kinda-Kanal nördlich von Vimmerby und auf dem See Bunn zwischen Tranås und Gränna. Über den Vätternsee fährt eine Fähre zur Insel Visingsö.

Die einfachste Bootsvariante ist das **Schlauchboot,** das man quasi unbeschränkt einsetzen kann.

Etwas anders als der deutsche Angelschein ist die sog. **Fiskekort** eher eine **Angelgenehmigung gegen Bezahlung.** Man erhält sie oft im Touristenbüro oder direkt beim Eigentümer des Gewässers. In den meisten småländischen Gewässern sind die Preise recht niedrig. Es müssen keine Kenntnisse oder Fertigkeiten nachgewiesen werden. Kostenloses Angeln gilt in der Regel für die ganz großen Gewässer: Ostsee, Skagerag, Kattegatt, Vänern, Vättern und einzelne weitere. Kinder benötigen in der Regel keine *Fiskekort.*

Für Wanderer gilt ja die Grundregel: „Schlechtes Wetter gibt es nicht, nur schlechte Kleidung". Will man aber einmal nicht raus in die Natur (ob nun wegen des Wetters oder aus anderen Gründen), bieten sich verschiedene Ziele an: **Schwimmbäder** gibt es in Eksjö, Nässjö, Sävsjö und Jönköping. **Freilichtmuseen/Hembygdsgårds, Bullerbü, Katthult, Elch-** und **Freizeitparks** (Astrid-Lindgrens-Värld u. a.) sind im Regen zwar weniger attraktiv als bei Sonnenschein, aber dafür ist es dann auch weniger überlaufen. Ähnlich verhält es sich in Bezug auf **Städtetouren**. Am sehenswertesten sind Eksjö und Västervik. Ganz unter Dach ist man in Astrid Lindgrens Näs (Astrid Lindgrens Geburtshaus mit weiteren Museumsgebäuden), im Astrid-Lindgren-Filmmuseum „Filmbyn" und in anderen **Museen.** Im Winter gibt es in den Kleinstädten überdachte **Eishallen** bzw. **Eisplätze.**

Sportmöglichkeiten

Golf ist eine Art **Volkssport** in Schweden. In der Umgebung findet man eine große Anzahl an landschaftlich reizvoll gelegenen Golfplätzen.

In Småland gibt es auserdem zahlreiche **Pferde- und Reiterhöfe**. An verschiedenen Stellen können auch Urlauber einzelne Reitstunden nehmen oder einen geführten Ausritt in den Wald buchen. An manchen Stellen gibt es Kutsch- und Pferdewagenfahrten. Nähere Infos geben die Touristenbüros.

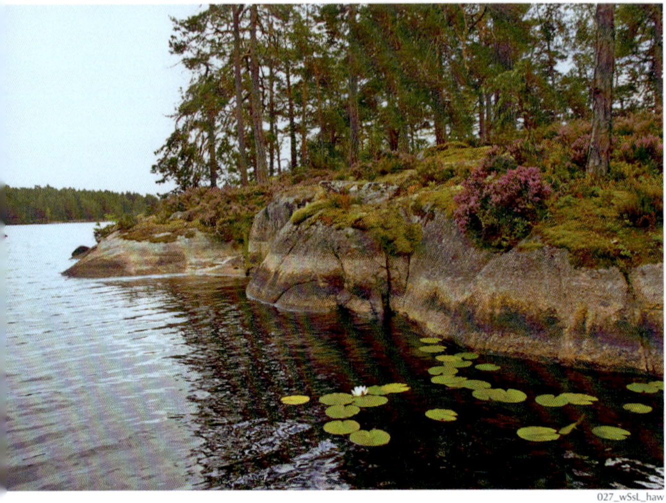

027_wSsL_haw

Der felsige Uferbereich ist schwer zugänglich

Leicht rostfarbenes Wasser an einem See

025_wSsL_haw

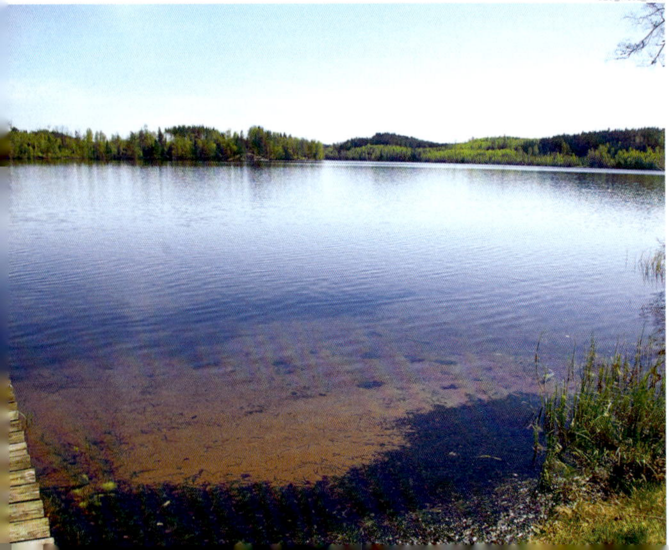

Gelegenheit zum **Baden** besteht in den zahllosen Seen. Im Sommer steigt die Wassertemperatur dank der langen Sonneneinstrahlung oft auf 20–25 °C. Typischerweise hat das Wasser aufgrund des hohen Eisengehalts einen golden-braunschwarzen Farbstich, was die Erwärmung begünstigt und keine negativen Auswirkungen auf die Badewasserqualität und das Badevergnügen hat. Den von offizieller Stelle getesteten Gewässern wird meist eine **hervorragende Wasserqualität** bescheinigt. Eine informative Übersicht über Badeplätze, Wassertemperatur und Wasserqualität bietet die Seite https://badplatsen.havochvatten.se/badplatsen/karta.

Zum Teil sind die Gewässer im Uferbereich etwas **sumpfig** oder stark mit **Schilf** bewachsen. An anderen Stellen wiederum erschweren spitze, scharfe Steine das Badevergnügen. An den offiziellen Badestellen, die - wenn überhaupt - erst überlaufen sind, wenn das Thermometer sich den 30 °C nähert, findet man jedoch meistens angenehme Sandstrände, Liegewiesen, Sitzgelegenheiten und zum Teil auch weitere Infrastrukturen, die aus dem Badesee eine Art Freibad ohne Eintrittspreis machen. Wer es gerne einsamer haben möchte, findet mit etwas Geschick auch seine ganz persönliche, einsame Badestelle.

Skilift Asby

043_wSsL_haw

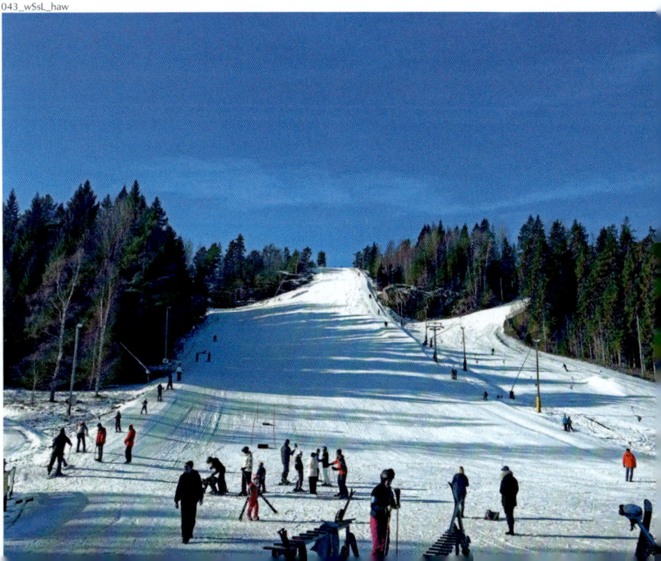

Schweden ist bekannt für seinen **Wintersport,** was sich auch bei den Angeboten auswirkt. Kleine Abfahrtspisten findet man in Ingatorp, Asby, Kisa, Virserum und Kettilsås. **Loipen** sind an vielen Stellen angelegt, teils auch beleuchtete, z. B. in Mariannelund, Eksjö und in Nässjö. Viele Schweden fahren mit ihren Langlaufskiern bei ausreichendem Schnee auch auf normalen ungespurten Waldwegen.

Mit den für Skandinavien typischen **Tretschlitten** lassen sich im Prinzip alle Straßen und Wege hervorragend befahren, die in der wärmeren Jahreszeit für Fahrräder geeignet sind. Hügel finden sich für die **Rodelschlitten.** Mit **Schlittschuhen** kann man sich bei starkem Frost auf die Seen und Flüsse wagen. In vielen kleinen Städten gibt es auch eine Eislaufhalle und öffentlich angelegte Eisplätze, die in der Regel kostenlos benutzt werden können.

Größere **Sportveranstaltungen** gibt es punktuell, v. a. im Bereich Laufsport/Triathlon und Motorsport. Von August an bieten Jönköping und Växjö echten Spitzensport im Eishockey. Beide Clubs spielen seit Jahren erstklassig und gewannen bereits die schwedische Meisterschaft. Das Erreichen der Playoffs ist Minimalziel.

Gastronomie

Schweden ist gewiss nicht das Eldorado der Gastronomie. In den großen Städten mag es anders aussehen, aber auf dem Land und auch in den Kleinstädten wird man Schwierigkeiten bekommen, wenn man ein exklusives Restaurant sucht. Es fehlt an Quantität und Qualität. Will man einfach nur satt werden, kann man einen der Pizza-Kebab-Imbisse aufsuchen, die recht verbreitet sind und in ziemlich einheitlichem Preis- und Leistungsniveau ein ziemlich einheitliches Speisenangebot auf ihren Karten anbieten. In diesen Läden erlebt man wenig Überraschungen – im Guten wie im Schlechten. Unter der Woche haben sie – ähnlich wie die übrigen Restaurants – meist Mittagstisch (*Lunch* oder *Lunchmenu*). Hier gelten in der Regel Pauschalpreise. Es gibt kostenlose Getränke und Kaffee zum Nachholen.

Ausflugsrestaurants außerhalb der Ortschaften sind so gut wie unbekannt. Selbst an touristisch frequentierten Orten wie

Katthult oder Bullerbü gibt es kein Restaurant. Die wenigen Ausnahmen haben nur in den Sommermonaten geöffnet und auch dann nicht unbedingt täglich.

Auch **Cafés** gibt es recht wenige, die Qualität ist hier aber meist gut. Man findet fast immer gute Back- und Confiseriewaren, die bei uns in Deutschland unbekannt oder wenig verbreitet sind. Selbst das Brot schmeckt hier manchmal passabel. Grundsätzlich sollte man auf den Wanderungen immer ausreichend Verpflegung dabei haben.

Gefahren und Gesundheit

Gewiss gibt es gefährlichere Aktivitäten als einen Wanderurlaub in Småland. Die folgenden Hinweise gehören also eher in die Kategorie „normale Lebensrisiken".

Kriminalität

In der internationalen **Kriminalitätsstatistik** belegt Schweden weltweit einen hervorragenden 13. Platz, erstaunlicherweise dicht gefolgt von Deutschland. Das heißt also: Nur in zwölf Ländern der Erde lebt es sich noch sicherer. Aber eben auch: Es lebt sich kaum sicherer als in Deutschland. Soweit die Statistik. Im **ländlichen Raum** hat man als Urlauber schnell den Eindruck, dass das Verbrechen hier noch keinen Einzug gehalten hat. In der Tat konzentrieren sich Diebstähle oder Gewaltverbrechen vor allem auf die wenigen **Ballungsräume** (Stockholm, Göteborg, Malmö), aber völlig unbesorgt sollte man sich wie überall auch im småländischen Hochland nicht verhalten, zumal die nächste besetzte Polizeiwache weit entfernt sein kann. Es wurden auch schon Autos an Badeplätzen aufgebrochen.

Gesundheit

Im Falle einer Krankheit oder Verletzung wendet man sich, sofern es sich nicht um einen akuten Notfall handelt, an die nächstgelegene *vårdcentral.* Dies ist eine **öffentliche Gesundheitsstelle,** die meist mit Ärzten, teils auch nur mit Krankenpflegern besetzt ist. Oft ist eine **Apotheke** angeschlossen. Zahnarztpraxen sind manchmal direkt integriert.

Notruf

Dies ist vielleicht der **wichtigste Hinweis:** Wenn mal etwas passiert, kann es lange dauern, bis Polizei, Feuerwehr oder Notarzt vor Ort sind. Gerade in der Ferienzeit im Sommer sind viele Stationen nur sehr notdürftig oder gar nicht besetzt. Das Rufen nach **Hilfe** verhallt im Wald meist ungehört. Handyempfang ist aber fast lückenlos gegeben. **Notrufnummer:** 112.

Waldbrand

An vielen Stellen im Wald sind Feuerstellen planmäßig angelegt, v. a. entlang der Fernwanderwege und an den Badeplätzen. An vielen weiteren Stellen sieht man, dass „frei gefeuert" wurde. Feuermachen draußen in der Natur ist Teil der schwedischen Outdoorkultur. Ob beim Wandern, bei der Elchjagd im Herbst, beim Angeln oder auch beim Eisangeln mitten im Winter bei

Feuerstellen müssen verantwortungsvoll genutzt werden

015_wSsL_haw

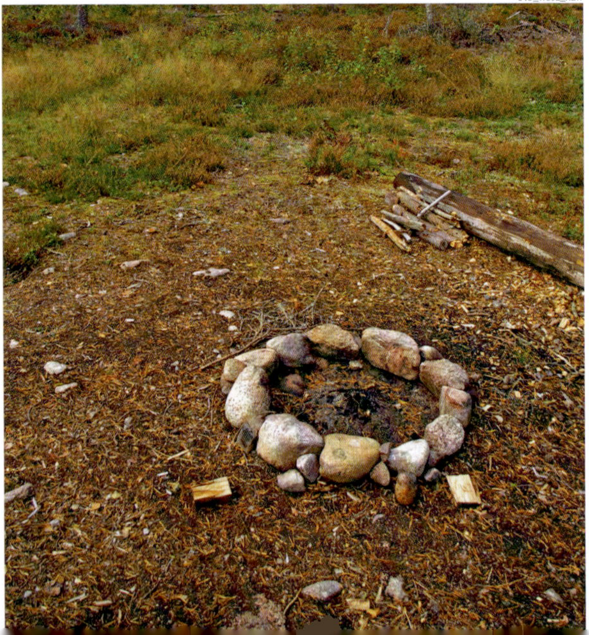

schwerem Frost: Ein Feuer und Grillen gehören einfach dazu. Dies sollte nicht dazu verleiten, sorglos mit offenem Feuer zu hantieren. Gerade das Nadel- und Birkenholz, das in den småländischen Wäldern dominiert, brennt auch im frischen Zustand ausgezeichnet. Die Provinzen sprechen in den Sommermonaten oftmals **Feuerverbote** aus und verbreiten dies über Zeitungen und Rundfunk, ohne dass es Urlauber automatisch mitbekommen würden. An manchen **Badeplätzen** werden entsprechende Gefahrenhinweise ausgehängt. Diese sollten unbedingt ernst genommen werden. In den letzten Jahren sind die Behörden durch **zunehmende Waldbrände** sensibilisiert und fliegen ihre Gebiete auch mit Flugzeugen und Hubschraubern ab, um **Brandherde** schnell entdecken zu können. Sollten keine Warnschilder hängen, heißt dies nicht automatisch, dass kein Feuerverbot gilt. Fragen Sie sicherheitshalber in den Touristenbüros nach. Diese haben in der Regel den neuesten Informationsstand. Recht **aktuelle Informationen** liefern die Wetter-

Hier sollte man vorsichtig sein: Absturzgefahr!

016_wSsL_haw

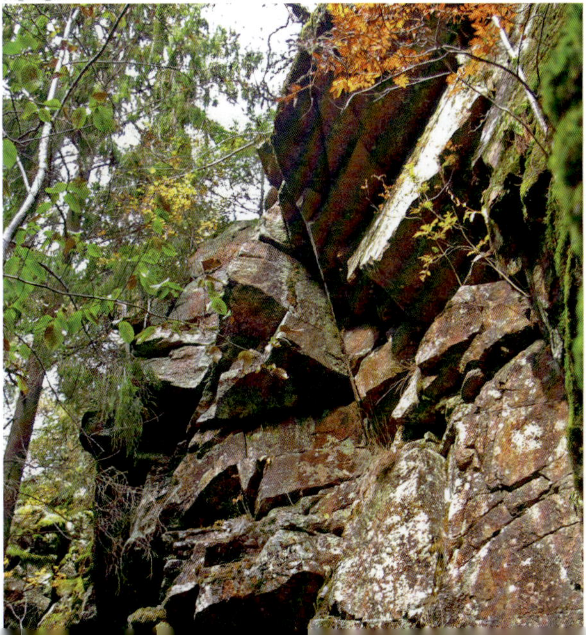

App und die Homepage des schwedischen Wetterdienstes SMHI (www.smhi.se).

Absturzgefahr

Verglichen mit den Alpen oder anderen Hochgebirgen besteht nur an wenigen Stellen das Risiko abzustürzen. In felsigem Gelände gibt es aber manchmal **unerwartete Kanten,** an denen es viele Meter senkrecht nach unten geht. Wir haben noch keine einzige Stelle gesehen, wo dies durch Gefahrenhinweisschilder im Voraus kenntlich gemacht worden wäre. Wenn **Kinder** vorlaufen, sollte man immer ein Auge auf diese potenzielle Gefahr haben. In einigen Tourenbeschreibungen haben wir ausdrücklich auf solche Stellen hingewiesen.

Ausrutschen

Hierbei passieren selten schwere Unglücke, aber dafür ist die Wahrscheinlichkeit auszurutschen deutlich höher als ein Erleben der anderen genannten Gefahren. **Bei feuchtem Wetter** wan-

Kiefernwurzeln und Granitsteine können bei Nässe sehr rutschig werden

017_wSsL_haw

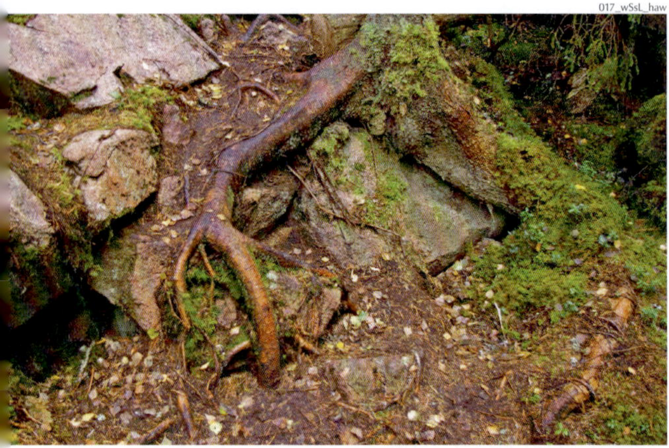

deln sich vormals griffige Unterlagen wie Granitsteine, Kiefernwurzeln und Holzplanken im Moor plötzlich in Rutschbahnen.

Gefährliche Tiere

Bären gibt es in Småland (noch) keine. Einem **Wolf** zu begegnen ist zwar recht unwahrscheinlich, aber möglich. Bislang ist es aber noch zu keinem einzigen gefährlichen Vorfall mit diesem Raubtier gekommen. Im Fall der Fälle ist Weglaufen die schlechteste Wahl, weil hierdurch evtl. der **Jagdtrieb** des Tieres geweckt werden könnte. Besser also stehen bleiben, ohne Hektik laut werden oder sich tot stellen.

Schlangen begegnet man recht häufig, vielfach auch in der Nähe der Seen, manchmal sogar im Wasser. Fast immer sind es (ungefährliche) Ringelnattern, die allerdings eine beachtliche Größe haben können. Seltener sieht man die scheue, aber giftige Kreuzotter, deren Biss v. a. für kleinere Kinder und kranke Menschen eine **ernsthafte Gefährdung** darstellen kann. Größere Gefahren gehen letztlich durch kleinere Tiere aus: **Hornissen, Hummeln** und **Bienen** sind häufig, ebenso **Wespen,** die ihre Nester gerne auch mal in ein länger unbenutztes Boot, in einen Schuppen oder eine Garage bauen. Ist man vielleicht der Erste im Sommer, der hier ein Fahrrad rausholt, kann es schon mal vorkommen, dass man einen kleinen Schwarm aufgeregter Insekten hinter sich herzieht. Unauffälliger sind die **Zecken,** die sowohl im Wald als auch auf Gartengrundstücken, Wiesen oder Feldern lauern. Diese können u. a. Borreliose und in manchen Gebieten auch FSME übertragen. Nähere Informationen unter: www.zecken.de.

Verlaufen in Wald und Moor

Geht man aufs Geratewohl in den Wald hinein, kann es schon mal passieren, dass irgendwo der Weg einfach aufhört. Sieht man vielleicht in einiger Entfernung einen vertrauten Punkt, ein Haus, einen Handymast o. Ä., kommt man schnell in Versuchung, mal ein Stück querfeldein zu laufen, was meistens auch gut ausgehen mag. Je nach Gelände muss man sich aber darauf einstellen, dass morastige Abschnitte auftreten. Dann heißt es am besten: Auf demselben Weg zurück wie gekommen! Will man die **Moorflächen** umlaufen, kann man sich schnell in eine

Falle manövrieren, aus der man so einfach nicht mehr herauskommt. Wenn einem dies dann noch in der dunklen Jahreszeit passiert und die **Nacht** ganz plötzlich vom ohnehin schon dunklen Wald Besitz ergreift, kann es spannend werden.

Gemäß Polizeistatistik gehen im August besonders viele Notrufe ein, weil Personen sich im Wald verirrt haben. Dann sind es vor allem Beeren- und Pilzsammler, die den Weg nicht mehr zurückfinden. Die Behörden geben fünf gute Tipps, um Suchaktionen von vornherein zu vermeiden bzw. um einer möglichen Suchaktion zum Erfolg zu verhelfen:

1. Nicht alleine in den Wald gehen oder zumindest anderen vorher mitteilen, wohin man läuft.
2. Waldabschnitte mit natürlichen Begrenzungen wählen (Straßen, Wege, Wasserläufe, Stromleitungen), an denen man sich gut orientieren kann.
3. Handy und Powerbank mitnehmen.
4. Auffallende Kleidung, am besten Warnwesten tragen, damit man z. B. vom Helikopter aus besser gesehen werden kann.
5. Immer genug Essen, Trinken und warme Kleidung dabei haben, falls die Suche doch einmal länger dauern sollte.

Geld

Schweden gehört zwar zur EU, nicht jedoch zur Euro-Zone. Bezahlt wird mit **Kronen** (SEK), die sich wiederum in 100 Öre teilen. Die Krone hatte in den vergangenen Jahrzehnten kontinuierlich gegenüber DM und Euro an Wert verloren. Nach teils gravierenden Wechselkursschwankungen infolge der Finanzkrise 2008 hat sich der Kurs ungefähr auf dem Niveau von 1 Euro zu 10 bis 11 Schwedischen Kronen eingependelt. Banknoten bekommt man in Deutschland am Schalter zu sehr ungünstigen Konditionen. Besser hebt man das Geld an Ort und Stelle am Automaten ab, auch wenn diese in der Regel nur kleinere Summen ausspucken.

An den meisten Stellen bezahlt man bequem mit **Karte.** Akzeptiert werden die gängigen Kreditkarten und meistens auch eine Debit-/EC-Karte. In manchen Geschäften wird Bargeld gar nicht mehr angenommen. Große Verbreitung hat der Handybezahldienst „Swish“, bei dem man sich zurzeit aber als Ausländer nur schwer anmelden kann. Die Diskussion um eine vollständige Abschaffung von Bargeld ist bereits weit vorangeschritten.

Hunde

Viele Schwedenurlauber reisen mit Hund. Wer sein Tier auf Wanderungen mitnimmt, sollte wegen der Wildtiere (und natürlich auch wegen anderer Fußgänger) unbedingt darauf achten, dass es immer **angeleint** läuft. An Badeplätzen ist das Mitnehmen von Hunden fast immer untersagt. Insgesamt kann das Land aber als **hundefreundlich** gelten. Detaillierte Einreisebestimmungen findet man z. B. unter www.hunde-urlaub.net.

Jedermannsrecht – Allmänsrätten

Nach schwedischem Recht kann jeder Einwohner wie auch jeder Tourist die Natur zu einem gewissen Grad nutzen, sofern er sich an einige grundsätzliche Regeln hält. So stehen die zahllosen Seen zum Baden normalerweise jedem frei. Immer sollte je-

Sammelfreuden

018_wSsL_haw

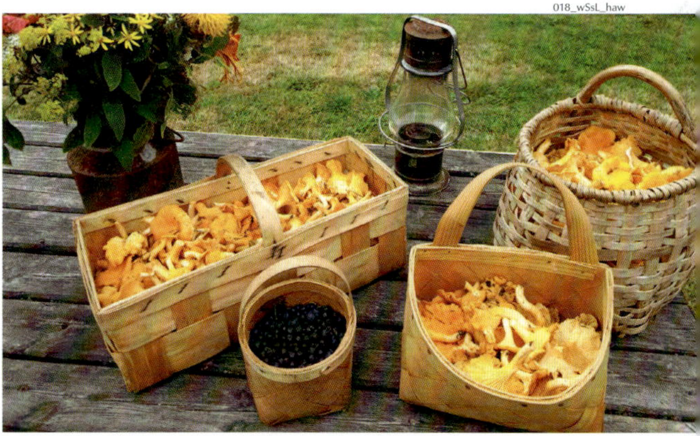

doch darauf geachtet werden, die Natur nicht zu zerstören. Einfach ausgedrückt: Nutzen, ohne zu beschädigen, sich frei bewegen, ohne zu gefährden. Bei der Auslegung des Jedermannsrechts gibt es allerdings **große Spielräume.** So ist z. B. das Beeren- und Pilzesuchen für den Eigenbedarf erlaubt, aber wie hoch genau ist Eigenbedarf? Auch dürfen Wanderer und Kanufahrer in der Natur für eine Nacht am selben Ort wild campen. Dies gilt aber nicht für Hausgrundstücke oder für Wiesen im Sichtbereich von solchen.

Privatpersonen und Vereine legen vielfach **schöne Plätze** am Wasser an mit Feuerstelle, Bänken, einem Steg usw. Es macht einen Unterschied in der Wahrnehmung, ob einerseits an solchen Plätzen ab und an einmal nachts ein Zelt aufgeschlagen wird, am besten so, dass man am nächsten Tag gar nicht mehr merkt, dass hier jemand übernachtet hat, oder ob andererseits solche Plätze als „Geheimtipp" auf Camper-Apps herumgereicht werden, sodass jeden Abend ein halbes Dutzend Wohnmobile dort aufkreuzt und den Parkplatz belagert. Für „motorisierte Wanderer" gilt das Jedermannsrecht zunächst nicht, es wird aber in der Regel toleriert, wenn jemand sein Wohnmobil oder seinen Wohnwagen für eine Nacht irgendwo abstellt, wo es keinen stört.

Freies Campen an angelegten Bade- und Angelplätzen kann mitunter soweit ausarten, dass Mülleimer überquellen oder Müll einfach liegen bleibt. Die Hinterlassenschaften werden im angrenzenden Wald verteilt, als sei er ein riesiges Plumpsklo. Frische Birkenrinde wird zum Anfeuern benutzt, auf großen Granitsteinen werden Feuer angezündet, wodurch diese zerspringen können usw. In der Diskussion steht das Jedermannsrecht v. a. durch **rücksichtslose Zeitgenossen** – in der Wahrnehmung vieler Schweden sind das meist die Touristen –, deren einseitige Auslegung des vermeintlichen Rechts zu solchen Problemen führt.

Das Jedermannsrecht gilt grundsätzlich nicht auf **Hausgrundstücken.** Wer sein Zelt in einem Gemüsebeet aufschlägt oder Beeren aus einem Garten pflückt, sollte sich nicht auf das *Allmänsrätten* berufen. In **Naturschutzgebieten** und **Nationalparks** gilt es nur eingeschränkt. Hier darf in der Regel nur an

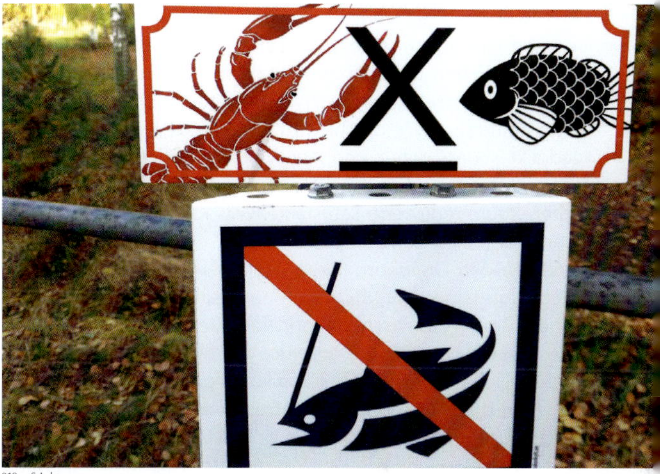

019_wSsL_haw

Beschilderung von Ge- und Verboten

Zelten am Rastplatz

020_wSsL_haw

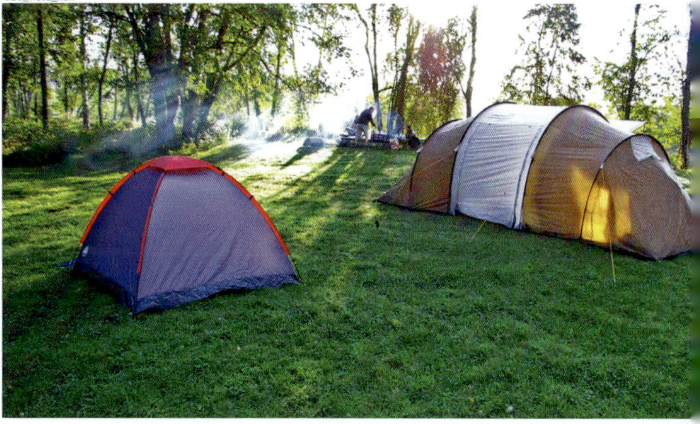

ausgewiesenen Plätzen gezeltet werden. Das Sammeln von Beeren und Pilzen wird jeweils von Fall zu Fall gesondert geregelt. An **öffentlichen Badeplätzen** gilt nach Gemeindesatzung oftmals ebenfalls Zeltverbot, auch wenn darauf nicht mit Schildern extra aufmerksam gemacht wird. Nicht vom Jedermannsrecht gedeckt ist das Fischen und Jagen. Hierfür bedarf es meist einer gesonderten Genehmigung. Insgesamt erwartet man im öffentlichen Raum reduzierte Lautstärke. Was Krach verursacht, wird schnell als Belästigung empfunden.

Neben den Urlaubern sorgen in den Sommermonaten teils auch professionell organisierte Beerensammlertrupps vorwiegend mit südostasiatischen Wanderarbeitern für Verdruss. Waldbesitzer beklagen sich, dass sie die Waldwege unterhielten, der Profit aus ihren Flächen aber von kommerziellen Unternehmen im Namen des Jedermannsrecht eingeheimst werden würde. Skandalöse Arbeitsbedingungen, Sozialdumping und kriminelle Geschäftspraktiken in diesem Wirtschaftszweig tun ihr Übriges, um den Ruf nach einer Abschaffung oder zumindest einer Änderung des alten Rechts lauter werden zu lassen. Immer wieder bleiben Kolonnen von Thailändern nach getaner Arbeit einfach im Wald zurück. Vom „Arbeitgeber" wie vom Arbeitslohn keine Spur. Nicht einmal ein Rückflugticket ist gebucht worden.

Die Machenschaften der „Marmeladenmafia" haben vordergründig nichts mit dem Verhalten der Touristen im Wald zu tun, zumal sie sich meist in Mittel- und Nordschweden abspielen. Dennoch sollte man diese Vorfälle im Hinterkopf haben und durch das eigene Verhalten kein weiteres Öl ins Feuer der öffentlichen Debatte gießen. Auch im småländischen Hochland gibt es Bauern, die ihre Wälder und Seezugänge gerne für Besucher schließen würden. Im Gespräch kann man die Klagen der Anwohner hören: „Die Deutschen haben kein Benehmen. Sie verhalten sich, als wäre alles erlaubt".

Kartenmaterial

Für ganz Schweden stehen vom staatlichen **Vermessungsamt,** dem *Lantmäteriverket,* Wanderkarten zur Verfügung. Für unsere Zwecke ist die sog. „Gröna Karta" im Maßstab 1 : 50 000 gut zu gebrauchen. Auf den Blattausschnitten „547 Mariannelund" und „548 Hultsfred" sind die meisten Touren des Wanderführers zu finden. Unter www.kartbutiken.se kann man im

Voraus die Karten online kaufen. Auf der Basis dieser Karten haben viele Kommunen eigene Touristenkarten herausgebracht, die jeweils in den Touristeninformationen käuflich zu erwerben sind.

Das *Lantmäteriverket* plant zurzeit, die Herstellung gedruckter Karten ganz aufzugeben und auf elektronische umzustellen. Ein besonders praktischer Service wird angeboten unter der Adresse https://kartutskrift.lantmateriet.se: Hier kann man sich selbst einen Kartenausschnitt wählen, bestimmte Parameter definieren und alles als PDF-Datei ausdrucken. Dieser Kartenausdruck ist im Maßstab 1 : 50 000 oder 1 : 10 000 möglich.

Man findet auf der Homepage des Amtes auch **historische Karten** beginnend mit dem 17. Jahrhundert in hervorragender Qualität. Eine spezielle Kartensuche zu vorwiegend vorgeschichtlichen archäologischen Denkmälern (Steinrosen, Runensteine, alte Fundamente usw.) bietet das *Riksantikvarieämbetet* (Reichsaltertümeramt) unter www.raa.se, allerdings nur in schwedischer Sprache.

Unter den **Online-Kartendiensten** ist neben der offiziellen Seite des staatlichen Amtes auch der Kartendienst www.hitta.se zu empfehlen. Er bietet mehrere Ansichtsformate an, u. a. Karte, Satellitenfoto und auch Wanderkartenlayout (Reiter „friluft"). Diese Karten sind zurzeit deutlich detailreicher und verlässlicher als die Karten, die Google-Maps bereitstellt, und im Übrigen auch durch die Farbgebung besser lesbar. Viele Open-Street-Maps-Karten, die auf Outdoor-Apps usw. standardmäßig laufen, haben speziell im Gebiet rund um Mariannelund/Vimmerby viele Flächen, die sehr ungenau gezeichnet sind. Wege, Gebäude und sogar Gewässer fehlen teilweise. Eine sinnvolle Kombination kann es sein, Karte und Ortung parallel zu benutzen.

„Lagom“

Ein wichtiges schwedisches Wort, das schwer zu übersetzen ist, aber das Lebensgefühl als Ganzes gut charakterisiert, lautet *lagom*. Es bedeutet so viel wie „gerade richtig", „ausreichend, aber nicht zu viel", „im ruhigen Gleichmaß", „ohne Hektik, ohne Übertreibung". Wenn etwas *lagom* ist, dann passt es, dann ist alles in Ordnung. Jeder möge Sorge dafür tragen, dass alles *lagom* sei, so der gesellschaftliche Konsens. Damit korrespondiert ein zweiter zentraler Begriff: *hänsyn* – Rücksicht bzw. *att ta hänsyn*

– Rücksicht nehmen. Ob an der Kasse im Supermarkt, in der Schlange an irgendeinem Automaten, im Straßenverkehr. Man bleibt leise, ruhig und aufmerksam und achtet darauf, niemanden zu stören. Gerne schreibt man es zusätzlich noch auf alle möglichen Schilder – an Badeplätzen, Skiliften usw., auch wenn das eigentlich unnötig ist, weil man es als kleines Kind schon verinnerlicht.

Ein typisches Beispiel: Eine Mutter mit einem etwa vierjährigen Kind wartet in Vimmerby am Bahnhof auf den Zug. Der Bahnsteig ist ansonsten leer. Der Junge läuft hin und her und ruft vergnügt etwas vor sich hin. Kaum betrete ich die Szenerie, nimmt die Mutter den Kleinen zu sich und sagt sehr freundlich, aber bestimmt: „lagom, ta hänsyn!“ – „Mach ruhig, nimm Rücksicht!“ Glaubt sie ernsthaft, ich wäre beim Warten durch das Gerenne des Kindes gestört, in meiner Ruhe beeinträchtigt? Vielleicht geht es gar nicht konkret um mich. Vielleicht will sie erreichen, dass der Kleine auf diese Weise nach und nach lernt, andere Menschen und ihre möglichen Bedürfnisse sofort wahrzunehmen und auf diese Weise denkbare Konflikte im Voraus zu umgehen.

In der Tat ist es im öffentlichen Raum in Schweden vielfach überraschend **ruhig** und **entspannt,** auch wenn viele Menschen zusammenkommen. Umgekehrt wird aber auch besonders sensibel wahrgenommen, wenn andere, z. B. Touristen, sich weniger leise und weniger rücksichtsvoll verhalten. Dazu ein weiteres Beispiel: An einem Mini-Badeplatz bietet der Parkplatz Raum für höchstens vier Autos. Zwei schwedische Familien sind bereits da. Wir sind dann Nummer drei. Wir drosseln intuitiv die Lautstärke unserer Stimmen beim Reden. Wir fühlen uns ein wenig wie Eindringlinge. Plötzlich wird es vom Wasser her lauter: Ein Ruderboot kommt angefahren und bereitet sich zum Anlegen vor. Laute Kinderstimmen, frohes Rufen, auch mal ein Quietschen dabei. Die Eltern schnattern mit, ohne Ärger oder Randale, aber man nimmt vom Ufer her sofort einen anderen Grundpuls wahr. Schnell wird klar, dass es sich um deutsche Urlauber handelt. Innerhalb von wenigen Minuten haben beide schwedischen „Parteien“ den Badeplatz verlassen, ohne dass man den Eindruck hätte, es sei eine Trotzreaktion. Eher scheint es, als hätten sie sowieso gerade nach Hause gemusst. Einer murmelt noch leise und halb kopfschüttelnd, aber ohne Verärgerung *tyskarna* („die Deutschen“) in seinen Bart, als er das Weite sucht. Oder habe ich mir das nur eingebildet?

ÖPNV

Ohne Auto, gut Urlaub zu machen, geht in Schweden außerhalb der großen Städte ziemlich schwer, aber es geht. Wir haben es selbst schon ausprobiert: Man muss recht genau die **Fahrpläne** studieren, die im Internet aber leicht zu finden sind. Für die **Bahn** ist die wichtigste Seite die der staatlichen Eisenbahngesellschaft (www.sj.se), für den **Busverkehr** die Seiten der jeweiligen Provinzen (www.klt.se für den „Kalmar länstrafik" und www.jlt.se für den „Jönköpings länstrafik"). In den **Sommerferienzeiten** werden die Fahrpläne spürbar ausgedünnt. Hilfreich ist es in jedem Fall, wenn man Fahrräder vor Ort hat. Viele Ferienhäuser werden inklusive Fahrrädern vermietet.

Sprache

Das **Schwedische** ist mit dem Deutschen und auch mit dem Englischen nahe verwandt. Das erleichtert die sprachliche Orientierung außerordentlich. Man merkt es im Geschäft, beim Tanken, beim Lesen von Hinweistafeln usw. Vieles erschließt sich fast von selbst. Es ist vorteilhaft, sich vor der Schwedenreise ein paar zentrale Vokabeln, Redewendungen und Zahlen anzueignen. Dann kommt man lesend auf Anhieb ganz gut zurecht, zumindest, was die Dinge des täglichen Lebens angeht.

Ganz anders sieht es aus in puncto Hörverstehen und Sprechen: Will man an einer Unterhaltung teilnehmen – egal ob aktiv oder passiv – muss man vorher einige Mühe in den Erwerb der Sprache investieren. Aussprache und Satzmelodie haben viele Eigenheiten. Hinzu kommt dialektales, schnelles und stark verschleifendes Sprechen. Häufiger Satz in einer Unterhaltung zwischen Schweden: „Vasadü?" („Vad sa du"? = „Was hast du gesagt"?). Sie verstehen sich oft gegenseitig nicht. Schafft man es, in einer Unterhaltung für einen Dänen gehalten zu werden, kann man das als Kompliment nehmen. Weniger mühevoll ist es, sich mit **Englisch** durchzuschlagen, was in den allermeisten Fällen gut funktioniert.

Eine Liste mit vorwiegend geografischen Begrifflichkeiten, die speziell beim Wandern hilfreich sein können, findet man auf S. 326.

Stechmücken

Die Geschichte mit dem Hut, der in die Luft geworfen wurde und vor lauter Stechmücken nicht herunterfiel, könnte man getrost als „Fake News" abtun, wäre sie nicht schon selbst ein ganz alter Hut. Insgesamt liegt die Belastung bzw. Belästigung durch die kleinen Tiere nicht signifikant höher als in weiten Teilen Deutschlands. Anders sieht es im **nördlichen Schweden** aus, wo man sie bisweilen als eine ernsthafte Bedrohung erleben kann. Einige Dinge sollte man beachten:

Grob kann man zwischen **drei Arten** von Stechmücken unterscheiden: **Bremsen** sind darunter die größten: verhältnismäßig dicke Körper, etwa dreieckig in der Grundform, entweder schwarz oder schwarz-gelb. Sie sind vorwiegend tagaktiv und lieben heißes Wetter und direkte Sonne. Zumeist kommen sie in der Nähe von Tierställen und landwirtschaftlichen Flächen, aber auch von Gewässern vor. Dort lauern sie ihrem Opfer gerne auf Wegen oder Wiesen auf. Durch Bewegung und plötzliche Schatten (z. B. durch Wanderer) werden sie wachgerüttelt, fliegen ein Stück umher, bis sie die Ursache der Bewegung, also das passende Lebewesen gefunden haben, und beißen zu. Das kann recht schmerzhaft sein und recht große Quaddeln erzeugen.

Etwas weniger angriffslustig verhalten sich in der Regel die **„normalen" Stechmücken,** teils auch fälschlich „Schnaken" genannt. Sie sind deutlich kleiner und dabei sehr schlank und elegant. Im Gegensatz zu den Bremsen treten sie vorwiegend in den Dämmerstunden auf und bevorzugen stillsitzende oder schlafende Opfer. Den Stich an sich spürt man kaum. Am Tag danach sieht man aber die unangenehme Schwellung auf der Haut. In der Zeit um Mittsommer herum können diese Tierchen in den Abendstunden vermehrt auftreten. Sie übernehmen für ca. eine Stunde die Herrschaft an Seeufern, auf Wiesen oder im Garten. Hier hilft dann oft nur lange, dichte Kleidung oder der Aufenthalt im Haus. Tagsüber werden sie nur selten zur Plage, dann zumeist in feuchten, dunklen Waldstücken, wo es den ganzen Tag über dämmrig ist.

Eine Art Mückenwolke bilden ebenfalls in der Dämmerungszeit ab und an die winzigen **Knotts,** oder Knocks, für die es auch die deutsche Bezeichnung „Kriebelmücke" gibt. In großer Zahl schwirren sie um einen herum, als wollten sie die Verfolgten in den Wahnsinn treiben. Man fühlt sich regelrecht „angeknabbert". Ständig pikst und brennt es auf der Haut, ohne dass man richtig gestochen werden würde.

Als Grundregel kann gelten: Warmes, feuchtes, windstilles Tiefdruckwetter erhöht die Mückenbelastung. Offene, am besten auch trockene Stellen, an denen es kräftig pustet, sind in der Dämmerung zu bevorzugen. Ein wenig hilft auch ein Feuer. An dem im Supermarkt als Spray oder als Roller erhältlichen Mittel „Mygga" scheiden sich die Geister. Insgesamt kann man sagen, dass das Mückenproblem von vielen Reisenden im Voraus überbewertet wird. Meist gibt es vor Ort dann eine positive Überraschung.

Unterkünfte

Hotels findet man in der Regel nur in den Städten. Für einen Wanderurlaub bieten sich eher andere Unterkünfte an. Wechselt man den Standort, sind z. B. **B&B-Unterkünfte** (heißen teils auch *Pensionat*) und **Jugendherbergen** *(Vandrarhem)* passend. Letztere sind teilweise (ähnlich wie in Deutschland) an Verbände angeschlossen und haben für Mitglieder günstigere Tarife. Insgesamt ist das Preisniveau in diesen einfach ausgestatteten Unterkünften im Vergleich zu deutschen Maßstäben eher hoch. Wer auf Komfort verzichten kann, darf in Schweden auch ohne gesonderte Genehmigung kostenlos im Freien zelten, wenn er sich an bestimmte Regeln hält (s. Stichpunkt. „Jedermannsrecht").

Wer lieber einen festen Wohnsitz hat, sollte am besten eines der vielen **Ferienhäuser** mieten, die teils über große Portale, teils aber auch privat angeboten werden. Dies bietet die Möglichkeit, die schönen Holzhäuser auch einmal von innen kennenzulernen. Zudem hat es den großen Vorteil, dass man sich selbst sein Essen zubereiten kann und nicht auf das gastronomische Angebot angewiesen ist. Die Auswahl ist recht groß und das Preisniveau eher niedrig.

Vor der Buchung sollte man zwei Grundsatzentscheidungen treffen: *1. Ortsrand oder Alleinlage?* Häuser in **Alleinlage** gibt es in Schweden auffallend viele. Oft liegen sie idyllisch am Straßenrand und blicken von hier besonders einsam in die Landschaft. Wer es ganz einsam liebt, sollte aber vorher per Karte genau die Zufahrtsstraße prüfen. Auch wenn diese z. T. nur wenig befahren wird, geht von den mit Tempo 90 vorbeirasenden Autos oftmals nicht nur Krach, sondern ggf. für kleinere Kinder auch eine

Gefahr aus. Das Häuschen sieht von der Straße gesehen idyllisch aus. Die Straße jedoch ist vom Häuschen gesehen gar nicht so idyllisch. Häuser im Ort oder am **Ortsrand** haben oftmals den Vorteil, dass man dort letztlich weniger Verkehr hat und gleichzeitig ein wenig Leben um sich herum spürt. *2. Seelage ja oder nein?* Dies ist nicht nur ein Preisunterschied. Wer mit kleineren Kindern unterwegs ist, sollte überlegen, wie viel Aufsicht er im Urlaub leisten will. Ein weiterer möglicher Nachteil des Häuschens am See kann u. U. das Haus selbst sein. Oftmals sind es recht uncharmante Fertigbau-Stugas aus den 1960er- und 1970er-Jahren, die zu ganzen Ferienhauskolonien ans Seeufer gesetzt wurden. Die „originalen" falunroten Schwedenhäuser stehen meist etwas ab vom Ufer.

Auf dem **Campingplatz** kann man in Schweden vielfach auch ohne Zelt, Wohnmobil oder Wohnwagen Urlaub machen, wenn man eine der Stugas mietet, die dort standardmäßig angeboten werden. Viele Campingplätze sind sehr schön angelegt und haben traumhafte Lagen. Besonders gilt dies für den „Spilhammar-Camping" bei Mariannelund (www.spilhammarscamping.com), den „Movänta-Camping" bei Hult (www.movantacamping.se) und den „Mycklaflons-Camping" bei Bruzaholm (www.mycklaflonscamping.com). In der Hauptreisezeit sind die Campingplätze teilweise ausgebucht. Wohnmobile und Wohnwagen werden an den meisten Stellen für eine Nacht auch außerhalb ausgewie-

Wandern über Planken im Moor

047_wSsL_haw

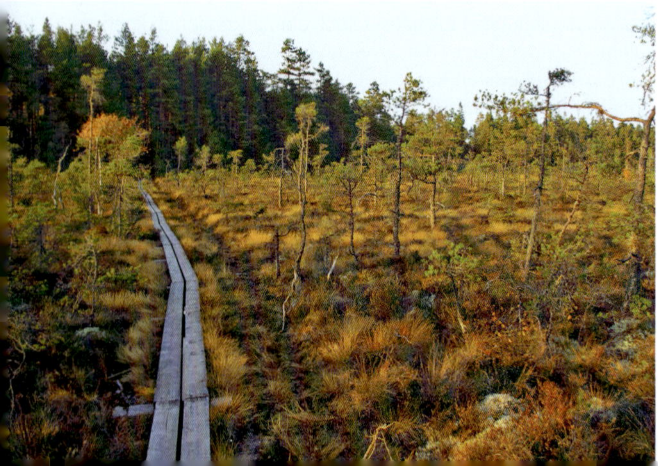

sener Plätze geduldet, auch wenn die Übernachtung in ihnen nicht vom Jedermannsrecht abgedeckt ist. Durch vermehrtes Abstellen von Campingfahrzeugen v. a. an Bade- und Angelplätzen entstand bei der einheimischen Bevölkerung in den letzten Jahren aber zunehmend Verärgerung und eine sich eintrübende Grundstimmung gegenüber (v. a. deutschen) Touristen (s. a. „Jedermannsrecht“). Wer mit seinem Campingfahrzeug nicht negativ auffallen und trotzdem die großen Campingplätze meiden möchte, kann z. B. auf **ausgewiesene Stellplätze** ohne nennenswerte Infrastruktur ausweichen, wie man sie etwa neben dem Sportplatz in Mariannelund findet. Der *Naturcampingplats* in Hultsfred liegt direkt am See und ist landschaftlich ausgesprochen reizvoll. Er ist extrem günstig, bietet aber nur einen kleinen Teil des üblichen Campingplatzkomforts.

Wegkategorien

Die meisten Wege, die in unserem Wanderführer vorgestellt werden, lassen sich leicht in wenige Kategorien einteilen: Teer- und Schotterstraßen; Schotter-, Wirtschafts- und Waldwege; Pfade; Planken; Markierungen im freien Gelände; Querfeldein-Laufen.

Teerstraßen

Diese werden weitgehend gemieden. Nur an wenigen Stellen, wo eine Route anders schlecht zu legen gewesen wäre, muss man ein kürzeres Stück auf Asphalt laufen. Einzige Ausnahme ist hier die Stadtwanderung durch Mariannelund.

Schotterstraßen

Die kleinsten öffentlichen Straßen sind bisweilen gar nicht asphaltiert, sondern geschottert. Sie gleichen darin den vielen privaten Schotterstraßen, die man an der gelben Beschilderung erkennen kann. Hier herrscht meist sehr wenig Autoverkehr. Auch diese Straßen wurden in den beschriebenen Touren nur dann gewählt, wenn die Route es erforderte. Meist sind sie für Fußgänger gut zu laufen. Autos, die hier unterwegs sind, fahren manchmal überraschend schnell. Also muss man schon etwas Vorsicht walten lassen, vor allem, wenn man mit Kindern unterwegs ist.

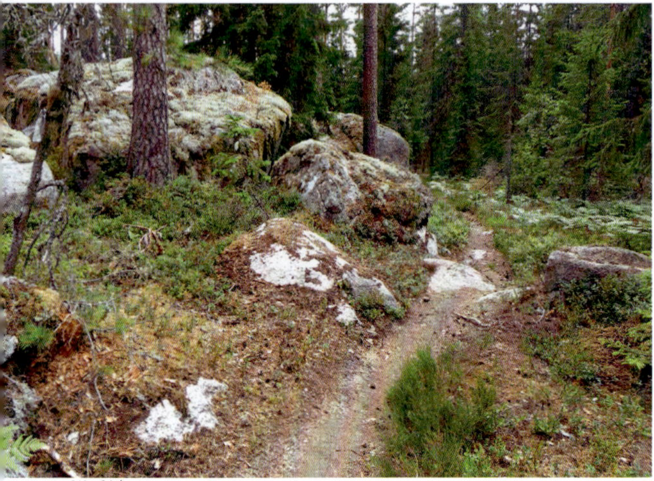

046_wSsL_haw

Pfade können auch mal etwas unwegsam sein

Waldweg

045_wSsL_haw

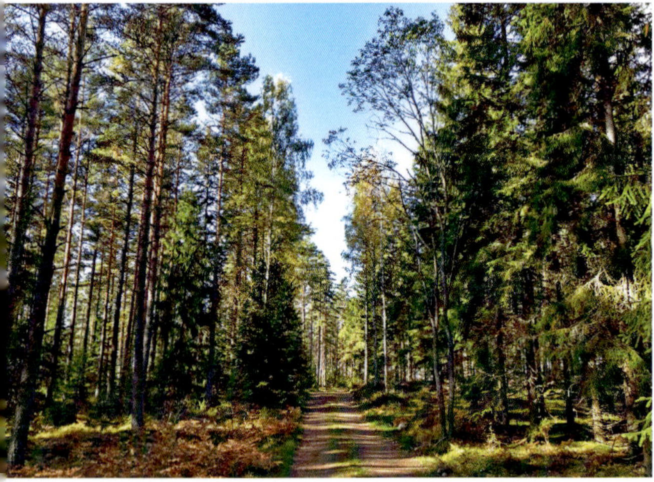

Schotterwege, Wirtschaftswege und Waldwege

Sie zweigen meist von den Schotterstraßen ab und verbinden landwirtschaftliche Höfe mit ihren Flächen. Sehr selten kann einem hier einmal ein Traktor oder ein Waldfahrzeug begegnen. Meist ist man als Fußgänger allein unterwegs. Als „Waldweg" bezeichnen wir solche Fahrspuren, die nicht zusätzlich mit Schotter o. Ä. befestigt wurden. Diese sind meist auch deutlich schmaler als die Schotterwege. Die Übergänge zwischen den Kategorien sind fließend.

Pfade

Vor allem die Fernwanderwege verlaufen vielfach über angelegte „einspurige" Pfade. Im felsigen Gelände können diese auch mal etwas unwegsam sein, vor allem wenn sich Kiefernwurzeln darüber schlängeln und bei nassem Wetter den Weg zusätzlich rutschig machen. An wenigen felsigen Abschnitten findet man auch Seile als Gehhilfe. Richtig alpin wird es aber nicht.

Planken

In Sumpf und Moor ist das Anlegen von Wegen vielfach unmöglich. Deshalb werden hier oft breite Holzplanken mit Sinn und Verstand als Wegersatz gelegt und manchmal auch geschickt mit Drahtbesatz versehen, sodass die Oberfläche griffiger wird.

Markierungen im freien Gelände

Ab und an kommt es vor, dass gar kein Weg vorhanden ist, sondern nur einzelne Markierungen auf Steinen oder an Bäumen, sodass man sich im Gelände grob orientieren kann. Das kommt an exponierten, meist felsigen Stellen vor, oder in Bereichen, in denen ein Wald recht frisch gerodet wurde und noch kein neuer Weg angelegt worden ist.

Querfeldein

Der schwedischen Sitte des Querfeldeinlaufens sind wir nur extrem selten gefolgt, dabei immer der Not gehorchend, dass ansonsten keine sinnvolle Streckenführung möglich gewesen wäre.

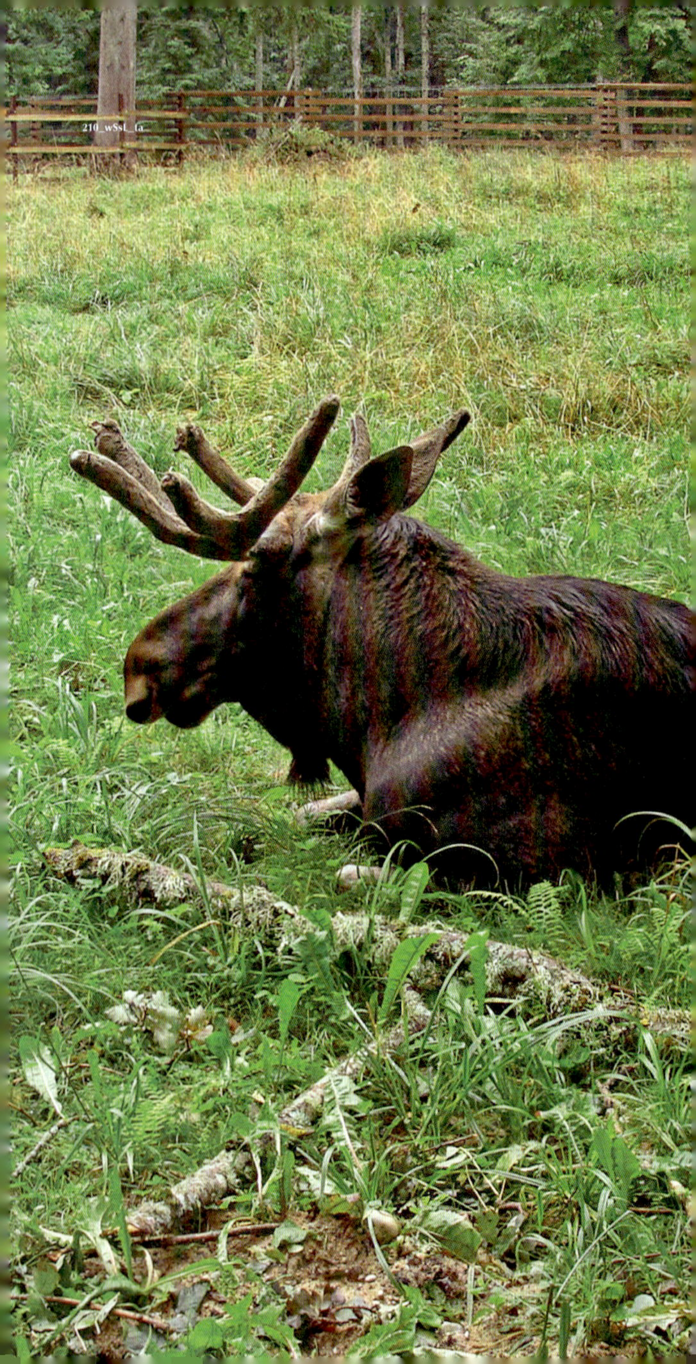

Land und Natur

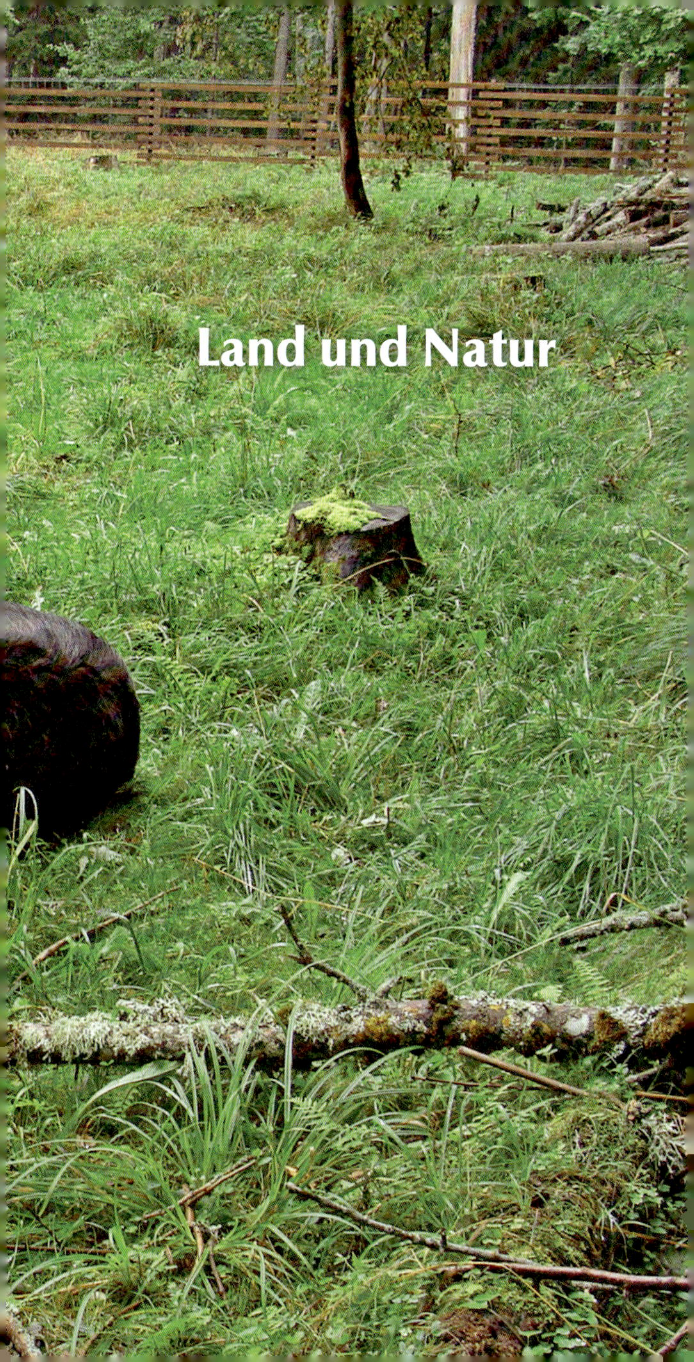

Landschaft

Beim Wandern wirkt die smaländische Landschaft im Dreieck zwischen **Vimmerby, Hultsfred und Eksjö** meist etwas verträumt, lieblich, idyllisch. Dazu trägt die sanfte **Hügelwelle** bei, die das Land durchzieht und recht kleinräumige Formen entstehen lässt. Fast alles liegt irgendwo zwischen 130 und 300 m ü. NN. Kaum einmal öffnet sich eine Fläche hinein in eine größere Ebene. Aber auch die Berge und Höhenzüge integrieren sich brav ins Landschaftsbild und ragen nicht steil heraus. Flusstäler zerschneiden nur ganz selten die Landschaft mit tieferen Furchen. Das Auge vermisst prägnante Formen, die die Landschaft gliedern oder dominieren. So kann man den Blick frei umherschweifen und „die Seele baumeln“ lassen, wie es in den Flyern der Tourismusbüros so häufig heißt.

Eine gewisse Ordnung und Geborgenheit schafft der **beständige Wechsel** aus Feldern, Wiesen und Wäldern, wobei

Kleinräumig sanfte Hügelwellen / Elch (Vorderseite)

049_wSsL_haw

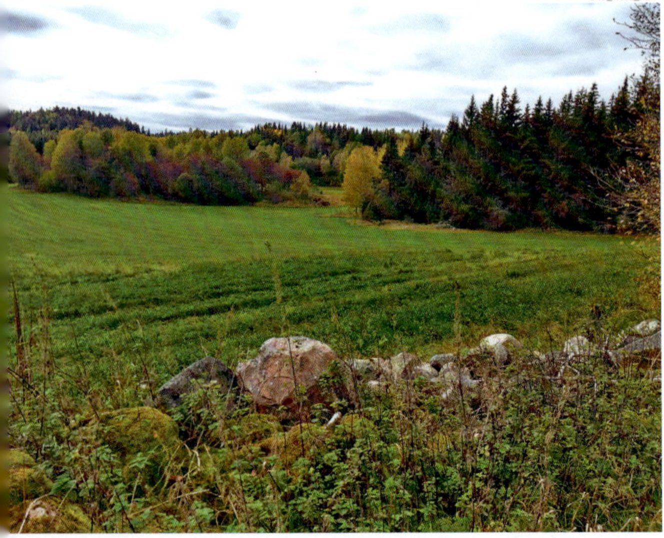

die verschiedenen Flächen häufig mit Steinmauern oder Holzzäunen eingerahmt sind, als hätte ein Maler dem weichen Pinselstrich noch eine starke Umrandungslinie hinzugefügt, um die Bildfelder deutlicher zu markieren. Die vielen Farbtupfer durch blau strahlende Seen beleben das Gesamtbild ähnlich wie die falunroten Häuser mit weiß gefassten „Knuten" und blau-gelben Schwedenfahnen, die davor unangestrengt im leichten Wind herumflattern.

Schnell vergisst man, dass dieses Gesamtbild gar nicht aus ästhetischen Gründen planmäßig erstellt, sondern mehr oder weniger zufällig durch die letzte Eiszeit überformt worden ist. Die **Eismassen** mussten sich auf der steinharten Granitunterlage mächtig „abmühen", um ihre Spuren zu hinterlassen.

Wer noch weiter nach Osten an die Schärenküste kommt, sieht die Fortsetzung dieser Landschaftsform ins Meer hinein: Würde man aus der Ostsee das Wasser ablassen wie aus einer Badewanne, bliebe eine Art „neues Småland" zurück. Die

Was die Eizeit zurückgelassen hat

050_wSsL_haw

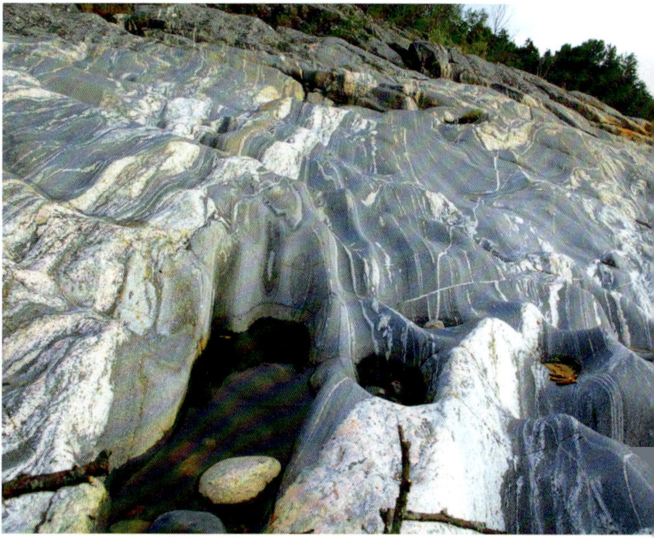

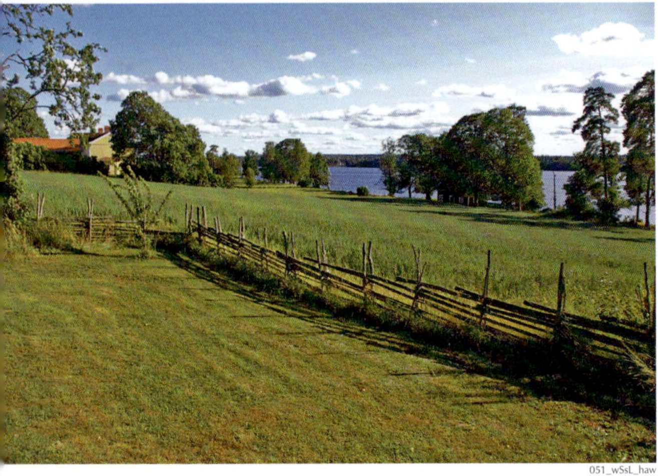

051_wSsL_haw

Typische Landschaft mit Wiese, Haferfeld und See

Dünne Bodendecke

052_wSsL_haw

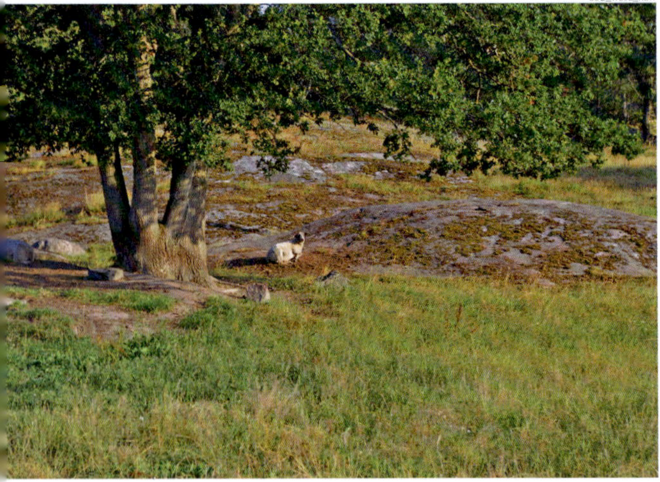

typische sanfte Hügelwelle aus geschliffenen Felsen mit Geröll und Sand dazwischen. In den Mulden würden sich Wasserreste, also die Seen und Sümpfe, sammeln. Es fehlte nur die Erde. Um diesen letzten Unterschied zu beheben, würde es schon reichen, ganz dünn Blumenerde darüber zu streuen. Man würde mit Absicht eine Sorte mit hohem Torfanteil wählen. So käme das heraus, was man im „echten Småland" vorfindet: Sanfte Hügel und Täler, dazwischen große Granitfelsen, Findlinge, viele Steine, wenig Erde, meist schlechte Böden für den Ackerbau, Moor, Morast, Heidelandschaft, Seen.

Das ist alles sehr schön anzuschauen. Die Bauern jedoch, die im 19. Jahrhundert ihrer Heimat den Rücken kehrten, um in Amerikas Mittlerem Westen das Glück zu suchen, werden in der neuen Heimat nicht schlecht gestaunt haben, wenn sie – ihrer Gewohnheit folgend – zur Probe mit langen Stöcken den Boden testeten: Wie tief der Stock wohl zu versenken geht? Damit erkannten sie, wie dick die Bodenschicht ist. Dort schien das Einsinken endlos, da sie keinen Widerstand gefunden haben dürften. Wie im Paradies werden sie sich gefühlt haben, da sie nun auf solche dicken Bodenschichten wirtschaften konnten. Dabei glauben heute viele Urlauber, wenn sie nach Småland kommen, dies sei das Paradies auf Erden. In der sog. Smålandssage heißt es aber (stark verkürzt): „Der Teufel schuf das Land, aber Gott schuf die Menschen". Ein Småländer, so das Selbstbewusstsein, muss schon besondere Fähigkeiten mitbringen, um in dieser lebensfeindlichen Welt bestehen zu können bzw. um aus dieser lebensfeindlichen **Sumpflandschaft** eine blühende **Kulturlandschaft** zu erschaffen.

Das Småland, durch das wir heute wandern, zeigt in gewisser Hinsicht beide Gesichter – einerseits dunkle, wenig kultivierte Sümpfe und Wälder fernab jeder Zivilisation mit leichtem „Norrlandfeeling" und andererseits idyllisch eingehegte Kulturlandschaft mit zufrieden dreinschauenden Rindern vor roten Häusern mit grün-bunter Blumenwiese und blauem See vor blauem Himmel. Wer für beides einen Sinn hat, der wird sich in Småland unweigerlich wohlfühlen.

Flora und Fauna

Die meisten Tier- und Pflanzenarten, die wir in Småland vorfinden, gibt es auch in Mitteleuropa. Dennoch unterscheiden sie sich in der spezifischen Mischung und im Gesamtbild deutlich. Große Unterschiede nehmen wir auch innerhalb einer Wandertour auf wenigen Kilometern wahr, je nachdem, wo wir uns gerade befinden.

Stadt, Garten, Park

Die Wegstrecke beim Durchqueren der deutschen Stadt Trier mit ca. 110.000 Einwohnern beträgt rund 5 km. Das ist ungefähr genauso weit wie die Wegstrecke in der småländischen Stadt Eksö mit ca. 10.000 Einwohnern. Aus diesem sehr typischen Beispiel wird deutlich, dass der Grundcharakter der Bebauung innerhalb geschlossener Ortschaften hier ein ganz anderer ist als in Deutschland. Viele Häuser liegen als Einzelvilla auf 1.000 bis 2.000 m² großen Grundstücken. Auch im öffentlichen Bereich gibt es **viele Parkanlagen, kleine Grünflächen** und **Alleen.** So sind die Siedlungen auffallend grün. Stadtbäume erreichen oft imposante Größen. Neben den ohnehin landestypischen Kiefern, Fichten und Birken sieht man häufig Linden, Ahorn,

Typisches Hausgrundstück mit Rasen, Bäumen und Fliederlaube

053_wSsL_haw

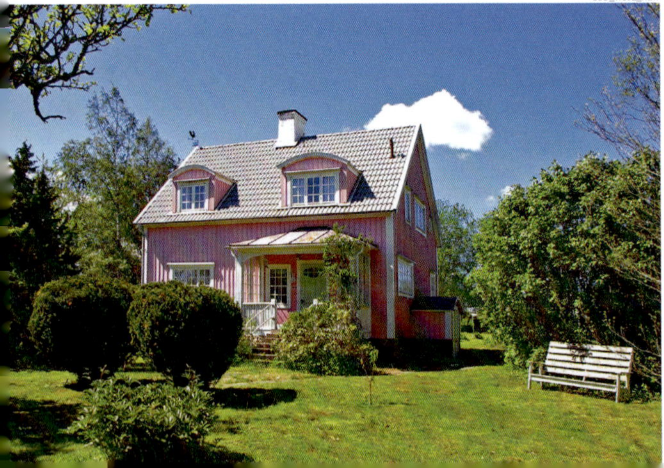

Erlen, Ulmen und Kastanien, in den Gärten auch Obstbäume. An Essbarem findet man auf den Privatgrundstücken ansonsten hauptsächlich Beerensträucher: Johannisbeere, Himbeere, Stachelbeere. Gemüsegärten werden nur selten angelegt, am ehesten noch im Gewächshaus.

Unter den **Ziersträuchern** und **Stauden** gibt es einige Sorten, die in keinem Garten fehlen dürfen. Allen voran der Flieder, der etwas strauchiger wächst und kleinere Blütendolden entwickelt. Er wird in alle möglichen Formen geschnitten, oft als einfriedende Hecke, gerne auch ringförmig als „Fliederlaube", in der man bei schönem Frühsommerwetter seinen Kaffee trinkt. Neben den auch bei uns geläufigen Rosen, Pfingstrosen, Jasminen und Hortensien ist besonders die Prachtspiere/Astilbe verbreitet, die oft repräsentativ auf die Rasenfläche gepflanzt wird.

Der **Rasen** ist das eigentliche Kernstück und Aushängeschild eines typischen Gartens – er ist noch englischer als in England. Vor wenigen Jahren noch hörte man im Sommerhalbjahr schon von Weitem, wenn man sich einer Siedlung näherte, weil immer irgendein Rasenmäher zugange war, der vorwitzige Hälmchen gnadenlos auf 3 cm zurechtstutzte. Wenn man um Mittsommer herum dem Gras beim Wachsen zuschauen konnte, standen manche Mäher gar nicht mehr still. Heute erledigen den mühsamen Job zunehmend Mähroboter, die fast geräuschlos, aber

Die Fliederlaube von Nahem

054_wSsL_haw

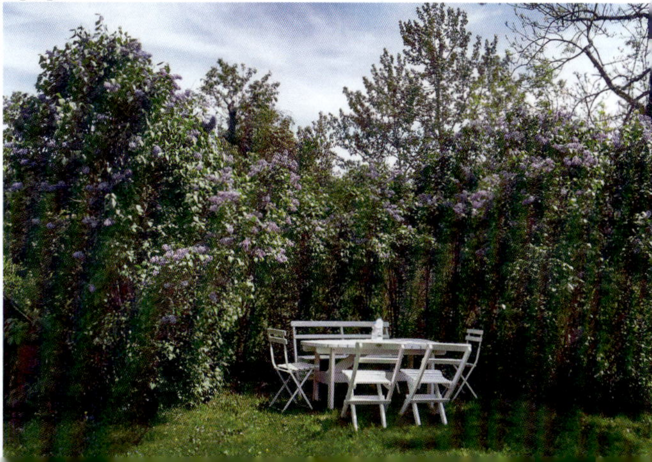

beständig über die Wiese ihres „Herren“ und GPS-gesteuert herumkrabbeln.

Historisch gesehen ist der Hang zum perfekten Rasenteppich noch gar nicht so alt. Astrid Lindgren beschreibt die Gärten (vermutlich in ihrer Heimatstadt Vimmerby) in „Kalle Blomquist“ mit den Worten: „Gewiss fand sich am Rande der Stadt die eine oder andere moderne Villa in einem schön gepflegten Garten; aber das waren Ausnahmen. Die meisten Gärten waren [...] wild

Typischer Garten mit Fingerhut, Johannisbeere und Prachtspiere

054_wSsL_haw

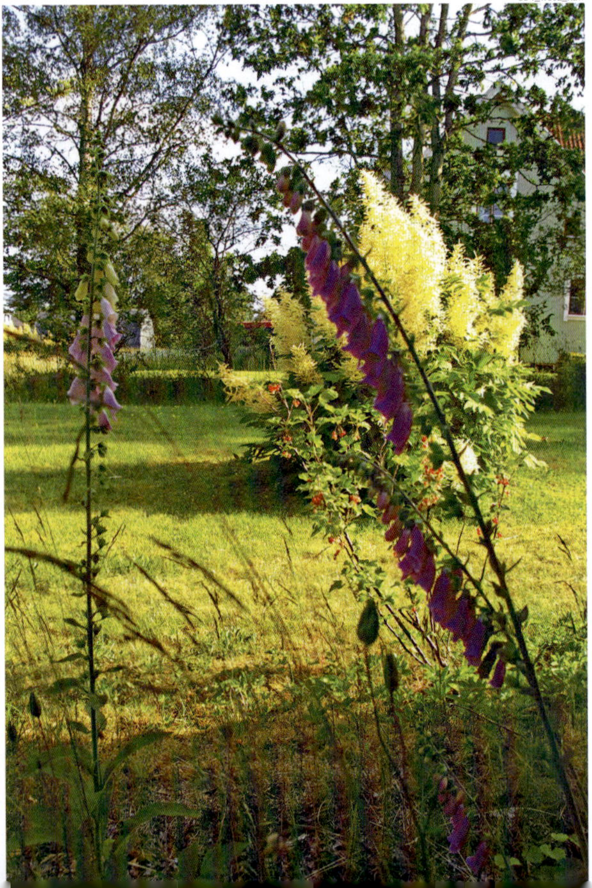

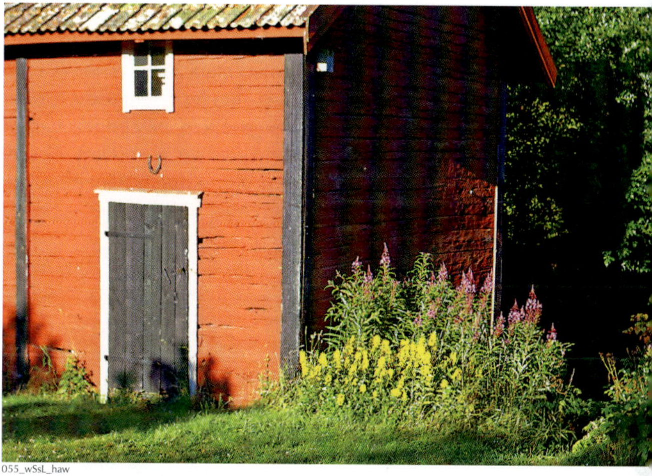

055_wSsL_haw

gewachsen mit alten knorrigen Apfel- und Birnbäumen und verwilderten Grasflächen, die nie geschnitten wurden". Von einer neuerlichen Trendumkehr hin zu frei wuchernden Wildblumenwiesen zu sprechen, wäre verfrüht. Aber hie und da sieht man in den Städten und Dörfern neuerdings kleinere oder größere Abschnitte, die nicht gemäht, sich selbst und den Insekten überlassen werden und die auch optisch oft sehr ansprechend sind.

Neben den zahlreichen Singvögeln sieht man gelegentlich Igel und andere **kleine Wildtiere,** die sich zwischen Häusern, Schuppen und Garagen, in sichtgeschützten kleinen Brachflächen heimisch fühlen. Im „toten Winkel" des Gartens lagern vielfach alte Dachziegel, Autoreifen, Bretter und Bleche. Dazwischen wächst dann frei, was wachsen will, besonders gerne das Weidenröschen, das mit seinen langlebigen violettroten Blütenständen den Grenzbereich zwischen Zivilisation und Natur deutlich anzeigt – sowohl in den Gärten als auch in Industriebrachen oder am Stadt- und Straßenrand. Seine großen Kolonien sind landschaftsprägend.

Gilbweiderich und violettrotes Weidenröschen

Gärten von allein liegenden Einzelhöfen auf dem Land unterscheiden sich im Grundsatz kaum von denen in der Stadt, außer vielleicht darin, dass sie noch großzügiger dimensioniert sind. Häufig findet sich vor der Vorderseite ein repräsentativer, großer Einzelbaum, der Hausbaum, der wie ein mächtiger Patron schützend seine Zweige über den Garten ausbreitet. Große Herrenhöfe kündigen ihre Existenz gerne durch Alleen an, die man am liebsten aus Eschen, Eichen oder Birken bildet.

Mächtig und beschützend: ein Hausbaum

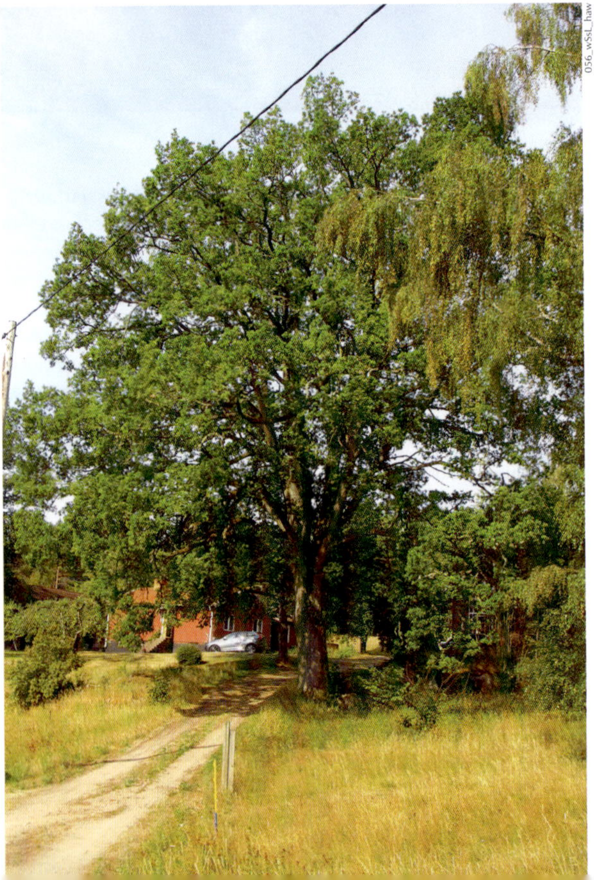

056_wSsL_haw

Acker, Wiese, Wegrand

Die Ackerfläche geht in Småland beständig zurück. Die Konkurrenz zum Weltmarkt hat Roggen, Weizen und selbst Kartoffeln fast komplett verschwinden lassen. Gerste und Hafer werden sporadisch – und dann zumeist als Futtergetreide – angebaut. Noch seltener trifft man auf Raps und Leinsamen. Um Vimmerby herum gibt es einige größere zusammenhängende Mais-

Eschenallee zum Herrenhof Mossebo

057_wSsL_haw

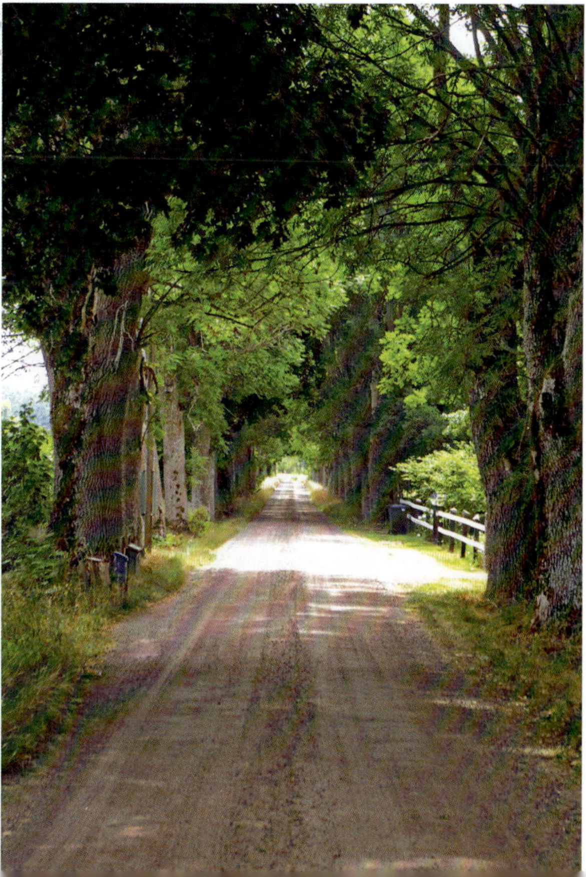

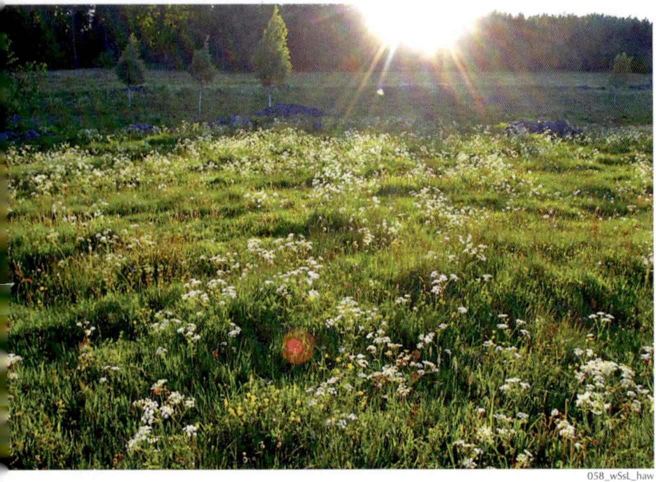

058_wSsL_haw

Magerwiese mit vielen Blumen

Kreuzotter an einer Hauswand und auf einem Waldweg

059_wSsL_haw

060_wSsL_haw

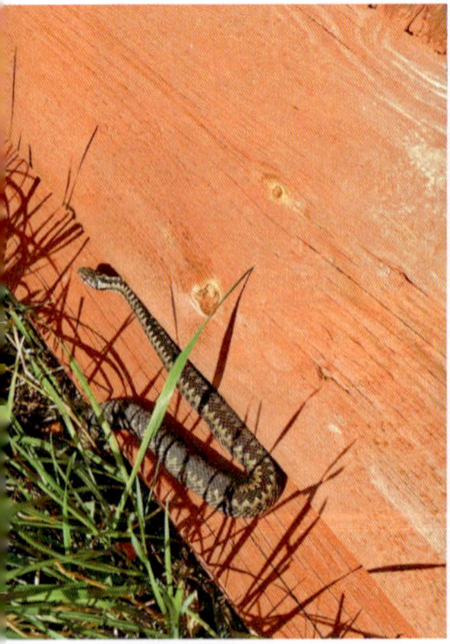

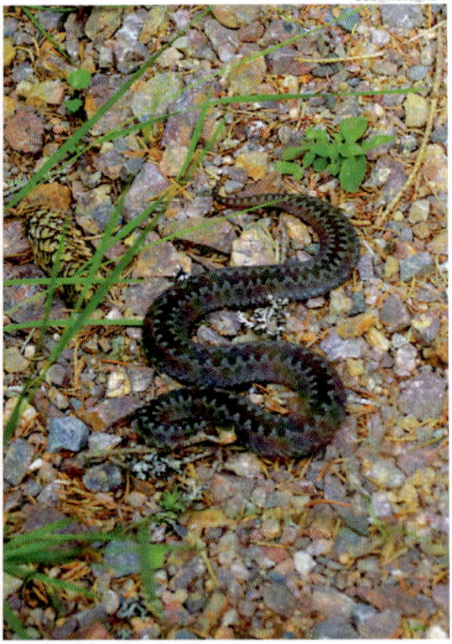

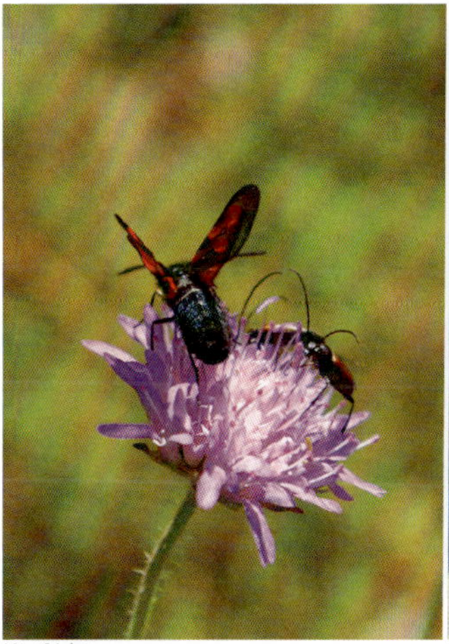
061_wSsL_haw

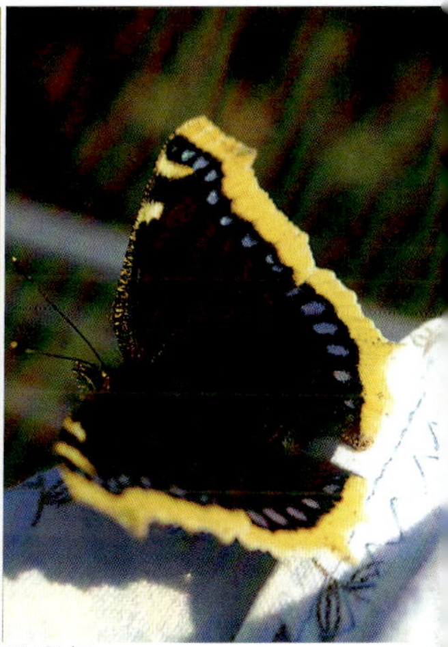
062_wSsL_haw

Ein Widderchen (li.) und ein Trauermantel (re.)

Sukkulenten auf einer Steinmauer

063_wSsL_haw

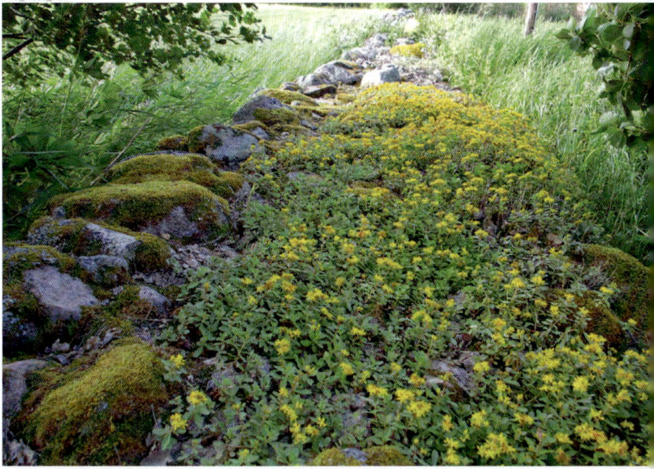

felder. Ansonsten wurde Ackerland vielfach in Weidefläche und in Mähwiesen umgewandelt. Die vergleichsweise mageren Böden begünstigen dort den Artenreichtum, was man im Sommer am Blütenreichtum erkennen kann. Wenn die Sonne kräftig scheint, liegt vielerorts ein schwerer, süßlicher Honigduft über den Wiesen. An Weg- und Feldrändern, Böschungen und Straßengräben ziehen großzügig bemessene Grünstreifen mit Wildblumen besonders die **Insekten** an: Honigbienen (die auf dem Land gehalten werden), Wildbienen, Hummeln, Schmetterlinge, Wespen, Käfer und Fliegen steuern Mädesüß und Co. an. Allerorten flirrt, summt und brummt es, dass einem schwindelig werden kann.

Sukkulente Pflanzen sieht man häufig auf alten Steinmauern und Hausfundamenten, wo sich auch Eidechsen, Blindschleichen und Ringelnattern sehr wohl fühlen. Auch giftige Kreuzottern kommen vor.

Auf den Weideflächen sieht man vorwiegend Rinder, Schafe und häufig auch Pferde. Ein Großteil der Landwirtschaft wird extensiv auf kleinen Flächen betrieben, was ökonomisch zwar weniger rentabel, dafür aber ökologisch verträglicher ist und das Landschaftsbild attraktiv und vielfältig erhält.

Eine für Småland besonders charakteristische Form der Graslandschaft stellen die als **„hagar“** bezeichneten Weide-

Hagar

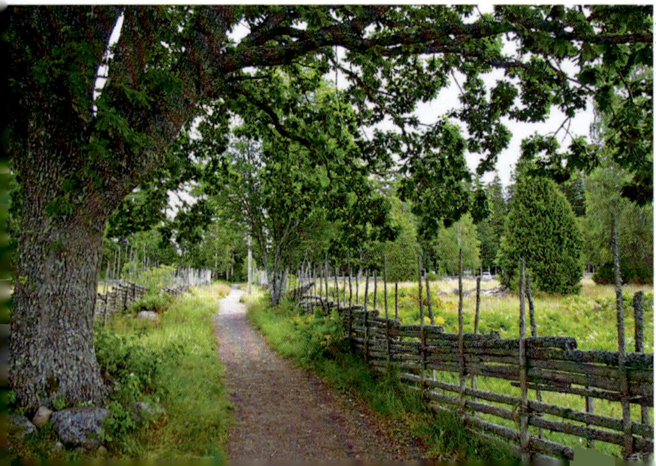

064_wSsL_haw

flächen dar, die sehr stark von kleineren und größeren Steinen durchsetzt sind und auf denen viele Einzelbäume wachsen, vorwiegend Eichen, Wachholder und Birken, aber auch Espen, Ebereschen, Weiden, Haselnuss, roter Holunder und Erlen. Meist sind es die „schlechten" Wiesen, die sich so entwickelten. Wo zwischen dem Gras von Natur aus dicke Steine lagen, legte man teils die dazu, die man auf anderen Wiesen loswerden wollte. So entstanden kleine Steinhaufen und Steininseln, wo weder Weidetiere noch Sensen den sich frei versämelnden Bäumchen etwas anhaben konnten. Sie wuchsen unbehelligt in die Höhe, bildeten mit der Zeit teils mächtige Kronen aus, unter denen das Vieh im Sommer Schatten finden kann. Diese großen Flächen, die wenig Ertrag lieferten, aber auch wenig Arbeit machten, waren **wichtige Bestandteile** der bäuerlichen Betriebe, denn sie hielten auch notwendige Nischenprodukte bereit: Wacholderbeeren, Wachholderholz zum Schnitzen, zum Räuchern und zum Zaunbau, Nüsse, Himbeeren, Wildkräuter, zahlreiche Holzsorten, die nur in spezifischen Einsatzbereichen gebraucht wurden, zum Beispiel zum Korbflechten usw. Diese Wiesen, die je nach Ausprägung nahtlos in Wald übergehen können, wurden in Kombination mit den sie umgebenden Holzzäunen und Steinmauern landschaftsprägend. Astrid Lindgren hat sich vehement für ihren Erhalt eingesetzt.

Roter Holunder

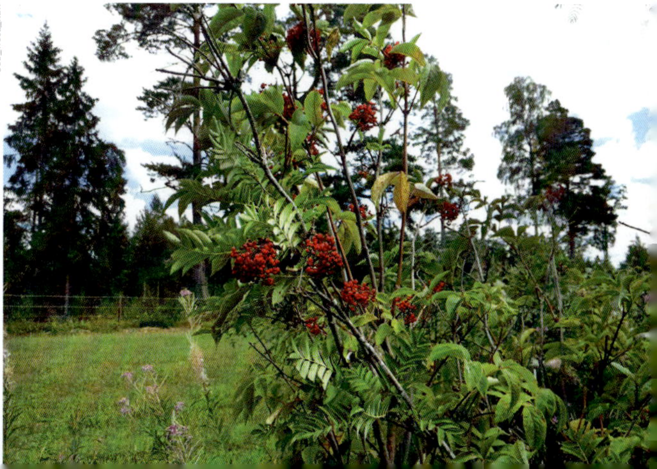

Wald

Aufgrund des Rückgangs von Acker- und Wiesenfläche kann der Wald sich im småländischen Hochland als Gewinner fühlen. Von Aussichtspunkten aus betrachtet wird das ganze Ausmaß der Entwicklung erst richtig sichtbar. Wege und Straßen verbinden ja naturgemäß die Siedlungen und zeigen überproportional viel offene Fläche. Aus der Vogelperspektive aber zeigt sich deutlich, dass der absolut überwiegende Teil des Landes bewaldet ist.

Die **Waldwirtschaft** macht auch am stärksten einen industrialisierten Eindruck. Vorherrschend sind alters- und sortengleiche Flächen, die oft viele Hektar groß sind. Um die beiden ersten Plätze streiten Fichten und Kiefern. Weit abgeschlagen folgen Birken. Andere Laubgehölze und Lärchen stehen ganz selten flächig, sondern meist am Waldrand, am Seeufer oder als Pionierbaum auf Rodungsflächen. Buchen fehlen aufgrund des Klimas quasi komplett.

Die **Baumfällungen** erfolgen im Wald in ziemlich systematischen Etappen: Im Jungwald erfolgt oft früh ein erster Ausdünnungsschnitt, der als Totholz einfach liegen bleibt. Ab einer wirtschaftlich rentablen Baumgröße werden gleichmäßig verteilt Einzelbäume entnommen, sodass sich die verbleibenden schneller entwickeln können. Mit zunehmendem Alter werden diese **„Fichten- und Kiefernplantagen"** für den Wanderer allmählich attraktiver. Das liegt weniger an den Bäumen selbst, sondern mehr an dem vielfältigen Untergrund, der sich im Schatten und Halbschatten prächtig entwickelt: **Moose, Farne** und **Flechten** beeindrucken in unterschiedlichsten Farben und Formen. Schachtelhalm, Erika, Beerensträucher und Pilze, die oft in großen sogenannten Hexenringen um die Bäume „tanzen", gesellen sich dazu und bilden zusammen eine würzig riechende Bewuchsschicht, in der es viel zu sehen und ggf. auch zu ernten gibt. Riesige Ameisenhaufen ragen hie und da aus dem grünen Bodenbewuchs hervor. Die einheitlichen Baumreihen bilden nur noch die Kulisse für ein spannendes Szenario dicht am Boden.

Mit ca. 100 Jahren erreichen die vergleichsweise schnell wachsenden Nadelbäume ein relatives Maximum, nach dem das weitere Wachstum sich merklich abschwächt. Jetzt kommt der finale Schnitt: Der komplette Baumbestand wird mit schwerem Gerät abgeerntet und in die großen Sägewerke in Hultsfred, Hjältevad oder Vallnäs gefahren. Die Wurzelstöcke werden mit

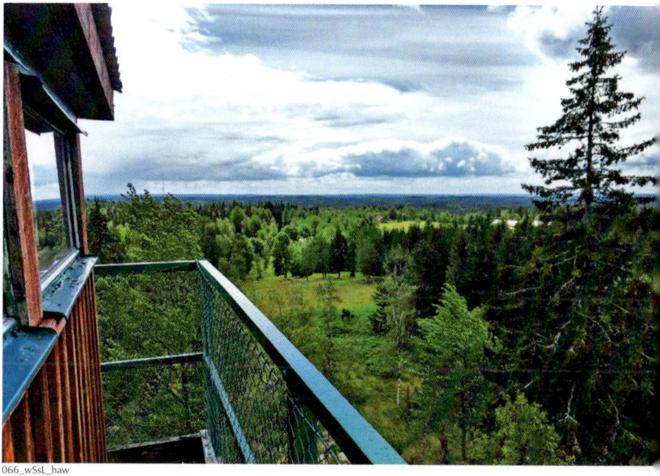

066_wSsL_haw

Blick vom Tomtabacken auf den Wald

Rodungsarbeiten

067_wSsL_haw

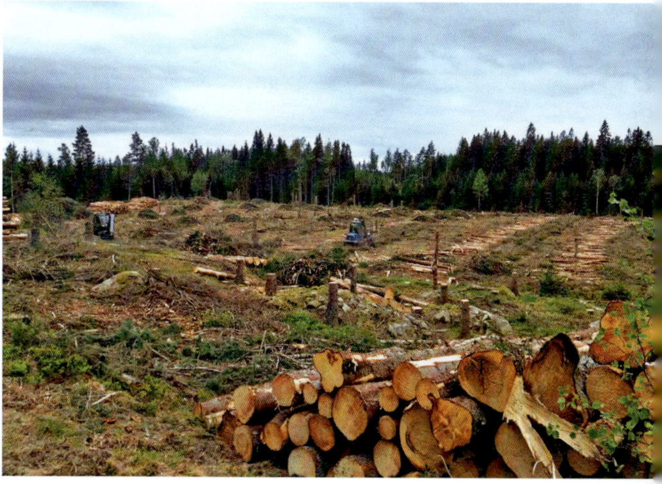

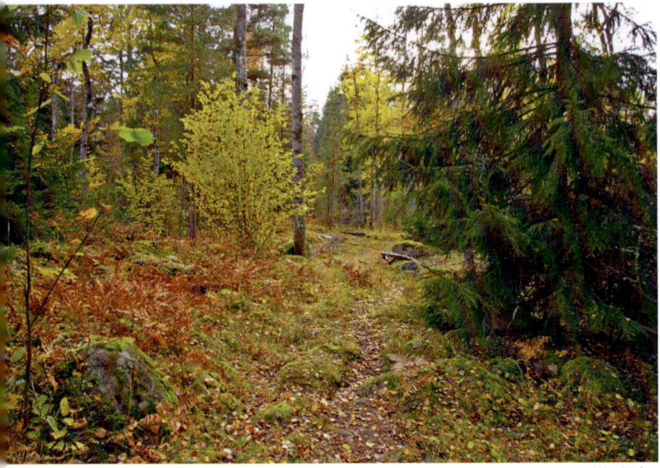

068_wSsL_haw

Alters- und sortengemischter Naturwald (Tour 3)

Alters- und sortengleicher Kiefernwald

069_wSsL_haw

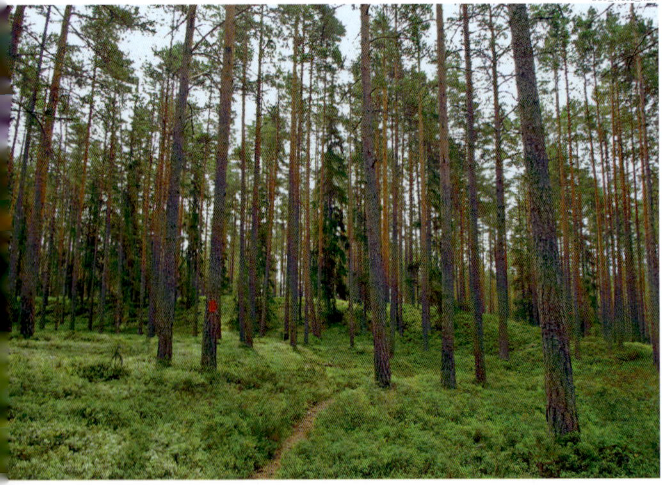

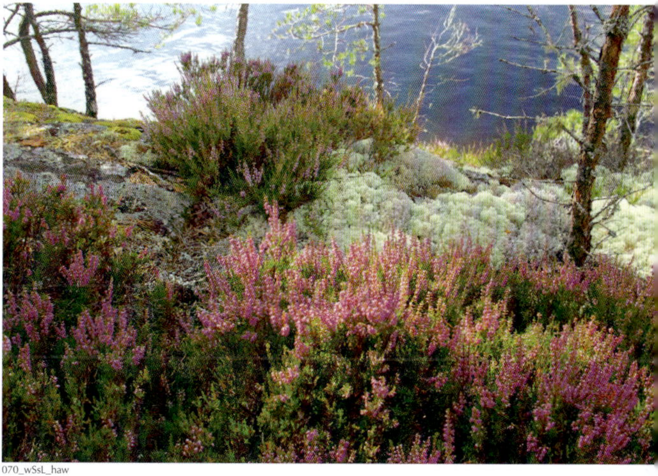

070_wSsL_haw

Erika, Moose und Flechten

Farbenprächtiges Moos

071_wSsL_haw

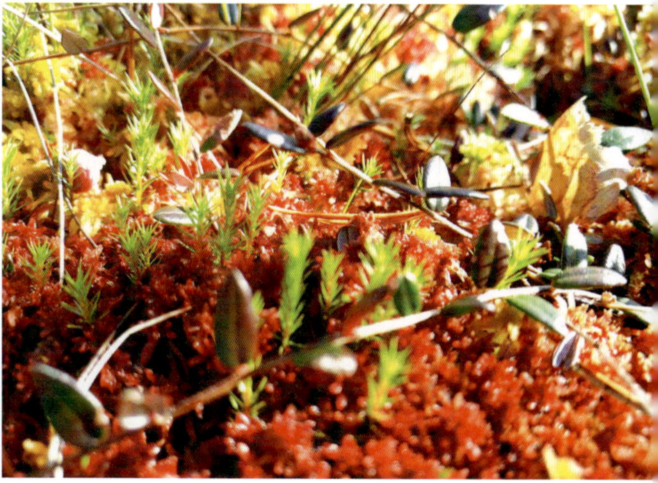

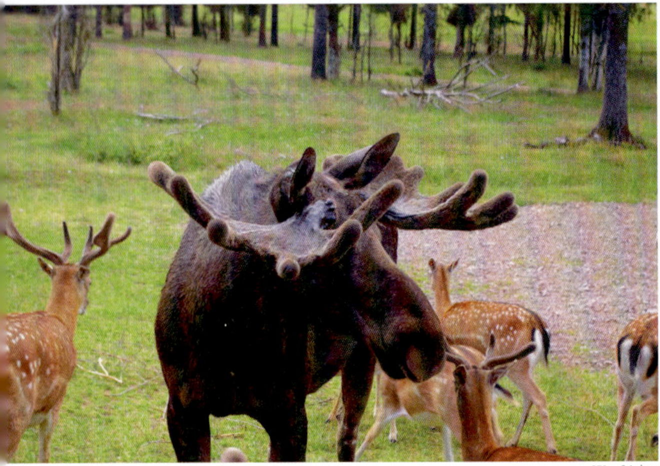

072_wSsL_haw

Stumpf und Stiel herausgezogen, in mächtige Haufen aufgetürmt und in die Zellstoff- und Papierfabriken gebracht. Zurück bleibt ein Bild der Verwüstung: Kahlflächen, deren Boden verwüstet daliegt, als sei ein schwerer Krieg darüber hinweggefegt. Mehrere Jahre dauert es, bis wieder neuer Wald aus diesen Mondlandschaften hervorwächst.

Kritiker dieser Form der Waldwirtschaft beklagen, dass die schweren Erntemaschinen den ohnehin schon dünnen Waldboden komprimierten und nachhaltig schädigten. Die Komplettrodung zerreiße sämtliche ökologische Kreisläufe, die sich gebildet hätten, von den Bäumen über die Wildtiere bis zu den Moosen und Mikroorganismen. Alles gerate aus dem Ruder oder verschwinde ganz, im schlimmsten Fall sogar der Boden selbst, der der Erosion jetzt schutzlos preisgegeben sei. Verteidiger der gängigen Praxis hingegen erwidern, dass die Komplettrodung ökologisch letztlich dasselbe leiste, wofür in früheren Jahrhunderten regelmäßig aufgetretene Waldbrände gesorgt hätten: Freiflächen, auf denen Pionierpflanzen wie Birken, Erlen, Espen und Ebereschen ihr Habitat fänden, ebenso Pflanzen, die

Elch und Damwild im Skullaryd-Elchpark

Licht benötigen und im dunklen Tann keine Chance hätten. Rodungen ermöglichten also Artenvielfalt im Wald.

Viele Stellen im småländischen Wald verschließen sich aber von vornherein einer intensiven Bewirtschaftung. Sie sind für Waldfahrzeuge zu schwer zugänglich, teils aufgrund moorigen Untergrundes, teils aufgrund steiler Hanglage oder felsigen Terrains. Mancherorts hat man aus der Not eine Tugend gemacht und solche Gebiete zu **Naturreservaten** weiter entwickelt, in denen der Wald vorwiegend sich selbst überlassen bleibt. Hier siedeln dann verstärkt seltene Baumpilzarten, außergewöhnliche Pflanzen wie Orchideen, verschiedenste Waldinsekten, Kröten usw. Diese Naturwälder sind beim Wandern besonders attraktiv.

Die großen tierischen Waldbewohner lassen sich von den verschiedenen Formen der Bewirtschaftung offenbar kaum beeinflussen. **Elche** besiedeln (zum Leidwesen der Waldbesitzer) fast das ganze Waldgebiet. Alle zwei Kilometer gibt es statistisch gesehen einen von ihnen, viel mehr als noch vor 100 Jahren, wo es mehr natürliche Feinde und weniger systematische Maßnahmen zu ihrem Erhalt gab. Trotzdem ist es nicht ganz einfach, sie zu Gesicht zu bekommen. Sie bewegen sich extrem leise und sind trotz ihrer imposanten Körpergröße oft kaum zu erkennen. Ihr guter Hör- und Geruchssinn lässt sie Menschen wahrnehmen, lange bevor sie sichtbar werden. Am leichtesten sieht man sie vom Auto aus, denn aus irgendeinem Grund nehmen die Tiere motorisierte Fahrzeuge nicht als ernsthafte Bedrohung wahr. Deshalb gehören Elchunfälle in Schweden auch zu den häufigsten Unfallursachen. Gerade in der Dämmerung kann die Begegnung mit einem solchen Tier auf der Straße sehr gefährlich werden. Um einen Elch gut aus der Nähe betrachten zu können, besucht man am einfachsten einen der **Elchparks** in Skullaryd oder Virum.

Neben den Elchen gibt es auch recht viel **Rotwild** in den Wäldern. **Damwild** wurde in der Frühen Neuzeit von Herrschern gezielt als attraktives Jagdwild importiert und ist inzwischen ausgewildert. Die aus Mitteleuropa unkontrolliert eingewanderte **Wildschweinpopulation** wächst kontinuierlich. An größeren Säugetieren leben in Småland außerdem Wölfe, Rehe, Füchse, Dachse (die man oft als Verkehrsopfer tot am Straßenrand liegen sieht), Hasen, Marder und an Flüssen gelegentlich auch Biber. Die Habitate von Bären und Rentieren beginnen erst deutlich nördlicher in Värmland und Dalarna und reichen bis hinauf nach Lappland.

See, Fluss und Feuchtgebiet

In den Seen gibt es ein reichhaltiges **Fischangebot:** Barsche, Hechte, Zander sind bei Anglern besonders beliebt. Außerdem tummeln sich dort Krebse, Muscheln und ab und an sieht man auch Ringelnattern, die sich wie echte Wasserschlangen durch das Wasser schlängeln. Die Wasseroberfläche teilen sich Wasserläufer und Libellen und natürlich die zahlreichen Vögel, die in, auf, über und neben dem Wasser leben und brüten. Besonders auffallend sind die größeren Exemplare: Verschiedene Entensorten, Wildgänse und Kraniche, von denen

Seeadlerjunges am Waldrand

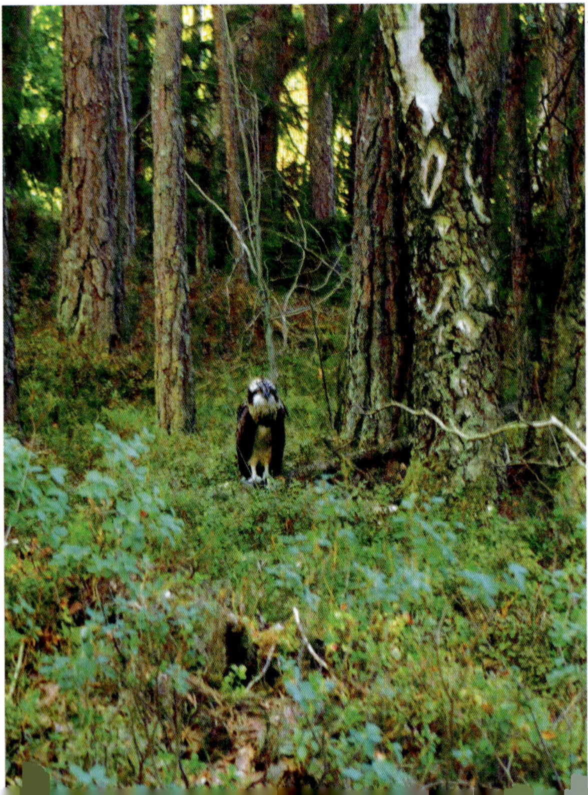

073_wSsL_haw

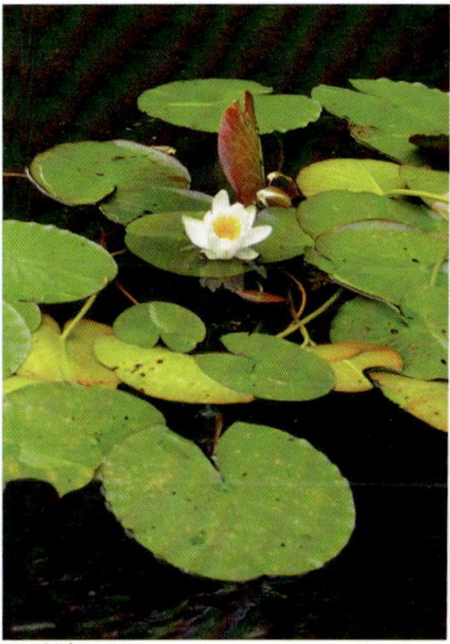
074_wSsL_haw

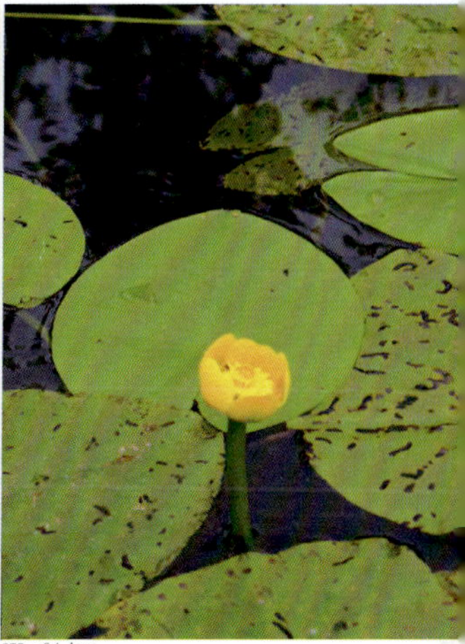
075_wSsL_haw

Seerose (li.); Teichmummel (re.)

viele auf dem Zug nach Norden einfach in Småland haltmachen und ihr Sommerquartier hier einrichten. **Kraniche** sieht man meist als „Ehepaar" auf gewässernahen Wiesen oder laut schreiend in der Luft. Noch höhere Kreise ziehen **Seeadler,** die recht große Reviere in der Luft „beherrschen" und die gerne in hohe Uferbäume ihre beeindruckenden Nester bauen. **Möwen** machen sich fast überall in Wassernähe lautstark bemerkbar. Zahlreiche kleinere Vogelarten finden im Schilf und im Moor hervorragende Brutplätze. Teils sind sie als Zugvögel nur vorübergehend zu Gast, teils bleiben sie den kompletten Sommer. Vogelschutzgebiete in und an Gewässern schränken in bestimmten Phasen im Frühling und Frühsommer v. a. den Bootsverkehr ein.

Der feuchte Uferbereich wird außerdem von Fröschen, Kröten und anderen **Amphibien** sehr geschätzt. Moorig-morastige Flächen bilden an sehr vielen Stellen einen Übergangsbereich sowohl zwischen Wasser und Wald als auch zwischen Wasser und Wiese. Auch die Flüsse mäandern vielfach mit langsamer Fließgeschwindigkeit in der Landschaft umher und tränken die

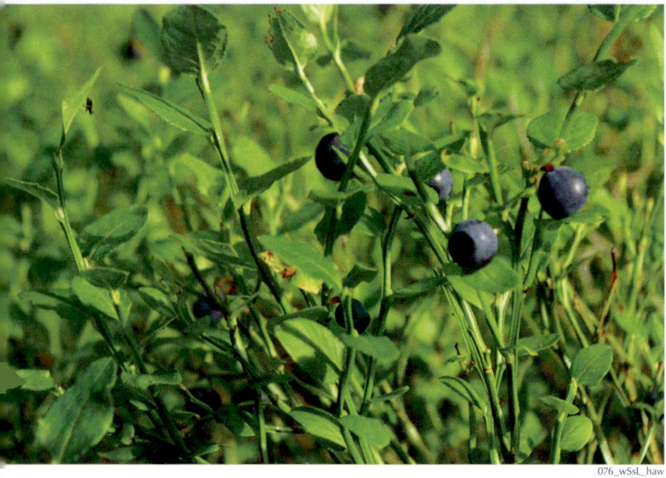

076_wSsL_haw

Blaubeere

Krähenbeere

077_wSsL_haw

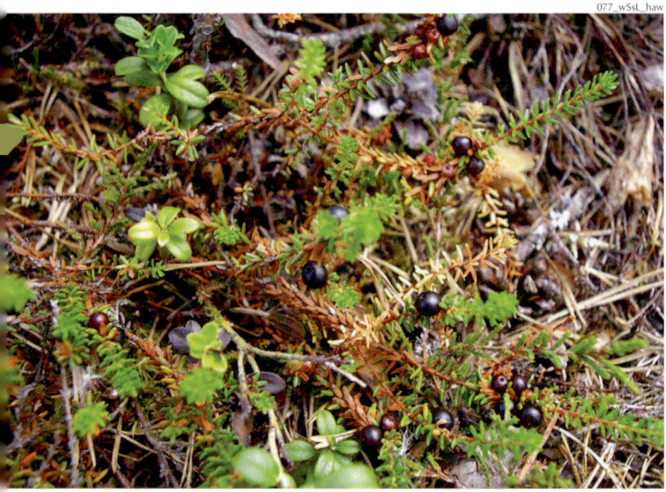

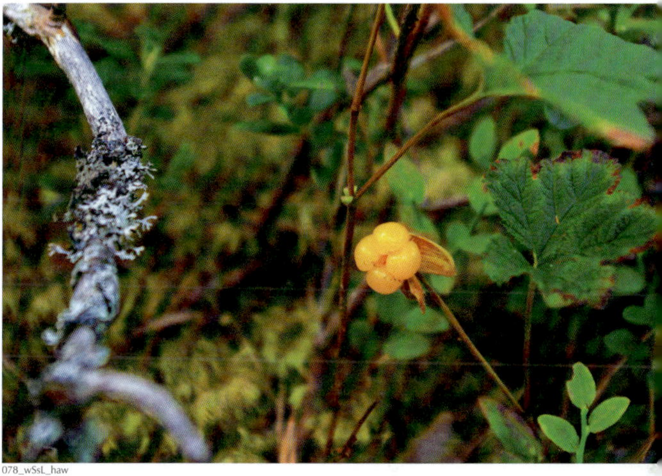

078_wSsL_haw

Multebeere

Moosbeere

079_wSsL_haw

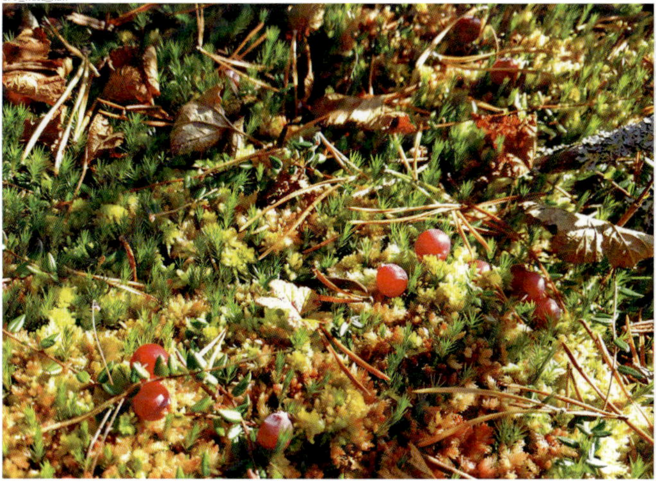

Uferbereiche mit Wasser wie einen Schwamm. Hier wachsen typische Auenbäume wie Weide, Erle, Espe und Moorbirken, dazwischen verschiedene Schilfarten und die würzig riechenden Sträucher von Gagel und Sumpfporst.

Blühende Wasserpflanzen wie Seerosen, Teichmummel und Wasserknöterich sind zu bestaunen. In den waldwärts gerichteten **Moorflächen** finden wir krumm gewachsene Waldkiefern, Moorbirken und verhutzelte Fichten, die es auf dem sauren, nährstoffarmen Torfboden kaum schaffen zum richtigen Baum zu werden. Die ökonomische Nutzung des Torfs als Brennstoff oder Tierstreu ist unrentabel geworden. Dafür tritt die ökologische Bedeutung stärker ins Bewusstsein: Moore sind gewaltige CO_2-Speicher und darüber hinaus als Lebensraum für viele Tier- und Pflanzenarten von großer Bedeutung.

Es finden sich hier zahlreiche **Beerensträucher,** bei denen vor allem auf die sog. **Rauschbeeren** zu achten ist, die leicht mit Blaubeeren verwechselt werden und ungünstigerweise auch gerne vermischt mit diesen siedeln. Die Früchte sind etwa eiförmig, reifen im Spätsommer, sind außen blau und etwas bereift, haben aber innen helles Fruchtfleisch und hellen Saft im Gegensatz zur Heidelbeere, die blaues Fruchtfleisch und auch blauen Saft hat. Am Scheitelpunkt der Beere findet sich ein Stern, wo bei der Heidelbeere ein Kreis zu sehen ist. Wie der Name schon vermuten lässt, kann die Rauschbeere Schwindelgefühl und Übelkeit hervorrufen. Sie gilt als **schwachgiftig.**

Essbar hingegen ist die hier in großer Menge wachsende tiefrote **Preiselbeere** wie auch die fast schwarze **Krähenbeere,** die jedoch kaum Geschmack aufweist, dafür aber besonders gesund sein soll. Unbestrittene Königin unter den Beeren im Moor ist aber die **Multebeere** (schwedisch „Hjortron"), die eigentlich in Lappland zu Hause ist, sich aber in den Mooren auch schon mal bis nach Småland verirrt. Die flachen Sträucher weisen himbeerähnliche Blätter auf. Früchte findet man hier im Süden leider nur höchst selten. Im Gegensatz zu den meisten anderen Beeren reifen sie von Rot nach Gelb. Aromatisch sind auch die etwas häufiger zu findenden **Moosbeeren** (engl. „Cranberries", bzw. schwedisch „tranbär", was soviel wie Kranichbeere heißt), die aber erst im Herbst reifen und deren

Sträucher so unscheinbar sind, dass es den Anschein hat, die roten Kugeln würden direkt auf dem Moos wachsen.

Überhaupt das **Moos**! Die unterschiedlichsten Formen und Farben dekorieren den Boden mit immer neuen Mustern, an denen sich das Auge kaum sattsehen kann: Mal sind es bläulichsilbergraue grob verzweigte Polster, mal feine, grasgrüne oder auch rostrote Matten. Manche haben die Form von Miniaturtannenbäumen. Dazwischen lugen Schachtelhalm oder Wollgras hervor. Gerade dicht am Boden gibt es im Moor und im Wald besonders viel zu entdecken.

080_w5sL_haw

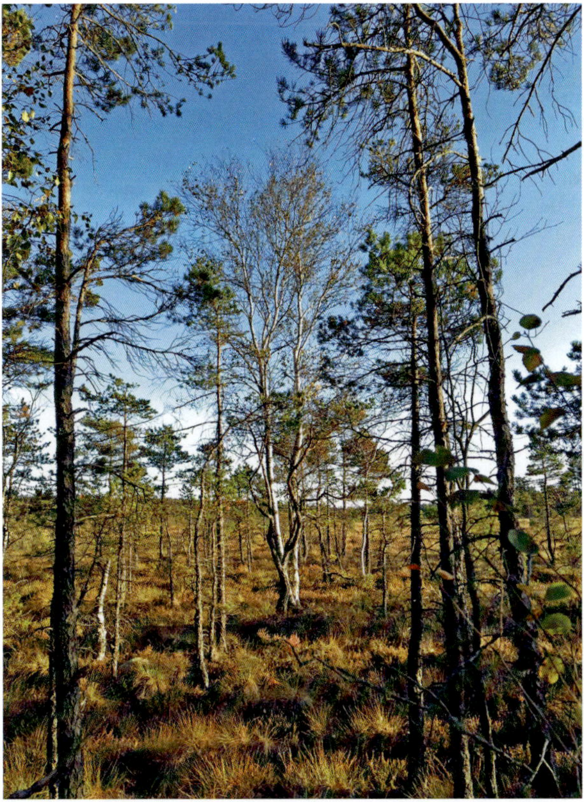

Klima, Wetter, Jahreszeiten

Das Klima in Südschweden unterscheidet sich nicht grundlegend von dem in Mitteleuropa. Die Geografen sprechen teils von „feuchtgemäßigtem Klima", teils von „kühlgemäßigtem ozeanischen Klima". Das småländische Hochland liegt in einem Übergangsbereich Richtung Ostschweden, wo **kontinentaler Einfluss** zu spüren ist mit geringeren Niederschlägen und größeren Temperaturunterschieden. Verkürzt gesagt: Kommen die Luftmassen und somit das Wetter von Westen, ist es gemäßigt und feucht. Kommen sie von Osten, ist es trocken, dabei im Sommer heiß und im Winter knackig kalt.

Unabhängig von der Wetter- und Windrichtung macht sich die nördlichere Lage bemerkbar: In der Zeit um **Mittsommer** herum wird es nachts nie komplett dunkel. Die Sonne hat viel Zeit, das Land und die Seen aufzuwärmen. Dementsprechend ist es oftmals ähnlich sommerlich oder nur geringfügig kühler als in Deutschland oder noch weiter im Süden, wo die Sonne zwar steiler steht, aber dafür nur kürzer scheinen darf.

Im **Winter** ist der Effekt ein umgekehrter: Geringer Sonnenwinkel und kurze Tageslänge verstärken sich gegenseitig, sodass

Helligkeit im Sommer um Mitternacht (Blick Richtung Norden)

081_wSsL_haw

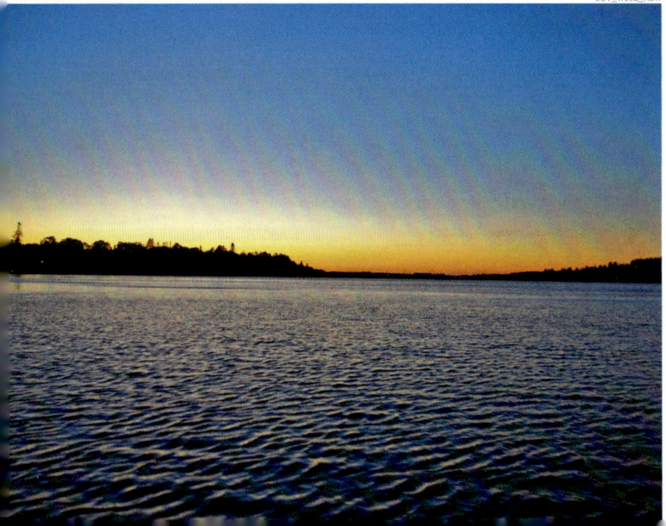

der Temperaturunterschied zu Deutschland in der Regel sehr viel deutlicher ausfällt. Durch die nördlichere Lage treten die jahreszeitlichen Effekte ausgeprägter in Erscheinung. In den nördlichsten Regionen Schwedens verstärkt sich dieser Effekt weiter: So können in Lappland durchaus im Sommer über 30 °C erreicht werden, während im Winter in der eisigen **Polarnacht** mehrmonatiger Dauerfrost und Spitzentiefstwerte von - 40 °C möglich sind.

Entsprechend den größeren jahreszeitlichen Unterschieden „profitieren" gerade auch die **Übergangsjahreszeiten,** Frühling und Herbst, in denen der Wechsel besonders erlebbar wird. Im April oder Oktober merkt man von Tag zu Tag, wie die Nächte kürzer bzw. länger werden. Die jahreszeitliche Entwicklung wird von stärkeren Sprüngen geprägt. Während im April/Mai innerhalb kürzester Zeit der Frühling einzieht, um sofort dem Sommer Platz zu machen, sinken im Oktober die Temperaturen genauso schnell wieder ab.

Ähnlich wie in Deutschland kann in allen Jahreszeiten mit häufig wechselnden Wetterlagen gerechnet werden, auch wenn in den letzten Jahren gerade im Sommer oftmals lange Hitze- und Trockenphasen vorkamen, wenn stabile Hochdruckphasen

Frühling: Buschwindröschen

082_wSsL_haw

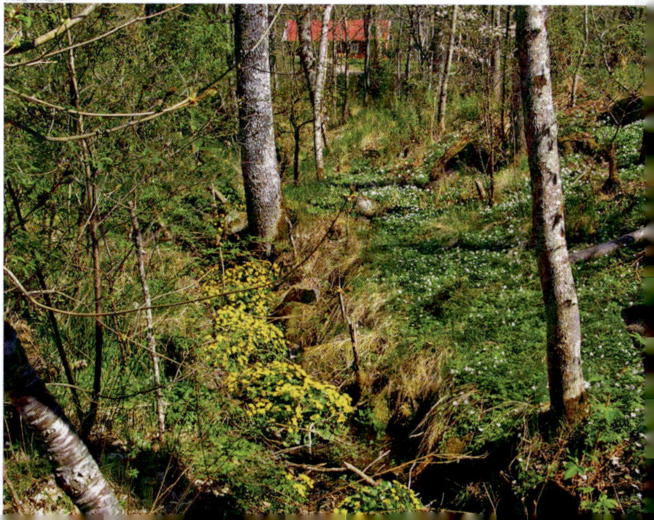

trockenwarme Festlandluft über die skandinavische Halbinsel getrieben haben.

Unabhängig von der Jahreszeit fällt die leicht türkisgrüne Färbung des Himmels und die etwas „durchsichtigere" Luft auf. Verschiedene Faktoren wie Temperatur, Luftfeuchte, Staub- und Partikelanteil sowie Sonneneinfallswinkel wirken hier zusammen und führen dazu, dass der Himmel als größer wahrgenommener Horizont erscheint. Er wirkt breiter bzw. weiter. Bei lockerer Bewölkung staffeln sich die Einzelwölkchen oft mit scharfen Konturen hintereinander wie die Falten einer Ziehharmonika und erzeugen damit eine enorme Tiefenwirkung. Der Maler Carl

083_wSsL_haw.jpg

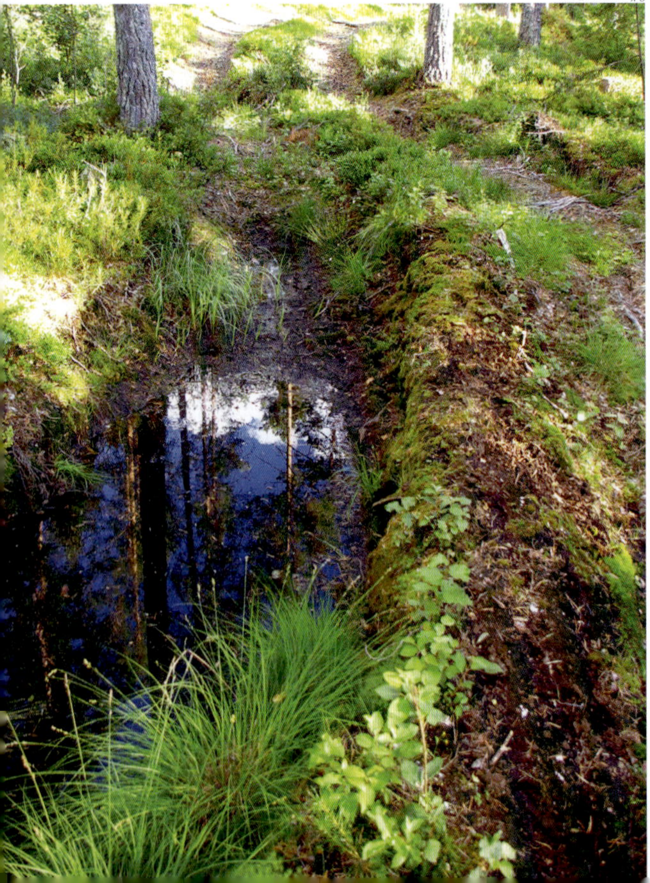

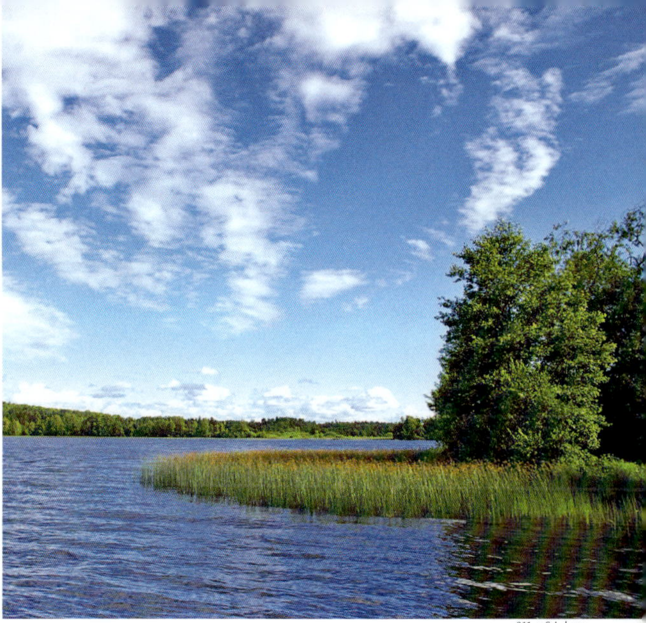

211_wSsL_haw

Larsson hat einmal den umgekehrten Effekt beschrieben. Bei seinem Studienaufenthalt in Paris faszinierte ihn der milchige Himmel Mitteleuropas, der selbst bei strahlendstem Sonnenschein alles stets in ein etwas trübes, weißes Licht hüllt und dem Horizont so seine unendlich scheinende Weite nimmt, die er aus seiner schwedischen Heimat kannte.

Auch auf das **Wandern** haben die unterschiedlichen Jahreszeiten Auswirkungen:

Frühling

Der Frühling kommt im småländischen Hochland meist recht spät an, ist dafür aber besonders intensiv. Bis in den April kann noch mit Schnee und Eis gerechnet werden. Das Gras vom letzten Jahr liegt noch vom Frost zerstört braun auf dem Boden und ist für Grasbrand sehr empfänglich. Die Natur verändert aber in-

Durch die „durchsichtigere“ Luft sieht der Horizont weiter aus

Frühling: Feuchte Wege

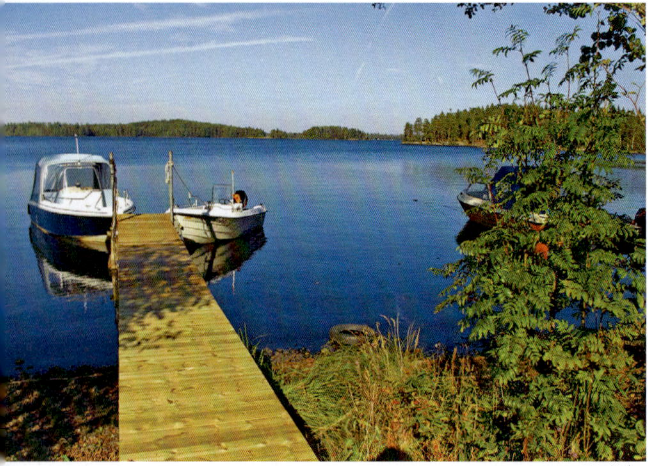

084_wSsL_haw

nerhalb kurzer Zeit ihr Gesicht und alles ist plötzlich **saftig grün.** Die Tage werden immer länger, Blumen spießen überall und große Scharen von Zugvögeln durchqueren das Land. Die Waldböden sind mit weiß blühenden Buschwindröschen übersät. Vergissmeinnicht, Apfelbäume, Pfingstrosen und Flieder folgen mit etwas Verspätung meist im Mai. Zum Wandern ist dies oft eine sehr **angenehme Zeit.** Problematisch kann es unter Umständen werden, wenn sich größere Mengen Schmelzwasser mit frischem Niederschlag in den Senken treffen. Dort ist der Boden jetzt oft sehr durchweicht. Manche Wege, v. a. die im moorigen Terrain, sind jetzt **schwer passierbar.** Der Frühjahrstourismus spielt in Småland (noch) eine deutliche Nebenrolle. Viele Ausflugsziele, Sommercafés usw. sind jetzt noch geschlossen. Wen es vorwiegend in die Natur zieht, kann das auch als Vorteil sehen. Es ist noch ruhiger und einsamer als sonst. Eine Ferienunterkunft zu finden, ist recht einfach und günstig, auch wenn z. B. Campingplätze und manche Bed-and-Breakfast-Unterkünfte noch gar nicht offen sind.

Sommer: Bootsanlegeplatz

Sommer

Dies ist die **Hauptreisezeit.** Es locken vor allem die zahlreichen kleinen und großen Seen. Ende Juni, um das Mittsommerfest herum, füllen Licht und Farbe das Land – dazu das Gezwitscher der Vögel, das Gesumm und Gebrumm der Bienen und Hummeln und der Geruch von Heu, Wildblumen, Kirschen und Beeren. Vor allem an den ersten heißen Sommertagen spürt man die spezifische Stimmung, die allenthalben in der Luft liegt, wenn die vielen Cabrio-Oldtimer aus den Garagen hervorgeholt werden und wieder auf die Straße rollen, wenn sich in den Seen die Boote tummeln und wenn plötzlich im Garten vor den Häusern viel Betrieb herrscht und die Leute auffallend freundlich grüßen.

Zum Wandern ist das Sommerwetter meist **gut geeignet.** An sehr heißen Tagen sollte man Routen wählen, die stärker im Wald und im Schatten verlaufen. Wanderungen mit Seezugang zwischendrin erlauben willkommene Abkühlung. Ab Ende Juni kann mit dem **Sammeln von Beeren und Pilzen** begonnen werden.

Auch im Sommer kann es Schlechtwetterphasen mit Dauerregen geben. Dann stürzen auch die Temperaturen meist tief nach unten. Viel typischer ist aber ein eher **unbeständiges Wetter,** wo es morgens z. B. strahlend blau beginnt, dann ein paar Wolken aufziehen, unerwartet ein Schauer niedergeht und eine Weile später wieder die Sonne scheint. Die Einheimischen nennen es augenzwinkernd „svensk sommar" und nehmen es als Grund, warum sie so gerne nach Griechenland oder Spanien reisen und warum sie so viel über das Wetter diskutieren. Hierzu gibt es wirklich viel zu erzählen, z. B., dass sich manchmal die schwärzesten Wolken grimmig über einem zusammenbrauen, einen dann aber mit ihrem Regen verschonen, um dafür alles beim Nachbarn abzuladen. Ein anderes Mal wird man von einer harmlosen, weißen Schönwetterwolke unvorhergesehen nassgeregnet. Nicht wenige Smålandreisende wollen gar erlebt haben, dass es ganz ohne Wolke auf sie herabgeregnet hat.

Während die schwedischen Etikettetrainer noch versuchen, ihren Landsleuten das Erzählen solcher Wettergeschichten in Mittelmeerländern abzutrainieren, weil sie glauben, damit fiele man unangenehm auf in einer Gegend, wo den ganzen Sommer über ohnehin immer die Sonne scheint, sind in den letzten Jahren in Skandinavien selbst verstärkt mediterrane, trocken-

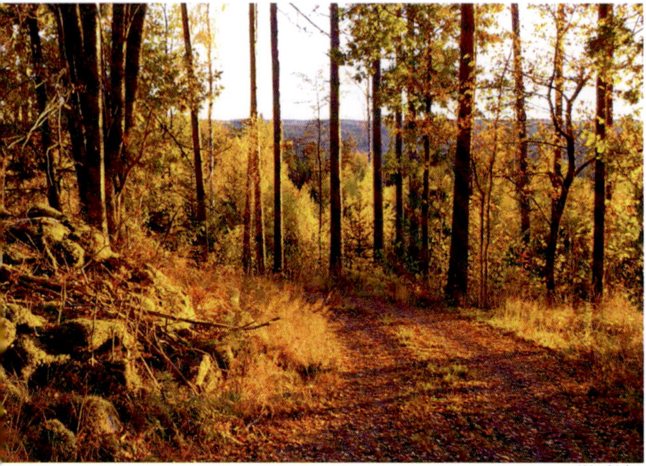

086_wSsL_haw

Herbst: Farbenpracht der Laubbäume

„Zweiter Herbst“: Nebel am See

087_wSsL_haw

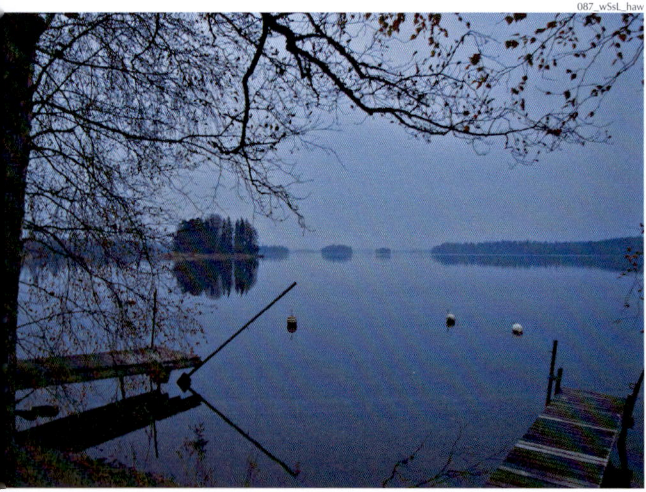

heiße Sommer zu beobachten gewesen. Als man plötzlich nicht mehr viel Spannendes erzählen konnte übers Wetter und seinen ewigen Wechsel, fingen die tatsächlichen wetterbedingten Probleme an: Niedrige Wasserstände in den Seen und Flüssen, Waldschäden durch Borkenkäfer, auch Waldbrände, vor allem in Mittelschweden. Durch den absinkenden Grundwasserspiegel fielen Hausbrunnen trocken. Viele Schweden wünschen sich ihren „svensk sommar" inzwischen zurück.

Herbst

Den Herbst teilt man sich gedanklich am besten in zwei Teile: Ab **September** beginnen die Blätter die Farbe zu wechseln. An den Badeplätzen kehrt schnell Stille ein. Der „erste Herbst" mit bunten Wäldern, den letzten Beeren und vielen Pilzen in den Wäldern ist zum Wandern ideal, auch wenn – ähnlich wie im Frühling – die Haupttourismussaison schon vorbei ist. Die in den Wäldern zahlreich vorhandenen Elche und andere Wildtiere lassen sich jetzt am leichtesten beobachten. Die Laubbäume entwickeln eine ungeheure Farbenpracht. Auf ausgedehnten Spaziergängen oder

Herbst: An einem See

085_wSsL_haw

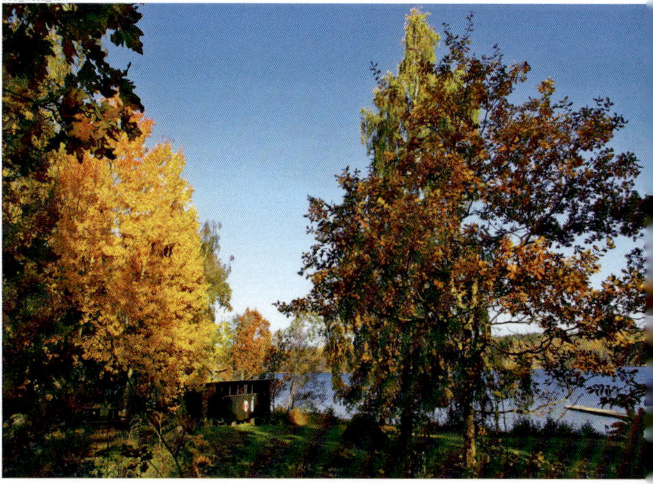

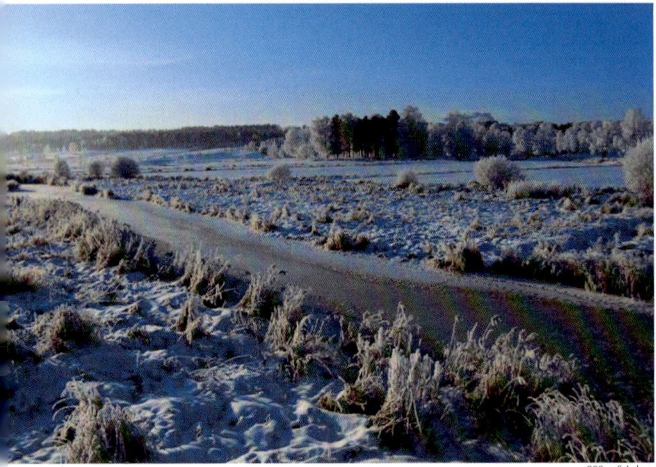

088_wSsL_haw

Winterlandschaft

Haus und Grundstück im Winterschlaf

089_wSsL_haw

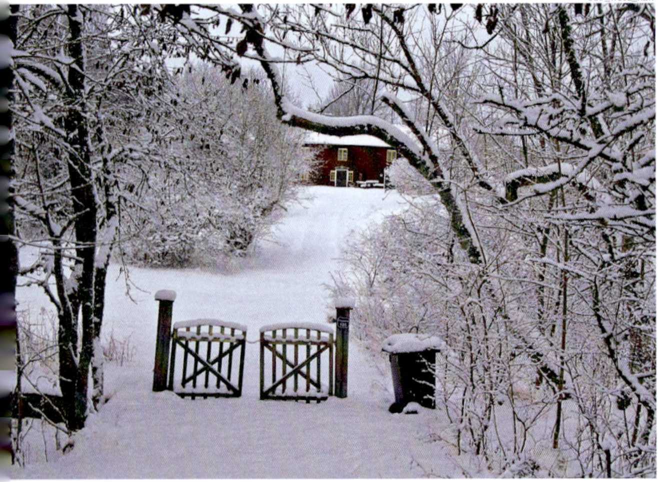

Fahrrad- und Bootstouren kann man jetzt die Ruhe und Weite des Landes und der Seen besonders gut genießen.

In der **zweiten Oktoberwoche** herrscht plötzlich großer Betrieb im Wald, denn es beginnt die **Elchjagd.** Als Wanderer muss man damit rechnen, dass man nicht so gut gesehen wird. Deshalb sollte man sich besser **sehr auffallend kleiden.** Mitte/Ende Oktober folgt dann der „zweite Herbst". **Nachtfröste** sind jetzt keine Seltenheit. Die Zugvögel machen sich auf nach Süden und besonders die Wildgänse verabschieden sich mit ihrem lauten Rufen bis zum nächsten Frühjahr. Im Nebel bekommen die Wälder eine märchenhaft-verzauberte Stimmung, die sich abends am Kaminfeuer mit den Geschichten und Bildern des schwedischen Künstlers **John Bauer** (1882–1918) noch einmal nacherleben lässt. Viele Ausflüge und Touren sind auch jetzt noch lohnend, besonders wenn man es an den touristisch interessanten Orten gerne etwas ruhiger mag. Aber man sollte sich **warm anziehen** und mit der frühen Abenddämmerung rechnen.

Winter

Der Winter kann von **November bis April** dauern. In klaren Nächten wird es klirrend kalt. Am schnee- und frostsichersten ist die Zeit zwischen Januar und Anfang März. Oft bedeckt eine dichte Schneedecke das ganze Land, die den Schall merklich dämpft, sodass eine fast **unwirkliche Ruhe** herrscht. Märchenhaft sehen vielfach auch die eingereiften Bäume aus. Urgewaltig klingen die „singenden Seen", wenn die noch dünne Eisdecke bei kaltem Wetter durch die Ausdehnung Risse bekommt und der Hohlraum darunter als riesiger Resonanzkörper mitschwingt. Beim Wandern erlebt man die Atmosphäre eines tiefen Winterschlafs, in den sich die Natur zurückgezogen hat.

Es muss allerdings damit gerechnet werden, dass **viele Wege stark verschneit** sind. Je nach Schneehöhe kann es sehr anstrengend werden. Im Extremfall sind Wege **unpassierbar** oder schwer zu finden. Teils ergeben sich neue Wanderrouten, wenn man zugefrorene Seen beliebig überqueren kann. Als Tourist sollte man sich vorher sorgfältig informieren, wo man ungefährdet über das Eis kann, denn in vielen Gewässern hat die Eisdecke auch bei langem Frost unerwartete Schwachpunkte. Eine Hilfe beim Laufen bieten **Schneeschuhe** oder **Tretschlitten,** auch Sparks genannt.

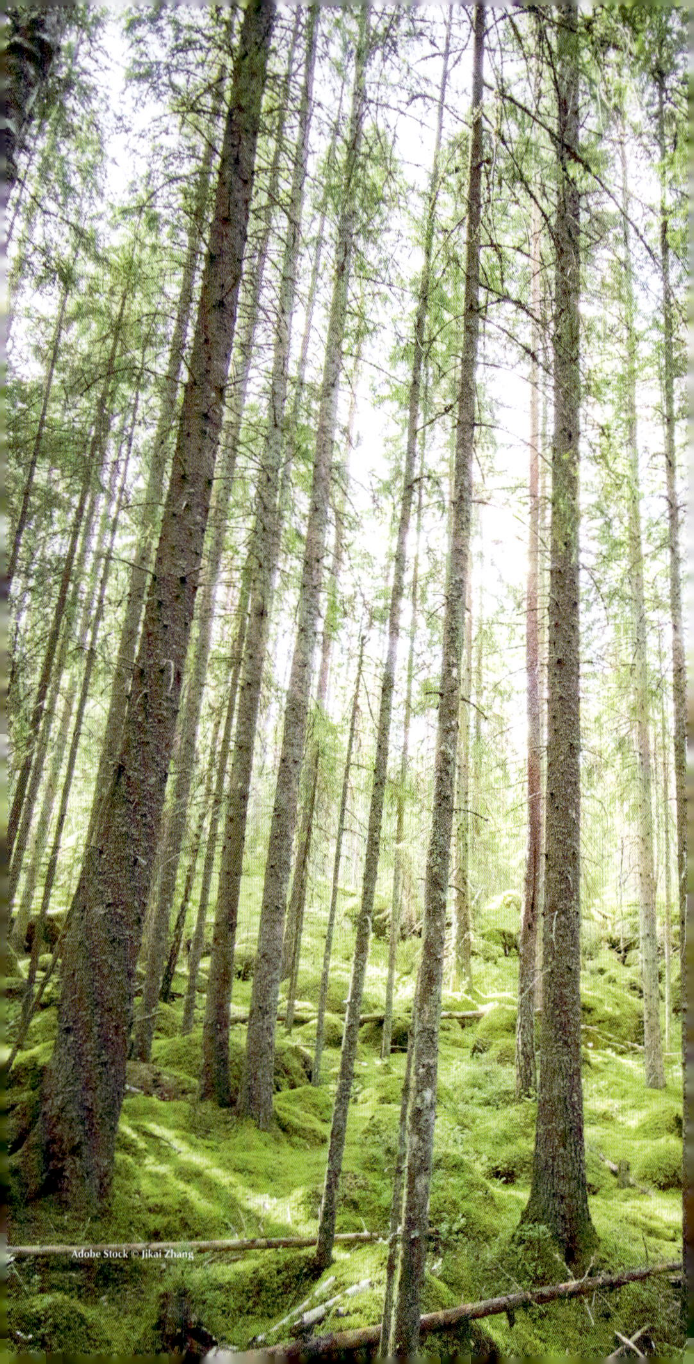

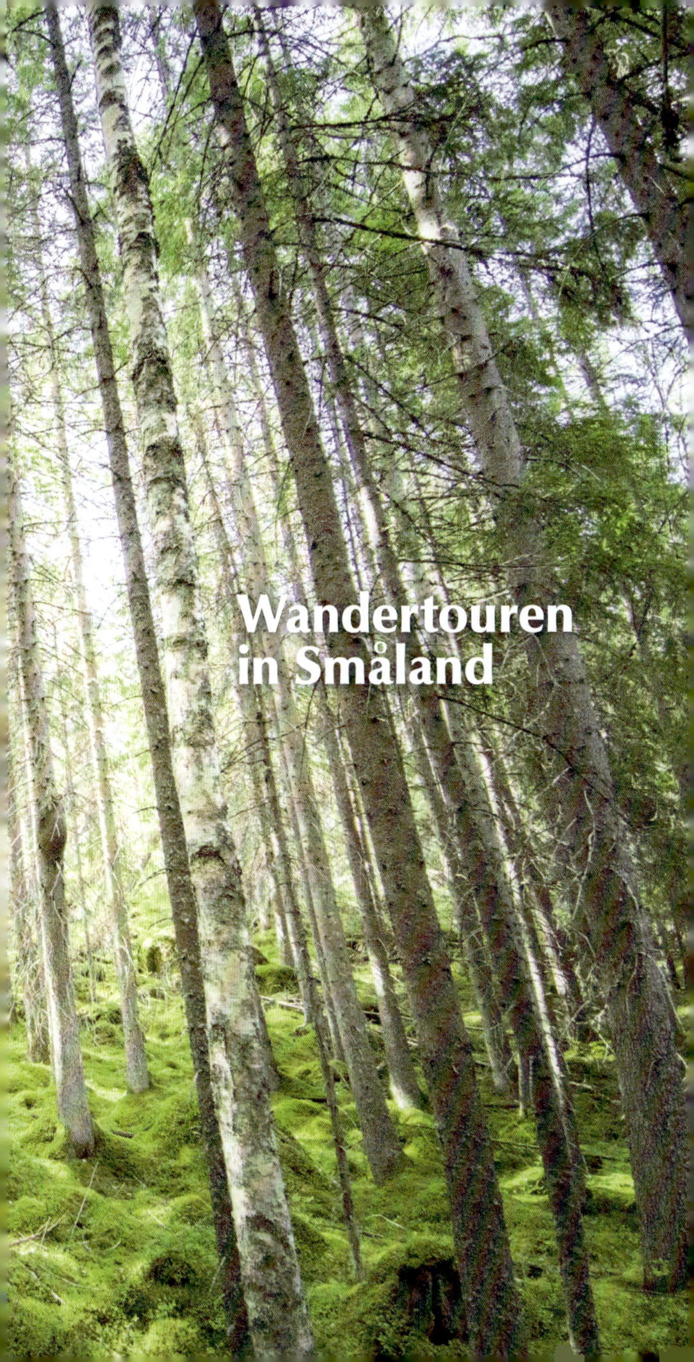

Wandertouren in Småland

Tour 1
Die „Hügel von Bullerbü rauf und runter“

ca. 3 bis 4 h
10,4 km
mittel

Leichte, aber recht lange Wanderung mit Badegelegenheit, vorbei an bekannten Astrid-Lindgren-Filmorten durch Wald, Wiesen und alte Kulturlandschaft.

Diese Wanderung können wir gut verbinden mit dem Besuch des kleinen Weilers **Sevedstorp,** der viel besser unter dem Namen „Bullerbü“ bzw. „Bullerby“ bekannt ist. Heute nennen die Straßen- und Ortsschilder den Fantasienamen ganz offiziell mit, sodass der Drehort der Filme von Touristen leicht zu finden ist und sich zu einem Besuchermagneten zwischen Mariannelund und Vimmerby entwickelt hat. Astrid Lindgren war der Ort gut bekannt, denn ihr Vater wuchs im Mittelhof auf. In den Geschichten der **Kinder von Bullerbü** verarbeitet sie viele Szenen, Begebenheiten und Stimmungen aus ihrer eigenen Kindheit auf dem Hof Näs bei Vimmerby, die sie aber an den Kindheitsort ihres Vaters verlegt und literarisch ausgestaltet hat. Die charakteristische enge Häuserkonstellation beflügelte offenbar ihre Vorstellungskraft, ebenso die typisch smäländische Kulturlandschaft rings herum mit lichten Wäldern, Äckern, Wiesen, Weiden und den schmalen Schotterwegen. In vielen Bullerbü-Geschichten sind die Kinder dort zu Fuß unterwegs: zur Schule, zum Einkaufen, zu Kristin ins Waldhaus usw. Laufen wir selbst „die Hügel von Bullerbü rauf und runter“, können wir ganz eintauchen in die Geschichten und die sie umgebende und prägende Landschaft. Zwischendrin werden wir belohnt mit einem erfrischenden Bad im **Mossjö-See.**

Bullerbü Mittelhof

Kapitelstartseite:
Im Norra Kvill Nationalpark

Der Mittelhof

Astrid Lindgrens Vater, Samuel August Ericsson, wurde 1875 im nahegelegenen Weiler Hamphorva geboren. In das mittlere der drei Bullerbü-Häuser zog er als kleines Kind und lebte dort, bis er als 18-Jähriger den Hof verlassen musste und als Knecht bei seinem Onkel in Vennebjörke bei Vimmerby arbeitete. Ein Jahr später gelang es ihm aber, seine Eltern dazu zu bewegen, den **Pfarrhof Näs** in Vimmerby als Pächter zu übernehmen, was für das weitgehend mittellose Elternpaar ein abenteuerlicher Schritt war. Astrid Lindgren beschreibt die Wanderung ihres Vaters von Vennebjörke zum Mittelhof in Sevedstorp. Mitten in der Nacht kam er unerwartet zu Hause an, wo er die Mutter noch bei der Putzarbeit antraf, und konnte somit den Stein ins Rollen bringen. Am 30. April 1895 zog die Familie von Sevedstorp nach Näs. Samuel August übernahm später selbst den Hof, auf dem Astrid Lindgren als eines von vier Kindern zur Welt kam. 1986/87 wurde in Sevedstorp die zweite, in Deutschland bekanntere, Verfilmung der Bullerbü-Geschichten unter der Regie von Lasse Hallström gedreht. Damit wurde jener Ort zum Drehort, den Astrid Lindgren beim Schreiben der Bullerbü-Geschichten selbst vor Augen hatte und der sehr eng mit ihrer Biografie verbunden ist.

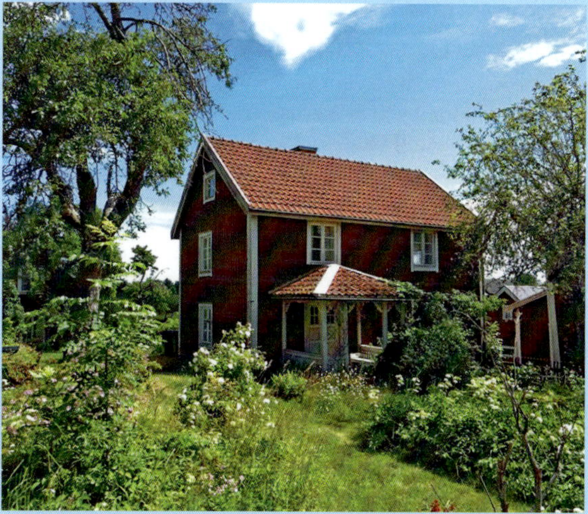

092_wSsL_haw

Überblick

Länge: 10,4 km
Gehzeit: ca. 3–4 Stunden
Auf-/Abstieg: je ca. 280 m
Wegeigenschaften: Mix aus allen Wegkategorien
Technik: einfach, Kinderwagenvariante möglich (s. Tourbeschreibung)
Kondition: mittel
Einkehrmöglichkeiten: Café in Bullerbü (nur in den Sommermonaten)
Bademöglichkeiten: Mossjö-See
Landschaft: viel offene Landschaft, vorwiegend Kulturlandschaft, mehrere kleine Siedlungen bzw. Einzelhöfe in traditioneller Bauweise
Rastplätze: in Bullerbü und am Mossjö-See (mit Grillplatz)
Anfahrt: Von der großen Reichsstraße Nr. 40, die Västervik, Jönköping und Göteborg in Ost-Westrichtung miteinander verbindet, geht zwischen Vimmerby und Mariannelund eine kleine Straße südlich nach Pelarne, Sevedstorp, Bulleby ab. Dieser folgen wir vier Kilometer, bis rechts der Besucherparkplatz von Bullerbü angeschlagen ist (GPS N 57.61372, E 15.66886). Alternativ kommen wir aus südlicher Richtung: Auf der Straße 129 von Hultsfred nach Mariannelund geht es wenige Kilometer hinter Lönneberga rechts steil den Berg hinauf (gleiche Ortsnamen auf den Schildern). Nach ca. drei Kilometern erreichen wir den Parkplatz (jetzt links abbiegen). Öffentlichen Nahverkehr gibt es nur entlang der größeren Straßen. Die Buslinie 325 (Fahrplan unter www.jlt.se) hält an der Haltestelle „Pelarne“, von wo aus wir nach knapp 2 Kilometern auf den Wanderweg stoßen, den wir an anderem Startpunkt beginnen.

Wegbeschreibung

Das Auto kann man auf dem **Besucherparkplatz von Bullerbü (1)** abstellen (gebührenpflichtig). Beim Überqueren der geteerten Straße sehen wir geradeaus die berühmten Häuser liegen. Wir gehen jedoch ein kleines Stück nach links und biegen bei der ersten Gelegenheit rechts in den **Schotterweg (2)** ab, der uns den Hang hinauf zu einer Scheune und dann geradeaus weiter durch offene Landschaft mit Wiesen, Weiden und Jungwald

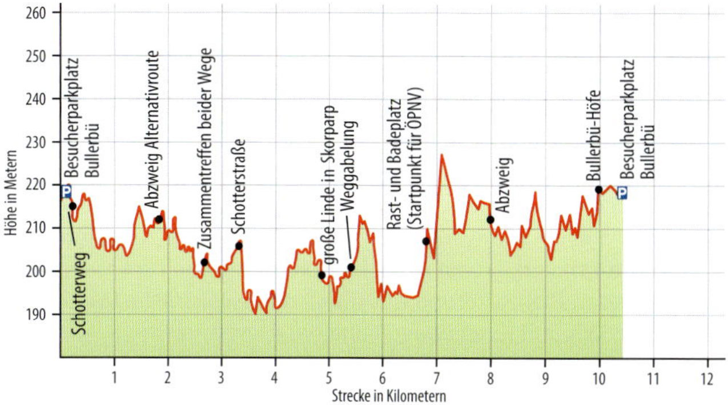

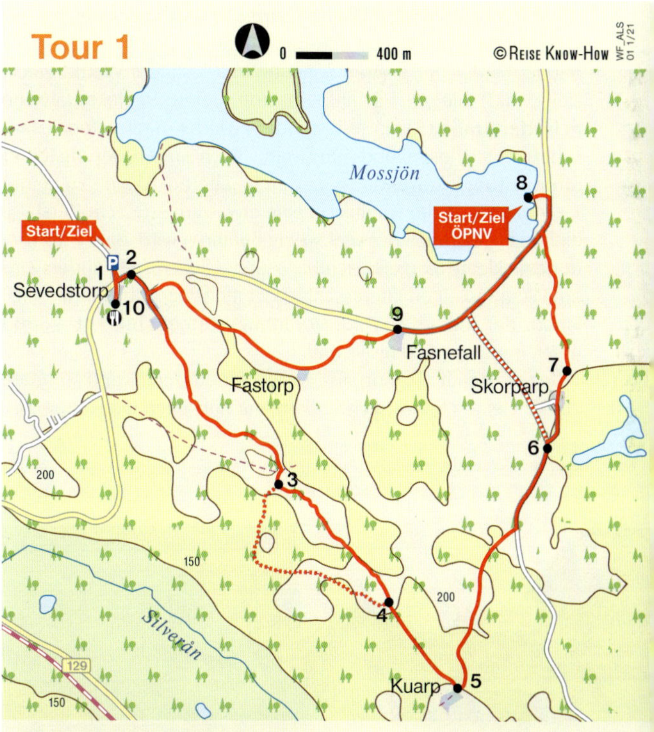

- P 1 Besucherparkplatz Bullerbü
- 2 Schotterweg
- 3 Abzweig Alternativroute
- 4 Zusammentreffen beider Wege
- 5 Schotterstraße
- 6 große Linde in Skorparp
- 7 Weggabelung
- 8 Rast- und Badeplatz (Startpunkt für ÖPNV)
- 9 Abzweig
- 10 Bullerbü-Höfe

führt. Allmählich kommen wir in ältere Waldstücke (Kiefern, Birken, Fichten, Eichen). Am Wegrand können wir uns am Duft vieler Honigblumen freuen und auch Kräuter sammeln (Kamille, Johanniskraut, Schafgarbe, Mädesüß, Kleeblume und viele andere).

Nach gut 1,5 km zweigt ein Weg nach links ab. Wir halten uns jedoch rechts und ignorieren auch einen weiteren Abzweig (beide nicht auf der Karte verzeichnet). Den Hauptweg verlassen wir erst an einer Y-Kreuzung, die auch den **Abzweig** zur **Alternativroute (3)** markiert auf einen kleineren Weg nach links, der langsam zum Pfad wird und uns durch unterschiedliche Waldtypen führt. Wer mit Kinderwagen unterwegs ist, kann an dieser Stelle auch auf dem Hauptweg bleiben. Bei einem kleinen Häuschen **treffen beide Wege** wieder **zusammen (4).** Von hier aus haben wir freien Blick auf den Weiler Kuarp, der unser nächstes Ziel ist. Dort sehen wir typische alte Bauernhäuser und Wirtschaftsgebäude. Hinter der großen Scheune (mit lustigem Warndreieck, siehe Bild) biegen wir links in eine kleine, kaum befahrene **Schotterstraße (5)** ein. Wir wandern wieder durch offene Landschaft mit Wiesen und Jungwald. Nach Unterquerung einer Stromleitung kommen wir durch älteren Wald zu einer T-Kreuzung, an der wir links in eine etwas größere Schotterstaße einbiegen, die auch nur sehr wenig befahren wird. Bald wird wieder eine kleine Siedlung sichtbar. Auf der linken Seite finden wird am Wegrand einen interessanten kleinen Woll- und Handarbeitsladen, der jedoch nur auf Voranfrage öffnet (Tel. +46 73985 4749, frangen@vardagslyx.biz).

Beim Ortsschild „Skorparp" halten wir uns rechts und kommen zu der kleinen Bilderbuchsiedlung mit hübschen Häusern, schö-

Lustiges Warndreieck

093_wSsL_haw

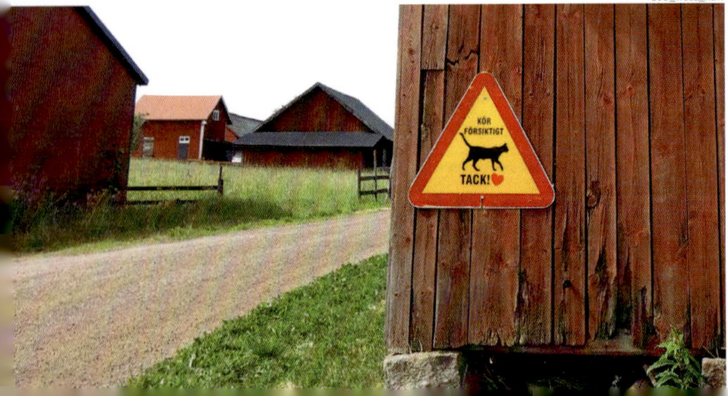

nem Baumbestand, kleinem See, Schafen, Pferden, wunderbaren Rosenbüschen und Kirschbäumen. Bei der **großen Linde in Skorparp (6)** biegen wir nach links ab und folgen dem Weg entlang einer alten Steinmauer. Bald knickt der Hauptweg rechtwinklig nach links. Wir gehen aber geradeaus auf einem kleineren Wirtschaftsweg entlang der letzten Scheune weiter. Nachdem wir eine Weide überquert haben (ggf. Zaun wieder sorgfältig schließen), kommen wir in dichteren Wald. Der Weg wird schmaler und teilt sich bald wieder. Wir halten uns an der **Weggabelung (7)** links. Der Weg wird zum Pfad und ist stellenweise mit jungen Birken etwas zugewachsen. Bald wird er wieder breiter und die Aussicht öffnet sich zum Mossjö-See. Wir stoßen auf eine geteerte Landstraße, die Bullerbü und Pelarne miteinander verbindet und v. a. im Sommer stärker befahren wird, oft auch von Wohnmobilen und breiteren Gespannen, weshalb hier etwas Vorsicht geboten ist.

Wer mit **Kinderwagen** unterwegs ist, kann in Skorparp auf dem **Hauptweg bleiben** und erreicht die Asphaltstraße ein kleines Stück weiter südwestlich in Richtung Bullerbü. Wir folgen dieser ein Stück nach rechts, bis auf der linken Seite ein kleiner Stich zum See hineingeht: Hier finden wir schöne Badefelsen, einen Steg, einen **Rastplatz (8)** mit Tisch und Feuerstelle. An diesem Abzweig würde man die Tour beginnen und enden lassen, wenn man den ÖPNV nutzt.

Nach einer Rast und einem erfrischenden Bad gehen wir den Pfad zurück zur Landstraße und folgen dieser nach rechts Richtung Bullerbü. In Fasnefall nehmen wir den zweiten **Abzweig (9)** nach links, die Schotterstraße mit dem gelben Hinweisschild nach Fastorp, der wir durch Wiesen und Wald über eine kleine Anhöhe folgen, wo der Einzelhof zwischen Wiesen gut sichtbar über der Umgebung liegt. Wir lassen das hübsche Anwesen links liegen und folgen dem Weg, bis wir wieder auf unseren ersten Schotterweg in Sevedstorp stoßen. Auf dem Rückweg zum Parkplatz machen wir einen kleinen Abstecher nach links auf das Gelände der berühmten **Bullerbü-Höfe (10).** Hier kann man im Scheunen-Café gute Waffeln oder Kuchen essen oder Andenken kaufen. Die Kinder können im Heu spielen. Es gibt Kaninchen, eine Schaukel und natürlich die drei Bullerbü-Häuser mit ihren Gärten, die aber in Privatbesitz sind und nicht von innen besichtigt werden können. Im Sommer werden auf dem Gelände des Öfteren Feste u. Ä. veranstaltet wie der sog. *Bullerbydagen* (Bullerbü-Tag) mit Verkaufsständen, Musik und Ponyreiten.

Johanniskrautöl
Eine schöne Erinnerung im Winter an die Sommersonne in Schweden

Am Wegrand finden wir bei dieser Wanderung im frühen Hochsommer viel Echtes Johanniskraut, das in vorchristlicher Zeit dem Gott Baldur, dem Gott des Lichtes, zugeordnet gewesen sein soll. **Johanniskraut** sammelt quasi für uns das Sonnenlicht im Sommer. Mithilfe von Öl lässt es sich aus den Blüten lösen. Dafür füllen wir die gepflückten Blüten in ein sauberes Schraubglas und bedecken sie mit hochwertigem Speiseöl (z. B. Olivenöl). Das Glas stellen wir für etwa vier Wochen an einen sonnigen Platz. Dann hat das Öl eine kräftige rote Farbe bekommen und wir können es abseihen. Danach sollte man es an einem lichtgeschützten Ort aufheben. Johanniskrautöl ist als Hausmittel bei Brandwunden, Verrenkungen, Schwellungen und Blutergüssen bekannt. An dunklen Tagen soll es die Haut durchlässiger für Licht machen. Und sicher lässt es beim Einreiben oder als Badezusatz den Schwedenurlaub mit unzähligen Sonnenstunden in der Erinnerung lebendig werden.

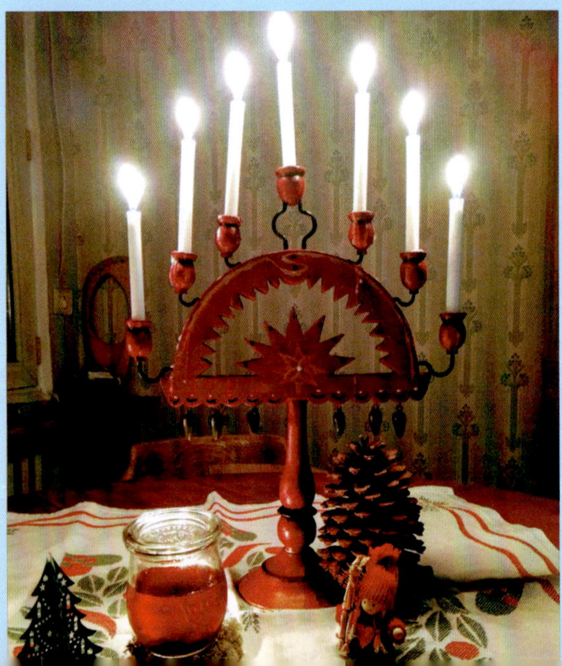

094_wSsL_haw

Der Mossjö-See

Der Mossjö-See ist ebenfalls mit der Biografie und den Geschichten Astrid Lindgrens vielfältig verknüpft: Ihre Mutter wuchs in **Pelarnehult** direkt oberhalb des Sees auf. Dort war Astrid als Kind oft zu Festessen und Familientreffen zu Besuch. Dann mahnte die Großmutter, dass die Kinder „auf gar keinen Fall zum See hinunter dürften, denn das könne nur damit enden, dass wir ertränken. Und fast genauso geschwind waren wir unten am See, kamen aber stets nicht ertrunken zurück", erinnerte sich Astrid Lindgren rückblickend.

Die Szenen, in denen Michel und Alfred zusammen im See schwimmen, wurden in einer **Bucht des Mossjön** gedreht. Vom Badeplatz aus sieht man auf die Insel „Lommetuva", wo Pippi Langstrumpf „zwei Tage ohne Schnupftabak verschmachtete" und bei deren Anblick sie sagte: „Wahrhaftig, das ist eine der nettesten unbewohnten Inseln, die ich je gesehen habe". Gefilmt wurde diese Szene zwar an anderer Stelle. Aber nach Auskunft ihrer Nichte hatte Astrid Lindgren genau diese Insel vor Augen.

095_wSsL_haw

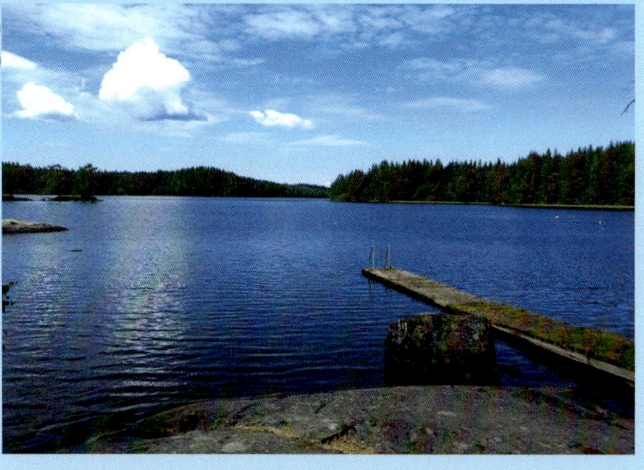

Badestelle Mossjön

Johanniskrautöl

Tour 2
Die „Käsekuchenklamm"
Oder: Sammelaugusts Schlittenhänge – Auf den Spuren von Astrid Lindgrens Vater im steilen Tal des Silveråns

ca. 2,5 h
8,6 km
schwer

Recht anstrengende Wanderung vom Tal des Silveråns hoch auf den Rücken des Svinbergets mit lohnenden Ausblicken ins Tal und traditionellen Siedlungen in der Heimat von Astrid Lindgrens Vater.

Über die Kindheit ihres Vaters, Samuel August von Sevedstorp, schreibt Astrid Lindgren: „Sammelaugust und seine Brüder fuhren im Winter Schlitten. Nicht viele Kinder in Schweden haben solche Schlittenhänge, wie diese Jungen sie hatten. Die Hütte lag hoch und es gab einige steile Abhänge hinunter zur Bahnstation, die eine halbe Schwedische Meile [5 km] entfernt war. Ja, sicher waren das einige der gefährlichsten Abhänge in Schweden. Und dort sausten die Jungen runter mit ihren Schlitten. Ihr kennt doch diese großen Schlitten, wahre Ungetüme, mit denen Holzlasten gefahren werden? Was hätte Sammelaugust und seinen Brüdern alles dabei passieren können! Ihr müsst wissen, an manchen Stellen ging der Weg an so steilen Abhängen vorbei, dass die Jungen in gleicher Höhe mit den Baumwipfeln fuhren. Da musste man steuern können. Ungefähr auf halber Höhe machte der Weg eine richtige S-Kurve. Stellt euch vor, wenn man die Kurve nicht richtig nehmen konnte! Dann wäre der Schlitten geradeaus weiter gesaust und in die Baumspitzen hinein. Aber Sammelaugust und seine Brüder konnten sie nehmen! An einer anderen Stelle wurde der Weg durch zwei riesige Felsblöcke zu einem schmalen Engpass zusammengepresst. Diese Stelle hatte einen lustigen Namen: ‚Käsekuchenklamm'. Warum sie so hieß? Fragt mich nicht! Aber Käsekuchen ist eine Festspeise in Småland. Deshalb ist es ein feiner Name. Sammelaugust und seine Brüder steuerten frisch und munter durch die ‚Käsekuchenklamm' und dachten gar nicht daran, dass ein entsetz-

Fluss Silverån

liches Unglück hätte passieren können, wenn ihnen dort zum Beispiel ein Pferdefuhrwerk entgegengekommen wäre. Denn in der ‚Käsekuchenklamm' konnte man nicht aneinander vorbeifahren, und einen Schlitten bei der Fahrt bremsen, das ging schon gar nicht."

Nach vielen Wanderungen und ausgiebigem Kartenstudium sind wir zu dem Schluss gekommen, dass der in der Erzählung beschriebene Weg vermutlich die heutige Teerstraße von **Emarp** hoch nach **Bullerbü** ist. So fahren viele Bullerbü-Besucher ganz automatisch durch die „Käsekuchenklamm". Die Strecke ist inzwischen natürlich ausgebaut, die Felsbrocken entsprechend zurechtgestutzt oder weggesprengt. Wer wandernd oder im Winter auch mit Schlitten diese steilen Hänge der Jungen kennenlernen will, findet etwas südlich oder auch nördlich der Straße (vgl. auch die „Wolfsgrubentour"/Tour 3) passende Wege. Astrid Lindgren schreibt ja ausdrücklich „und es gab einige steile Abhänge hinunter zur Bahnstation". Gut möglich also, dass auch genau auf der Route unserer Wanderung früher die Schlitten sausten. Auf jeden Fall sind die Hänge rechts und links des **Silverån** für småländische Verhältnisse recht alpin.

096_wSsL_haw

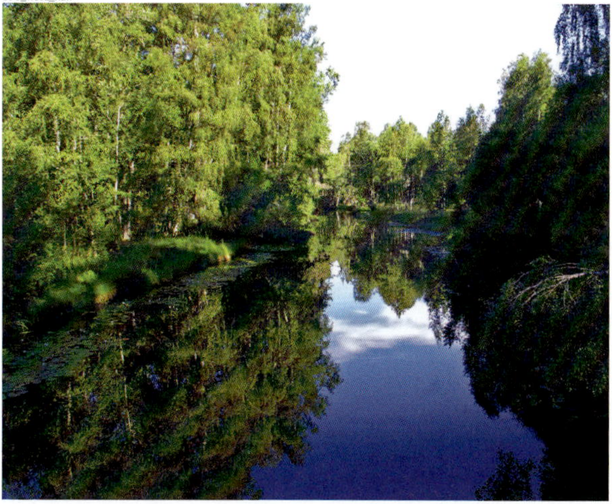

Überblick

Länge: 8,6 km
Gehzeit: ca. 2,5 Stunden
Auf-/Abstieg: je ca. 140 m
Wegeigenschaften: Mix aus allen Wegkategorien, vorwiegend Schotter- und Waldwege, geringer Pfadanteil
Technik: viel Steigung und Gefälle, aber recht gut ausgebaute Schotter- und Waldwege, für Kinderwagen nur eingeschränkt geeignet
Kondition: hoch
Einkehrmöglichkeiten: keine
Bademöglichkeiten: keine
Landschaft: vorwiegend Wald, teils felsig, wenig Felder, Wiesen- und Weidelandschaft, einige Ausblicke ins Tal
Rastplätze: keine
Anfahrt: Von Mariannelund aus nimmt man die Straße Nr. 129 Richtung Silverdalen/Hultsfred. Noch vor dem Ortseingang von Lönneberga steht rechts ein einzelnes Anwesen (Nydal). Dort geht es links ab in einen breiten Schotterweg, wo man gut das Auto abstellen kann. Die größere Holzbrücke über den Silverån ist direkt zu sehen, auch die Beschilderung des Sevedeledens, der hier die Straße kreuzt. (GPS N 57.56878, E 15.70467). Öffentlicher Nahverkehr mit dem Bus (Linie 327, Mariannelund – Hultsfred, www.klt.se). Die nächste Haltestelle liegt in Lönneberga ca. 2 km vom Tourstart entfernt.

Wegbeschreibung

Startpunkt ist die **Einmündung des Fahrweges (1)** von der Bundesstraße 129 bei Nydal. Hier kreuzt der Sevedeleden mit seinen gut sichtbaren orangefarbenen Markierungen die Straße. Wir folgen dem breiten Waldfahrweg über die Brücke des Flusses Silverån, der schon von der Straße aus durch die Bäume zu sehen ist.

Nach einer leichten Rechtskurve beginnt der Anstieg. An einer Kreuzung folgt der Weg den Sevedeleden-Markierungen weiter nach links. Zunehmend gewinnen wir an Höhe, während der Wald abwechslungsreicher wird: Laubbäume mischen sich unter die Kiefern. Der Wegrand wird von vielen Wildblumen gesäumt. Steil führt uns der Weg hoch auf den *Svinberget,* den „Schweineberg“. Auf der Höhe wird der Weg flacher, der Wald öffnet sich und wir sehen das **Gehöft Järnemåla (2)** vor uns liegen. Wir sind nun auf dem ersten Bergrücken hoch über dem Silverån angekommen.

Nach links folgen wir noch ein kurzes Stück dem Sevedeleden, der uns aber bald nach rechts verlässt. Wir bleiben geradeaus. Die

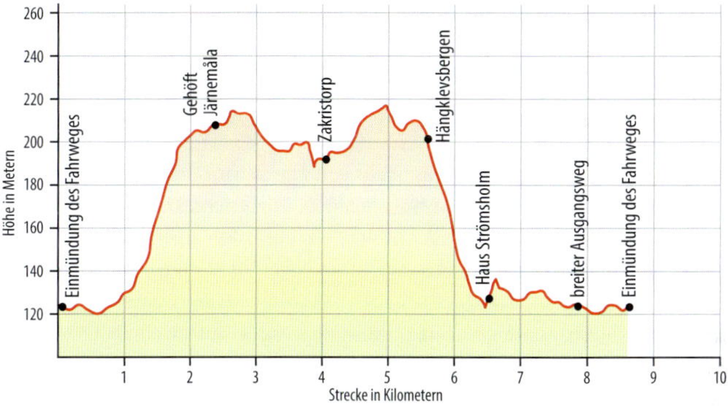

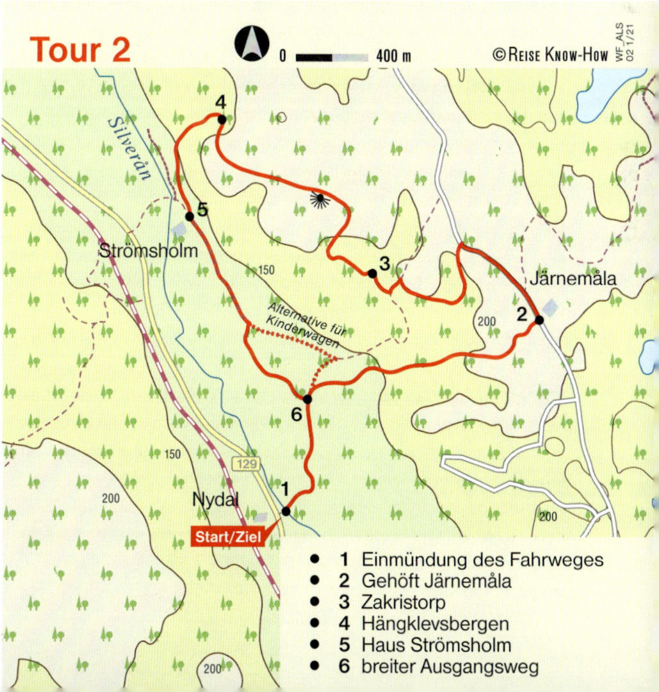

Katen und Kätner – Torp und Torpare

Der Begriff „Torp" klingt zunächst einmal wie unser Wort „Dorf", zumal in Namensverbindungen als Ortsname: „Sevedstorp", „Ingatorp", „Karlstorp" usw. Etymologisch ist der Zusammenhang richtig, inhaltlich aber ist ein Torp alles andere als ein Dorf. Es handelt sich um ein kleines **Einzelgehöft,** eher ein Häuschen oder eine Hütte. Übersetzt wird es zumeist mit „Kate", „Weiler" oder „Häuslerhof". Torpare waren – ähnlich wie die leibeigenen Bauern des europäischen Mittelalters – Personen am unteren Ende der Gesellschaft. Ihr kleiner Landbesitz war Teil eines größeren Anwesens, meist eines Herrenhofs, dem sie fest zugeordnet waren. Sie bewirtschafteten ihr zugeteiltes, kleines Land, von dem sie Abgaben leisten mussten, und zusätzlich auch das Land ihres jeweiligen Herrn. So trugen sie in doppelter Weise zum ökonomischen Erfolg der gesamten Betriebseinheit bei. Arbeitskräfte wurden in Zeiten, in denen fast alles in Handarbeit erledigt wurde, besonders zur Erntezeit dringend benötigt. Die Frauen mussten zusätzlich Textilien fertigen. Die Kinder hatten im Wald in festgelegtem Umfang Beeren zu sammeln.

Wirtschaftlich kratzten die Torpare-Familien häufig am **Existenzminimum,** denn ihre Böden waren meist klein und wenig ertragreich, die Last aus Abgaben und Diensten hingegen hoch. Aber im Gegensatz zu Knechten und Mägden konnten sie immerhin einen eigenen Hausstand führen und Familien gründen. Ausdruck dessen war das eigentliche Torp, die Wohnhütte, quasi die kleinstmögliche Behausung, die so etwas wie ein menschenwürdiges Leben ermöglichte: Stube, Küche und ein paar Schlafplätze unter dem Dach, das so tief lag, dass man es fast ohne Leiter neu eindecken konnte. Am wichtigsten: Die Feuerstelle zum Heizen und Kochen. Gemütlich schauen die kleinen Schornsteine knapp über den Dachfirst und vermitteln dem heutigen Betrachter das Gefühl von heimeliger **Geborgenheit** und **Behaglichkeit,** vor allem, wenn die Häuschen schön falunrot angestrichen und mit weißen Kanten („Knuten") eingerahmt sind. Eine kleine Apfelbaumwiese mit Rosensträuchern lädt zum Verweilen ein. So idyllisch werden die Minihöfe früher nicht ausgesehen haben. Bereits am Geld für die Farbe hat es in den meisten Fällen gefehlt. An Rosen war kaum zu denken, zumal man sie nicht essen konnte. Und selbst die Apfelbäume haben es erst sehr spät nach Schweden geschafft. Heute sind viele Torphütten nett herausgeputzt und werden als Ferienhaus genutzt, was sich allein schon wegen ihrer oft etwas abgeschiedenen Lage anbietet. Einige (wie z. B. das kleine „Zakristorp") lassen aber noch recht gut erahnen, wie die Menschen dort früher einmal gelebt haben mögen.

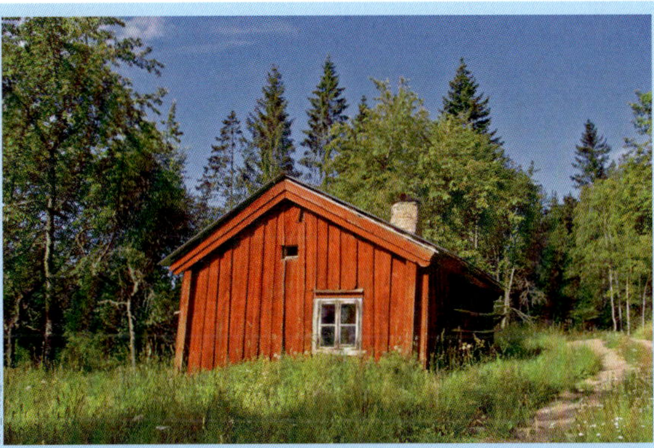

097_wSsL_haw

Mit der **Industrialisierung** und der mit ihr einhergehenden Lockerung der sozialen Abhängigkeiten verschwand im 19. Jh. das Torparewesen mehr und mehr. Am längsten hielt es sich in strukturschwachen, landwirtschaftlich geprägten Landstrichen, bis es im 20. Jh. schließlich per Gesetz verboten wurde. Als Kind kam Astrid Lindgren mit den letzten Ausläufern noch in Kontakt und verarbeitete ihre Erfahrungen in vielen Geschichten. Aus dem Torpare-Milieu stammen z. B. der Landstreicher Oskar („Rasmus und der Landstreicher"), Kristin aus dem Waldhaus („Wir Kinder aus Bullerbü"), der kleine Johann („Als der Bäckhultbauer in die Stadt fuhr"), der mutige Kalle („Ein småländischer Stierkämpfer") und der Kätnersohn Nils („Junker Nils von Eka") sowie am prominentesten: Krösa-Maja („Michel aus Lönneberga").

wenig befahrene Schottertraße führt uns zwischen den Wiesen von Järnemåla sofort wieder in den Wald, wo es laut Wanderkarte Gräberfelder aus der Wikingerzeit geben soll, die wir aber nicht auffinden konnten. Die erste Einmündung relativ scharf links führt auf einem breiten Waldweg in einen Fichten- und Lärchenwald, der ab und zu mit Birken durchsetzt ist. Der Weg beschreibt bald eine größere Rechtskurve. Es geht vorbei an jungen Birken, die von größeren Kiefern abgelöst werden, zwischen denen sich der Blick über das Tal öffnet. An der T-Kreuzung nehmen wir den Weg links ein kurzes Stück bergab, dann direkt wieder rechts, vorbei an **Zakristorp (3).** Der Weg verbreitert sich, in einer Rechtsbiegung beginnt ein weiterer, diesmal aber gemächlicher Anstieg. Hinter einer Linkskurve öffnet sich der Blick weit nach Osten hin. Nach dem weithin sichtbaren Handy-Mast geht es links steil den Hang des **Hängklevsbergen (4)** hinunter. Bei Schnee könnte dies eine geeignete Schlittenabfahrt sein.

Auf dem Weg ins Tal begleiten uns ab und an linksseitig imposante Granitfelsen. Im Tal stoßen wir kurz vor dem Fluss bei dem **Haus Strömsholm (5)** auf einen Fahrweg, dem wir nach links durch einen gleichförmigen Kiefernwald folgen. Das im Talboden durch Eiszeitgletscher ausgeschliffene Silverån-Tal irritiert das Auge durch die große Breite, die zum schmalen Flüsschen nicht recht passen will. Es verliert sich geradezu in der großen Fläche und mäandert orientierungslos und vielfach träge darin hin und her. Nach ca. 500 m geht es in einer schwachen Linksbiegung wieder rechts in einen etwas schmaleren Waldweg ab. Wer mit Kinderwagen unterwegs ist, kann hier auf dem Hauptweg bleiben und an der nächsten T-Kreuzung rechts abbiegen. An der folgenden Kreuzung gehen wir links und dann gleich rechts. Der Weg wird schmaler, bald stoßen wir wieder auf den **breiten Ausgangsweg (6)** unserer Wanderung, den wir jetzt in die Gegenrichtung bis zum Ausgangspunkt der Tour nehmen.

Im oberen Wegbereich kann man viele Walderdbeeren finden. Der untere Teil bietet im Kiefernwald Blau- und Preiselbeeren sowie Pilze. Von den Strapazen des Auf- und Abstiegs kann man sich in den recht ausgedehnten Abschnitten oben und unten, die lange weitgehend auf einer Höhe verlaufen, wieder gut erholen.

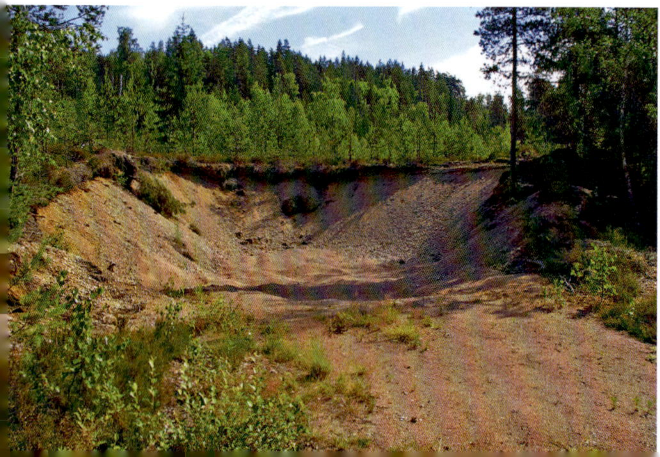

098_wSsl_haw

Spuren der Eiszeit

Die letzte Eiszeit wütete in Skandinavien nicht nur deutlich heftiger als im Herzen Europas, sie endete auch viel später. Tonnenschwere Eismassen bedeckten vollflächig die Halbinsel, sodass von Gletschern kaum mehr die Rede sein kann, vielmehr von einer **Inlandeismasse.** Sie schob alles Bewegliche und Weiche fort und schliff dabei den verbleibenden Granituntergrund so gründlich ab, dass man meinen könnte, ein Steinmetz hätte mit Absicht seine Werkzeuge arbeiten lassen. Ein ziemlich **einheitliches Landschaftsbild** prägt fast ganz Schweden von der Küste bis an den Rand der Skanden: Sanfte, wellige Hügel ragen aus weichen Mulden hervor, ohne dass das Auge sogleich eine prägnante Raumorientierung gewinnen könnte, wie dies in den Alpen oder den deutschen Mittelgebirgen häufig die tief eingeschnittenen Flusstäler leisten. Die Furche des Silverån-Tals bildet in gewisser Hinsicht eine Ausnahme, obwohl auch hier die Reste der Eiszeit auf Schritt und Tritt eindrucksvoll zu sehen sind: Als sich die Eismassen allmählich zurückzogen, hinterließen sie gewaltige Massen an Sand und Geröll, die von der Gletscher-Nachhut noch einmal abschließend plattgedrückt wurden. So sehen wir rechts und links des Silverå eine erstaunlich **ebene Fläche,** die inzwischen fast vollständig von **Kiefernwald** erobert worden ist. Dies muss für die Pflanzen ein mühsamer Prozess gewesen sein: Millimeter um Millimeter wuchs in Jahrtausenden die Humusschicht, bis sie dick genug wurde, dass sie Bäume tragen konnte – kein Vergleich zu den tiefgründig verwitterten Böden Mitteleuropas. An zahlreichen Stellen der Wandertour kann man an Bruchkanten von kleinen Sandgruben einen Blick ins Innere des Bodens werfen und staunen, wie dünn die eigentliche Waldbodenschicht noch immer über dem Sandboden steht.

Mit dem Kinderwagen bleibt es aber eine Herausforderung, zumal die Wegqualität für die Wagenräder grenzwertig ist. Es wird nur eine kleine Siedlung durchquert, und Infrastruktur wie Bänke, Rastplätze, Grillstellen oder Badeplätze sucht man vergebens, von Cafés oder Restaurants ganz zu schweigen. Dafür kann man aber der einen oder anderen Schlange begegnen. Elche und Wölfe sind hier beheimatet, auch wenn man sie nur selten zu Gesicht bekommt. Aber ihre Losung ist vielfach zu sehen.

Sandgrube

Tour 3
Die Wolfsgrube von Krogstorp, Stolparp und Norrlida

ca. 3 h
9,6 km
mittel

Von Bullerbü hinunter ins Tal des Åsjö-Sees

Wanderung durch vielfältige Natur- und Kulturlandschaft vorbei an einer alten Wolfsgrube und malerisch gelegenen Siedlungen.

Auch diese Tour führt uns – ähnlich wie die „Käsekuchenklamm"-Runde – die steilen Hänge des Höhenzuges von **Pelarne** und den umliegenden Weilern hinunter in das Tal des **Silverån,** in dem auch Mariannelund und die Bahnstrecke liegen. Gerade die steilsten Stellen, die schwer bewirtschaftet werden können, bieten uns märchenhafte Waldabschnitte. Idyllische Weiler, mit Steinmauern eingefasste Weiden und ein erfrischender See geben dieser Runde einen „ur-småländischen" Charakter. Unterwegs kommen wir an einer „kulturhistorischen Sehenswürdigkeit" der Gegend vorbei: der alten Wolfsgrube der Bauern von Krogstorp, Stolparp und Norrlida. In den 1860er Jahren (als Kröa-Maja noch jung war), wurde hier der letzte Wolf gefangen.

Die Wolfsgrube

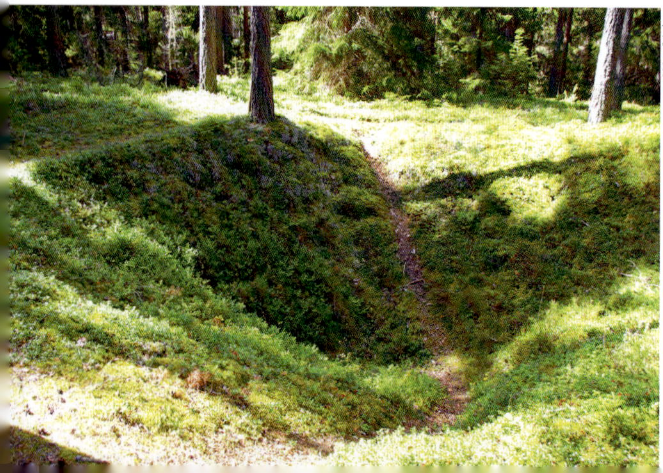

099_wSsL_haw

Überblick

Länge: 9,6 km
Gehzeit: ca. 3 Stunden
Auf-/Abstieg: je ca. 145 m
Wegeigenschaften: Mix aus verschiedenen Wegkategorien, vorwiegend Schotter- und Waldwege, geringer Pfadanteil
Technik: viel Steigung und Gefälle, aber meist recht gut ausgebaute Schotter- und Waldwege, für Kinderwagen nur eingeschränkt geeignet
Kondition: mittel
Einkehrmöglichkeiten: am Start-/Zielpunkt im Café von Bullerbü
Bademöglichkeiten: Seezugang am Åsjö-Sees zum Baden bedingt geeignet
Landschaft: Weidelandschaft, Wald, einige Ausblicke ins Tal, See
Rastplätze: keine bzw. ein weitgehend verfallener Rastplatz am See
Anfahrt: Siehe Tour Nr. 1: Von der großen Reichsstraße Nr. 40, die Västervik, Jönköping und Göteborg in Ost-Westrichtung miteinander verbindet, geht zwischen Vimmerby und Mariannelund eine kleine Straße südlich nach Pelarne, Sevedstorp, Bullerby ab. Dieser folgen wir vier Kilometer, bis rechts der Besucherparkplatz von Bullerbü angeschlagen ist (gebührenpflichtig): GPS N 57.61372, E 15.66886. Alternativ kommen wir aus südlicher Richtung: Auf der Straße 129 von Hultsfred nach Mariannelund geht es wenige Kilometer hinter Lönneberga rechts steil den Berg hinauf (gleiche Ortsnamen auf den Schildern). Nach ca. drei Kilometern erreichen wir den Parkplatz (jetzt links abbiegen). Öffentlichen Nahverkehr gibt es nur entlang der größeren Straßen. Die Buslinie 325 (Fahrplan unter www.jlt.se) hält an der Haltestelle des Filmbyn (Abzweigung zum Spilhammars Camping), von wo aus wir nach knapp 1 Kilometer auf den Wanderweg stoßen, den wir an anderem Startpunkt beginnen (siehe Tourbeschreibung und Karte).

Wegbeschreibung

Beginn der Wanderung ist der **Besucherparkplatz von Bullerbü (1).** Wir gehen die kleine Schotterstraße nach Nordwesten (gelbe Beschilderung „Krogstorp“ und „Stolparp“). Nach kurzer Zeit sehen wir rechts der Straße ein besonders niedliches altes

Torp mit vielen kleinen Nebengebäuden, das so klein ist, dass man Mühe hat zu entscheiden, welches Haus hier das Hauptgebäude sein soll. Etwas dahinter öffnet sich der Blick hinunter auf den Mossjö-See. Der Weg führt bald leicht bergab, und am Ende einer größeren Linkskurve liegen rechter Hand die Häuser von **Krogstorp (2)**, von denen das letzte und älteste als bewohnbares Museum an Feriengäste vermietet wird. Das Innere des inzwischen fast 250 Jahre alten Hauses ist im Verlauf der Jahrhunderte nur wenig modernisiert worden, sodass man sich hier einen guten Eindruck vom Originalzustand der alten Holzhäuser im småländischen Hochland machen kann. Tapetenreste aus Krogstorp finden sich im Landesmuseum in Kalmar. Im vorderen Teil des Grundstücks wacht eine imposante alte Esche über die kleineren Bäume ringsum und lässt einen fast unweigerlich an die mythische „Weltenesche" der *Edda* denken, aus der die Erde einst entstand.

Weiter laufen wir auf der Schotterstraße und gewinnen wieder etwas an Höhe, bis wir auf den Weiler Stolparp treffen. Hier folgen wir nicht der Rechtskurve der Straße, sondern nehmen geradeaus den kleineren Feldweg links an den Häusern vorbei. Hinter den Gebäuden macht auch dieser eine Rechtskurve. Ungefähr auf Höhe des letzten Hauses biegen wir nun nach links in den **Wirtschaftsweg** in **Stolparp (3)** durch die Wiesen ein. Zunächst auf gleicher Höhe, ab dem Waldrand dann zunehmend steiler bergab, führt dieser Weg bis hinunter zur Talsohle, wo man auf einen breiteren, **geschotterten Fahrweg (4)** stößt. Von hier aus ist ein kurzer Abstecher zum Åsjö-See möglich. Man geht den breiten Waldweg ein Stück nach links und findet dann bald rechts einen kleinen Pfad, der zum **Seeufer (5)** führt. Der Strandbereich ist etwas steinig, aber der See wird schnell tiefer und der Åsjön hat wunderbar frisches, klares Wasser. Nur selten stören Boote einmal die Ruhe, obwohl der große Campingplatz Spilhammer mit Boots- und Kanuverleih nicht weit ist. Auf der gegenüberliegenden Seeseite erblickt man die steil aufstrebenden Felsen, die wir in der Mariannelund-Runde 2 von oben betreten.

Wieder zurück am Abzweig mit dem **geschotterten Fahrweg (4)** folgen wir dem breiten Weg eine Zeit lang geradeaus. Im Spätsommer ist dieser gesamte Bereich eine ausgezeichnete Stelle, Beeren zu finden! Nach ca. 500 m unterquert man eine Stromleitung, missachtet alle Abzweigungen, bis man kurz darauf zu einer **Wegkreuzung** kommt, an der man das orangene Zeichen des **Sevedeledens (6)** sieht. Hier biegen wir nun nach rechts ab (nach links würde es zum Spilhammers Camping und zum Badeplatz gehen. Von hier startet man die Tour am besten, wenn man mit dem Bus anreist: Zuerst zum Badeplatz, dann den Schildern des Sevedeleden folgend, bis man an der **Wegkreuzung des Sevedeledens (6)** angekommen ist). Von jetzt an geht es wieder bergauf. Nach kurzer Zeit befindet sich links des Weges die **Wolfsgrube (7).**

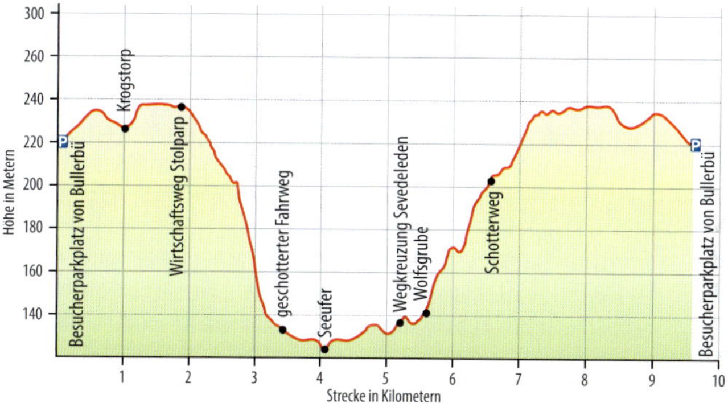

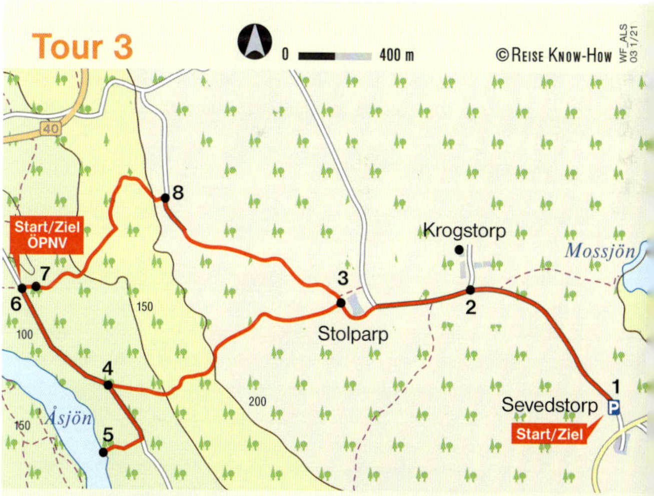

- P 1 Besucherparkplatz von Bullerbü
- 2 Krogstorp
- 3 Wirtschaftsweg Stolparp
- 4 geschotterter Fahrweg
- 5 Seeufer
- 6 Wegkreuzung Sevedeleden (Startpunkt für ÖPNV)
- 7 Wolfsgrube
- 8 Schotterweg

Preiselbeermarmelade – Lingonsylt

Sind auch die småländischen Äcker nicht sehr fruchtbar, so sind die Bedingungen für Beeren im Wald bestens. Dies macht sich auch in der traditionellen schwedischen Küche bemerkbar, wo **Preiselbeermarmelade** *(Lingonsylt)* bei vielen Gerichten nicht fehlen darf: Ob zu den bekannten Fleischbällchen *(Köttbullar)*, zu Pfannkuchen oder Bratwurst: Egal ob süß oder herzhaft, Lingonsylt passt einfach immer!

In alten Torpvereinbarungen war es üblich, festzuhalten, wie viele Kannen Preiselbeeren die Häuslerkinder an den Gutsherren abzuliefern hatten. Auch Michels Mama war „unvergleichlich im Einmachen und Saftkochen und Einkochen und Aufbewahren von allem, was im Wald zu finden war oder was daheim im Garten wuchs. Sie pflückte Preiselbeeren, Blaubeeren und Himbeeren, soviel sie konnte." Sie müssen viele Preiselbeeren gepflückt haben. Denn als Michel Klein-Ida an der Fahnenstange hochzieht, meint diese, lange nicht mehr so viel Spaß gehabt zu haben wie seit dem Tag, als Michel sie beim Indianerspiel in den großen Preiselbeerbottich tauchte. – Ein Streich, den Astrid Lindgren uns in ihren Geschichten in seiner ausführlicheren Version leider vorenthalten hat.

Wer seinen Urlaub im Spätsommer in Småland verbringt, hat mit etwas Fleiß gute Chancen, mit einigen Gläsern selbstgemachten Lingonsylt nach Hause zu fahren. An guten Stellen schafften wir es, mit drei Leuten ca. 5 kg innerhalb einer halben Stunde zu sammeln. Man tut also gut daran, leere Marmeladengläser in den Urlaub mitzunehmen. Preiselbeerkämme und entsprechend große Töpfe findet man mit Glück vielleicht im Ferienhaus.

Rezept

Auf 2 kg Beeren nimmt man 1 kg Zucker, vermengt alles gründlich miteinander und kocht es mit einem Schluck Wasser unter Rühren auf. Nachdem sie fünf Minuten sprudelnd gekocht hat, füllt man die heiße Masse in saubere, warme Twist-off-Gläser, die man am besten vorher ausgekocht hat, damit sie steril sind. Diese muss man nach dem Einfüllen direkt fest zuschrauben und auf dem Kopf auf ein sauberes Geschirrtuch stellen. Erst nach dem Abkühlen kann man sie umdrehen. Preiselbeermarmelade schmeckt ausgezeichnet zu herzhaften Gerichten, zu Käse, Fleisch und Nüssen, aber auch zu Gemüse. Vor allem Kohl bekommt durch Preiselbeeren eine abgemilderte fruchtige Note. Auch setzen sie zu vielen Gerichten einen auffallenden farbigen Akzent.

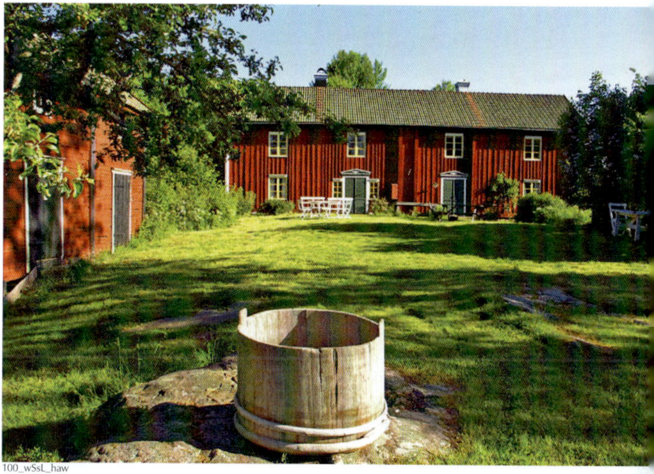

100_wSsL_haw

Krogstorp

Krogstorp Innenaufnahme

101_wSsL_haw

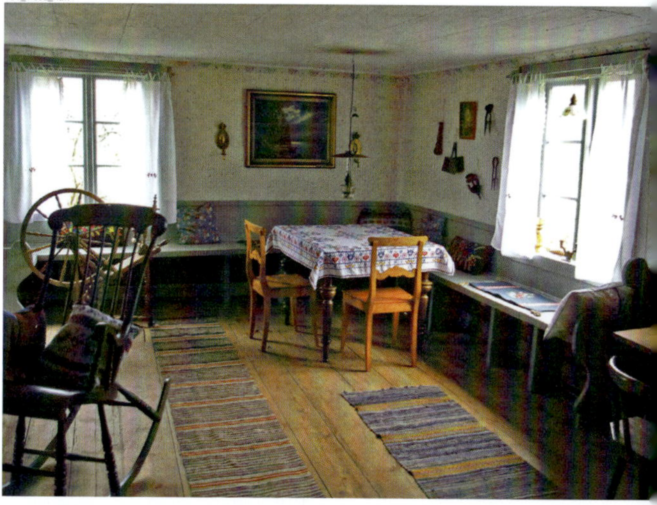

Wölfe in Småland

„Es waren einmal zwei Mädchen, die gingen mit ihren Beerensammelkörben morgens früh in den Wald zwischen Krogstorp, Stolparp und Norrlida. Plötzlich raschelte etwas im Gebüsch: Ein großer, grauer Wolf stand vor den Kindern und starrte die beiden mit seinen grimmigen Augen unverwandt an. Sie warfen die Körbe von sich und rannten schnurgerade auf den nächstgelegenen Baum zu, erklommen einige Zweige und wähnten sich in Sicherheit. Jetzt erst merkten sie, dass sie in der Falle saßen: Was, wenn der Wolf sich unten auf die Lauer legen würde? Wie sollten sie unbemerkt herunterkommen? Von zu Hause war keine schnelle Hilfe zu erhoffen, denn alle schliefen noch, als sie das Haus verlassen hatten. Sicher würden Vater und Mutter bald anfangen, nach ihnen zu suchen. Aber wie lange würde es dauern, bis sie kämen?"

Dies ist kein altes Märchen und auch keine Astrid-Lindgren-Geschichte. „Vater und Mutter" sind zufälligerweise die Autoren dieses Textes, und die Kinder haben es gut wieder nach Hause geschafft, nachdem sie sich besonnen hatten, dass der Wolf vermutlich noch mehr Angst vor ihnen bekam als umgekehrt. Zu Michels Zeiten freilich hätte die Geschichte nicht spielen können, denn der (vorläufig) **letzte Wolf** wurde hier Mitte des 19. Jahrhunderts gefangen. Die Erinnerung an die als bedrohlich erlebten Wildtiere blieb aber wach. Astrid Lindgren beginnt ihre Erzählung **„Die Schafe auf Kapela"** mit dem Satz: „Vor langer Zeit, in den Tagen der Armut, da gab es noch Wölfe im ganzen Land, und eines Nachts riss einer die Schafe auf dem Kapelahof". In den **Michel-Erzählungen** lässt sie Krösa-Maja sagen: „Als ich klein war, da gab es hier in Småland viele Wölfe", und sie erzählt „sehr viel Schauriges von Wölfen und davon, wie man früher, als sie noch klein war, Wolfsgruben machte und Wölfe darin fing." Auch den Kindern von Werwölfen zu erzählen, scheut Krösa-Maja – zum Unmut von Michels Mutter – nicht. Michel gräbt daraufhin mit Alfreds Hilfe eine Werwolfgrube und fängt tatsächlich darin ... zwar keinen Wolf, aber die alte Maduskan, die egoistische und herrschsüchtige Vorsteherin des Armenhauses.

So wie Michel taten es in Wirklichkeit die Bauern von Norrlida, Stolparp und Krogstorp und bauten eine **Wolfsgrube** im Wald. Sie wollten ihr Vieh schützen, denn Schafe und Kälber waren den Raubtieren willkommenes Fressen. Schnell konnte ein Wolf innerhalb einer Nacht eine Schafherde töten und den Bauern in große wirtschaftliche Schwierigkeiten bringen. Ende des 19. Jahrhunderts waren die Wölfe im gesamten Europa durch jahrhundertelanges Jagen so stark dezimiert, dass sie kaum mehr eine reale Gefahr waren. Schließlich waren sie fast ganz verschwunden. Aber die Vorbehalte gegen dieses Tier hielten sich beständig. Erst seit dem Ende des 20. Jahrhunderts haben wir unsere tief verankerten, irrationalen Ängste allmählich abgebaut. Zeitgleich wächst die **Wolfspopulation** wieder merklich. Die Tiere stehen in Schweden wie in Deutschland unter besonderem Schutz. Auch in Småland werden nun wieder häufiger Wölfe gesehen, und entsprechend häufiger demnach auch einzelne Nutztiere angegriffen. Die Diskussionen um ein generelles oder phasenweises Jagdverbot werden wieder lauter. Immer noch ist es unwahrscheinlich, diesem scheuen Tier von Angesicht zu Angesicht zu begegnen. Aber Wolfslosung lässt sich gerade auf den hell geschotterten Waldwegen bei Stolparp oft gut erkennen, denn die Tiere betrachten diese Wege offenbar als Reviergrenzen und markieren dort für jeden gut sichtbar. Wolfslosung ähnelt Hundekot, ist jedoch etwas schmaler, spitz zulaufend und häufig mit Tierhaar oder auch Knochenstücken durchsetzt.

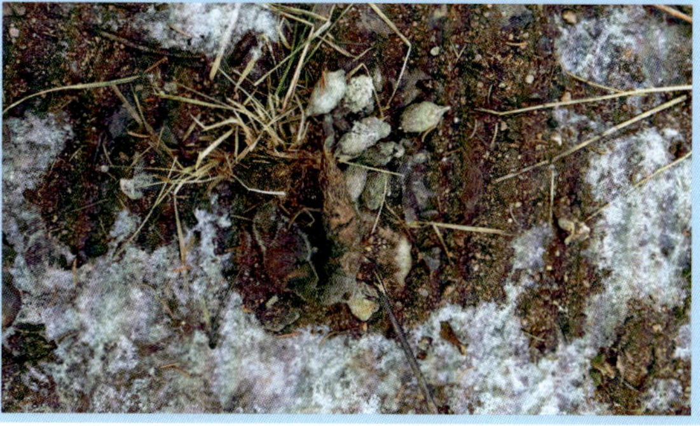

102_wSsL_haw

Nach einem kurzen steileren Stück durch den Wald führt der Weg durch die Wiesen von Norrlida und der Blick wird frei: zunächst auf die schön gelegenen Höfe vor uns, dann auf das Fluss-/Seetal hinter uns. Wir stoßen bald auf einen **Schotterweg (8),** in den wir nach rechts einbiegen. Der Sevedeleden mit seinen orangefarbenen Markierungen verlässt uns nach links. Zunächst an ein paar Häusern und ergiebigen wilden Himbeerbüschen vorbei, folgen wir diesem Weg bis Stolparp. Auf diesem Abschnitt haben wir immer wieder weite Ausblicke über das småländische Hochland. Von Stolparp aus ist der Weg identisch mit dem Hinweg.

Tour 4
In den lichten Laubwäldern von Lönneberga

ca. 2 h
7,2 km
mittel

Småländische Landschaft einmal fast ohne Kiefern und Fichten

Kürzere Tour durch recht liebliche Landschaft mit Laubwäldern, dem alten Kirchdorf Lönneberga, einem Freilichtmuseum und dem See Linden.

„Katthult war ein hübscher kleiner Hof mit einem rot gestrichenen Haus, das zwischen Apfelbäumen und Flieder auf einer Anhöhe lag. Und rundherum gab es Äcker und Wiesen und Haine, einen See und einen großen, großen Wald."

Die Michel-Geschichten hat Astrid Lindgren in der Gemeinde **Lönneberga** spielen lassen. Alle Ortsnamen, die vorkommen, sind real: Mariannelund, Hultsfred, Vimmerby, Ingatorp usw. Auch die Entfernungen passen plausibel zusammen. Nur den Katthult-Hof selbst sucht man in Lönneberga vergebens. Es ist der einzige Fantasie-Ortsname im Buch. Der **Weiler Åkarp** – den wir passieren – mit seinen malerischen Höfen auf einem Hügel zwischen Obstbäumen, kommt sicher den inneren Bildern, die beim Lesen von Michels Geschichten entstehen, sehr nahe. Aber das Filmteam, das drei Jahre lang im Umkreis von Mariannelund drehte, entschied sich für einen Bauernhof ca. 20 km nördlich (siehe Tour Nr. 11). Wie auch immer, landschaftlich hatte Astrid Lindgren beim Schreiben wohl speziell die Gegend um Lönneberga vor Augen. Hier läuft das **småländische Hochland** sachte nach Südwesten hin aus. Das Klima ist hier spürbar wärmer, die Vegetation etwas „südländischer" und lieblicher. Im nahen Målilla werden in Schweden oft die höchsten Sommertemperaturen gemessen, was der kleine Ort durch eine überdimensionale Thermometer-Skulptur am Ortseingang seinen Gästen stolz mitteilen möchte.

Der Ortsname Lönneberga leitet sich vom Wort *lönn* (Ahorn) ab, was bereits darauf hindeutet, dass hier ungewöhnlich viele Laubbäume wachsen. So haben wir auf dieser Tour den mit Abstand niedrigsten Nadelwaldanteil und diesen fast ausschließlich um den höchsten Punkt der Wanderung herum. Auch der Bodenbewuchs der Wälder unterscheidet sich deutlich von den typischen Kiefern- und Fichtenwäldern, die sonst meist prägend sind.

Neben der bemerkenswerten Landschaft hat die Tour noch einiges Sehenswertes zu bieten: Die schön gelegene Kirche von Lönneberga, den alten Pfarrhof mit Kirchdorf und den Hembygdspark, das kleine Freilichtmuseum.

Obwohl man in Lönneberga keine markanten Drehorte findet, versucht die Gemeinde, das Gedächtnis ihres bekanntesten imaginären Sohnes (der im schwedischen Original übrigens Emil und nicht Michel heißt) lebendig zu halten. Ein eigens angelegter Wanderweg, der *Emilleden* wird mit einem blauen Schuh-Symbol markiert. Unsere Wegroute läuft mit diesem und dem größeren, orange gekennzeichneten Sevedeleden immer wieder parallel, allerdings nicht durchgehend. Man darf also nicht blindlings den Markierungen folgen, zumal diese nicht überall sorgfältig gesetzt sind.

Emilleden: Symbol blauer Schuh

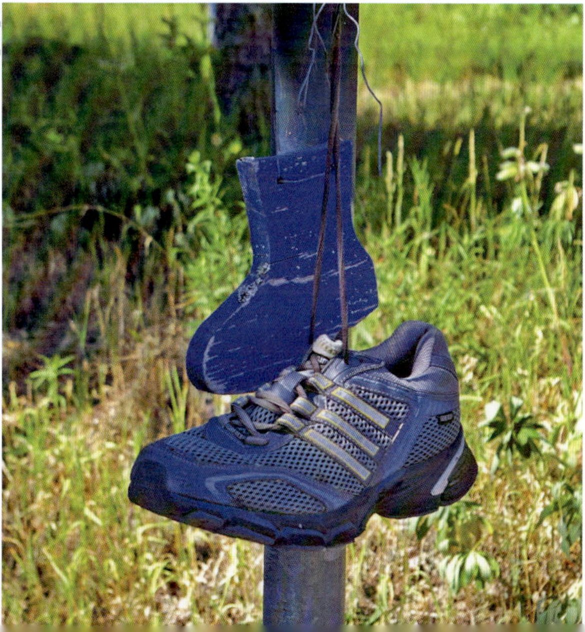

103_wSst_haw

Überblick

Länge: 7,2 km
Gehzeit: ca. 2 Stunden
Auf-/Abstieg: je ca. 120 m
Wegeigenschaften: Mix aus allen Wegkategorien, hoher Pfadanteil
Technik: hoher Pfadanteil, teils etwas anspruchsvoller, für Kinderwagen ungeeignet
Kondition: mittel
Einkehrmöglichkeiten: keine (nur zu besonderen Anlässen gibt es im Hembygdspark Lönneberga Kaffee und Waffeln)
Bademöglichkeiten: sehr schön angelegter Badeplatz am See Linden
Landschaft: viel Laubwald, ein kleines felsiges Stück, teils auch landwirtschaftlich genutzte Kulturlandschaft
Rastplätze: am See Linden und im Hembygdspark
Anfahrt: Von der Straße Nr. 29, die Mariannelund und Hultsfred verbindet, biegt man nach Südwesten Richtung Haddarp ab. Es gibt zwei Abzweigmöglichkeiten, entweder vor oder hinter Silverdalen, die bald wieder zusammenlaufen. In Åkarp verlässt man die kleine Straße, um auf eine noch schmalere Schotterstraße nach rechts einzubiegen. Nach etwas mehr als 500 m ist nach links der Badeplatz ausgeschildert, an dessen Parkplatz die Tour beginnt. (GPS N 57.52431, E 15.68669). Kein öffentlicher Nahverkehr.

See Linden

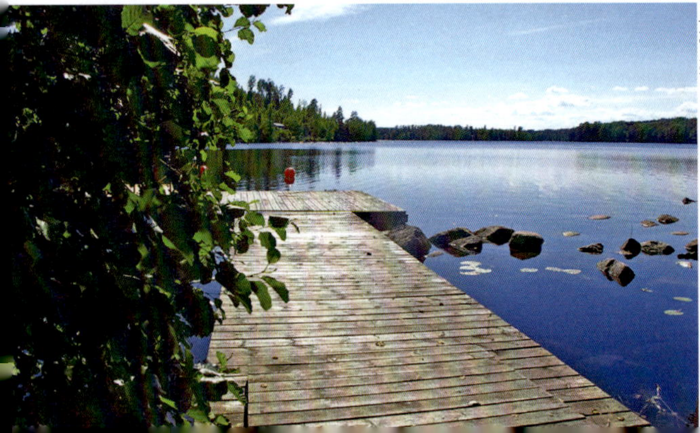

104_wSsL_haw

Wegbeschreibung

Die Wanderung beginnt am **Parkplatz des Sees Linden (1).** Zunächst folgen wir der Zufahrtsstraße, die wir mit dem Auto gekommen sind, den Hügel hinauf und weiter geradeaus, bis wir an

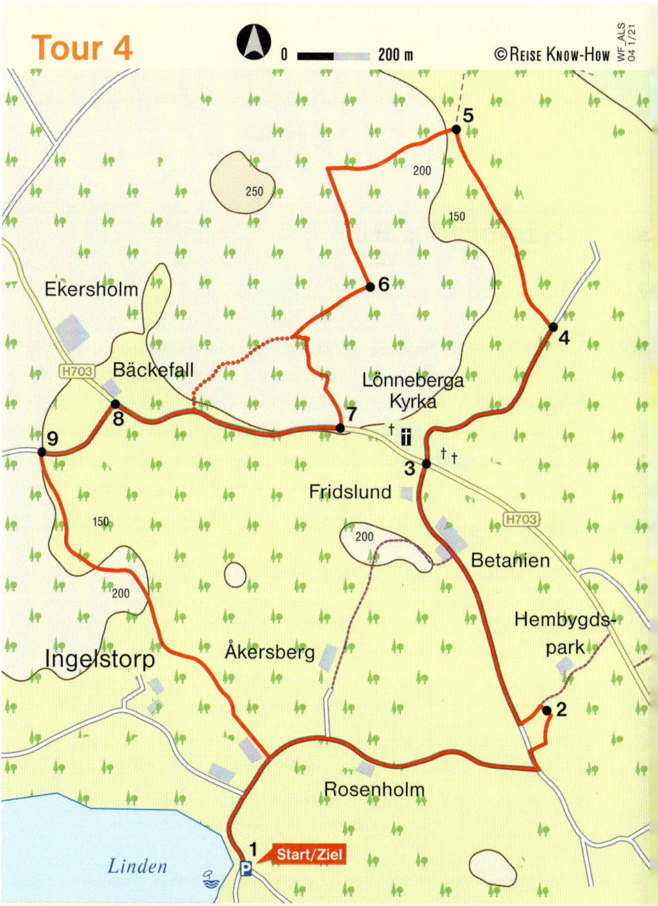

- 1 Parkplatz am See Linden
- 2 Hembygdspark
- 3 Kirche von Lönneberga
- 4 Schotterweg
- 5 Sevedeleden
- 6 höchster Punkt (mit Mobilfunkmast)
- 7 Straße
- 8 Geburtshaus von Albert Engström
- 9 schmaler Pfad

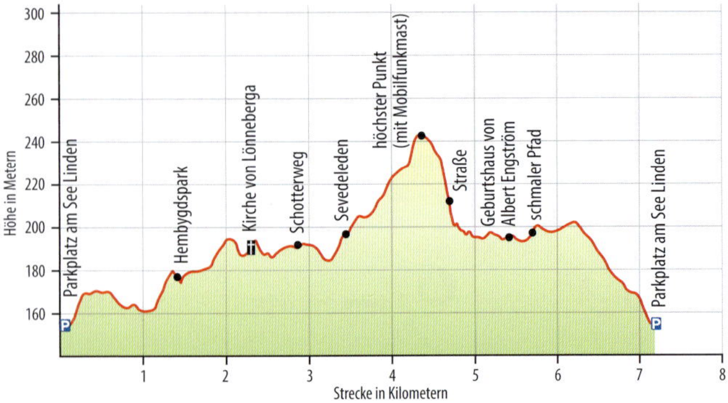

Hembygdsgård

Fast jedes kleine schwedische Dorf verfügt über einen sogenannten *hembygdsgård.* Oft heiß es auch *hembygdspark,* was auf eine etwas größere Anlage hindeutet. Seltener liest man die Wörter *minnesgård* oder *gammelgård.* Gemeint ist eine **kleine Ansammlung** von **alten Gebäuden** aus der Gemeinde, die restauriert und zu einer Art **Freilichtmuseum** zusammengestellt wurden. Etwa 1.400 solcher kleinen Museen stehen zurzeit in Schweden mit ca. 8.000 Gebäuden. Im Extremfall besteht der *hembygdspark* aus einer einzigen kleinen Hütte. Doch in größeren Orten und in Städten erscheint er oft wie ein eigenes kleines Dorf von einem Zaun umgeben. Typischerweise gibt es ein **Wohnhaus** und dazu ein paar **Wirtschaftsgebäude:** Scheune, Stall, Vorratsspeicher, Badestube, Räucherkammer, Schmiede usw. Die kleinen und größeren Häuschen werden oft mit viel Geschmack um eine zentral gelegene Wiese gruppiert auf der v. a. im Sommerhalbjahr zahlreiche Veranstaltungen stattfinden: Los geht es mit der Walpurgisnacht und dem Ersten Mai, dann folgen Mittsommer, weitere Feste, Auktionen und Märkte. Vielfach wird eine größere Holzbühne mit ins Gebäudeensemble integriert, auf der Theater gespielt, gesungen oder getanzt werden kann. Somit ist der *hembygdsgård* für die Dorfgemeinschaft ein Ort, an dem auf der einen Seite die Erinnerung an die Vergangenheit aufrechterhalten wird. Auf der anderen Seite dient er als **Versammlungsort,** wo das Gemeinschaftsleben aktiv gestaltet wird.

Meist sind die kleinen Anlagen ganzjährig begehbar. Aber nur zu besonderen Anlässen kann man einen Blick ins Innere der Gebäude werfen. Dann gibt es auch den obligatorischen Kaffee und Waffeln, warme Würstchen im Brot und eine Lotterie. Oftmals sind die Räume mit mehr oder weniger heimatgeschichtlicher Akribie in historischem Stil eingerichtet. Getragen werden die Anlagen von einem Ortsverein *(hembygdsförening)*, der sich nicht nur um Gebäude und Gelände, sondern vielfach auch mit Schriften, Vorträgen usw. um weitere Fragen der Ortsgeschichte kümmert.

Die Bewegung, die sich für den Erhalt ortstypischer Baukultur einsetzt, entstand im späten 19. Jahrhundert aus einer nationalromantischen Grundstimmung heraus. Diese lässt sich auch in den damals neu gebauten Haustypen gut erkennen, in die bewusst Elemente älterer schwedischer Bautradition aufgenommen wurden. Einen wichtigen Anstoß bekam die **Hembygdsbewegung** 1891 durch die Anlage des ersten europäischen **Freilichtmuseums Skansen** in Stockholm durch Artur Hazelius. Mit Unterstützung des damaligen Königs trug er historische Gebäude aus ganz Schweden in der Hauptstadt zusammen und rettete sie so vor dem Verfall. Ein Rundgang durch Skansen auf der Museumsinsel Djurgården führt den Besucher quasi von Süd nach Nord durch alle Landstriche Schwedens. Ein dazugehöriger kleiner Tierpark liefert die entsprechende Fauna dazu. Auch in Skansen gibt es Festwiesen, Bühnen und jede Menge **Veranstaltungen,** z. B. Mittsommerfeiern. In seinem ethnographischen Interesse legte Hazelius gleichzeitig auch das *Nordiska Museet* direkt neben dem Freilichtmuseum als Volkskundesammlung an. Skansen wurde in den Folgejahren Vorbild für zahlreiche andere Volkskunde- und Freilichtmuseen in ganz Europa und war gleichzeitig die Initialzündung für die Städte und Dörfer Schwedens, die sich in Nachahmung Stockholms fast alle ihr „kleines Skansen" leisteten.

105_wSsl_haw

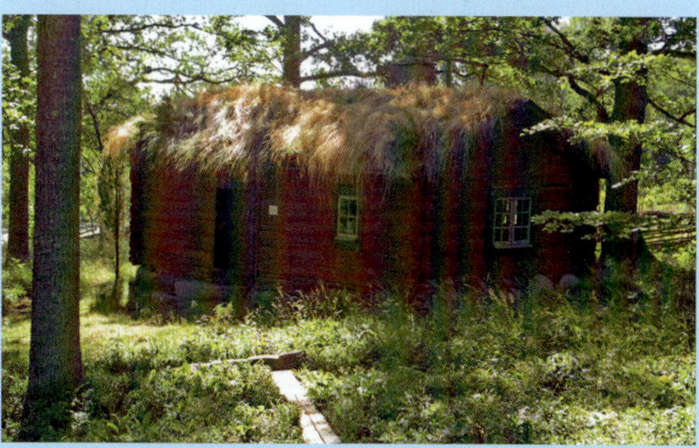

„Dorf und Kirchdorf"

Wenige Kilometer entfernt von der Siedlung Lönneberga findet man den kleinen Ort „Lönneberga Kyrka", was wörtlich einfach nur „Lönneberga Kirche" bedeutet. In der Tat gibt es hier nur sehr wenige Wohngebäude, die von der vergleichsweise großen Kirche förmlich in den Schatten gestellt werden. An vielen Stellen in Småland findet man solche „doppelten" Dörfer. Unweigerlich fragt man sich, warum sich die Bewohner nicht ihre Kirche mitten ins Dorf, sondern „weit raus in die Pampa" gebaut haben.

Die Erklärung ist in der **Siedlungsgeschichte** zu finden: Ursprünglich war die Gegend mit vielen Einzelhöfen und sehr kleinen Weilern stark zersiedelt. An einem etwas zentraler gelegenen Platz wurden zunächst **Kirche** und **Pfarrhof** angelegt, wohin die Bewohner des Umkreises sonntags zum Gottesdienst zusammenkamen. Später kam oft noch eine Schule dazu. Mit der **Industrialisierung** änderte sich das Siedlungsverhalten grundlegend. Vor allem entlang der Bahnstrecken entstanden mittlere und größere Fabriken: Metallverarbeitung, Holz-, Möbel- und Papierindustrie, auch Textil- und Holzschuhfabriken. Die neuen Großdörfer und Kleinstädte nahmen teils die Ortsnamen ihrer ursprünglichen Pfarrkirchen an, auch wenn diese mehrere Kilometer entfernt lagen.

Astrid Lindgrens Michel ist eher im alten Kirchdorf anzusiedeln als im heutigen Lönneberga, das schlauchartig entlang der Landstraße und der Bahnstrecke liegt und nahtlos in den Nachbarort Silverdalen übergeht.

die T-Kreuzung stoßen, an der wir abgebogen waren. Unterwegs hat man einen schönen Blick auf die Höfe von Åkarp und die hügelig anmutige Landschaft mit vielen Wiesen, die mit einzelnen Bäumen und Baumreihen gefällig aufgelockert werden. An der Kreuzung geht es jetzt links ab in Richtung **Hembygdspark (2).** Nach wenigen Metern bereits erreichen wir das repräsentative Eingangstor und dahinter das hübsch angelegte Gebäudeensemble. Obwohl die Häuser meist geschlossen sind, lohnt sich ein Besuch in jedem Fall. Weiter folgen wir jetzt dem Schotterweg nach oben und erreichen nach ca. 200 Metern eine Anhöhe, von der aus bereits der Turm der großen weißen **Kirche von Lönneberga (3)** sichtbar wird. Links des Weges sehen wir schöne kleine alte Häu-

Lönneberga Kirche und Friedhofsmauer

ser und rechts des Weges den großen, alten Pfarrhof mit seiner besonderen Haustüre. Bevor man zur Kirche kommt, überquert man die kaum befahrene Landstraße. Die Kirchhofsmauer aus großen Granitsteinen beeindruckt mit ihrer Mischung aus Schwere und Eleganz. Die Gesamtanlage der Kirche im Hang hat eine sehr ehrwürdige Ausstrahlung. Man kann sich gut vorstellen, wie Michel während der ganzen Christmette brav und still auf seinem Platz saß und sich so gut benahm, dass seine Mutter darüber in ihr blaues Schreibheft schrieb: „Dieser Junge ist eigentlich fromm. In der Kirche macht er nicht den geringsten Unfug.“

Wir verlassen das kleine Kirchdorf wieder, indem wir auf Höhe des Kirchenportals nach rechts in einen Schotterweg durch lichten Laubwald mit großen alten Bäumen einbiegen. Nach einer Weile zweigt ein weiterer **Schotterweg (4)** nach links ab.

Diesem folgen wir durch jüngeren Laubwald, der zunehmend mit Fichten durchsetzt wird. Nach einem langen, geraden Wegabschnitt beschreibt der Weg eine leichte Rechtskurve, in deren Mitte wir scharf links in den **Sevedeleden (5)** (orangefarbene Markierungen) abbiegen. An dieser Stelle muss man achtgeben, dass man den Abzweig nicht verpasst. Der schmale Pfad ist vor allem im Anfangsbereich etwas zugewachsen (gegebenenfalls an dieser Stelle mit GPX-Ortung laufen). Wir folgen dem markierten Pfad durch dichten Wald mit vielen Blaubeersträuchern. Hier geht es stetig bergauf, teils auch sehr steil. Ein Wegstück ist mit Seil gesi-

106_w5sL_haw

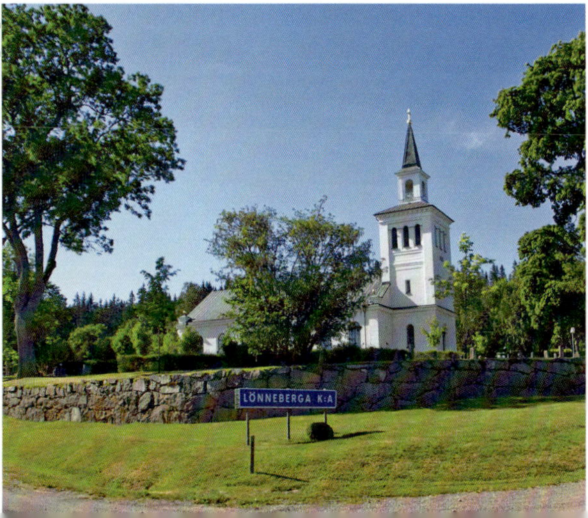

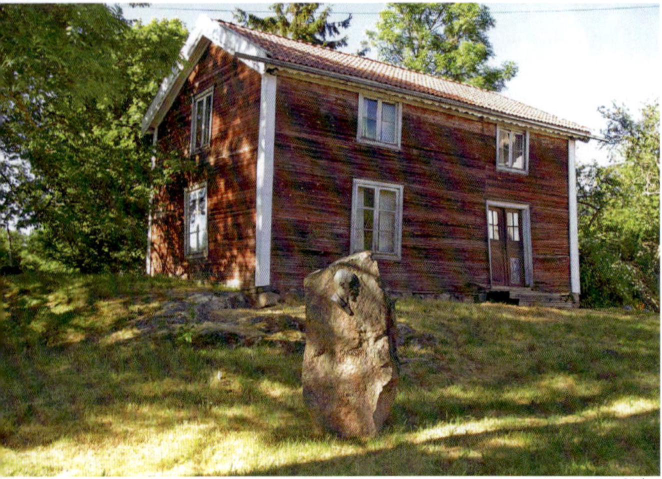

107_wSsL_haw

Geburtshaus Albert Engströms

Skansen

108_wSsL_haw

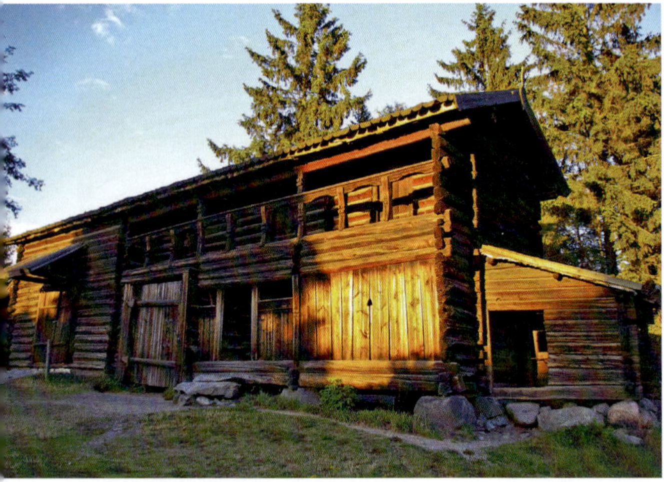

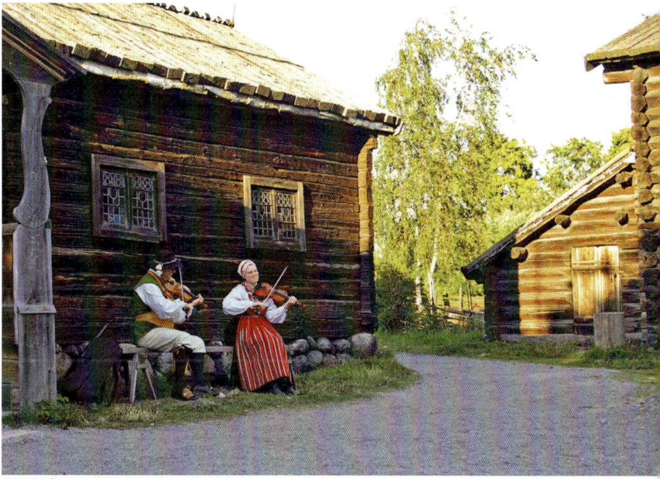

109_wSsL_haw

Skansen: Musiker

Skansen: Tänzer

110_wSsL_haw

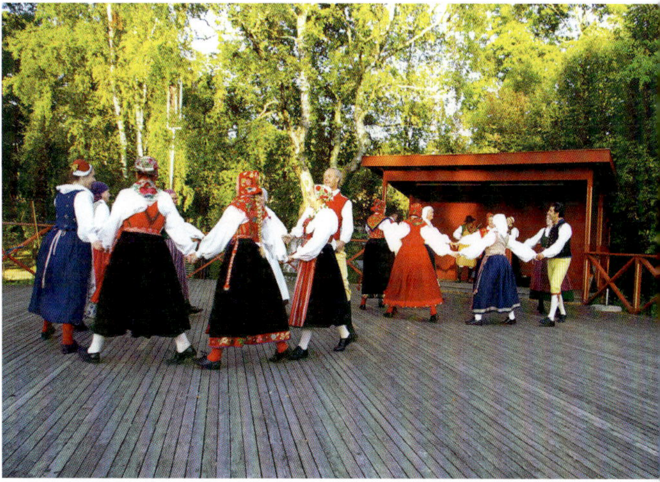

Auktionen

Bekannt ist die Geschichte von **Michel,** als er am „Samstag den 12. Juni einige geglückte Wahnsinnsgeschäfte auf der Auktion auf Backhorva machte". Die Bewohner Backhorvas wollten nach Amerika auswandern und vorher all ihren Hausrat loswerden. Die entsprechenden Filmszenen sind auf dem Hof Näs nördlich des **Mossjön** gedreht.

Auch heute noch sind Auktionen in Småland sehr beliebt. Das ganze Jahr über gibt es immer wieder recht **professionelle Veranstaltungen** von größeren Auktionshäusern. Einen ganz besonderen Reiz haben jedoch die vielen kleinen sommerlichen Auktionen, die häufig in Freilichtmuseen veranstaltet werden, so z. B. auch im *hembygspark* von Lönneberga. Es lohnt, nach entsprechenden Ankündigungsschildern Ausschau zu halten und auch im Supermarkt regelmäßig einen Blick aufs Schwarze Brett zu werfen. Normalerweise wird dort die Zeit angegeben, wann die Versteigerung beginnt und auch die Zeit, ab wann man vorher in Ruhe alles in Augenschein nehmen kann. Denn ist die Auktion erst mal im Gange, dann geht es flott. Es ist jedes Mal wieder erstaunlich, dass ein Mensch so schnell wie der Auktionator reden kann.

Man muss nicht unbedingt der schwedischen **Sprache** mächtig sein, um mitbieten zu können, es reicht, die Hand zu heben. Die Zahlen sollte man aber kennen. Meist wird mit 10 Kronen gestartet. Weiter geht es in Zehnerschritten bis zur 50, dann in unregelmäßig größer werdenden Intervallen, bis niemand mehr den Arm heben will. Höherwertige Waren starten auch schon einmal direkt mit höherem Startgebot. Hat man selbst das höchste Gebot abgegeben, bekommt man die Ware meist an den Platz gebracht, wo direkt abgerechnet wird, während die Auktion weiterläuft. Auf den Kaufpreis kommen noch einmal 10 oder 20 Kronen Gebühr dazu, die an den Veranstalter gehen.

Etwas Vorsicht ist geboten, wenn man sich am Kopf kratzt oder gar jemand Bekanntem zuwinken möchte. Dies wird manchmal auch als Gebot interpretiert, und so ist man schnell selbst Feuerspritzenbesitzer geworden oder hat vielleicht ein Küchensofa erstanden. Es wird einiger Kram versteigert, bei dem man sich wundern kann, dass überhaupt Hände in die Höhe schnellen. Häufig sind jedoch auch richtige kleine **Kostbarkeiten** dabei: altes Leinen, Kupfertöpfe, wunderschöne Majolikalampen, gusseiserne Pfannen, Tretschlitten, alte Möbelstücke usw.

Natürlich wird auch an einem Stand Kaffee und Limonade zum Verkauf angeboten und häufig auch frische Waffeln. Meist trifft man die ortsansässigen **Antiquitäten-** und **Loppishändler** (Flohmarkt händler). Der Großteil der Besucher kommt aber vermutlich eher wegen des großen Freizeitwertes und um mal wieder andere Leute zu sehen. Es macht einfach Spaß, dem Auktionator zuzuhören und es ist spannend mitzubieten. Als ich einmal mit einigen Kindern auf einer Auktion war und diese so manches ersteigern durften, meinte der Auktionator in die strahlenden und gespannten Gesichter der Kinder schauend: „Schöner als Weihnachtsgeschenke an Heiligabend".

chert, damit man auf dem felsigen Untergrund nicht abrutscht. Wir orientieren uns während dieses Abschnittes immer an den orangefarbenen Markierungen des Sevedeledens. Am **höchsten Punkt** befindet sich ein **Mobilfunkmast (6).** Hier darf man nicht den Stromleitungen folgen, sondern biegt vorher nach rechts ab auf einen Pfad, der bergab führt. In diesem Wegabschnitt sind die Markierungen mehrmals schwer zu finden, tauchen aber bald wieder auf, um dann wieder gerade dort zu verschwinden, wo der Sevedeleden den Wanderweg verlässt. Aus diesem Grund raten wir dazu, den Sevedeleden kurz zu verlassen und stattdessen dem Waldweg, auf dem wir sind, bis zur Landstraße den Berg hinab zu folgen, denn dieser ist recht gut begehbar und leicht zu finden.

An der **Straße (7)** angekommen, sehen wir links die Kirche von der anderen Seite aus, wenden uns aber nach rechts und laufen entlang der geteerten Straße, auf die bald von rechts der Sevedeleden stößt. Hier würden wir herauskommen, wenn wir hinter dem Handymast immer den orangefarbenen Markierungen gefolgt wären. Unser Weg führt nun ein kleines Stück auf der Straße Richtung Westen. In Bäckefall steht das **Geburtshaus Albert Engströms (8)** (siehe Tour Nr. 16 Skurugata). An dieser Stelle verlassen wir die Straße nach links in einen Schotterweg entlang einer großen **Scheune.** Jetzt können wir uns wieder gut an den Markierungen orientieren, die auf diesem Abschnitt meist regelmäßig und recht leicht erkennbar gesetzt sind. Bald geht es kurz hinter einer Hauseinfahrt und einer Rechtsbiegung links in den Wald hinein. Der **schmale Pfad (9)** durch Eichenwald mit Maiglöckchen-Teppich (die hier allerdings erst im Juni/Juli blühen) geht in einen Fahrweg über und stößt nach einem guten Kilometer auf die Schotterstraße zum Badeplatz, wo man an heißen Tagen die Tour mit einer herrlichen Erfrischung beenden kann. Hier finden wir Picknicktische, Umkleiden, einen schönen Sandstrand, Steg und Schaukeln.

Tour 5 Draisinenfahrt bei Hultsfred

3 h
23,4 km
leicht

Eine Radtour auf Schienen von der „Festwiese" in die Natur

Draisinentour ausgehend von der Kleinstadt Hultsfred über die alte Schmalspurtrasse nach Målilla durch unterschiedlichen Wald mit einem besonders schönen Seeabschnitt.

Der Katthult-Knecht Alfred muss zum Militärdienst nach **Hultsfred.** Einziger Trost für die Magd Lina ist das große, jahrmarktähnliche Sommerfest auf der Festwiese bei Hultsfred, wo sie hofft, Alfred wiederzusehen. Solch ein Großereignis ist in den Augen von Michels Eltern natürlich nichts für Kinder. Klein-Ida bleibt auch brav zu Hause bei Krösa-Maja sitzen. Aber **Michel** macht sich selbstständig auf den Weg von Lönneberga nach Hultsfred und stiftet (wie gewohnt) ein bisschen Unruhe, vollbringt aber schließlich auch eine Heldentat auf der Festwiese. Alles im Detail nachzulesen in: „Als Michel auf der Festwiese von Hultsfred ein lustiges Leben führte".

Astrid Lindgren beschreibt, wie ihr **Vater** als junger Mann ebenfalls auf einem solchen Sommerfest auf der Festwiese war, wo er seine große, heimliche Liebe, **Hanna von Hult,** „im handgewebten blauen Kleid heranspazieren sah. Jetzt wäre die Gelegenheit günstig gewesen, aber sie zog ja ‚nen ganzen Rattenschwanz von Verehrern hinter sich her', sodass Samuel August sich nicht einmal in ihre Nähe traute."

Hundert Jahre später ist Hultsfred europaweit immer noch für seine Feste – oder besser gesagt: Festivals – auf der Wiese bekannt. Unsere Tour führt jedoch mehr in die wunderbaren, stillen Wälder und zu den klaren Seen der Gemeinde Hultsfred als ins wilde Getümmel. Aber das eine muss das andere auch gar nicht ausschließen: Wer will, kann ja morgens wandern, sich mittags am See erholen und abends zu Rockmusik abfeiern gehen.

Damm über den Hesjön-See

Diese besondere Wanderung unternehmen wir allerdings nicht zu Fuß, sondern auf der alten **Bahnstrecke Hultsfred – Målilla** sitzend und strampelnd auf einer Draisine. Das Fahren auf diesem Gefährt erfordert keine besondere Technik. Die Verkehrsregeln, die jeder Draisinenfahrer vor Fahrtantritt sorgsam studiert haben muss, sollte man jedoch ernst nehmen und nicht gar zu waghalsig in die Pedale treten.

Der Charakter dieser Tour bringt es mit sich, dass die Beschreibung von Wegabzweigungen u. ä. überflüssig ist, und dass Hin- und Rückweg identisch sind. Das Mieten der Draisinen ist nur zwischen Mitte Mai und Mitte September jeweils am Wochenende möglich, von Mitte Juni bis Mitte August täglich. Die Tour in umgekehrter Richtung zu starten, ist nicht möglich, denn es gibt die Leihfahrzeuge nur an der Station in Hultsfred, wo die Tickets direkt vor der Abfahrt gekauft werden. Man kann auch vorab reservieren: 0046 495 21202. Außerhalb der Hauptsaison sollte man in jedem Fall sicherheitshalber anrufen, damit die Station auch besetzt ist, wenn man kommt. Die angegebenen Startzeiten schwanken zwischen 9.30 und 10.00 Uhr bzw. 13.00 und 13.30 Uhr, je nachdem, welche Informationsquelle man befragt. Auf ein paar Minuten mehr oder weniger kommt es allerdings nicht an, zumal man einige Zeit einplanen sollte, bis man sich mit dem Gefährt in Bewegung setzen kann. Um 11.00 Uhr zu erscheinen, macht allerdings keinen Sinn. Grundsätzlich ist es ratsam, früh da zu sein, denn der zurückkehrende Verkehr hat

111_wSsL_haw

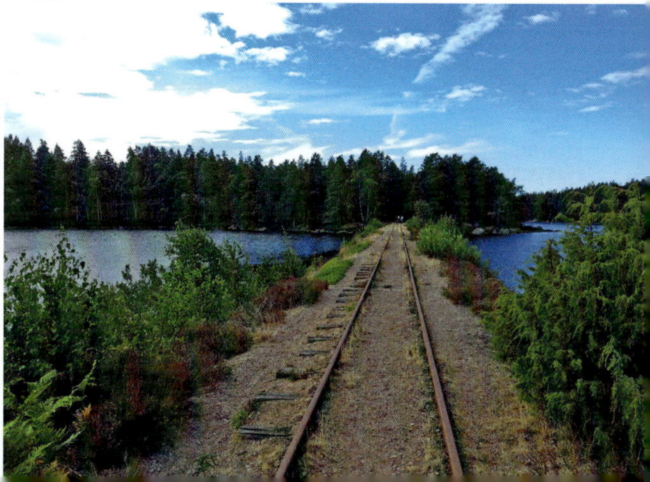

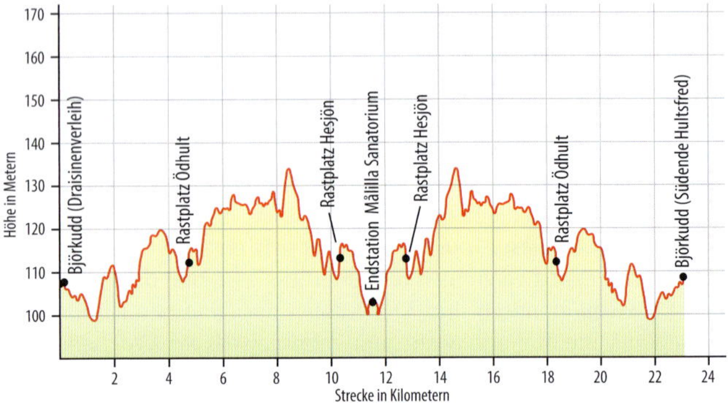

Vorfahrt. Wer als Erster losfährt, hat auf dem Hinweg also gar keinen Gegenverkehr und freie Wahl des Rastplatzes. Und auf dem Rückweg müssen jeweils die entgegenkommenden Draisinen die Spur kurz räumen, was etwas nervig und auch anstrengend sein kann, wenn viel Gegenverkehr herrscht. Aktuelle Infos auf http://visithultsfred.se/cykla-dressin-pa-smalsparet-hultsfred-malilla.

Überblick

Länge: 2 × 11,7 = 23,4 km
Fahrzeit: ca. 3 Stunden
Auf-/Abstieg: jeweils ca. 200 m
Wegeigenschaften: Draisinenfahrt auf ehemaliger Schmalspur-Bahntrasse. Kinder können auch als „Sozius" mitgenommen werden.
Technik: wenig Technik erforderlich. Die Verkehrsregeln der Draisine sollten ernst genommen werden.
Kondition: gering
Einkehrmöglichkeiten: Kiosk an der Draisinen-Vermietung (Eis, Kaffee usw.). In der Nähe der Zielstation Målilla eine Crêperie (Villa Karllösa: Tel. 0046 495 212 02). Verschiedene Einkehrmöglichkeiten jeweils in Hultsfred und Målilla
Bademöglichkeiten: Badeplatz am Hesjön-See (wie Rastplatz). Schon vorher kommt man an mehreren Seen vorbei, an denen aber passende Badestellen von der Bahnstrecke aus nicht direkt zugänglich sind.

Landschaft: vorwiegend Wald, einige Seen, teils etwas felsige Abschnitte, besonders reizvoller Abschnitt über den Hesjön.

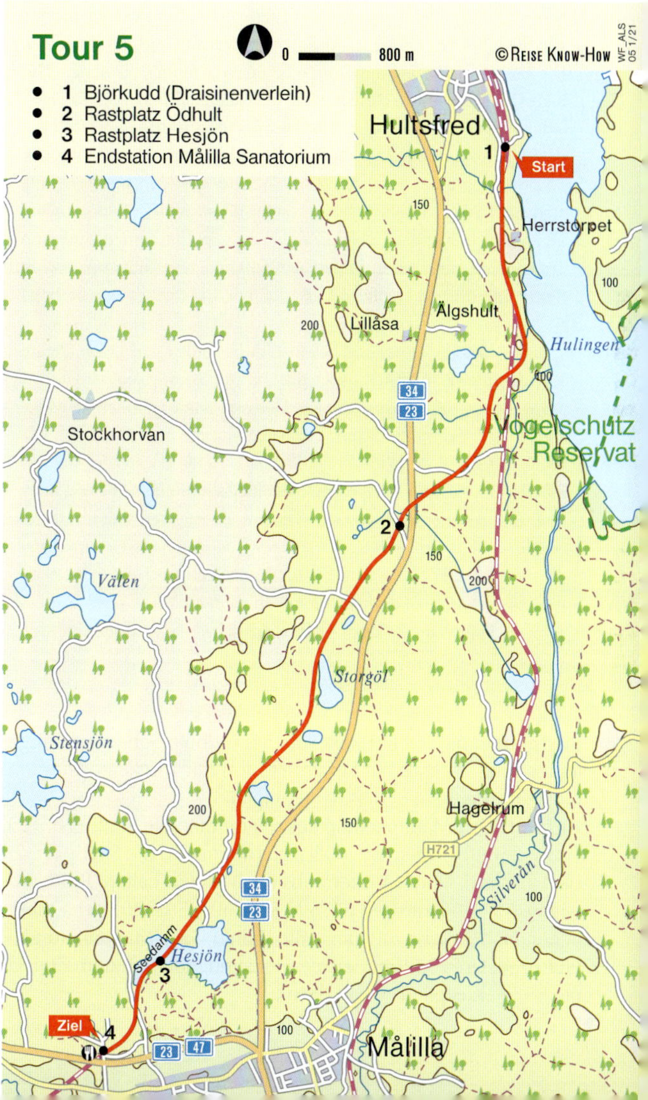

Hultsfred

Die Stadt Hultsfred gehört mit etwas mehr als 5.000 Einwohnern zu den kleinsten Kommunenhauptstädten Schwedens. Die Kommune in Schweden entspricht in etwa dem Landkreis in Deutschland, sowohl von der typischen Fläche als auch von den Verwaltungsfunktionen her. Die älteste Erwähnung des Ortes erfolgte 1320 unter dem Namen **Huluszrydh,** was in etwa „Rodung am See Hulingen" bedeutet. Die Herleitung des Ortsnamens Hultsfred erfolgt jedoch üblicherweise über die beiden Wortteile „hult" und „fred" und bedeutet dann so viel wie „Waldfrieden". Das passt zum Charakter der ganzen Umgebung, die stark von Wald, Waldwirtschaft, Sägewerken und Zellstofffabriken geprägt ist. Früher gab es hier eine sehr ausgeprägte Ansammlung von Tischlereien und kleinen Möbelmanufakturen, und heute noch spielt dieser Industriezweig mit IKEA als größtem Arbeitgeber eine wichtige Rolle.

National und international bekannt ist die Stadt vor allem durch ihre **Rockfestivals,** an erster Stelle das *Hultsfredsfestivalen,* lange Zeit Schwedens größtes Musikfestival. *Mörkaste Småland* lockt die Metal Fans ins „dunkelste Småland". *Hultsfred Hayride* begeistert die Liebhaber des guten, alten Rock 'n' Rolls. Dann ist die Umgebung voll von stilistisch passenden Oldtimern, die allein schon einen Ausflug nach Hultsfred rechtfertigen. Gerade die alten US-Schlitten sind in Schweden beliebte Sammlerobjekte, mit denen quer durch alle Generationen an heißen Sommertagen durchs Land getuckert wird, am liebsten zu irgendwelchen Rockevents, von denen es in Hultsfred noch weitere gibt: Rockparty, Rock City usw. Auch das schwedische Rockarchiv hat seinen Sitz in Hultsfred.

Rastplätze: nach 5 km Rastplatz bei Ödhult. Sehr schön angelegter Platz nach ca. 10 km am Hesjön mit Trockentoilette und Grillplatz, beide mit Draisinen-Parkplatz

Anfahrt: Von Mariannelund aus nimmt man die Straße Nr. 129, von Vimmerby oder von Målilla aus kommend die Straße Nr. 23 bis Hultsfred. Vom Ortskern aus nach Süden halten: Björkuddvägen, 577 38 Hultsfred (GPS N 57.47600, E 15.85283). Öffentlicher Nahverkehr mit dem Bus (Linie 327, Mariannelund – Hultsfred, Linie 35 Vimmerby – Hultsfred, oder mit dem Zug: Linie 8554 „Kustpilen" www.klt.se).

Wegbeschreibung

Der **Draisinenverleih (1)** und somit der Anfang der Draisinenstrecke liegt am Südende Hultsfreds etwas außerhalb **(Björkudd).** Es handelt sich nicht um den eigentlichen Bahnhof. Die alte Schmalspurstrecke nach Västervik und Målilla (Nordost-Südwest-Richtung) ist ein eigenständiges Schienensystem, das mit der „modernen" Strecke nach Vimmerby/Linköping (Nord-Süd-Richtung) nicht direkt verbunden ist. Zunächst werden die Nutzungs- und Verkehrsregeln unterschrieben. Dann geht es auf die Draisine und los. Ob man mit zwei Erwachsenen auf einem Wagen fahren möchte, sollte man sich gut überlegen. Es kann immer nur einer treten und berghoch wird es dann schon recht mühsam.

Am Anfang verlaufen die alte Schmalspurbahn (also der heutige Draisinenweg) und die noch aktive Zugstrecke Richtung Süden relativ dicht beieinander und parallel. Linker Hand liegt der große See Hulingen mit seinem Vogelschutzgebiet. Bald formen die Schienen eine leichte Rechtsbiege und wir kommen tiefer in typisch småländischen Wald und weg vom See. Vorbei an alten kleinen Bahnstationen und Höfen passiert man hin und wieder auch eine Straße. Dabei ist wirklich Vorsicht geboten: Der Bremsweg der Draisine ist ziemlich lang. Ortskundigen Autofahrern merkt man an, dass sie hier auf gefährliche Situationen gefasst sind. Aber man sollte sich nicht darauf verlassen, dass gerade nur solche unterwegs sind.

Rastplatz am Hesjön

112_wSst_haw

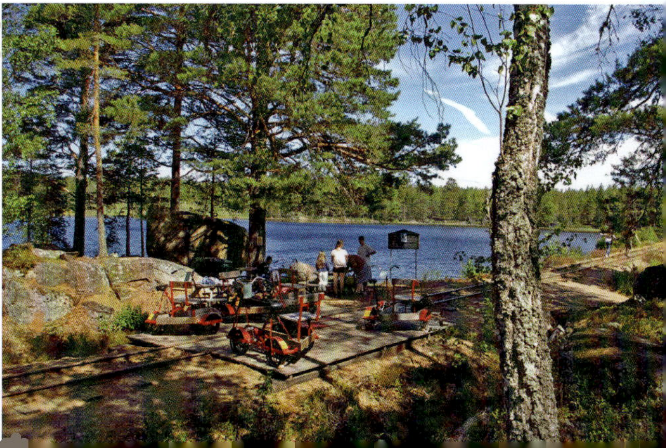

Eisenbahnen in Småland

Der Ausbau des småländischen Eisenbahnnetzes Ende des 19. und zu Beginn des 20. Jahrhunderts war zusammen mit dem Kanalbau ein wichtiger Impuls für die industrielle Entwicklung der traditionell landwirtschaftlich geprägten Region. Entlang der Trassen konnten sich Sägewerke, Metallverarbeitungsbetriebe und Fabriken für Möbel, Streichhölzer und Textilien etablieren. Ehemalige Weiler und Dörfer wuchsen zu kleinen Städten, die den Bauern des Umlands wiederum als willkommener Absatzmarkt dienten. So ebbte die **Auswanderungswelle** nach Amerika trotz weiter steigender Bevölkerungszahlen allmählich ab, denn die Menschen sahen wieder eine **ökonomische Perspektive** in ihrer Heimat. Die wichtigste Strecke, die *södra stambana* von Malmö/Lund nach Stockholm, durchquert Småland am Bahnknotenpunkt Nässjö. Fertig war sie gegen 1870 und wurde seither mehrfach ausgebaut, elektrifiziert und auf Hochgeschwindigkeitstauglichkeit modernisiert. Sie ist heute die **wichtigste Zugstrecke Schwedens.**

Etwas erstaunlich ist es, dass es auf der Höhe von Nässjö keine durchgehende West-Ost-Querung von Göteborg, Borås über Jönköping, Nässjö, Vimmerby bis Västervik gibt. Nur Teilabschnitte dieser „natürlichen" Route und einige davon abzweigende Nebenrouten sind als Schienenstrecke ausgebaut. Von Nässjö aus kommend biegt die Hauptstrecke hinter Mariannelund dem Tal des Silverån folgend nach Südosten Richtung Oskarshamn ab. Gebaut wurde sie in den 1870er-Jahren durch private Investoren. In Hultsfred entwickelte sich ein kleinerer Bahnknotenpunkt, denn hier zweigte eine weitere kleinere Zugstrecke nach Norden über Vimmerby nach Linköping ab, wo um 1912 allerdings nur zweimal täglich ein Zug verkehrte und auf der auch heute recht wenig Verkehr herrscht. Zusätzlich wurde die fast 200 km lange Schmalspurstrecke von Växjö, Åseda über Hultsfred bis Västervik in mehreren Etappen von privatwirtschaftlichen Gesellschaften bis 1922 gebaut. Aber bald schon gerieten die Betreiber in wirtschaftliche

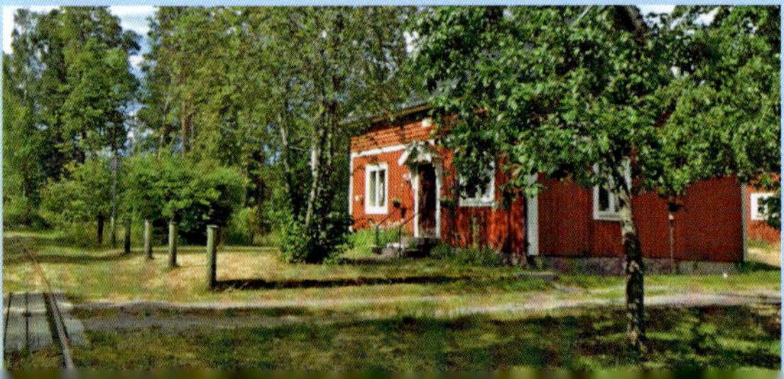

113_wSsL_haw

Schwierigkeiten. Die **staatliche Eisenbahngesellschaft SJ** („Svenska Järnvägar") übernahm die Strecke. Erst 1984 wurde diese letzte staatliche Schmalspurstrecke stillgelegt. Seither gibt es auf verschiedenen Etappen, die teils auch unter **Denkmalschutz** stehen, unterschiedliche Formen von **Museumsbahnverkehr.** Auf dem nördlichen Abschnitt von Hultsfred nach Västervik verkehren im Sommer z. B. alte Diesel-Schienenbusse und Dampflokomotiven (www.hwj.nu/de). Der Abschnitt nach Süden bis Målilla kann – wie beschrieben – auf der Draisine befahren werden, ebenso die weitere 29 km lange Strecke bis Virserum (www.smalsparet.com/traf). Samstags jedoch fährt hier im Sommer eine Museumseisenbahn.

Die Schmalspurstrecken boomten in Småland eine kurze Periode Anfang des 20. Jahrhunderts. Astrid Lindgren machte ihre ersten journalistischen Gehversuche für die Vimmerby-Tidning bei der Einweihung der damals neuen Strecke Vimmerby-Ydrefors (s. Tour Nr. 9), die inzwischen stillgelegt und komplett zurückgebaut ist. Insgesamt ist der Schienenverkehr weiterhin auf dem Rückzug: Die Verbindung Nässjö-Hultsfred wurde 2014 eingestellt und durch Busverkehr ersetzt. Noch immer aber tobt in den lokalen Medien eine heftige Diskussion, ob die Strecke evtl. wiederbelebt werden sollte.

Vorbei an drei kleineren Seen führen die Schienen zu einem ersten **Rastplatz Ödhult (2),** was trostloser klingt, als es in Wirklichkeit ist. Nach weiteren 5 km wartet nach einem Streckenabschnitt über einen Seedamm jedoch ein noch schönerer **Rastplatz (3)** mit Tischen, Grill- und Bademöglichkeit am **Hesjön.** Die Draisinen kann man einfach von den Schienen heben. Von hier aus führt ein landschaftlich sehr reizvoller Pfad entlang des Hesjön, den man ein Stück weit hin- und zurückwandern kann und damit den Rücken nach dem Sattelsitzen wieder etwas einrenken kann.

Weiter geht es am Ufer entlang, dann ein Stück durch den Wald zur **Endstation Målilla Sanatorium (4),** wobei wieder einige Schotterstraßen zu queren sind. Am Zielpunkt angekommen, müssen die Draisinen gewendet werden. Rechter Hand steht ein kleines gelbes Stationshäuschen. Der eigentliche Ort Målilla liegt etwas abseits. Für einen Besuch des Städtchens müsste man sich etwas mit den Draisinen einfallen lassen. Im nahen Umkreis der Endstation findet sich die Crêperie „Villa Karlösa" und eine einfache Pizzeria, wo man sich stärken kann, bevor es denselben Weg wieder zurückgeht.

Tour 6
Mariannelund-Runde 1

1,5 h
4,6 km
leicht

Ein Park zu Ehren Marianas

Einfache Stadtwanderung zu den versteckten schönen Ecken des Ortes mit dem klangvollen Namen, in dem Michel einst zum Doktor ging.

„Enttäuschend" – so lautet der typische Kommentar deutscher Urlauber beim Durchfahren. Mariannelund gehört unter Deutschen sicher zu den bekanntesten schwedischen Ortsnamen. Die meisten verbinden den klangvollen Namen mit Michels Besuchen beim Doktor dort. Für die Svenssons vom Katthult-Hof war der Tagesausflug dorthin wie ein kleiner Festtag. Um so ernüchterter sind die meisten Touristen heute, wenn sie zum ersten Mal nach Mariannelund kommen. Im Grunde handelt es sich um eine ziemlich normale schwedische Kleinstadt mit etwas Kleinindustrie, Handwerk, ein paar Geschäften, Baumarkt, einem leicht heruntergekommenen Marktplatz mit dezentem Ostblockcharme, einigen niedrigen, langweiligen Wohnblocks. So

Touristeninformation und Café

114_wSsL_haw

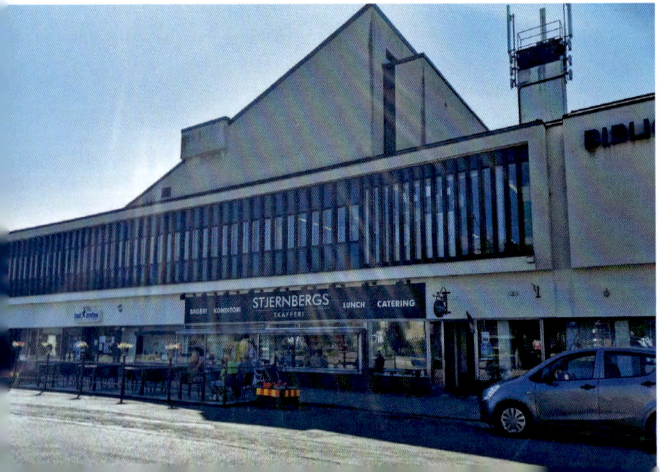

sehen in Schweden nicht wenige Städte ähnlicher Größe aus. Viele deutsche Besucher stellen sich aber etwas besonders Schönes, Eindrucksvolles vor, wenn sie hierherkommen. Von Kleinstadtidylle kaum eine Spur, aber genau diese gilt es zu verfolgen! Also erst einmal etwas die Erwartungen herunterschrauben und dann die folgende Route zu den schönen Ecken Mariannelunds wählen – ja, die gibt es wirklich!

Die erste Runde führt uns zu den innerstädtischen Sehenswürdigkeiten, die zweite in das Naherholungsgebiet (siehe Tour 7). Beide Runden starten an der Touristeninformation und lassen sich zu einer größeren Acht verbinden.

Überblick

Länge: 4,6 km
Gehzeit: ca. 1,5 Stunden
Auf-/Abstieg: je ca. 25 m
Wegeigenschaften: Straße, Bürgersteig, Schotterweg
Technik: flach, einfach, für Kinderwagen geeignet
Kondition: gering
Einkehrmöglichkeiten: mehrere Restaurants und Cafés von unterschiedlicher Qualität
Bademöglichkeiten: keine

Café am Marktplatz

115_wSsL_haw

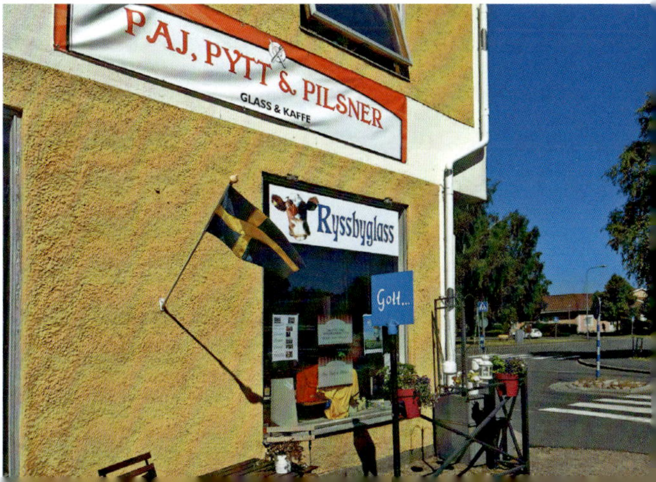

Landschaft: ein größerer Park, ansonsten Stadt
Rastplätze: im Park, im Hembygdspark und auf dem Marktplatz
Anfahrt: Die große Reichsstraße Nr. 40 führt mitten durch Mariannelund. Der Marktplatz mit der Touristeninformation liegt südlich der Straße (GPS N 57.61622, E 15.57158). Die Tour beginnt direkt an der Bushaltestelle entlang der Hauptroute 325 Nässjö - Vimmerby bzw. Nässjö - Västervik (Fahrplan unter www.jlt.se).

Wegbeschreibung

Die Wanderung beginnt am Marktplatz bei der **Touristeninformation (1).** Unten im Haus befindet sich das Café Stjernbergs, wo man sich mit guten Broten und Süßgebäck versorgen kann. Auch gibt es hier regionalen Honig, Marmeladen und Sirup zu kaufen. Am Ende des Marktplatzes in westlicher Richtung kommt man am nächsten lohnenden Café vorbei. „Paj, Pytt och Pilsener" steht auf dem Schild. Hier werden kleine herzhafte Gerichte, Kaffee, Honig und vor allem wunderbares Eis aus einer regionalen Manufaktur angeboten. Wer will, kann auch Wein oder Bier bestellen. Nach Überqueren des Zebrastreifens nimmt man direkt die Querstraße zur Hauptstraße. Rechts liegt ein ehemaliger Supermarkt, der zwischenzeitlich immer mal wieder als Orientladen öffnet (und wieder schließt), und linker Hand die Vårdzentrale, die also quasi der Nachfolger jenes berühmten Doktors ist. Das Haus sieht nun gar nicht so aus, wie man es sich für Michels Besuch dort vorstellt. Innen gibt es mehrere Praxisräume, eine Apotheke und im Sommer hin und wieder auch mal eine junge Ärztin (einen altehrwürdigen Doktor haben wir dort bislang noch nicht angetroffen). Im Krankheitsfall sollte man sich aber schon mal auf längere Fahrten nach Vimmerby oder Eksjö einstellen.

Der Weg folgt der Querstraße weiter bis über eine **Brücke (2),** die ein kleines Gewässer (den Brusån) überquert. Danach geht es links ab in die Mariannegatan. Entlang des Flüsschens kommt man an einer weiteren, weiß gestrichenen Brücke vorbei. Rechter Hand liegen einige hübsche Villen. Halbrechts geht es dann in einen **parkartigen Wald (3),** der bald in eine Art Schlossgarten übergeht. Hier finden sich zahlreiche Wasserläufe, Teiche, Brücken, Lauben, Blumenbeete und auch viele Bänke zum Ausruhen. Die Kanäle und Teiche dort ergeben bei richtiger Blickrichtung die Initialen des Parkgründers Gustaf Adolf von Siegroth, der das Anwesen anlegen ließ. Der Park ist seiner Ehefrau Mariana gewidmet. Der eigentliche Herrgård fehlt quasi, nur die Flügelgebäude sind vorhanden.

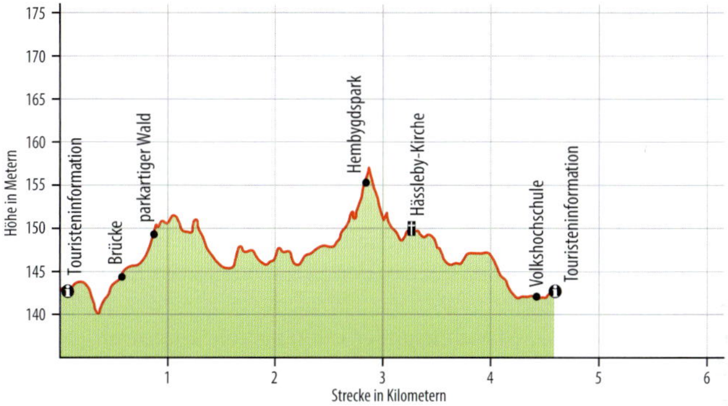

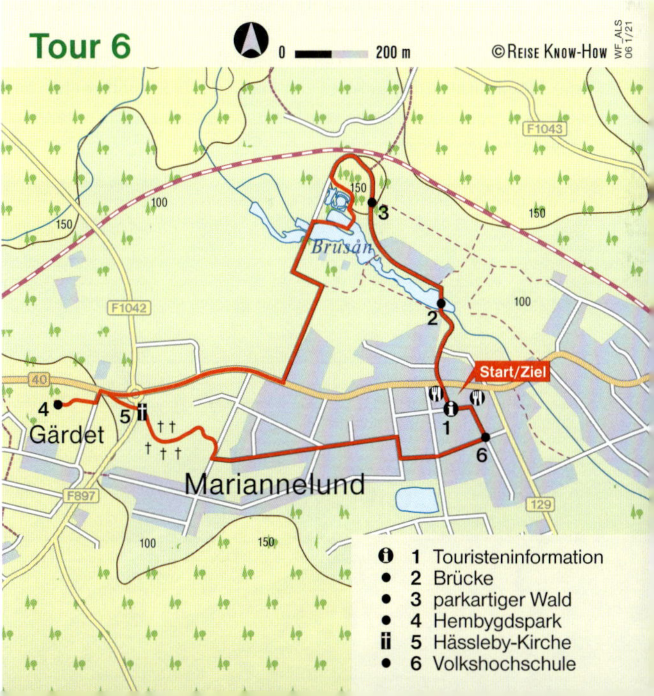

Nachdem wir den Park weiter Richtung Süden durchquert haben, geht es wieder über den Brusån über eine weitere anmutige, kleine weiße Brücke mit Pavillon. Der Schotterweg führt einmal im rechten Winkel nach links und dann nach rechts durch eine eindrucksvolle Ahornallee vorbei am alten Prästgård (Pfarrhof) zur Hauptstraße. Dieser folgt man ein kurzes Stück nach rechts bis zum Kreisel, an dem der **Hembygdspark (4)** liegt. Hier stehen mehrere schöne alte Häuser, alle falunrot gestrichen, wie man es von einem Hembygdspark kaum anders erwartet (s. Exkurs „Hembygdsgård" in Tour Nr. 4). Vor allem im Sommer finden hier ab und an Veranstaltungen statt, bei denen es teils auch möglich ist, einen Blick ins Innere der Häuser zu werfen.

Der Rückweg zum Markt führt über den Friedhof entlang der Südseite der **Hässleby-Kirche (5),** deren Baustil sehr typisch für die protestantischen Kirchen der ganzen Region ist. Bei der Lektüre der vielen alten Grabsteine fällt auf, dass auch schon im 19. Jahrhundert viele Mariannelunder offenbar sehr alt geworden sind. Blickt man zwischen den Gräbern nach oben, sieht man auf die beeindruckenden Kronen der Lindenbäume, die sich über einem wölben, als wollten sie schützend oder tröstend die Arme über die Friedhofsbesucher ausbreiten.

Weiter zurück läuft man durch die Kyrkogatan. Wenn diese auf die Hagagatan trifft, geht es ein kleines Stück nach rechts und

Brücke im Herrgårdspark

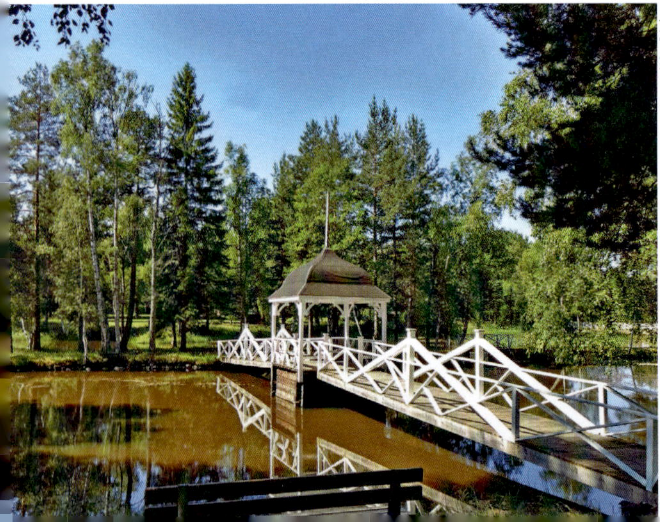

116_wSsL_haw

Gård, herrgård, säteri, slott – von Höfen und Herrengütern

Das Wort *gård* meint im Schwedischen ganz allgemein keinen Garten, sondern einen **Hof** bzw. ein **Gut.** Die Bezeichnung betrifft sowohl das Land als Ganzes als auch das Hauptwohngebäude. Ein *gård* im umfassenderen Sinne ist ursprünglich eine in sich abgeschlossene landwirtschaftliche Betriebseinheit, meist im Eigenbesitz. Wer als Häusler auf dem Land eines anderen wohnt und arbeitet, ist *torpare,* wohnt also in einem *torp* (s. Tour Nr. 2, S. 126), besitzt dementsprechend keinen *gård.* Große **Höfe in Besitz eines Adligen** wurden *herrgård* (Herrenhof, Herrengut) genannt. Im Zentrum eines solchen Anwesens liegt in der Regel das Hauptgebäude, das im Gegensatz zu normalen Bauernhäusern eine repräsentative Größe aufweist (Richtmaß: mindestens fünf Fenster an der Frontseite pro Etage), häufig außen verputzt ist, sodass es wie ein Steingebäude erscheint (die meisten Herrenhäuser sind aus Holz gebaut), und weitere typische Merkmale aufweist wie gestufte Dachformen, repräsentative Eingangspforten mit Säulenvorbau und Glasveranden. Architektonisch orientierte man sich meist am Typus des mitteleuropäischen, barocken Schlosses mit strenger Symmetrie, Flügelgebäuden und Parkanlage. Alleen aus Eichen, Eschen oder Linden weisen von weiter her den Weg zum Hauptgebäude. Die (zwei) Flügelgebäude waren optisch identisch bzw. spiegelgleich, aber funktional verschieden: Im einen war Personal untergebracht, während das zweite für Gäste und Besucher vorbehalten war. In den Herrenhäusern waren Langzeitbesucher keine Seltenheit.

Etwas weiter außen finden sich **Wirtschaftsgebäude:** Stallungen, Scheunen, Kornspeicher, Räucherkammern, Mühlen, Schmieden usw. Vielfach gehörten zu den Herrenhöfen auch **Industrieanlagen** wie Hochöfen, Hammerwerke, Sägen u. Ä. Ursprünglich war die Haupteinnahmequelle aber zumeist das landwirtschaftliche Nutzland: Getreidefelder auf den besten Böden, meist nah am Hauptgebäude, weiter außen die Wiesen, deren Fläche die des Ackers deutlich überstieg. „Die Wiese ist die Mutter des Ackers", sagte man, denn ohne Nutztiere fehlte der Dünger für die Getreidefelder. Für die Tiere brauchte man aber vergleichsweise viel Grasland. Intensiver genutzte Flächen waren eingezäunt *(inägomark).* Hier wurde z. B. Heu für den Wintervorrat gemäht. Was noch weiter außen lag – oftmals schlechtere Böden mit Felsen, Steinen und auch sumpfiges Gelände – wurde als Weideland extensiver bewirtschaftet *(utmark).* Zwischen den

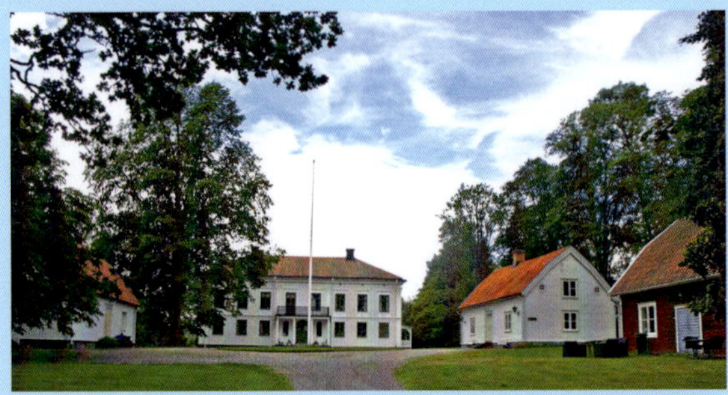

117_wSsl_haw

Grasflächen stehen hier oftmals einzelne Eichen, auch Birken und Wacholder – ein charakteristisches Kulturlandschaftsbild in weiten Teilen Smålands. Astrid Lindgren setzte sich für den Erhalt dieser typischen *svenska hager* ein, die durch die Modernisierung der Landwirtschaft mehr und mehr zu verschwinden drohten. Den äußersten Ring des *herrgårds* bildete der Wald. Innerhalb des Besitzes gab es je nach Größe des Herrenhofs unterschiedlich viele **Torpstellen,** auf denen abhängige Klein- und Kleinstbauern mehr oder weniger ein Auskommen für sich und ihre Familien fanden, und im Wald auch Köhlerhütten. So umfasste der *herrgård* die Gebäude, das Land und auch die Sozialstruktur der dort lebenden Menschen.

Mit fortschreitender **Industrialisierung** änderte sich auch die Wirtschaftsweise in der Landwirtschaft. Die gesellschaftlichen Rahmenbedingungen passten sich an die moderneren Zeiten an und die traditionelle Gutshofwirtschaft verschwand. Ein Teil der Herrenhöfe verfiel oder verspürte zumindest den nagenden Zahn der Zeit.

In einem frühen Jugendbuch Astrid Lindgrens, **„Kerstin und ich",** wird dies zur Rahmenhandlung: Der Vater der beiden Zwillingsschwestern, Kerstin und der Erzählerin Barbro, übernimmt zur Pensionierung einen solchen Herrenhof und versucht mit seiner ganzen Familie, Gebäude und Wirtschaft wieder auf Vordermann zu bringen, was einige Schwierigkeiten, Rückschläge, aber schlussendlich auch Erfolgserlebnisse mit sich bringt. Das Arbeiten auf einem großen Hof war der Autorin vertraut, kam sie doch selbst von dem Pfarrhof *(prästgård)* Näs in Vimmerby. Traditionell waren die Pfarrhöfe ähnlich organisiert wie die Herrenhöfe. Das materielle Auskommen des Pfarrers wurde durch einen größeren Gutshof gesichert, den er entweder selbst mit seiner Familie, Knechten und Mägden bewirtschaften konnte, oder den er – wie im Falle von Näs – verpachten konnte.

Heute sind viele dieser Herrenhöfe wieder in einem sehr gepflegten Zustand. Die meisten sind in **Privatbesitz,** haben aber eine gewisse identitätsstiftende Strahlkraft auf die umliegende Gegend. Sie werden fleißig als Sehenswürdigkeit beschildert, bieten die Bühne für Veranstaltungen, dienen teils als Bed and Breakfast, Hotel, Konferenzzentrum, teils als privates Wohnhaus, einzelne auch als Museum. Größere Herrenhöfe bezeichnet man als *säteri,* ein Begriff, der vormals für die Stammsitze bedeutenderer Adelsgeschlechter reserviert war (schwedisch *säte* = der Sitz), und aus dem hervorging, dass das Gut das Privileg der Steuerfreiheit genoss. Noch eine Stufe größer und herrschaftlicher ist nur noch das Schloss *(slott).* Im heutigen Sprachgebrauch sind die Begriffe aber nicht scharf voneinander abgegrenzt.

Der **Herrenhof in Mariannelund** war ursprünglich als kleines Schloss geplant. Die Parkanlage gibt Zeugnis über die großen Ambitionen, mit denen das Projekt von **General Gustaf Adolf von Siegroth** (1725–1802) begonnen wurde. Seine Vorfahren aus dem schlesischen Adel trieb es in den Zeiten des Dreißigjährigen Krieges nach Schweden, das damals eine europäische Großmacht war und in Pommern noch lange deutsche Besitzungen hielt. Hier diente der hohe Offizier auch einige Jahre, zeitweise auch in Frankreich und in verschiedenen Gebieten Schwedens. Als großer Reformer und Modernisierer machte er sich im Militärwesen einen Namen. So wurde er immer wieder befördert und mit neuen Aufgaben betraut. Der prächtige Herrensitz im småländischen Hochland, den er eigentlich für seine Ehefrau, **Elisabet Mariana Makeléer,** anlegen wollte, wurde nie fertiggestellt, weil der General wieder einmal seine Zelte abbrechen musste und in Södermanland eingesetzt wurde. Übrig blieben nur die beiden Flügelgebäude, der Park, die Allee und der Ortsname „Mariannelund".

dann direkt wieder nach links in die Skolgatan. Wie der Name bereits vermuten lässt, kommen wir am Schulzentrum Mariannelunds vorbei. Am Ende der Straße liegt die **Volkshochschule (6),** in der in den 1970er-Jahren das Filmstudio untergebracht war, in dem die Innenszenen der Michelfilme gedreht wurden. Jetzt geht es links ab und wir kommen noch an Mariannelunds kleinem Supermarkt vorbei, der – wie alle schwedischen ICAs – kostenloses WLAN anbietet. Beim Einkaufen sollte man aufpassen, dass man

Herrgard Skedhult bei Eskjö mit Flügelgebäuden

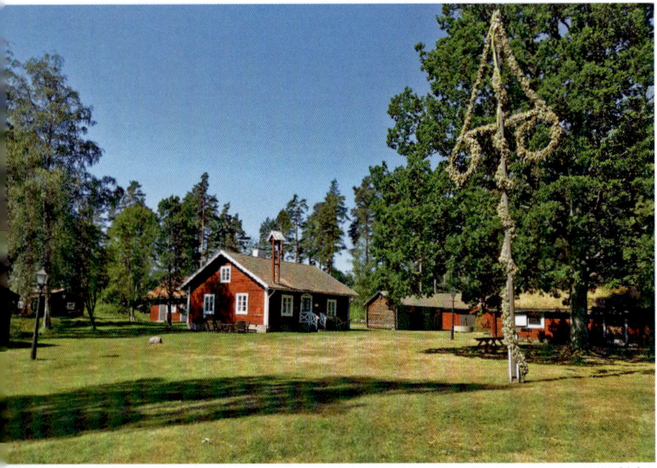

118_wSsL_haw

Hembygdspark

Pfarrhof (Prästgård)

119_wSsL_haw

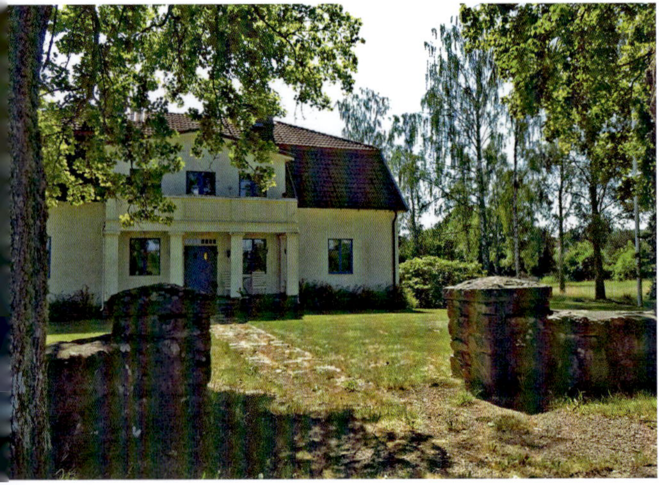

nicht mit Menschen zusammenstößt, die in ihr Handy vertieft in dem engen Geschäft im Weg stehen. Ein Glück nur, dass die meisten Schweden immer so entspannt sind ...

„Klingt meine Linde!"

Das weniger bekannte Märchen „Klingt meine Linde" von Astrid Lindgren handelt von dem **Waisenmädchen Malin,** das in einem Armenhaus abgegeben wird. In dem trostlosen Leben, das sie dort führen muss, gibt es nur einen einzigen Hoffnungsschimmer: ein paar Verse aus einer Geschichte, die sie zufällig aufgeschnappt hat. „Klingt meine Linde, singt meine Nachtigall." Ohne die Zeilen (die ursprünglich aus einem alten schwedischen Volksmärchen stammen) mit einem konkreten Inhalt füllen zu können, klammert sich das Kind an die Schönheit der Worte, den verheißungsvollen Tonfall, die Kraft der Bildsprache. Als sich der Spruch wie eine Prophezeiung in ihrem Leben bewahrheitet, nimmt die Geschichte ein traurig-schönes Ende: Tatsächlich wächst eines Tages eine Linde auf dem Acker vor dem Armenhaus. In der Nacht geht Malin hinaus, um der Linde ihre eigene Seele zu schenken, damit sie auch tatsächlich klinge. Am nächsten Morgen ist der Baum voller Leben und voller Musik, und auf ihr sitzt eine Nachtigall. Malin aber bleibt verschwunden.

Linden stehen in Schweden häufig als Bäume auf dem **Friedhof** oder im Umkreis von **Kirchen** bzw. als Alleebaum von großen Pfarrhöfen. In der nordisch-germanischen Mythologie spielten Bäume wie z. B. die „Weltenesche" oder die „Freya-Linden" bereits eine große Rolle. Eine Linde begegnet dem Leser auch in der Siegfriedsage, wo der Held unter ihr den Drachen besiegt und ein Lindenblatt beim anschließenden Drachenblutbad eine verwundbare Stelle auf seiner Haut zurücklässt, die ihm schließlich zum Verhängnis wird. Im Zuge der Christianisierung versuchte die Kirche, solche Bezüge vergessen zu machen oder im christlichen Sinne umzudeuten.

An warmen Sommertagen, wenn die Friedhofslinden in voller Blüte stehen, vernimmt man tatsächlich ein großes Klingen: Zahllose **Bienen** und **Hummeln** bevölkern dann die Bäume und erzeugen bisweilen ein gigantisches Brausen, als hätte jemand dem Baum eine Seele eingehaucht. In Verbindung mit dem süßen Duft, den sie verströmt, und ihren herzförmigen, weichen Blättern gibt die Linde eine kleine Vorahnung vom Paradies.

Tour 7 Mariannelund-Runde 2

2,5 h
9,8 km
leicht

Baden, Filme schauen und Karamell lutschen

Einfache, aber längere Wanderung durch den Naherholungswald von Mariannelund vorbei an zahlreichen Seen, dem 2017 errichteten „Filmbyn" und der „Karamellkokeri".

Nachdem uns die erste Mariannelund-Runde die schönen Stadtseiten gezeigt hat, steht bei dieser Tour das Naherholungsgebiet bzw. der Stadtwald im Fokus. Neben mehreren Seen und Badestellen werden wir an dem 2017 eröffneten Filmmuseum vorbeigeleitet, in dem die Entstehungsgeschichte der **Astrid-Lindgren-Kinderfilme** aufbereitet ist. Gleich zu Beginn der Runde findet sich noch ein ganz besonderes Highlight, für manche Kinder sogar die Hauptattraktion der ganzen Gegend: „Mariannelunds Karamellkokeri".

Wenn man alle Angebote, die einen unterwegs erwarten, wahrnehmen will, sollte man deutlich mehr Zeit einplanen als die reine Gehzeit.

120_wSsL_haw

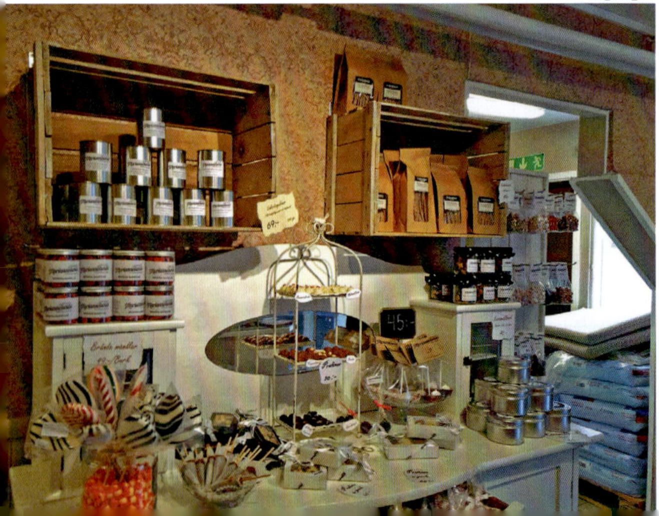

Überblick

Länge: 9,8 km
Gehzeit: ca. 2,5 Stunden
Auf-/Abstieg: je ca. 100 m
Wegeigenschaften: Straße, Bürgersteig, Schotterweg, Waldweg
Technik: einfach, eingeschränkt für Kinderwagen geeignet (s. Wegbeschreibung)
Kondition: gering
Einkehrmöglichkeiten: mehrere Restaurants und Cafés von unterschiedlicher Qualität in Mariannelund, Café/Restaurant Sommartorpet am Spilhammar-Campingplatz, Café im Filmbyn
Bademöglichkeiten: drei bzw. vier angelegte Badeplätze unterwegs
Landschaft: Stadtausläufer, Kiefernwald und viele Seen
Rastplätze: an den Badeplätzen unterwegs und auf dem Marktplatz von Mariannelund
Anfahrt: Die große Straße Nr. 40 führt mitten durch Mariannelund. Der Marktplatz mit der Touristinformation liegt südlich der Straße (GPS N 57.61622, E 15.57158). Die Tour beginnt direkt an der Bushaltestelle entlang der Hauptroute 325 Nässjö – Vimmerby bzw. Nässjö – Västervik (Fahrplan unter www.jlt.se).
Hinweis: Im Winter ist diese Tour ggf. nur eingeschränkt möglich, da die Loipenabschnitte u. U. für Fußgänger nicht passierbar sind.

Wegbeschreibung

Die Wanderung beginnt wiederum am Marktplatz bei der **Touristinformation (1).** Nachdem wir ein kurzes Stück der großen Straße Nr. 40 in Richtung Västervik/Vimmerby nach rechts gefolgt sind, muss die abzweigende Straße Richtung Silverdalen überquert werden. Bald danach biegt man rechts ab in den „Smedjegränd", wo sich eine alte Schmiede mit Gießerei befindet. Hier stoßen wir direkt auf einen Drehort der Michel-Filme. An der roten Schuppenreihe flanierten Lina und Alfred während des Markttages vorbei, um nach Ringen zu schauen. Die Häuser wurden für den Dreh so angestrichen, dass sie wie Schaufenster aussahen. Hinter dem Spielplatz geht es nach links die kleine Straße bergauf, wo et-

„Mariannelunds Karamellkokeri"

Mariannelunds Karamellkokeri

Betritt man samstags einen schwedischen Supermarkt, kann man Kinder mit leuchtenden Augen und großen Tüten voller Süßigkeiten beobachten. Die sogenannten „Lördagsgodis" (Samstagsnaschereien), lose und grammweise verkaufte Süßwaren aus großen Boxen, kann man zwar auch montags oder dienstags kaufen, dann sind sie jedoch deutlich teurer, sodass der Wochenendeinkauf bei vielen Familien feste Tradition ist. Auch in mehreren Astrid-Lindgren-Geschichten spielen **Süßigkeiten** eine Rolle: Pippi Langstrumpf kauft von ihren Goldtalern tonnenweise Naschwerk für die Kinder der ganzen Stadt. Die Krachmacherstraßenkinder gehen gemeinsam Bonbons kaufen. Die Bullerbü-Kinder bekommen sie beim Kaufmann in Storbü, die Großmutter von Polly Patent verdient ihren Lebensunterhalt mit Bonbonherstellung und -verkauf und selbst Klein-Ida bekommt von ihrem sparsamen (böse Zungen würden sagen: geizigen) Vater Zuckerstangen zu ihrem Geburtstag.

In der heutigen Karamellkokeri von Mariannelund kauften die Svenssons sicher nicht, denn diese eröffnete „erst" 1929. Seither können sich die Kinder in diesem Süßigkeitenparadies zwischen verschiedenen Karamellen, Zuckerstangen und Lutschern entscheiden. Heute sind es 25 Sorten. 200 Tonnen werden im Jahr nach alten Hausrezepten hergestellt und teils direkt vor Ort vermarktet, teils in alle Welt exportiert. Wer Kinder im Schulalter hat, kann sich vorrechnen lassen, wie viele kleine Tüten à 200 g das ergibt (Lösung: 1.000.000!). In der Innenstadt von Eksö unterhält die „Karamellkokeri" eine kleine Filiale. Wer aber den Zuckerköchen bei der Arbeit zuschauen möchte, muss zum Stammsitz nach Mariannelund kommen, wo man durch eine große Glasscheibe direkt in die **Werkstatt** schauen kann.

Homepage (nur auf Schwedisch) mit Öffnungszeiten und weiteren Infos: www.mariannelundskaramellkokeri.se

was oberhalb des Flusses die **Karamellkokeri (2)** wartet. Die dort von Hand hergestellten Süßigkeiten schmecken einfach köstlich und erfreuen sich auch nach dem Urlaub als besonderes regionales Mitbringsel großer Beliebtheit.

Nach dem Großeinkauf folgt man mit gut gefülltem Rucksack der Parkgatan weiter bis zum Ende, vorbei an einigen repräsentativen Stadtvillen. Wir stoßen auf eine Querstraße im Bahnhofsbereich. Links ist eine Tankstelle, an der wir die Schienen überqueren und den kleinen Asphaltweg nehmen, der ein kurzes Stück parallel zur Hauptstraße verläuft. Direkt hinter dem Baumarkt geht die Route mit einem **Abzweig** am **Schild „Idrottsplats" (3)** rechts ab, dann entlang des Sportplatzes und weiter geradeaus. Der Asphaltweg geht über in eine Schotterstraße, die leicht kurvig bergab

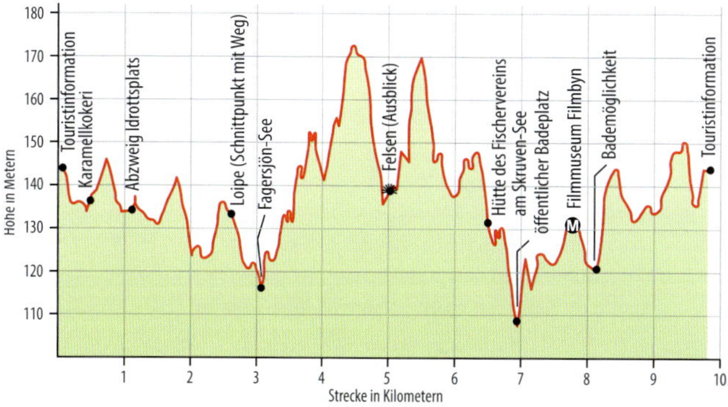

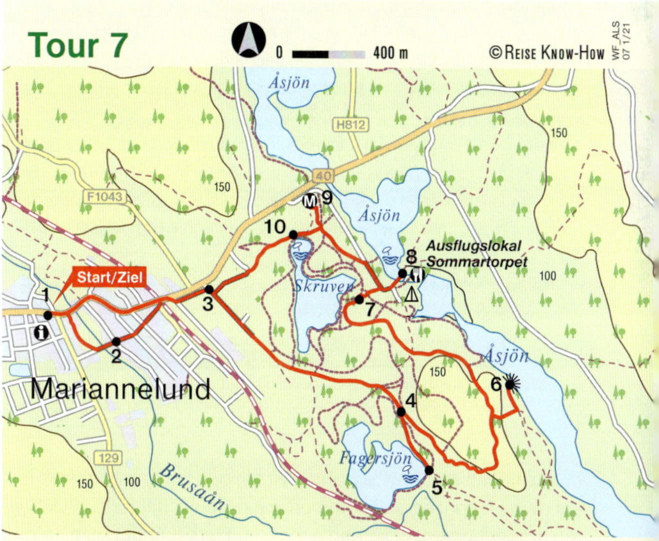

- 1 Touristinformation
- 2 Karamellkokeri
- 3 Abzweig Idrottsplats
- 4 Loipe (Schnittpunkt mit Weg)
- 5 Fagersjön-See
- 6 Felsen (Ausblick)
- 7 Hütte des Fischervereins am Skruven-See
- 8 öffentlicher Badeplatz
- Ⓜ 9 Filmmuseum Filmbyn
- 10 Bademöglichkeit

Das Filmdorf Småland

Drei Jahre lang war das Filmteam mit Regisseur Olle Hellbom Anfang der 1970er-Jahre in Mariannelund stationiert, um die **Michel-Geschichten** zu verfilmen. Viele Bewohner Mariannelunds waren in dieses Vorhaben involviert. Sie stellten Requisiten und spielten als Statisten mit. Vierzig Jahre später begann man damit, diese interessante Zeit Mariannelunds anhand verschiedener Dokumente neu zugänglich zu machen: Drehorte, originale Requisiten, Kostüme, Filmschnipsel vom Dreh usw. wurden aufbereitet. Hinzu kamen **Hintergrundinformationen** und **Begleitmaterial** für kleine wie große Michel-Fans. Kurze Zeit wurde das Material in einem kleinen, etwas provisorischen, aber ausgesprochen charmanten Museum am Ortsrand präsentiert. Zum Sommer 2017 eröffnete dann das große, neu gebaute und sehr moderne Filmmuseum etwas außerhalb.

Hier werden nicht ausschließlich Michel-Filme vorgestellt. Im Erdgeschoss sehen wir auch verschiedene **Requisiten** von **„Pippi Langstrumpf“, „Ferien auf Saltkrokan“, „Ronja Räubertochter“** u. a. Interessant ist der Blick hinter die Kulissen, der manche technische Raffinesse verstehen lässt. Des Weiteren kann man sich **Interviews** mit verschiedenen Darstellern anhören und findet Hinweise zu den rundum liegenden Drehorten. Im Obergeschoss geht die Ausstellung dann **interaktiv** und **digital** weiter. Die Besucher können zu den bekannten Filmliedern Karaoke singen, Filme selber schneiden, über den Graben der Ronjaburg springen und sich das Video anschließend an die eigene E-Mail-Adresse schicken lassen. Im unteren Geschoss gibt es noch ein Café mit Außenbereich, in dem man die Köstlichkeiten von Zedig's Glassfabrik & Konfektyr ausprobieren kann, einem kleinen, lokalen Unternehmen, das handgemachte Süßigkeiten und Eis nach traditionellen Rezepten produziert.

Homepage (auch deutschsprachig) mit Öffnungszeiten und weiteren Infos: www.filmbyn.se

durch älteren Kiefernwald führt. Wir bleiben zunächst längere Zeit auf dem Hauptweg und kommen in ein Gebiet mit vielen Blaubeeren, Preiselbeeren, Erika und Moos. Im Herbst findet man an den kleinen Weihern auch wild wachsende Moosbeeren (engl. „Cranberries“, schwed. „Tranbär“). Im Winter sind in diesem Bereich viele Kilometer Langlaufloipe gespurt und beleuchtet, die im Sommer als Wanderpfade nutzbar sind. Nach einer Weile verlaufen Fahrweg und die links davon liegende **Loipe (4)** quasi parallel. Für einen Augenblick berühren sie sich fast. Hier wechseln wir in die Loipe, die als breiter Rindenmulch- bzw. Holzspanpfad bequem zu wandern ist. Vor diesem Manöver lohnt sich noch ein kleiner Abstecher zum nahe gelegenen **Fagersjön-See (5),** der verträumt im Wald liegt. Nach ca. einer Viertelumquerung gibt es eine sehr hübsch angelegte Raststelle mit Bänken, Grillplatz und Sandstrand. Zurück an der Loipe geht es jetzt halblinks bergauf. Wir folgen dem gelben Loipenzeichen; links liegen ab und an Felsen zwischen den Bäumen. Mit einem geländegängigen Kinderwagen ist dieser Abschnitt anstrengend, aber machbar. Am höchsten Punkt macht der Weg dann eine deutliche Linksbiegung, der man folgen muss. Rechts ab gehen mehrere kleine Trampelpfade, die zum Ufer des größeren, lang gezogenen und mehrfach geteilten Åsjön führen, der nichts anderes als eine Verbreiterung des Silverån-Flusses ist (daher wohl auch der Name „Fluss-See"). Einer der Pfade (dieser Abstecher ist nicht kinderwagengeeignet!) führt weit oberhalb des Sees bis zu einem eindrucksvollen **Felsen**, der viele Meter steil aus dem Wasser ragt, und von dem aus ein schöner **Ausblick**

Das 2017 eröffnete „Filmbyn Småland"

121_wSsL_haw

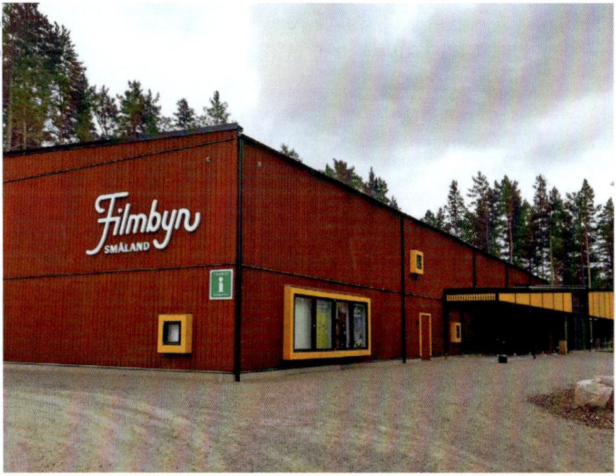

(6) auf den See zu genießen ist. Die letzten Meter müssen querfeldein zurückgelegt werden. Achtung: Absturzgefahr! Ab und an sieht man hier Jugendliche, die von weit oben waghalsige Sprünge ins Wasser vollführen.

Zurück auf der Loipe folgen wir dem Weg unter Stromleitungen hindurch, bis rechts der Campingplatz sichtbar wird. Wir laufen den Weg aber weiter nach links, bis noch ein kleiner Waldsee („Skruven") zwischen den Bäumen durchschimmert. Am Ufer angekommen passieren wir eine größere rote **Hütte des Fischervereins (7)** mit schönem Außenbereich und Wasserzugang, an dem meistens keine Menschenseele zu sehen ist. Hinter der Hütte geht es rechts ab auf einen etwas größeren Schotterweg, der uns wieder in Richtung Campingplatz führt, dessen Rezeptionsbereich wir rechts liegen lassen. Geradeaus geht es über einen Parkplatz zum **öffentlichen Badeplatz (8)** des mittleren Åsjön mit schönem Strand, Umkleiden, Sprungturminsel. Am Ende der Liegewiese liegt das Ausflugslokal „Sommartorpet", in dem man Getränke, Eis, Waffeln und auch kleine Speisen bekommt und wo man Minigolf spielen kann. Anschließend gehen wir wieder zurück zum Parkplatz und nehmen den Fahrradweg, der ein sehr kurzes Stück parallel zur Zufahrtsstraße führt, aber bald nach links abbiegt. Diesem folgen wir, bis wir von hinten an das **Filmmuseum Filmbyn (9)** stoßen. Für den Besuch sollte man ca. 1–3 Stunden einkalkulieren. Ins dazugehörige Eiscafé kann man sich auch ohne Besuch des Museums setzen. Der Weg führt auf der Rückseite des „Filmbyns" weiter in Richtung Mariannelund. Bald kommt linker Hand eine kleine Stelle am See mit sehr gepflegtem Uferbereich, die ebenfalls zum **Baden (10)** einlädt. Das Gelände ist in kirchlichem Besitz und wird als sog. „Sommargård" hin und wieder für Aktivitäten genutzt, steht aber ansonsten allen Besuchern zum Verweilen offen. Von hier aus führt ein breiter, beleuchteter Asphaltweg für Fußgänger und Fahrräder parallel zur Hauptverkehrsstraße Richtung Mariannelund. Im Bereich des Sportplatzes stoßen wir auf einen Abschnitt des Hinwegs, dem wir rückwärts bis zur Tankstelle folgen. Wir bleiben jetzt weiter an der Hauptstraße, vorbei an einigen hübschen Stadtvillen. Auf der linken Straßenseite findet sich das sogenannte „Bio", das ehemalige Dorfkino, in welchem in den 1970er-Jahren die Michel-Filme zum ersten Mal gezeigt wurden. Auf der rechten Straßenseite folgt direkt im Anschluss der gut sortierte Antiquitätenladen „Krasses Antik". Nun sind es nur noch wenige Meter bis zum Ausgangspunkt der Wanderung.

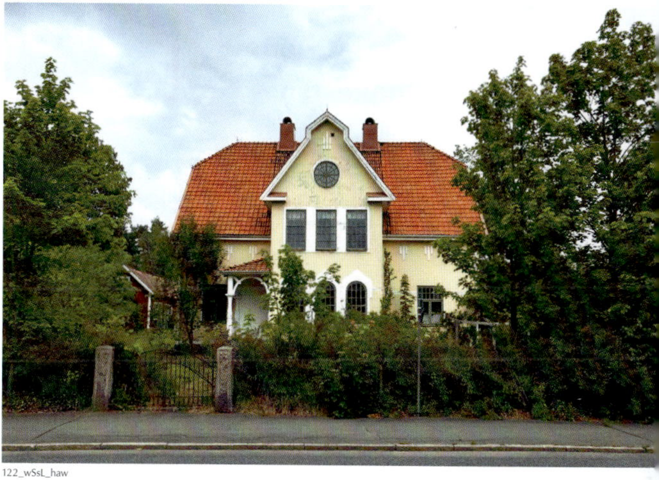

122_wSsL_haw

Stadtvilla

Badeplatz bei Spilhammers Camping

123_wSsL_haw

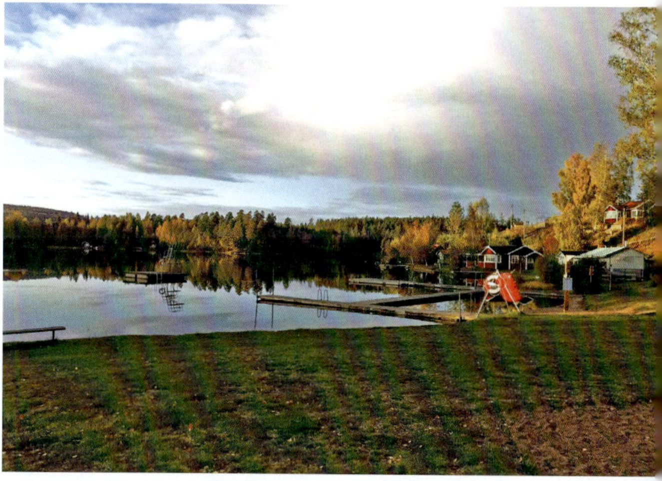

Tour 8
Von der Hultasäge zum berühmten Runkesten –
und er wackelt doch!

ca. 5 h
16,3 km
schwer

Abwechslungsreiche Wanderung mit beeindruckenden Naturdenkmälern und einer der schönsten Badestellen von ganz Småland.

Diese Wanderung beginnt an der Hultasäge, wo verschiedene Bachszenen aus den **Michel-Filmen** gedreht wurden. Hier fiel der Hut von Michels Vater ins Wasser. Hier suchten beim Festessen alle Gäste Michel, nachdem er aus dem Tischlerschuppen verschwunden war. Hier stand Krösa-Maja und war überzeugt davon, dass „der Nöck" Michel geholt habe, und dabei lag er doch nur vollgegessen in der Vorratskammer.

Weiter führt der Weg zum spektakulären Runkesten (dt. Wackelstein), über dessen Wackelfähigkeit im Internet ein erbitterter Streit tobt. Unterwegs geht es durch die „Trollstraße" zum **Holmsjö-See,** von wo aus es nicht mehr weit nach **Rumskulla** ist, der **Heimat Rupp Rüpels,** des „grausigsten Gespenstes aus Småland", wenn man der gleichnamigen Astrid-Lindgren-Geschichte Glauben schenken mag.

124_wSsL_haw

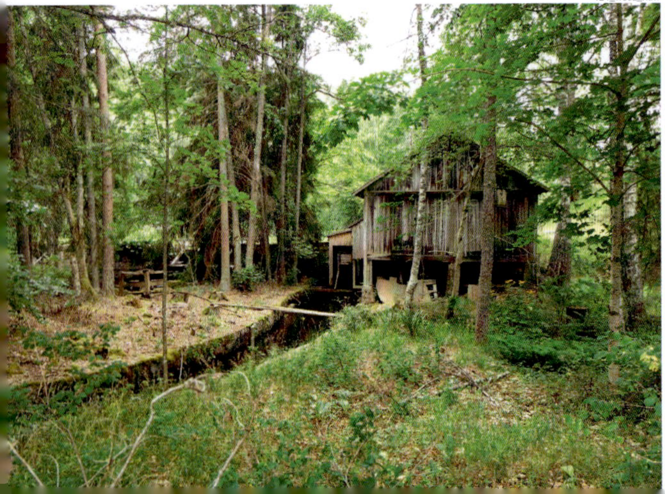

Überblick

Länge: 16,3 km
Auf-/Abstieg: je ca. 200 m
Technik: unterschiedlich gut ausgebaute Wege, teils etwas anspruchsvoller, für Kinderwagen ungeeignet
Kondition: hoch
Gehzeit: ca. 5 Stunden
Wegeigenschaften: Mix aus verschiedenen Wegkategorien, hoher Pfadanteil, auch Planken, im zweiten Teil vorwiegend Schotter- und Waldwege
Landschaft: vorwiegend Wald, spektakuläre Felsenlandschaft, verträumte Waldweiher und Seen, Kulturlandschaft
Einkehrmöglichkeiten: keine
Rastplätze: in der Trollegata, am Holmsjön-Badeplatz (mit Grillstelle) und am Ortsrand von Rumskulla
Bademöglichkeiten: Badeplatz am Holmsjön
Anreise: Von Mariannelund aus nimmt man die Straße Nr. 40 Richtung Vimmerby. Kurz hinter dem Ortseingang, unmittelbar, bevor es rechts ab zum Filmbyn geht, biegt man links ab in eine kleine Straße mit gelber Beschilderung („Kåremåla"). Dieser folgt man ca. 1 km, bis man den Silverå überquert. Hier befindet sich die Hultasäge (GPS N 57.63311, E 15.59017). Öffentlicher Nahverkehr mit dem Bus (Linie 330, Mariannelund – Vimmerby, www.klt.se). Die nächste Haltestelle liegt an der Hauptstraße, ca. 1,5 km vom Startpunkt entfernt beim Filmbyn.

Wegbeschreibung

Die Tour beginnt direkt am Bach an der **Hultasäge (Hultasåg) (1).** Zunächst geht es ein kleines Stück die Straße entlang, vorbei an der Infotafel und dem Haus. Dann biegen wir rechts in einen Forstweg ein. Nach einem kurzen Wegstück trifft der Weg den **Sevedeleden** mit seinen orangefarbenen Markierungen. Diesem **Abzweig (2)** muss man nun weiter geradeaus Richtung Osten folgen, um von hier aus den größeren Abstecher zum ersten Highlight der Tour, dem Runkesten, zu beginnen. Nach ca. 300 Metern überquert der Sevedeleden eine geteerte Straße und

Hultasäge *(Hultasåg)*

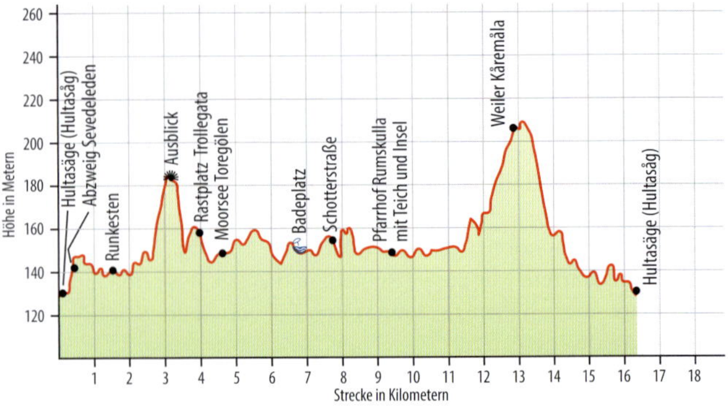

führt auf der anderen Straßenseite als Pfad wieder in den Wald hinein. In einer deutlichen Rechtskurve steht ein Wegweiser mit der etwas irrigen Aufschrift „Fornminne" (dt.: „Archäologischer Überrest/Denkmal"), der uns das letzte Stück zum **Runkesten (3)** weist. Der Sevedeleden, der an dieser Stelle abbiegt, wird jetzt verlassen. Bald erreicht man den imposanten Stein, den wir entsprechend der Anleitung (siehe nächste Seite) zum Wackeln bringen. Anschließend geht es den kompletten Abstecher wie auf dem Hinweg zurück bis zum **Abzweig Sevedeleden (2).** Hier folgt man nun dem Sevedeleden in kurvigem Anstieg nach rechts. Der Pfad führt in schrofferes und felsigeres Gelände. Am höchsten Punkt wartet ein lohnender **Ausblick (4).**

Nach dem Abstieg biegt der Pfad rechtwinklig nach rechts ab. Durch die orangefarbenen Markierungen des Sevedeledens ist der Wegverlauf gut zu finden. Nun führt der Weg durch eine Schlucht, die sogenannte Trollstraße **(Trollegata).** Linker Hand erhebt sich eine riesige Felswand, an deren Fuß ein schön angelegter **Rastplatz (5)** mit Feuerstelle und Tisch mit Bänken zu finden ist. Die Unterkante des Felsens, an der der Weg verläuft, ist recht moorig. Häufig geht es über Holzplanken, die v. a. bei nassem Wetter rutschig sein können.

Nach einigen Hundert Metern führt der Pfad am Ufer eines kleinen **Moorsees** entlang, der auf den Karten den Namen **Toregölen (6)** trägt, von uns aber kurzerhand „Nöcksee" (Nöck = Wassergeist) getauft wurde. Hier können wir die typischen Moorpflanzen sehen und deren würzigen Duft einsaugen. Zudem gibt

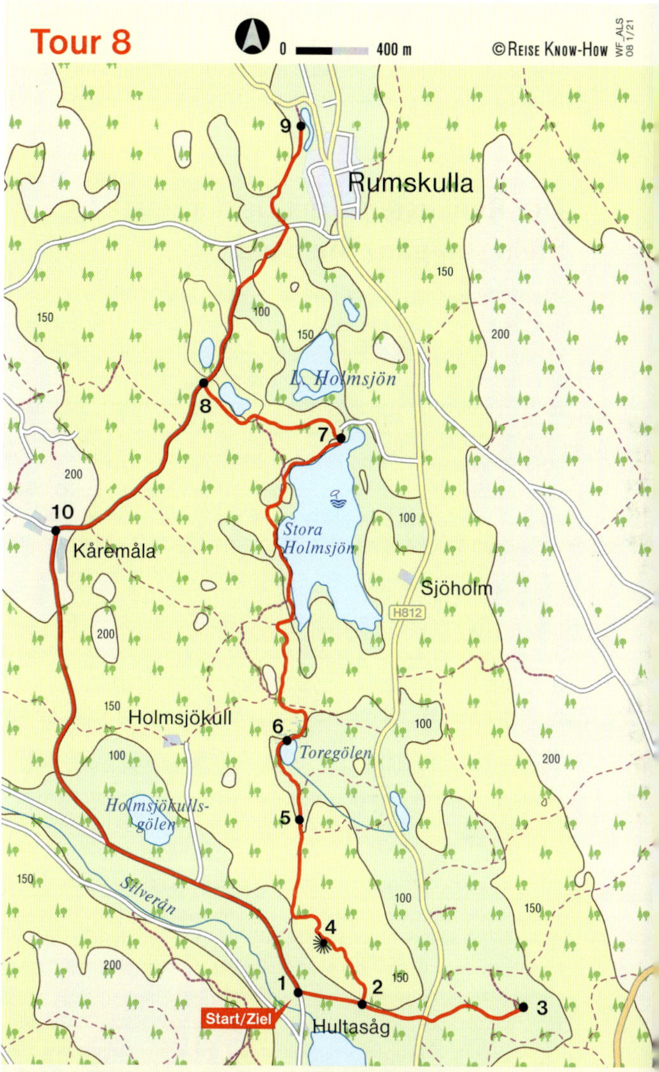

- 1 Hultasäge (Hultasåg)
- 2 Abzweig Sevedeleden
- 3 Runkesten
- 4 Ausblick
- 5 Rastplatz Trollegata
- 6 Moorsee Toregölen
- 7 Badeplatz
- 8 Schotterstraße
- 9 Pfarrhof Rumskulla mit Teich und Insel
- 10 Weiler Kåremåla

es Unmengen an Blaubeeren, Preiselbeeren, vereinzelte Multebeeren und im Herbst auch Moosbeeren.

Hinter dem „Nöcksee" trifft der Pfad bald auf eine kleine Schotterstraße, der wir ein Stück nach links folgen, dann jedoch

Der Runkesten – der bekannteste Stein von ganz Småland

Der Runkesten in der Gemeinde Mariannelund ist mit knapp zehn Metern Länge, vier Metern Breite und fünf Metern Höhe einer der größten **Wackelsteine** der Welt. Vor etwa 10.000 Jahren brachte ihn das 2–3 km dicke Inlandeis bei seiner Schmelze weit aus den Bergen hierher, so wie all die vielen anderen Granitblöcke, denen wir in Småland begegnen. Aber keiner sonst liegt mit der Spitze auf einer glatten Felsplatte. Dennoch sollten wir nicht mit der Vorstellung an den Wackelstein herangehen, man müsse ihn nur mit dem Finger anstupsen, um ihn zum Wackeln zu bringen. Er wiegt 260 Tonnen! Viele haben es nicht geschafft, den Koloss in Bewegung zu bringen und haben anschließend ihrem Ärger im Internet freien Lauf gelassen. Ihnen sei entgegnet: Man muss es nur richtig anstellen, dann wackelt er auch! Am besten, man drückt den Stein an seinem schmaleren Ende (wenn man auf den Stein zukommt, rechts) nach oben, lässt los und macht dies mehrmals mit kurzen Pausen hintereinander. Der Stein schwingt dann langsam hin und her. Gut beobachten, ob es auch geklappt hat, kann man dies aus ein paar Metern Abstand.

Ein wenig märchenhaft und wunderlich mutet einen dieser so merkwürdig platzierte Riesenstein mitten im Wald doch an. Fast ist man geneigt zu glauben, was erzählt wird, nämlich dass einst die **Riesin Kåra,** genervt durch das Glockengeläut der **Rumskulla Kirche** einen riesigen Felsbrocken aus der Nähe von Pelarne gegen diese warf. Sie verfehlte aber ihr Ziel, und der Brocken brach entzwei. Der eine Teil, eben der Runkesten, blieb in der Nähe liegen. Der andere Teil flog bis nach **Krogstorp.** Gemäß der Sage drohte die Riesin damit, eines Tages zurückzukehren und denjenigen zu vernichten, der den Stein von seinem Platz stoßen wird. Also bitte Vorsicht beim Wackeln! Unklar ist jedoch, ob der Fluch sich ursprünglich auf beide Steinhälften bezog. Das Gegenstück des Runkesten in Krogstorp wurde nämlich bei Straßenarbeiten weggesprengt, ohne dass im Anschluss die Riesin gesichtet wurde.

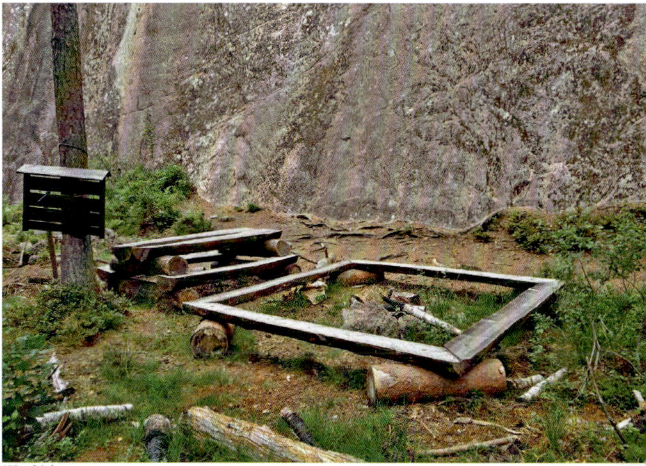
125_wSsL_haw

Rastplatz Trollegata

Runkesten

126_wSsL_haw
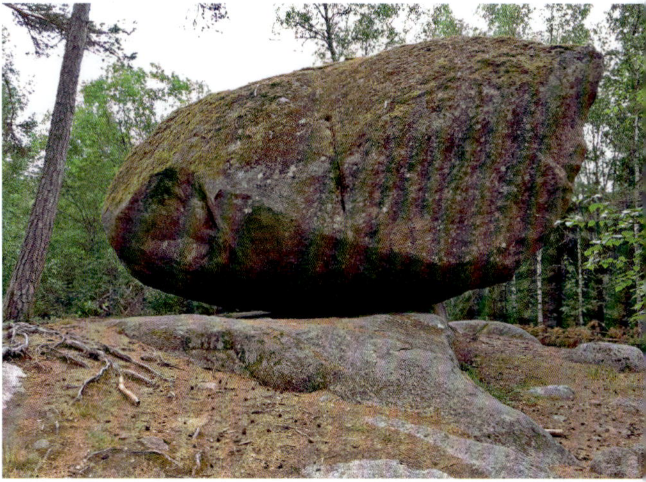

wieder rechts in einen Pfad abbiegen (immer den orangenen Markierungen folgend). Es dauert nicht lange, bis der Wanderweg an den nächsten, deutlich größeren See, den Holmsjö-See, stößt und auf einem Pfad entlang des Ufers weiterläuft (wobei es einmal auch über ein Hausgrundstück geht). Nach ca. 50 m wendet sich der Weg vom Wasser ab, um sich ihm bald wieder anzunähern. Wenn der Sevedeleden dann zum zweiten Mal (und dieses Mal endgültig) dem Holmsjön den Rücken kehrt, führt unsere Route rechts ab, weiter am See entlang, bis man zu

Die Kirche von Rumskulla

In einer Erzählung Astrid Lindgrens hören wir vom Pfarrhofsknecht **Rupp Rüpel,** der sich als Gespenst verkleidete, um den Organisten zu erschrecken. Für den Knecht nahm der üble Streich ein missliches Ende, sodass er selbst schließlich als „echtes" Gespenst auf dem Kirchhof geisterte.

Wenn wir vom unten am Wasser liegenden Pfarrhof den Hügel hinaufgehen, kommen wir zur großen, weißen Kirche, die als typisch für die gesamte Gegend gelten kann. Das heute zu sehende **Kirchengebäude** stammt aus dem Jahr 1835. Zuvor stand an gleicher Stelle eine Holzkirche aus dem 14. Jahrhundert. Diese wurde im 19. Jahrhundert durch **Bevölkerungswachstum** und zunehmende **Frömmigkeit** der Småländer zu klein, und man begann mit dem Bau einer neuen, größeren Kirche. Um den Bewohnern Rumskullas ohne Unterbrechung den Kirchgang ermöglichen zu können, wurde die neue Kirche um die alte herumgebaut und die alte Kirche erst nach Fertigstellung der neuen abgerissen. Balken der alten Kirche sind in **Tjurstorp** verbaut worden (s. Route Nr. 9). Der heute im Altarraum befindliche **Altarschrank** stammt noch aus der alten Holzkirche und wird ins Mittelalter datiert.

Auffallend sind die **Orgeln.** Bereits 1665 baute ein Orgelbauer aus Kalmar eine Orgel mit sieben Registern in die Kirche. Immer wieder gab es Erweiterungen und Neubauten, bis 1926 die heutige große Orgel mit der Fassade von 1840 in die Kirche kam. Ein schönes Andenken an den vom Gespenst Rupp Rüpel gestörten, Musik liebenden „Klockaren" (üblicherweise damals Organist, Küster, Glöckner und Lehrer in einer Person).

einem der schönsten **Badeplätze (7)** der Gegend mit Umkleide, Feuerstelle, Tischen und Bänken kommt.

Nach der Rast verlassen wir den See über den Forstweg, der hinter dem Klohäuschen nach links führt. Bald trifft man wieder auf den Sevedeleden, der uns als buckliger Pfad entlang des nächsten Moorsees, dem *Kåremålagölen,* bis zu einer **Schotterstraße (8)** leitet. Der Sevedeleden führt uns hier nach rechts weiter nach Rumskulla, wo man sich den Pfarrhof und Kirchhügel anschauen kann, auf dem einst das Gespenst Rupp Rüpel sein Un-

Kirche von Rumskulla

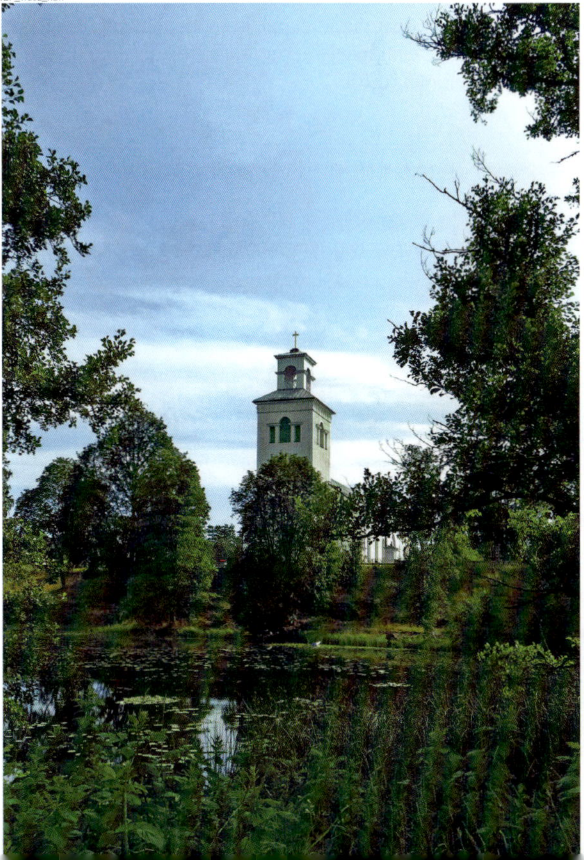

wesen trieb. Dieser Abstecher erfordert ca. 3 km (Hin- und Rückweg zusammengerechnet). Von der geschotterten Straße geht es rechts ab in einen Waldweg, der sich bald zum Pfad verengt. Sobald man an einem schönen Anwesen auf die geteerte Straße stößt, geht es ein sehr kurzes Stück nach rechts, dann direkt wieder nach links. Im Wald kann man neben dem Weg Reste der alten Schmalspurbahn entdecken, die hier verlief. An einem alten Sägewerk wird der Weg nach rechts verlassen. Über einen Pfad durch Eichen- und Fichtenwald nähert man sich Rumskulla. Unterwegs kommt man an einem angelegten Rastplatz mit Feuerstelle vorbei. Am Abzweig (mit einem etwas aus der Zeit gefallenen Hinweisschild zur nächsten Telefonzelle) bleiben wir geradeaus. Linker Hand wird der prächtige **Pfarrhof Rumskulla (9)** sichtbar. Rechts liegt auf der gegenüberliegenden Seite eines **Teiches** auf einem Hügel die Kirche. Über eine Holzbrücke gelangen wir auf eine kleine **Insel** mit verträumter Laube, die sich auch als Rastplatz eignen würde.

Der „Nöcksee“ sieht aus, als würden dort Wassergeister hausen

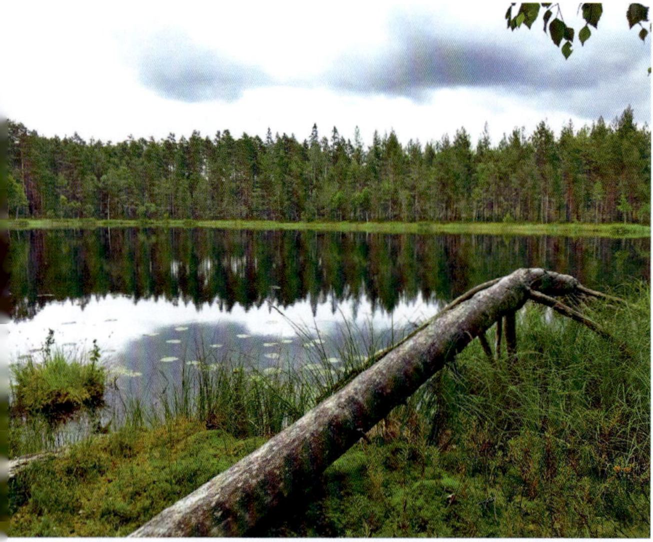

128_wSsL_haw

Der Abstecher ist hier beendet, und wir folgen dem Hinweg zurück bis zur **Schotterstraße (8),** wo wir den orange markierten Wanderweg verlassen und ein längeres Stück der Schotterstraße geradeaus folgen. Es geht durch den sehr hübschen **Weiler Kåremåla (10),** in dem besonders schöne Holzhäuser zu bewundern sind. Hier macht die Straße eine deutliche Linkskurve, der wir folgen (nicht nach rechts abbiegen!). Dieses Wegstück verläuft zwischenzeitlich kurz zwischen Wiesen und Weiden. Ansonsten bewegt man sich quasi die gesamte Wanderung über im Wald. An der folgenden T-Kreuzung biegt man links ab und folgt der Schotterstraße parallel zum Silverå immer weiter, bis man wieder am Startpunkt angekommen ist. Bei entsprechender Witterung kann man auf dem letzten Wegstück große Mengen an Steinpilzen finden.

Kåremåla

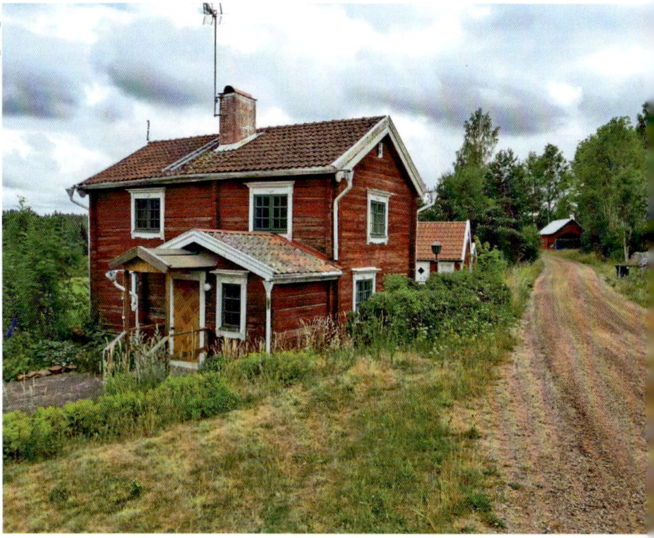

129_wSsL_haw

Tour 9
Von Pelarne zum Försjön

ca. 7 h
18,6 km
schwer

Zweitagestour mit Übernachtung am See, grandiosen Felsformationen, einem verlassenen Mühlental, einem besonders schönen alten Dorf, einer bedeutsamen Kirche und einem berühmten Herrenhof.

Einmal in jedem Jahr übernachten die **Kinder aus Bullerbü** mit ihren Vätern am See, um Krebse zu fangen. Dafür müssen sie erst ein gutes Stück wandern, Gepäck transportieren und sich Hütten zum Übernachten bauen. Frühmorgens nach einer kurzen Nacht werden die kleinen Käfignetze, die sog. „Reusen", aus dem Wasser gezogen und anschließend der Fang nach Hause geschleppt. Trotz der Strapazen ist es für die Kinder ein besonderer Festtag im Jahreslauf: „Es ist fast noch schöner als Heiligabend", sagt Inga zu Lisa.

Auch für uns hat das Übernachten im Wald, das Feuermachen spätabends am See und der kühle, taunasse Morgen, an dem „Spinnengewebe zwischen den Zweigen wie Diamanten glitzern", einen ganz besonderen Reiz. Unser Weg bietet nicht nur zahlreiche echte Highlights und einige Stellen, die für Astrid Lindgren biografisch bedeutsam sind, sondern auch wunderschöne Übernachtungsstellen am See oder am Fluss. Vielleicht können wir dort sogar den Wassergeist belauschen, der nachts an der Mühle auf seiner Geige spielt, und von dem der Müller Johann den Bullerbü-Kindern erzählt. Wer sich vor Wassergeistern fürchtet oder partout unterwegs nicht übernachten möchte, kann die Tour auch als längere Ganztagstour machen.

Überblick

Länge: 18,6 km
Gehzeit: ca. 7 Stunden
Auf-/Abstieg: je ca. 215 m
Wegeigenschaften: Mix aus allen Wegkategorien, hoher Pfadanteil

Technik: teils etwas anspruchsvoller, für Kinderwagen ungeeignet
Kondition: mittel, in der Eintagesvariante hoch
Einkehrmöglichkeiten: Mossebo: Café, Restaurant (nur in den Sommermonaten)
Bademöglichkeiten: angelegte und freie Badestellen am Försjön, schöne Wasserzugänge auch zum Stångå-Fluss
Landschaft: viel Wald, teils felsig, teils auch landwirtschaftlich genutzte Kulturlandschaft, idyllisches Flusstal
Rastplätze: bei Mossebo, am Försjön-See, an den beiden Mühlen im Stångå-Tal (mit Grillplatz)

Blick auf den idyllischen Försjön

212_wSsL_haw

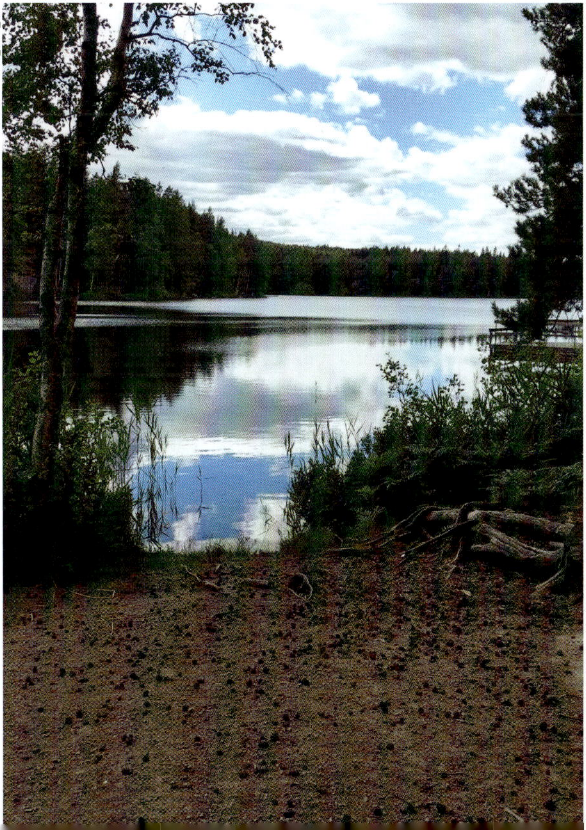

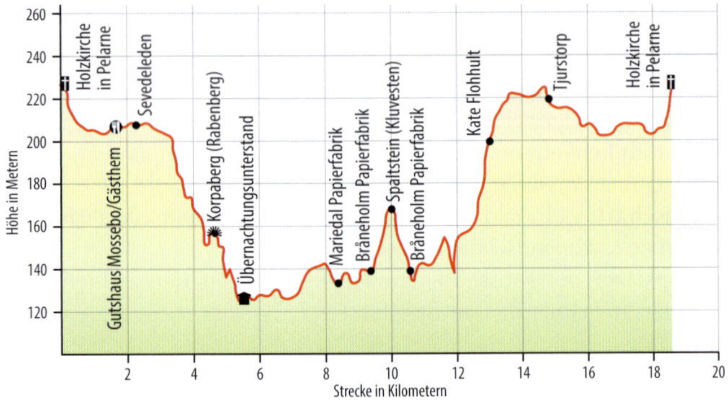

Anfahrt: Von der großen Reichsstraße Nr. 40, die Västervik, Jönköping und Göteborg in Ost-Westrichtung miteinander verbindet, geht zwischen Vimmerby und Mariannelund eine kleine Straße südlich nach Pelarne, Sevedstorp, Bulleby ab. Die erste Straße links führt direkt zum Parkplatz der Holzkirche von Pelarne (GPS N 57.62700, E 15.71194). Öffentlichen Nahverkehr gibt es nur entlang der größeren Straße. Die Buslinie 325 (Fahrplan unter www.jlt.se) hält an der Haltestelle „Mossebo", von wo aus man die Tour alternativ starten kann.

Wegbeschreibung

Die Wanderung beginnt am Besucherparkplatz der berühmten **Holzkirche in Pelarne (1),** wo sich Astrid Lindgrens Eltern im Jahr 1905 das Ja-Wort gaben. Wir können die erste Etappe des Weges den orangefarbenen Markierungen des Sevedeleden folgen, zunächst Richtung Nordwesten bis zur Verbindungsstraße nach Bullerbü. Hier geht es rechts ein paar Meter an der Asphaltstraße entlang, doch bald schon biegt man wieder links in einen kleinen Fußweg ab. Ringsherum stehen besonders viele Kirschbäume, die im Frühjahr die Gegend um den Mossjö-See in ein zauberhaftes Weiß tauchen. Die recht spärlichen Wegmarkierungen führen quer über eine Wiese und münden bald in einen Schotterweg. Kurz darauf muss die große und viel befahrene Landstraße nach Vimmerby überquert werden, um ein paar Meter weiter in eine beeindruckende Eschen-Allee einzubiegen (Be-

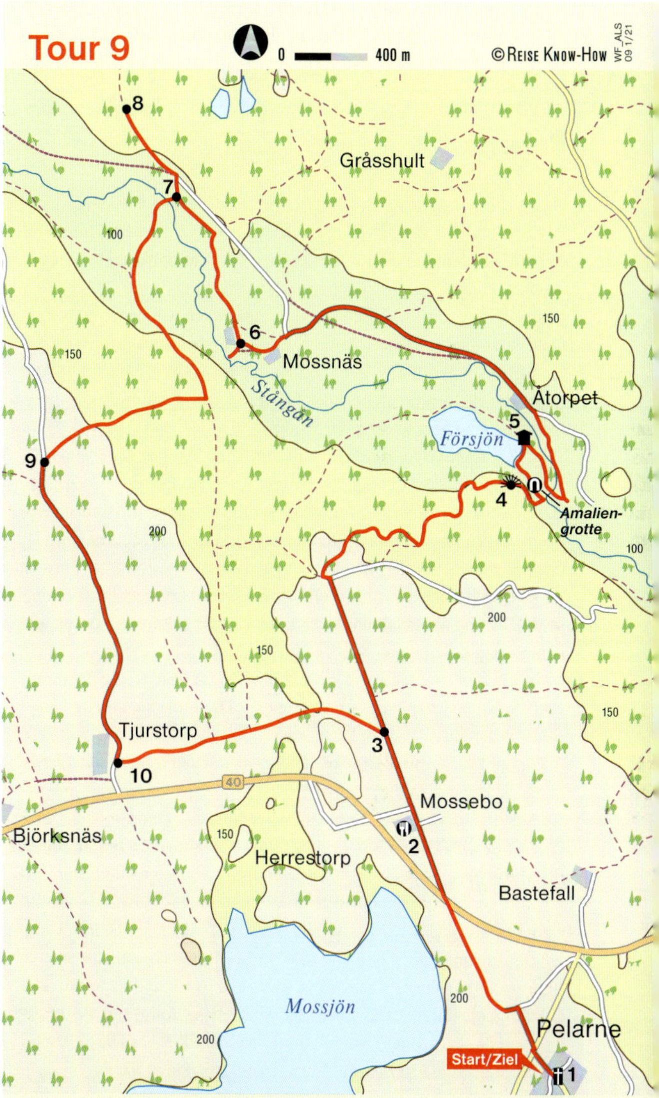

- 1 Holzkirche in Pelarne
- 2 Gutshaus Mossebo/Gästhem
- 3 Sevedeleden
- 4 Korpaberg (Rabenberg)
- 5 Übernachtungsunterstand
- 6 Mariedal Papierfabrik
- 7 Bråneholm Papierfabrik
- 8 Spaltstein (Kluvesten)
- 9 Kate Flohhult
- 10 Tjurstorp

schilderung: **Mossebo/Gästhem**). Links des Weges sehen wir nach wenigen Metern schon das alte **Gutshaus (2)** mit Café und Restaurant. Das traditionsreiche Anwesen ist die einzige Einkehr-

Pelarne

Die Kirche in Pelarne ist eine der ältesten Holzkirchen Schwedens, deren Wurzeln bis weit ins Mittelalter zurückreichen. Die östliche **Chorwand** stammt aus dem frühen 13. Jahrhundert, das **Triumphkruzefix** aus der zweiten Hälfte des 13. Jahrhunderts. Verkleidet ist die Kirche mit Holzschindeln, die an heißen Sommertagen einen wunderbar würzigen Duft nach Kieferteer verströmen. Der separate **Glockenturm** ist aus dem 17. Jahrhundert. Eine der Glocken stammt aus dem 13. Jahrhundert. Rund um die Kirche stehen die Gebäude des alten Pfarrhofes, des Gemeindehauses und der alten Schule.

Neben ihrem allgemeinen kulturhistorischen Wert ist ein Besuch der Kirche auch für den, der auf den Spuren Astrid Lindgrens unterwegs ist, von besonderem Interesse, denn in dieser Kirche gaben sich **Astrid Lindgrens Eltern** im Sommer 1905 das Ja-Wort. Im Jahr 1888 begann im Gemeindehaus in Pelarne bereits die gemeinsame Geschichte ihrer Eltern, als sich der damals dreizehnjährige Samuel August in die neunjährige Hanna aus Pelarnehult, das „Mädchen mit den Stirnfransen, die immer so gute Antworten gab", verguckte. So begann eine Liebe, die ein ganzes Leben lang hielt, wie in der rührend und gleichzeitig behutsam geschriebenen Erzählung Astrid Lindgrens **„Das entschwundene Land"** nachzulesen ist.

Vor der Kirche von Pelarne ereignete sich demnach auch die Unterredung zwischen dem Vimmerbyer Probst Blidberg und Hannas Vater (also Astrid Lindgrens Großvater mütterlicherseits). Der Geistliche zog Erkundigungen ein zu einem möglichen zukünftigen **Pächter** seines **Pfarrhofs Näs,** nämlich zu Astrid Lindgrens Großvater väterlicherseits, der sich gerade um die Pachtstelle beworben hatte. Ausschlaggebend waren offenbar die Worte von Hannas Vater: „Solchen, die ihre Leute gut behandeln, glückts drum nicht schlechter". Damit meinte er Samuel Augusts Vater, über den es hieß, er sei viel zu weich und gutmütig dem Gesinde gegenüber. Und er verhalf ihm auf diese Weise zum Pachtvertrag von Näs. Als junger Mann kutschierte Astrids Vater entsprechend des Vertrags den Probst von Vimmerby regelmäßig in die Kirche nach Pelarne, sodass er seine Hanna nie ganz aus den Augen verlor, die wenige Meter von der Kirche entfernt in Pelarnehult aufwuchs. Im Sommer ist die Kirche tagsüber gewöhnlich für Besucher offen.

möglichkeit während dieser Wanderung. Rechts gegenüber steht eine urige alte Hütte, die für Wanderer des Sevedeledens als kostenlose Übernachtungshütte dient, in unserer Streckenführung aber vermutlich am falschen Platz.

Hinter Mossebo müssen verschiedene Abzweigungen ignoriert werden. Auch an der Stelle, wo sich der **Sevedeleden (3)** teilt, geht es weiter schnurgeradeaus. Auf dem Rückweg werden wir hier wieder herauskommen. Erst nach ca. 1,5 km macht der breite Fahrweg direkt hinter einer Abzweigung eine deutliche Linkskurve. Mitten in der Kurve zeigt die Markierung des Sevedeleden einen schmalen Waldpfad nach rechts an, auf dem wir zwei weitere Kilometer wandern. Es geht überwiegend bergab

Der Glockenturm der Holzkirche in Pelarne

131_wSsL_haw

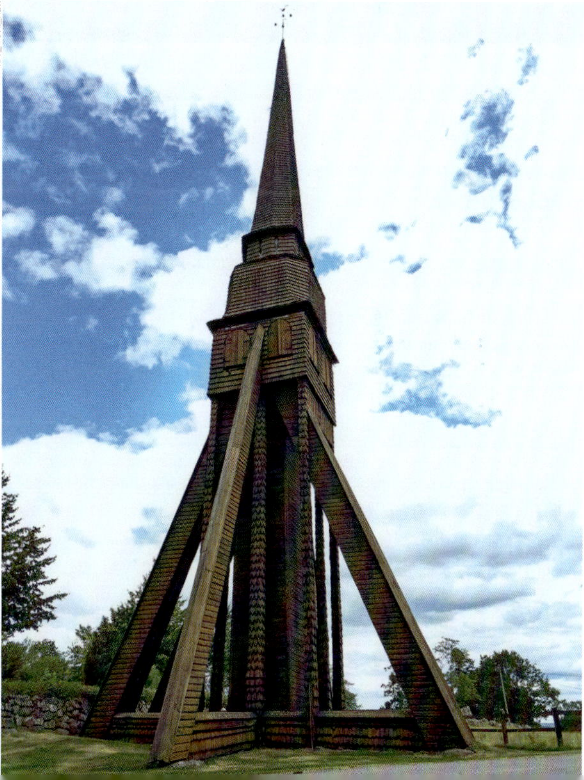

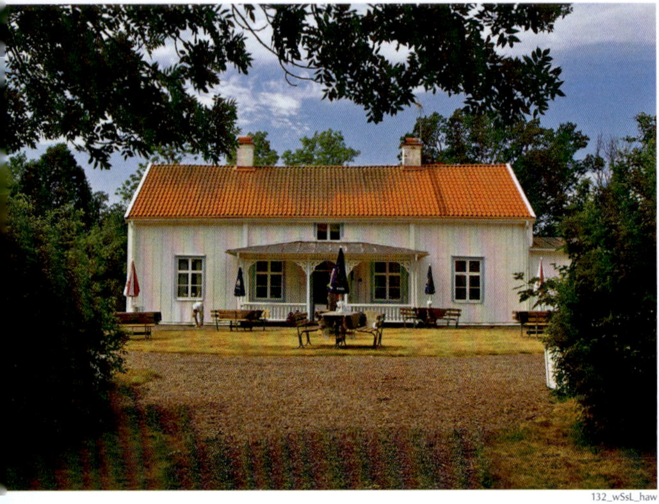

132_wSsL_haw

Herrenhof Mossebo

Mossebo

Der Herrenhof Mossebo mit seiner prächtigen Eschenallee stammt aus dem 18. Jahrhundert. Heute wird er als Pension und Restaurant genutzt. Im Jahr 1904 ging Astrid Lindgrens Mutter **Hanna** vor ihrer Hochzeit eine Zeit lang zur Majorin von Mossebo in Stellung, um sich feinere Manieren zuzulegen. Die Hausvorsteherin galt seinerzeit als die Standesperson des Kirchspiels. Hanna schreibt wegen der Regeln und Konventionen ihrem Verlobten in einem Brief: „Ich komme mir vor, als wäre ich in einem großen Schrank eingesperrt."

Wenige Jahre zuvor (1892) wurde der berühmte småländische Karikaturist **Albert Engström** im selben Hof Mossebo als Hauslehrer eingestellt, um dem jüngsten Sohn des Hauses Lateinnachhilfe zu geben. Mit Freude nahm er die Stellung an, da er so Gelegenheit hatte, seine derzeit auf dem Nachbargut Herrestorp lebende Geliebte und spätere Frau Sigrid Sparre zu sehen.

In einem der Gebäude ist ein kleines privates **Museum** mit einigen skurrilen Schätzen hergerichtet, das auf Nachfrage geöffnet wird.

durch unterschiedliche Waldtypen. Imposante Baumwurzeln, die mühsam große Steine zu umklammern scheinen, und zunehmend felsigere, mit Blaubeersträuchern durchsetzte Abschnitte prägen das Landschaftsbild. Ziemlich unerwartet stehen wir plötzlich an der steilen Felskante des **Korpaberg (Rabenberg) (4),** wo sich der Wald zu einem gigantischen Ausblick über Hügel und Wälder öffnet. Solange man auf dem Pfad bleibt, gibt es keine Absturzgefahr. Die Felskante ist aber weder mit Warnschildern noch mit Seil oder Geländer abgesichert. Von hier führt der Pfad steil zwischen den zerklüfteten Felsen bergab, sodass wir bald dieselbe Felsformation von unten bewundern können. Es sieht aus, als hätte ein Riese die Granitbrocken mit Absicht übereinandergestapelt. In den Zwischenräumen ergeben sich größere Spalten und Höhlen, von denen die sogenannte Amaliengrotte die größte ist.

Unten auf der Talsohle des Stångå-Tals liegt jetzt der kleine Försjön-See wie ein Postkartenidyll vor unseren Füßen. Mehrere Stege führen ins Wasser. Der Försjön ist ein wunderbarer Bade-

Blick von der Felskante des Rabenbergs *(Korpebergs)*

133_wSsL_haw

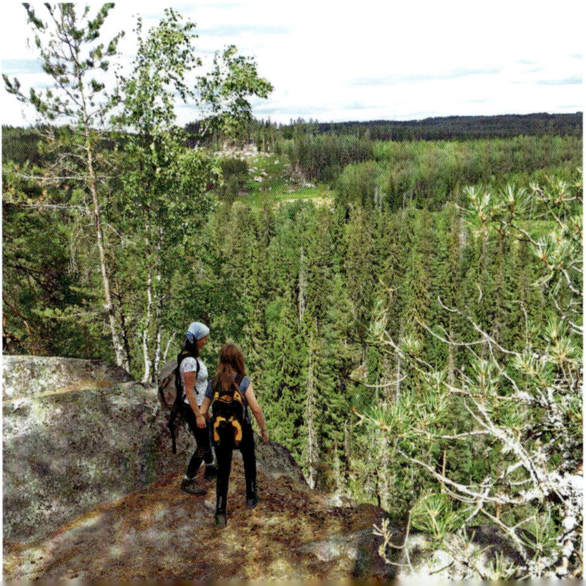

see! Am Wasser angekommen biegt der Pfad nach rechts ab und kommt entlang der Schmalseite des Sees zu einem **Übernachtungsunterstand (5)** mit Rastplatz und Feuerstelle. Diese Übernachtungsmöglichkeit eignet sich vor allem für den Fall, dass man kein Zelt dabei hat. Wer sich durch Wohnmobilisten gestört fühlt, die hier v. a. im Sommer häufig campieren, geht entweder ein Stück weiter entlang des Sees auf einem schmalen Pfad, um oberhalb des Ufers sein Zelt aufzuschlagen. Oder man folgt dem Sevedeleden noch einige Kilometer weiter bis zu den alten Mühlen.

Unser Wanderweg führt von dem Übernachtungsunterstand ein kleines Stück die Schotterstraße nach rechts bis über den Stångå-Fluss. Hinter der Brücke geht es links ab auf einen Weg, immer den Markierungen des Sevedeledens folgend. Hier laufen wir eine Zeit lang über den alten Bahndamm der Zugstrecke Vimmerby-Ydrefors über deren Eröffnung Astrid Lindgren am 15. Oktober 1924 in der Vimmerbyer Zeitung als damals 17-jährige Volontärin einen Bericht schrieb: „Dann kam er endlich. Mit Fahnen und Girlanden auf der Lokomotive. [...] Er fuhr mit einer absolut angemessenen Geschwindigkeit dahin, die es einem ermöglichte, die hübsche Natur Smålands zu genießen. Hin und wieder kam man zu einer kleinen Station mit rotem Bahnhofsgebäude, das über und über mit Girlanden geschmückt und voller

134_wSsL_haw

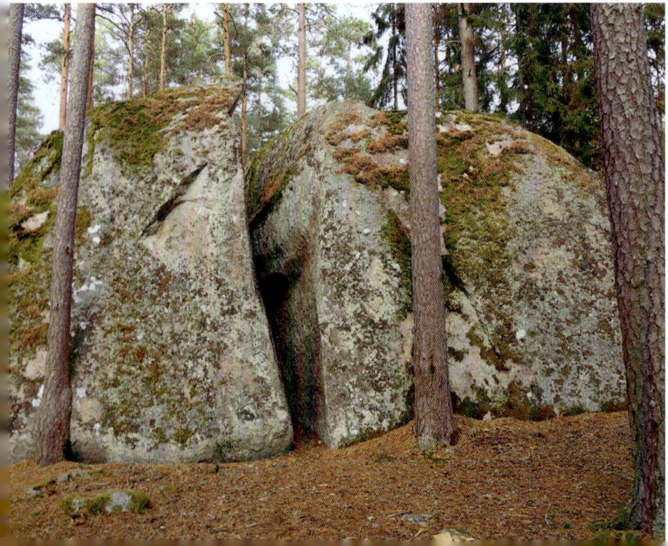

Menschen war, die schauten und winkten. Und überall wehte natürlich die schwedische Flagge." Im Stångå-Tal muss damals ein recht bewegtes Treiben geherrscht haben. Heute kann man sich in dem abgeschiedenen stillen Tal nur schwerlich einen fahrenden Zug vorstellen, und außer der alten Trasse deutet auch nichts mehr darauf hin. Im Sommer des darauffolgenden Jahres nutzte Astrid Lindgren selbst diese Zugstrecke, als sie eine mehrtägige Wanderung mit fünf Freundinnen startete. Die erste Etappe bis Ydrefors fuhren sie mit dem Zug, „um zu vermeiden, auf bereits bekannten Wegen laufen zu müssen".

Nachdem der Weg eine Weile dem Bahndamm gefolgt ist, nimmt man den Pfad links ab hinunter zum Fluss. Dort sehen wir Überreste der **Mariedal Papierfabrik (6)** und auf der anderen Seite des Flusses Reste einer alten Mehlmühle. Auch hier kann man gut ein Zelt aufschlagen. Weiter geht es auf meist schmalem Weg den orangefarbenen Markierungen folgend zur **Bråneholm Papierfabrik (7),** die ebenfalls als Ruine von einer kleinindustriellen Vergangenheit des Flusstals Kunde gibt. Hier stehen zahlreiche alte Fundamente mit Infotafeln. Ein sehr schöner Rastplatz mit Feuerstelle, der verzweigte Wasserlauf und mehrere Holzbrücken über den Fluss machen diese Stelle besonders. Die Wiesen der alten Bråneholm-Mühle eignen sich noch besser als Zeltplatz. Der Stångån ist zum Schwimmen meist nicht tief genug und hat hier auch ziemlich viel Strömung, lädt aber ein zu einem erfrischenden Fußbad, zum Planschen oder als Wasserspielplatz.

Eigentlich verlässt unser Weg nun den markierten Wanderweg. Es lohnt sich jedoch, vorher noch einen kleinen Abstecher entlang des Sevedeledens bis zum **Spaltstein (Kluvesten) (8)** zu machen. Es handelt sich um einen massiven Granitbrocken, der in der Mitte so weit aufgespalten ist, dass man gerade so hindurchgehen kann. Zahlreiche Geschichten ranken sich um den Stein. Auch in der Bullerbü-Geschichte vom Krebsefangen am See gibt es einen Felsen, in dessen Spalte die Jungen ihr Nachtlager aufschlagen. Dafür wäre jedoch die Spalte im Kluvesten zu schmal.

Wieder zurück bei der **Bråneholm Papierfabrik (7)** überqueren wir nun den Stångån über die hölzernen Brücken. Ein

Spaltstein (Kluvesten)

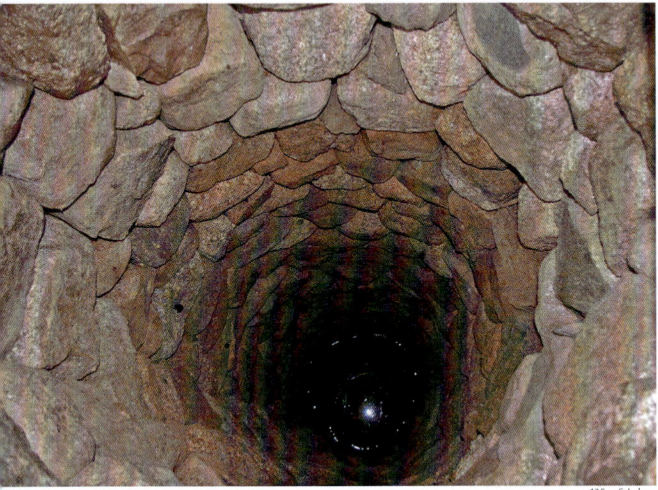

135_wSsL_haw

schmaler Wanderpfad führt uns halblinks bergauf bis zu einem breiten Schotterweg, dem wir nach links folgen. Nach ca. 600 Metern biegen wir rechts in einen kleinen Weg ein, der nach einem guten Kilometer an einer T-Kreuzung auf eine kleine Schotterstraße trifft. Die malerische **Kate Flohhult (9)** steht hier verlassen am Weg. Der Straße folgt man nach links durch Wiesen, Felder und Wald bis zur nächsten, deutlich größeren Siedlung: Das alte Dorf **Tjurstorp (10)** mit seiner auffälligen Dorfanlage und der charakteristischen Anordnung der Scheunen ist sehr markant. Die Wohnhäuser liegen in zweiter Reihe, während vorne die Scheunen in Reih und Glied Spalier stehen. Die wuchtigen Gebäude in massiver Blockbauweise sind dick mit falunroter Farbe angestrichen und hinterlassen als Ensemble einen strengen Eindruck, der nur ein wenig durch die hügelige Lage und ein paar größere Bäume aufgelockert wird. Die meisten Gebäude stammen aus dem 17. und 18. Jahrhundert.

Ziehbrunnen bei Flohult

An den Briefkästen im Dorf biegt man links ab. Nun folgt unser Rundweg wieder den Markierungen des Sevedeleden. Wenn die Schotterstraße nach rechts abknickt, bleiben wir geradeaus. Der Weg wird zum breiten Pfad und stößt nach ca. 400 Metern auf die schnurgerade Schotterstraße des **Sevedeleden (3)** von Mossebo. Ab hier geht es auf dem gleichen Weg wie auf dem Hinweg zurück zum Startpunkt in Pelarne.

136_wSsL_haw

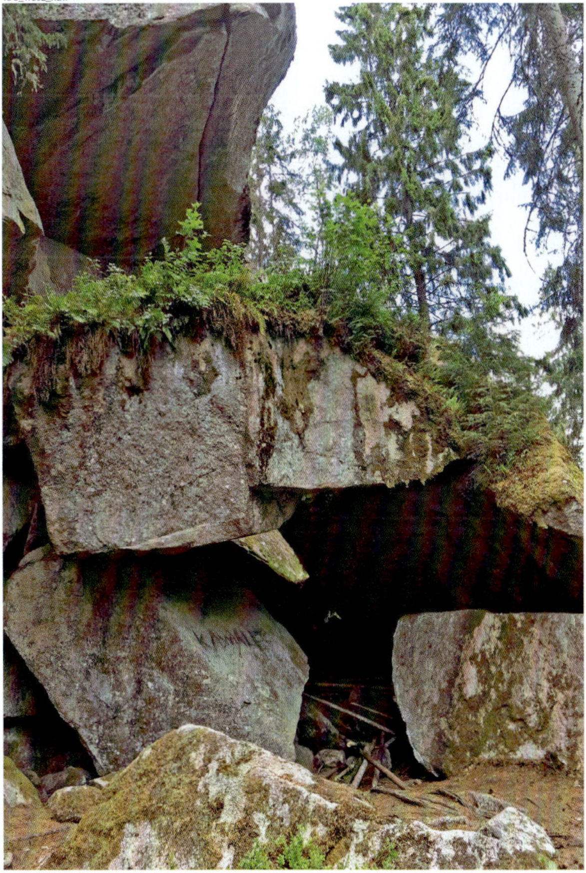

Papiermühlen im Stångå-Tal

Aufgrund der riesigen Waldgebiete spielt heute die **Papier- und Celluloseindustrie** in Skandinavien eine bedeutende Rolle. Zwei der zehn größten Unternehmen weltweit haben ihren **Sitz in Schweden,** ein weiteres in Finnland. Die bekannten Marken Tempo und Zewa etwa gehören zum schwedischen Konzern SCA. Deutschland ist für die Aktiengesellschaft der größte Absatzmarkt. Cellulose- und Papierfabriken, die heute fast im ganzen Land verteilt anzutreffen sind, erkennt man oft bereits von Weitem am Geruch, denn bei der Herstellung spielen Schwefelsäure und andere stark riechende Chemikalien eine Rolle.

Papier kam in Europa erst im Spätmittelalter auf und verdrängte nur langsam das Pergament als Schreibstoff. 1573 öffnete in Klippan in Skåne die erste schwedische Papiermühle, die damals – wie überall in Europa – **Papier aus Altkleidern** herstellte. In einem aufwendigen Verfahren wird der Stoff geschreddert, eingesumpft, gestampft, geschöpft, gewalzt und getrocknet. Dazu wurde bis weit ins 19. Jahrhundert hinein fast überall Wasserkraft verwendet. Die sogenannten „Lumpenmühlen" waren oftmals einträgliche Kleinunternehmen, denn mit zunehmender Schriftlichkeit wurde Papier immer gefragter.

Die kleinen Papiermühlen **Mariedal** und **Bråneholm** starteten ihren Betrieb 1814 und 1815 als zwei von ca. 150 Papiermühlen, die damals in Schweden produzierten. Staatliche Privilegien waren für einen solchen Betrieb notwendig. Die Einwohner waren verpflichtet, ihre Altkleider dort abzugeben. Die Lage am Stångå-Fluss war für die Betriebe ideal, denn die vorhandene **Wasserkraft** zog verschiedene Gewerbe und Gewerke an, sodass man von einem gut erschlossenen Tal mit dichter Infrastruktur sprechen kann. Mehlmühlen, Schmieden, Säge- und Hobelwerke machten das heute einsame Flusstal-Idyll zu einer Art „Industriepark" in vorindustrieller Zeit. Ein kompliziertes Wasserlaufsystem mit Kanälen und Staumauern verteilte das Wasser und ermöglichte einen durchlaufenden Betrieb. An die verschiedenen Produktionsstätten waren landwirtschaftliche Flächen angegliedert, teils zur Versorgung der Arbeiter, teils auch zur Erzeugung von Heu für die Transportpferde.

Mit dem Siegeszug der **Dampfmaschine** und stetig größer werdender Produktionseinheiten verloren die Wassermühlen in der zweiten Jahrhunderthälfte zunehmend an Bedeutung. Hinzu kam eine neue Produktionstechnik, die die Papierherstellung aus **Holzfasern** ermöglichte und die sich in ganz Europa durchsetzte. Gerade für die schwedische Papierindustrie taten sich große Chancen auf. Ihre Produktionsstätten lagen jetzt aber vor allem dort, wo sich günstige Transportwege für die Großindustrie anboten, was im Stångå-Tal nicht gerade der Fall war. 1872 und 1888 stellten die beiden Mühlen den Betrieb ein. Eine Weile lang sind noch Holzspäne für die Streichholzindustrie gefertigt worden, was aber nach der Jahrhundertwende ebenfalls unrentabel wurde. Die Gebäude brannten ab bzw. wurden planmäßig abgerissen. Die Fundamente lassen aber noch erahnen, wie das Tal einmal bebaut war. Aber nur mit viel Fantasie kann man sich das laute Leben und Treiben zwischen Mühlrädern, Transporttieren und arbeitenden Menschen vorstellen.

Einige Kilometer weiter nördlich liegt die **Ösjöfors-Kvarn,** die dritte Papiermühle im selben Tal, die noch ein paar Jahre mehr oder weniger erfolgreich weiter produzieren konnte. Als sie 1922 schließlich ihren Betrieb einstellte, war sie die älteste Papiermühle Nordeuropas, die in ihrem ursprünglichen Zustand erhalten war und mit ihrer originalen Ausrüstung produzierte. In den 1960er Jahren wurde sie in ein **Museum** umgewandelt, wo für Besucher wieder Papier auf traditionelle Weise hergestellt werden konnte. Das Fabrikgebäude wurde jedoch im August 2005 durch Brandstiftung total zerstört, in derselben Nacht übrigens, in der auch Michels Tischlerschuppen in Katthult einem gelegten Brand zum Opfer fiel. Einige Jahre zogen sich die Diskussionen über einen möglichen Wiederaufbau des Museums erfolglos hin. Die Wohn- und einige Nebengebäude, die den Brand überstanden hatten, sind heute im Privatbesitz. Der Museumsverein hat sich aber aufgelöst, sodass die Geschichte der Papiermühlen im Stångå-Tal vermutlich für immer beendet ist.

137_w5sL_haw

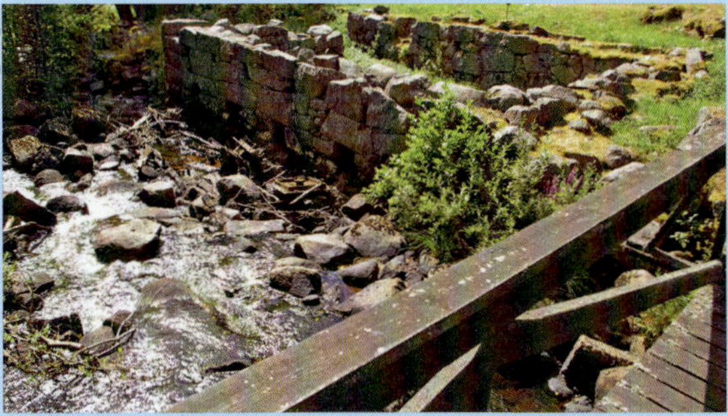

Tour 10
Norra Kvill Nationalpark –
auf der Suche nach Ronja Räubertochter

ca. 1,5 h
4,6 km
mittel

Kurze, aber knackige Tour durch Schwedens kleinsten Nationalpark; über schmale Pfade, steile Felsen und Planken in morastigem Gebiet.

„Sie folgte dem Pfad geradewegs hinein in den wildesten Wald und kam zum Weiher. [...] Und der Weiher lag dort schwarz zwischen dunklen Tannen, nur die Seerosen auf dem Wasser leuchteten weiß. Ronja wusste nicht, dass es Seerosen waren, aber sie sah sie lange an und lachte leise, weil es sie gab. Dort am Weiher blieb sie den ganzen Tag und tat vieles, was sie noch nie ausprobiert hatte. Und sie warf Tannenzapfen ins Wasser und lachte, als sie merkte, dass sie davon schaukelten, wenn sie nur mit den Füßen plätscherte. So viel Spaß hatte sie noch nie gehabt! Ihre Füße fühlten sich so froh und frei an beim Plätschern und noch froher beim Klettern. Um den Weiher lagen große, bemooste Findlinge zum Hinaufklettern, und dort standen Fichten und Kiefern zum Hangeln. Ronja kletterte und hangelte, bis die Sonne über den waldigen Bergrücken zu sinken begann."

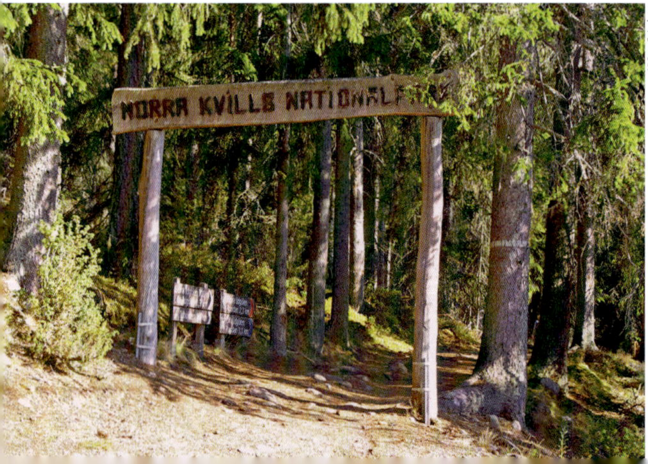

138_wSsL_haw

Nationalparks in Schweden

Derzeit gibt es in Schweden **30 Nationalparks,** deren kleinster der von **Norra Kvill** ist. Ihre Geschichte beginnt im Jahr 1909, als auf Antrag des Botanikers und Reichstagsabgeordneten Karl Starbäcks die ersten neun Nationalparks eröffnet wurden, um Schwedens Natur vor den „von der Gewinnsucht der heutigen Menschen getriebenen, rücksichtslosen Eingriffen in die Natur" zu schützen.

Die Nationalparks sollen **Natur-** und **Kulturerbe** bewahren, das sonst gestört oder vielleicht sogar zerstört werden würde. Ein Nationalpark genießt den höchsten Grad an Landschafts- und Naturschutz. Eigentümer ist der schwedische Staat. Sie stehen grundsätzlich allen Besuchern offen und ihr Besuch ist **kostenlos.** Informationstafeln und ein gut angelegtes **Wanderwegenetz** laden ein, sich hinaus in Wald und Flur zu begeben und die Natur genau zu erkunden.

Aus Naturschutzgründen gibt es **bestimmte Sonderregeln** in den verschiedenen Parks. Zum Beispiel gilt häufig nicht das Jedermannsrecht. Zelten ist meistens untersagt oder nur an ausgewiesenen Stellen erlaubt. Auf der Seite www.nationalparksofsweden.se finden Interessierte sowohl Allgemeines als auch Karten und spezielle Informationen zu den einzelnen Parks.

Das Gebiet des Norra Kvill Nationalparks profitierte quasi von seiner schwer zugänglichen Lage. Für die systematische Holzwirtschaft war das Gelände weniger von Interesse. So entwickelte sich hier lange vor der offiziellen Anlage des Nationalparks ein Wald, der weitgehend sich selbst überlassen blieb – eine Art Urwald. Inzwischen wird überhaupt kein Holz mehr geschlagen. Die Kettensägen kommen nur zum Einsatz, um Wegabschnitte von umgestürzten Stämmen zu befreien. So kann man hier gut beobachten, wie sich ein Wald ohne Zutun des Menschen entwickelt.

Als **„Ronja Räubertochter"** 1984 verfilmt wurde, wünschte sich Astrid Lindgren eigentlich einen Schauplatz in den småländischen Wäldern ihrer Kindheit. Der Regisseur **Tage Danielsson** entschied sich jedoch für einen Hauptdrehort in Dalsland, nordwestlich des Vänernsees. Einzelne Szenen wurden auch im Skuleskogen Nationalpark an der Ostseeküste weit im Norden gedreht. Lebendig nahe rücken uns jedoch Ronjas Streifzüge

Eingangstor Nationalpark

durch den Wald, ihre Begegnungen mit Unterirdischen auch im **Norra Kvill Nationalpark,** der ein besonders urwüchsiges Stück småländischer Natur ist. Auf kleinstem Raum gibt es beeindruckende Felsenlandschaften, wilden Urwald, einen grandiosen Ausblick und verträumte kleine Waldseen mit Beerensträuchern am Ufer, Libellen in der Luft und Seerosen in und auf dem Wasser.

Überblick

Länge: 4,6 km
Auf-/Abstieg: je ca. 80 m
Technik: kurz, aber vielfach steil, teils auch etwas anspruchsvoller, für Kinderwagen ungeeignet
Kondition: mittel
Gehzeit: ca. 1,5 Stunden
Wegeigenschaften: hauptsächlich Pfade, auch Planken
Landschaft: Urwald aus Fichten und Kiefern, felsige Passagen, ein weiter Ausblick
Einkehrmöglichkeiten: keine
Rastplätze: am Eingang zum Nationalpark ein größerer Rastplatz mit Grill. Weitere kleine Rastplätze im Verlauf des Weges
Bademöglichkeiten: Die beiden kleinen Seen unterwegs sind zum Baden ungeeignet.
Anreise: Östlich von Mariannelund führt eine kleinere Straße nach Norden. Man durchquert Rumskulla, biegt nach rechts und bald wieder nach links Richtung Ventzelhom ab. Jetzt ist nach halbrechts der Nationalpark bereits ausgeschildert. Zunächst kommt noch die Kvilleiche („Kvilleken") und das dazugehörige Naturreservat (nicht identisch mit dem Nationalpark! Häufiger Verwechslungsfehler). Man folgt den Hinweisschildern bis zum Parkplatz (GPS N 57.75764, E 15.59978). Kein öffentlicher Nahverkehr.

Wegbeschreibung

Die Tour beginnt am **Wanderparkplatz des Nationalparks (1).** Bald hinter dem Toilettenhäuschen geht der Wanderpfad nach links bergauf. Der Beginn des Nationalparks wird durch ein repräsentatives „Eingangstor" entsprechend sichtbar. Nach einer Linksbiege folgt ein kurzer, steiler Anstieg durch dichten, dunklen Tannenwald mit zahlreichen umgestürzten Baumriesen und einigem Totholz. Bald folgt eine Abzweigung, an der wir den linken, rot markierten Weg nehmen, der als „Stora Idgölen

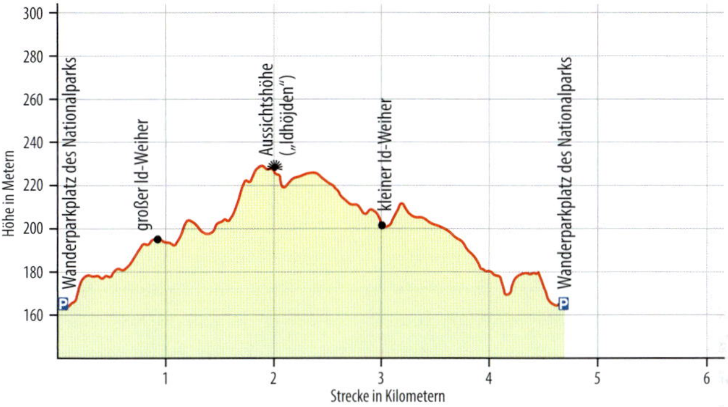

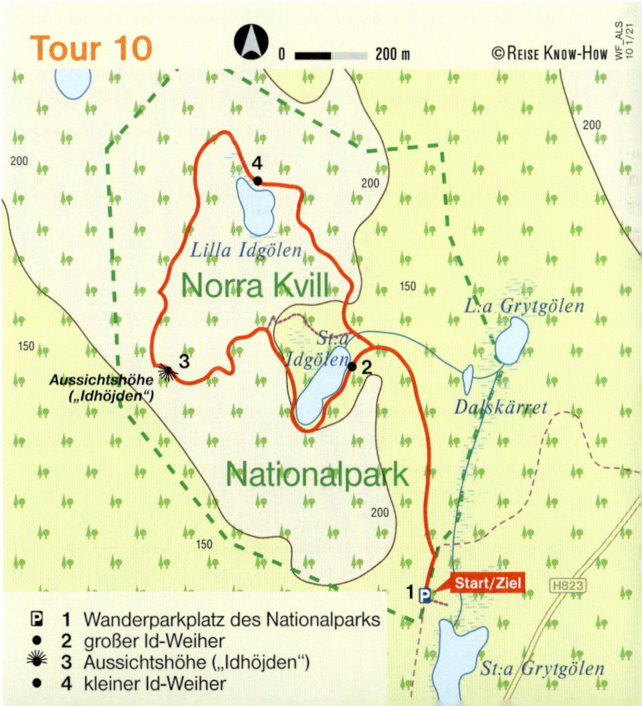

Ungleiche Schwestern – Kiefern und Fichten im Norra Kvill Nationalpark

Auf den ersten Blick in friedlicher Eintracht bilden sie den Grundbestand des Waldes im Norra Kvill Nationalpark: Fichten und Kiefern – Bäume, die auch in Mitteleuropa zeitweise weit verbreitet waren, inzwischen durch den Klimawandel aber im Rückzug begriffen sind. Hier in Schweden waren sie immer schon zu Hause, zumindest die letzten paar Jahrtausende, und fühlen sich noch leidlich wohl. Ihr **Verhältnis** zueinander ist aber problematischer, als es auf den flüchtigen Blick scheinen mag. Im freien Gelände hat die **Kiefer** beim Wachsen schnell die Nase vorn: Sie sucht das Licht und reckt sich flink in den Himmel. Mit Sonne, Hitze, Trockenheit weiß sie umzugehen, was z. B. in einem Rodungsstück von Vorteil sein kann. Die langsamen **Fichten** haben vermeintlich das Nachsehen, müssen sie sich doch unter das Nadeldach der Kiefern ducken und leben nur von den Lichtresten, die die ungeliebten Schwestern gnädig durchlassen. Dies reicht den genügsamen Bäumen allerdings. Einzig auf **Trockenheit** reagieren sie empfindlich, was aber in der Schattenetage des dunklen Nadelwaldes selten zum Problem wird. Lässt man die Bäume jetzt viele Jahrzehnte in Ruhe wachsen, kommt irgendwann der Punkt, an dem die Kiefern ihr Höhenmaximum erreichen. Die geduldigen Fichten brechen jetzt durch und überholen sie. Die Rollen kehren sich um. Die Kiefern kommen mit dem **Lichtmangel** schlecht zurecht, werden anfällig und kippen beim kleinsten Sturm um. Die neuen Lücken geben den hohen Fichten noch mehr Licht, als sie nach dem Durchbruch ohnehin schon hatten. Dieser Sieg wird ihnen aber letztlich selbst zum Verhängnis, denn in der großen Lichtfülle machen sie einen weiteren Höhensprung. Jetzt sind sie es, die dem Wind schutzlos preisgegeben sind. Nach Jahren der schattigen Kühle brüten sie in der heißen Sonne, was ihnen gar nicht behagt. Wenn so ein Baumriese fällt, reißt er eine große Lücke in das Nadeldach des Waldes. An der freien Fläche kann das ewige Wettspiel der Schwestern, das sich im Norra Kvill Nationalpark gut beobachten lässt, von vorne losgehen.

Untersuchungen an alten Bäumen im Park haben übrigens gezeigt, dass die Kiefern, die eigentlich früher in ihrem Leben in ihre kritische Phase kommen, einen entscheidenden **Vorteil** gegenüber den Fichten haben: Ihre dicke Rinde kann sie im Falle eines Waldbrandes u. U. gegen die Hitze schützen. Ein kleiner Waldbrand ist ihr guter Freund, rodet er doch ringsherum alles andere und schafft neuen Platz und neues Licht.

Rundan" bezeichnet wird. Kurz darauf erreichen wir den **großen Id-Weiher (2)** *(St:a Idgölen)*, der deutlich kleiner ist, als der Name es vermuten lassen würde. Das Beerensammeln ist im Nationalpark trotz seiner vergleichsweise strengen Verhaltensregeln gestattet. In diesem Wegbereich wachsen allerdings viele Rauschbeeren, die man von den richtigen Blaubeeren, von denen es auch jede Menge gibt, sorgfältig unterscheiden sollte. Der idyllisch gelegene, verwunschene Moorweiher wird von uns fast umrundet. Im See schwimmen Seerosen, am Ufer wachsen Gagel und Sumpfporst, dessen Blätter, zwischen den Fingern zerrieben, einen charakteristisch herbwürzigen Duft verströmen. Beide Sträucher wurden früher vielfach als Hopfenersatz beim Bierbrauen verwendet.

Noch ein Stück vor Vollendung der Wegschlaufe entfernt sich der Pfad nach links vom See und führt über Planken durch das morastige Gebiet. An der Abzweigung geht es nach links (Beschilderung **„Idhöjden"**). Der Pfad führt wieder steil nach oben. Manche Passagen werden mit Seilen gesichert. Die Wegmarkierungen in diesem Abschnitt sind jetzt blau. Nach Erreichen der **Aussichtshöhe (3)** öffnet sich zwischen den Bäumen der Ausblick ins Hochland: Wir sehen viel, viel Wald und kaum ein Haus dazwischen. An der vordersten Felsenkante ist es etwas steil und

Aussichtshöhe Idhöjden

139_wSsL_haw

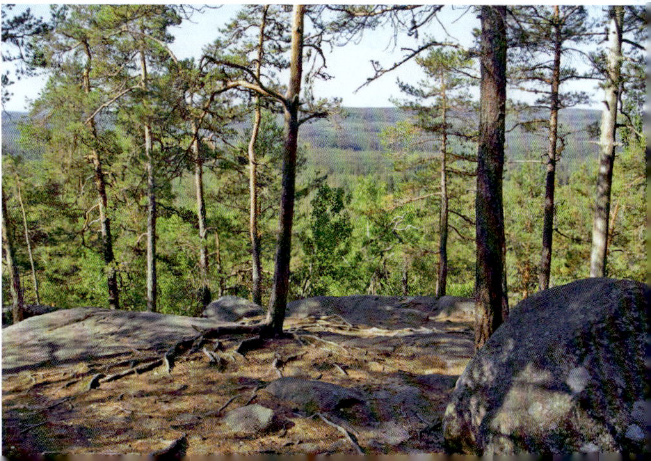

Die Kvillseiche

Einige Kilometer südlich des Nationalparks Norra Kvill kann man einer wahren **Baumpersönlichkeit** begegnen: der fast tausendjährigen **Kvillseiche** *(Kvilleken)*. Außerordentlich beeindruckend ist der imposante Stamm mit einem Umfang von fast fünfzehn Metern. Wegen des geringen Nährstoffgehaltes des Bodens ist die Krone gedrungen, aber 21 Meter breit. Seine Wurzeln musste der Baum mühevoll zwischen und über die Steine in den Boden treiben. Der Stamm ist hohl und auf einer Seite bereits abgestorben und mit Seilen und Klammern zusammengehalten. Aber noch immer steckt ein wenig Leben in den alten Knochen. Zum Schutz des Baumes ist im Abstand von fünf Metern eine Kette gespannt, damit man der historischen Persönlichkeit, die zu den prominentesten in ganz Europa gehört, nicht zu nahe tritt.

Der Topograf **Magnus Gabriel Craelius** schreibt bereits 1772 in seinem „Versuch einer Landschaftsbeschreibung" über sie: „Eine dieser älteren Eichen steht auf dem Leutnantsgut in Norra Quill. Ihr Umfang von 13,06 m ist beachtlich. Der Baum ist inzwischen hohl. Ich habe selbst als achter (Mensch) darin gestanden. Die Bauern des Gutes benutzen den Baum, um ihre Geräte trocken aufzubewahren. Er bietet Platz für Holzpflüge und Eggen."

Beim Betrachten der Eiche mag man unwillkürlich an **Pippi Langstrumpfs** „Limonadenbaum" denken. Dessen Vorbild war aber die große Ulme direkt bei Astrid Lindgrens Geburtshaus Näs in Vimmerby (s. Tour Nr. 12).

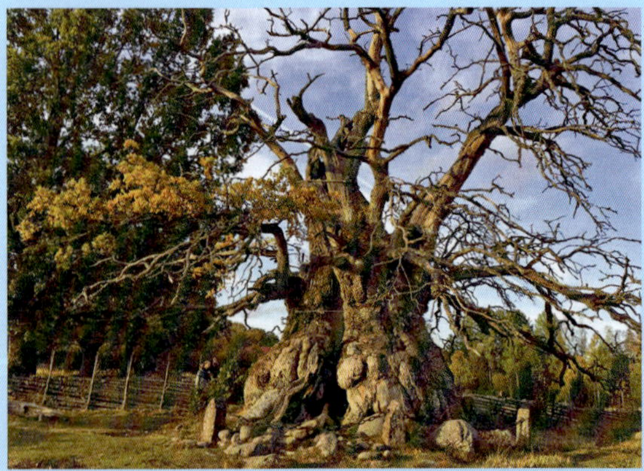

140_wSsL_haw

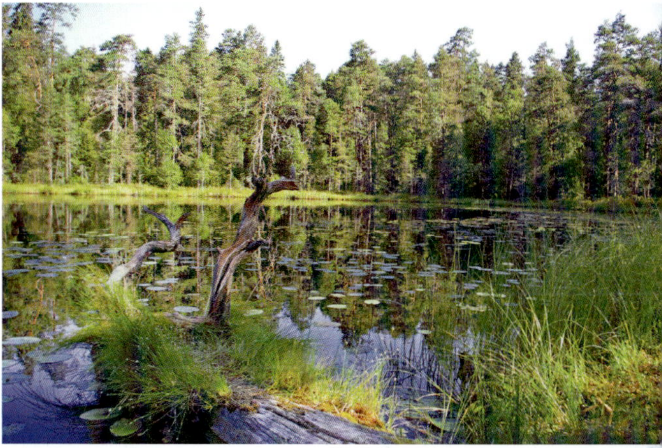
141_wSsL_haw

abschüssig. Dort kann man vermutlich auch abstürzen. Es gibt kein Hinweisschild oder Ähnliches, das davor warnen würde.

Der Rückweg führt uns über den Kleinen Idgölen (Beschilderung „Lilla Idgölen 900 m"). Jetzt geht es steil bergab, meist als Pfad, ab und an auch über Planken. Wir sehen immer wieder imposante Kiefernwurzeln und Granitfelsen, Felsspalten und große Findlinge, die die Eiszeitgletscher dort haben liegen lassen. Der ganze Wald wirkt wildromantisch und märchenhaft. Nach einer Rechtsbiegung sehen wir rechter Hand den **kleinen Id-Weiher (4)** *(L:a Idgölen)*, der ähnlich verträumt in der Landschaft liegt wie sein größerer Bruder. Es folgen im kurzen Abstand zwei Abzweigungen, an denen wir uns jeweils links halten. Wir orientieren uns an der Beschilderung „Parkering". Der letzte Wegabschnitt folgt dem Hinweg.

In der Nähe des Parkplatzes findet sich noch ein schöner Rastplatz auf der kleinen Halbinsel Näckön am Stora Grytgölen. Eine angelegte Feuerstelle und Tisch mit Bänken laden zur Rast ein. Häufig kann man hier Kraniche hören und beobachten.

Tour 11 Vom Katthult-Hof zum Stångån – zu Besuch bei Michel

ca. 3 h
8,5 km
mittel

Etwas anspruchsvollere Wanderung durch sehr vielfältige Natur- und Kulturlandschaft mit wunderschönen Ausblicken ins Tal des Stångån.

Bei der Suche nach einem geeigneten Katthult-Hof wurde das Filmteam der **Michel-Geschichten** etwas nördlich von Mariannelund fündig. Der kleine **Weiler Gibberyd** liegt zwar gut 20 km von Lönneberga entfernt. Bei den Dreharbeiten spielte dies jedoch keine nennenswerte Rolle. Wichtiger war, dass der Hof, das Gebäude-Ensemble und die unmittelbare Umgebung passten. Und das tun sie hier zweifellos. In der Geschichte heißt es: „Katthult war ein hübscher kleiner Hof mit einem rot gestrichenen Haus, das zwischen Apfelbäumen und Flieder auf einer Anhöhe lag. Und rundherum gab es Äcker und Wiesen und Haine, einen See und einen großen, großen Wald." Im Jahr 2005 brannten Teile des Hofes nieder und wurden danach weitgehend originalgetreu wiederaufgebaut.

Unterstand am Stångån

142_wSsL_haw

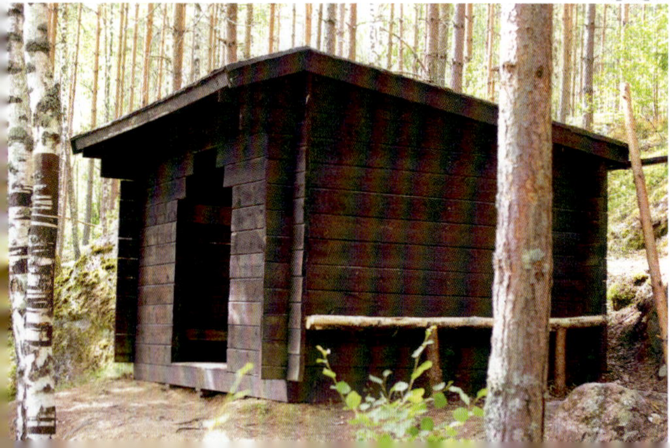

Auf der Wanderung passieren wir mehrere kleinere Siedlungen mit schöner alter Bausubstanz, die man sich teilweise fast ebenso gut als Katthult-Hof vorstellen könnte. Die Landschaft in dieser Gegend ist durch dichte Waldgebiete geprägt und unterscheidet sich hierin von der Gegend rund um Lönneberga (vgl. Tour Nr. 4).

Überblick

Länge: 8,5 km
Gehzeit: ca. 3 Stunden
Auf-/Abstieg: je ca. 200 m
Wegeigenschaften: Mix aus allen Wegkategorien, hoher Pfadanteil
Technik: hoher Pfadanteil, teils etwas anspruchsvoller, für Kinderwagen ungeeignet
Kondition: mittel
Einkehrmöglichkeiten: am Start- und Zielpunkt, dem Katthult-Hof, gibt es ein Café
Bademöglichkeiten: Wasserzugang am Stångån, zum Baden aber eher ungeeignet
Landschaft: sehr vielfältig, Felder, Wiesen- und Weidelandschaft, Nadelwald, ein größeres felsiges Stück
Rastplätze: am Katthult-Hof, an der Gibberydsäge und am Stångån

Ausblick (Wegpunkt 6)

143_wSsL_haw

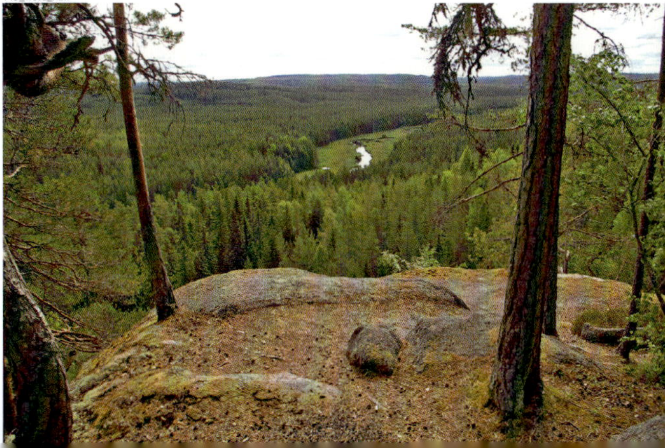

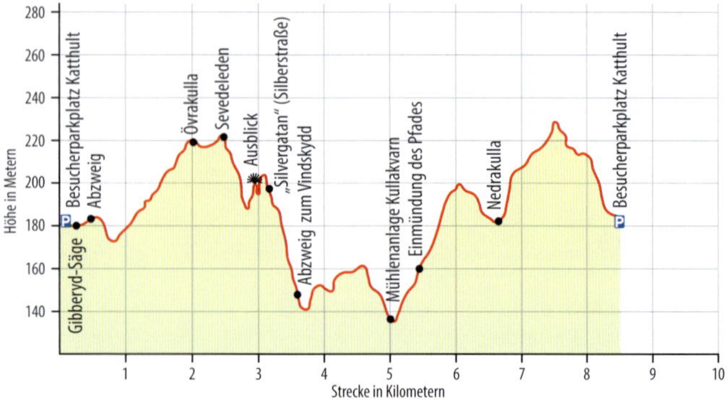

Anfahrt: Von der großen Straße Nr. 40 geht es am Ortsende von Mariannelund nach Norden ab in Richtung Rumskulla. Dort biegt man links ab und folgt den braunen Schildern mit der Aufschrift „Katthult" bis zum Besucherparkplatz. (GPS N 57.69067, E 15.55789). Öffentlicher Nahverkehr nur bis Rumskulla (Buslinie 76 von Vimmerby aus).

Wegbeschreibung

Das Auto können wir für diese Wanderung auf dem kostenlosen **Besucherparkplatz von Katthult (1)** abstellen. Wir verlassen den Parkplatz und gehen die kleine geteerte Straße Richtung Rumskulla. Bald sehen wir auf der linken Seite die **Gibberyd-Säge (2),** auf deren Gelände frei zugängliche Picknickbänke stehen. In der waldreichen Landschaft nördlich von Mariannelund war das Auskommen rein mittels Landwirtschaft auf den kargen Böden schwierig und Forstwirtschaft als zweites Standbein zum Lebensunterhalt vielfach notwendig. Der offene Schuppen erlaubt einen Blick ins Innere der Säge. Hinweistafeln informieren über die Geschichte der Waldwirtschaft im nördlichen Småland. Rund 500 m hinter der Gibberyd-Säge biegen wir an einem **Abzweig (3)** nach links in einen Schotterweg mit vielen Gattern ein. (Die Gatter bitte immer schließen!) Jetzt wechseln sich Fichtenwald, Jungwald, Wiesen und Weideflächen mit einzelnen Wachholderbüschen und Rapsfeldern ab, alles sorgfältig eingerahmt von den typischen Steinmauern, die in jahrhundertelanger

Tour 11

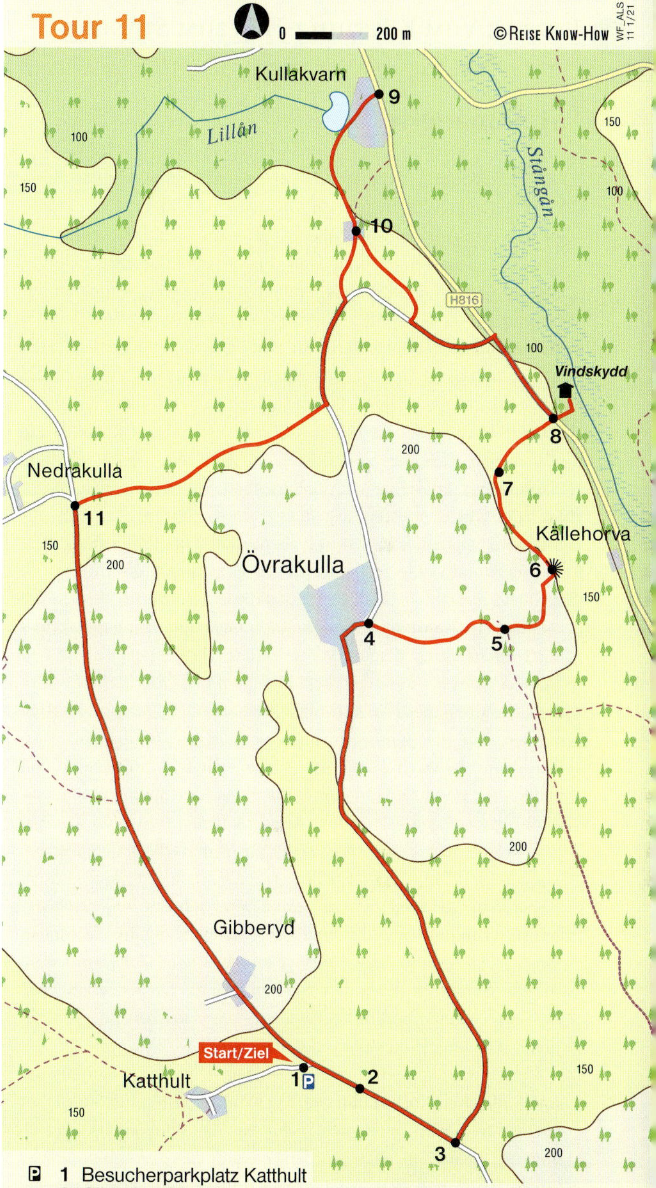

- P 1 Besucherparkplatz Katthult
- 2 Gibberyd-Säge
- 3 Abzweig
- 4 Övrakulla
- 5 Sevedeleden
- 6 Ausblick
- 7 „Silvergatan“ (Silberstraße)
- 8 Abzweig zum Vindskydd
- 9 Mühlenanlage Kullakvarn
- 10 Einmündung des Pfades
- 11 Nedrakulla

Steinmauern

Astrid Lindgrens Großmutter, **Ida von Sevedstorp,** wurde von ihrem Vater mit den Worten „Drisch Du man, Mädchen, bist ja kräftig genug!" zum Arbeiten angehalten. Und sie musste so schwere Steine vom Feld zur Einfriedung schleppen, „dass sie abends nach getaner Arbeit nur so wankte". Zwei Generationen später wird Astrids Bruder **Gunnar** in Näs vom Vater in erzieherischer Absicht ebenfalls zum **Steineschleppen** angehalten. Der Vater gibt Gunnar zu bedenken, dass er sie sonst eben später schleppen muss, wenn er selbst Bauer auf Näs wird: „Nee", erwidert Gunnar, „dazu habe ich dann Knechte." Diese beiden in der Familie anscheinend lebendigen Zitate veranschaulichen, dass das Steineschleppen eine ewig wiederkehrende Plackerei war und wenig hoch im Kurs stand. Man sieht an den Zitaten auch den wachsenden Wohlstand der Familie.

Die Steinmauern kommen als **Nebenprodukt** des „Frühjahrsputzes" auf Acker und Wiese zustande. Im Winter zieht sich die Erde wegen der Kälte zusammen. Die festen Bestandteile des Bodens, also v. a. die zahlreichen **Granitsteine,** die von den mächtigen Eiszeitgletschern durch das ganze Land transportiert wurden, schrumpfen nicht mit, und „schwimmen" im kommenden Frühjahr auf der Oberfläche des Bodens, wo die Bauern sie jedes Jahr wieder von Neuem fortschaffen müssen, um die Sensen zu schonen und die Bodenqualität zu verbessern. So wachsen die Mauern Jahr für Jahr in die Höhe und bilden eine perfekte Einfriedung: Weidetiere kommen nicht heraus, wilde Tiere von außen zumindest schwerer hinein.

Schwerere Steine wurden bisweilen auch von Ochsen oder Pferden weggezogen. Die größten Findlinge jedoch musste man liegen lassen. Es wurde notgedrungen um sie herum bewirtschaftet, was beschwerlich sein konnte. Mit Aufkommen der Traktoren ergaben sich neue Möglichkeiten, die leidigen Findlinge loszuwerden. Häufig wurden sie auf die bereits bestehenden Mauern gelegt. Daraus ergibt sich vielerorts ein unproportionaler Eindruck – aus landschaftspflegerischer Sicht kann man das zumindest diskutieren.

Ähnlich wie die Holzzäune sind die Steinmauern zum **Sinnbild** der **småländischen Kulturlandschaft** geworden, gelten die Småländer doch als besonders „steinreich". Fährt man die Autobahn E4 von Helsingborg kommend nach Norden, passiert man zwischen Skånes Fagerhult und Markaryd die Grenze nach Småland. Hier hat man keine Grenzposten aufgestellt, sondern eine große, „typisch småländische"

Granitsteinmauer links und rechts der Straße, die symbolisch zum Ausdruck bringt, dass man jetzt die Einfriedung nach Småland durchquert hat. Ganz offensichtlich gibt es eine Art Hassliebe zu den Granitsteinen. Obwohl man sie seit Jahrhunderten beständig bei der Feldarbeit verflucht, ist es gesetzlich verboten, sie über die Landesgrenze hinaus mitzunehmen.

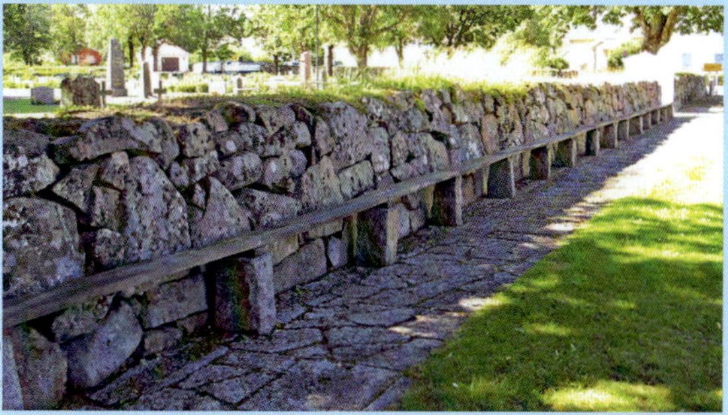
144_w5sl_haw

Arbeit aufgetürmt wurden und bis heute das Landschaftsbild prägen. Nach einem kurzen, etwas steileren Anstieg tauchen die Häuser und Scheunen von Övrakulla auf, einer idyllisch gelegenen Siedlung auf einer anmutigen Anhöhe mit ästhetisch geschwungenen Wegen, die von Sommerblumen gesäumt werden. Zu bewundern gibt es alte rote Häuser, Scheunen und imposante Erdkeller. Zwischen den Scheunen nehmen wir den Fahrweg in **Övrakulla (4)** nach rechts. Am Ortsausgang steht ein Durchfahrt-Verboten-Schild. Hier geht es weiter geradeaus.

Entlang besonders schöner Steinmauern führt der Weg wieder in den Wald. Bald kreuzt der **Sevedeleden (5)** mit seiner orangefarbenen Markierung den Fahrweg. Diesem folgen wir nach links in Richtung des Schildes „Vindskydd" (Windschutz/Unterstand). Der Pfad führt uns zunächst durch dichten Wald, der sich allmählich nach rechts auslichtet und Ausblicke in das småländische Hochland erlaubt. Bald wird der Weg von Granitblöcken durchsetzt. Rechts von uns fällt eine steile Felskante tief ins Tal.

Ein eigener Typus der Steinmauer: Friedhofsmauer in Ingatorp

Katthult

Anfang der 1970-Jahre machte sich der **Regisseur Olle Hellbom** auf die Suche nach einer geeigneten Kulisse für die anstehende Michel-Verfilmung. Astrid Lindgrens Wunsch war es, dass der Schauplatz in Småland liegen sollte. Nachdem ca. 100 Höfe besichtigt worden waren, fiel die Entscheidung auf den Hof in **Gibberyd,** ca. 10 km nördlich von Mariannelund. Gibberyd war „ein hübscher kleiner Hof mit einem rot gestrichenen Haus, das zwischen Apfelbäumen und Flieder auf einer Anhöhe lag. Und rundherum gab es Äcker und Wiesen und Haine, einen See und einen großen, großen Wald."

Auf Gibberyd „gab es nicht nur eine Scheune und einen Stall für die Pferde und die Kühe und einen Schweinestall und einen Hühnerstall und einen für die Schafe, sondern auch noch eine Menge anderer Häuser und Schuppen. Es gab ein Räucherhaus, wo Michels Mutter ihre gute Wurst räucherte, und ein Waschhaus, wo Lina all die schmutzige Wäsche wusch, und dann standen dort noch zwei andere Häuser dicht beieinander. In dem einen waren der Holzschuppen und der Tischlerschuppen und in dem anderen die Mangelstube und die große Vorratskammer. Michel und die kleine Ida pflegten am Abend Verstecken zu spielen und zwischen all diesen Häusern umherzuschleichen."

Der allseits bekannte **Tischlerschuppen** wurde jedoch extra für die Filmaufnahmen gebaut. Heute sehen wir leider auch nicht mehr das Original. 2005 brannte der Tischlerschuppen durch Brandstiftung komplett ab und wurde danach wieder aufgebaut.

Da Gibberyd ein ganz normaler småländischer Hof war, fanden sich auch Tiere und etliche Gerätschaften, die im Film zum Einsatz kamen. Hier wurden verschiedene **Außenaufnahmen,** die **Tischlerschuppen- und Scheunenszenen** sowie **Alfred in der Knechtshütte** gedreht. Wir erkennen die verschiedenen Häuser, den Brunnen und die Wolfsgrube aus dem Film wieder. Die Innenszenen wurden im Studio in Mariannelund eingespielt. Es gibt ein paar kleine Unstimmigkeiten im Film, die nur bei genauerem Betrachten auffallen: Vielleicht kommt einem beim ersten Anblick alles enger als im Film vor. Oder man bemerkt, dass der Besuch aus Vimmerby im Film eigentlich aus der falschen Himmelsrichtung kommt. In der Küche passen Außen- und Innenansicht nicht genau zusammen. Schaut man den Film nochmals nach dem Besuch an, kann man aber ganz sicher vieles wiederentdecken!

Wir erreichen mehrere natürliche Aussichtsplateaus, von denen aus ein fantastischer **Ausblick (6)** ins Tal des Stångåns freigegeben wird. Bleibt man auf dem Pfad, besteht keine Absturzgefahr. Es gibt jedoch auch keine Geländer oder Warnhinweisschilder. Kleinere Kinder sollte man auf diesem Wegstück vielleicht besser nicht alleine vorlaufen lassen. Auf dem gesamten Abschnitt finden wir etliche schöne Natursitzplätze auf Granitsteinen, die zur Rast einladen, und Unmengen Blaubeeren zur Stärkung.

Weiter führt der Weg hinab durch die sogenannte **„Silvergatan" (Silberstraße) (7)** ins Tal des Stångån durch weiterhin sehr felsiges Terrain. Immer wieder ragen steile Felswände neben uns auf, und man muss den Weg entlang schon etwas kraxeln. An manchen Stellen hängen Seile zur Sicherung, die aber nicht regelmäßig gewartet und deshalb teils unbrauchbar sind. Bei nassem Wetter sind die Granitfelsen und Kiefernwurzeln sehr rutschig.

Wenn wir am Ende des Wegstücks auf die geteerte Straße stoßen, können wir einen kleinen **Abzweig (8)** von 200 m nach rechts, dann gleich wieder links herunter ins Tal machen: Hier

Das Katthult-Wohnhaus

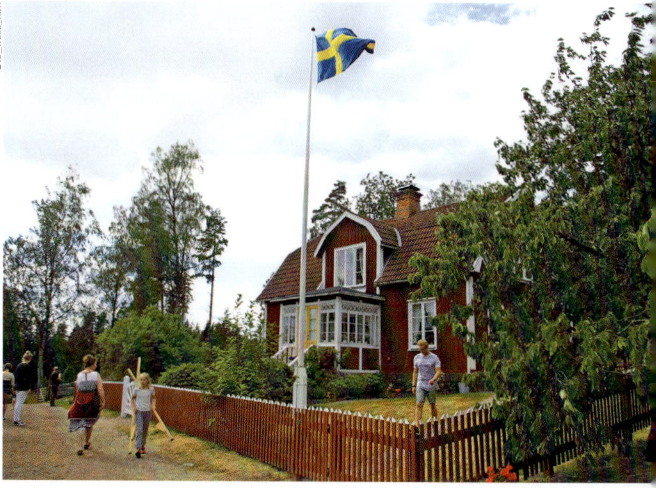

213_wSsl_haw

Kühlschränke aus Granit – die Erdkeller

Fast alle alten Höfe in Småland verfügen über einen **Erdkeller.** Sie stehen separat, oft ein Stück weg vom Wohnhaus und wurden mehr oder weniger tief in die Erde eingegraben. Die **Wände** aus **Granitsteinen** verjüngen sich nach oben hin zunehmend und bilden ein sich selbst tragendes Gewölbe, das von oben meist mit etwas **Erde** zugeschüttet wird, auf dem dann **Gras** wächst. Bisweilen werden auch flache Ziegeldächer darüber gelegt, was auf den ersten Blick etwas merkwürdig aussieht, weil es scheint, das Dach würde direkt auf der Wiese liegen. Die kleinen Eingangstüren sind oft nur aus einer Blickrichtung erkennbar.

Im Inneren der Erdkeller ist es ganzjährig kühl, aber meist frostfrei und feucht, was zur **Lagerung** bestimmter **Lebensmittel** passend ist, v. a. für Milchprodukte. Vielfach haben die Bauern im Frühling aus den Seen **Eisschollen** herausgezogen und diese in die Erdkeller geschafft, sodass der **Kühlschrankeffekt** im Sommer noch stärker war. Heute gibt es für die Erdkeller eigentlich gar keine Verwendung mehr. Aber sie sehen sehr schön aus und beeindrucken durch ihre Bauweise.

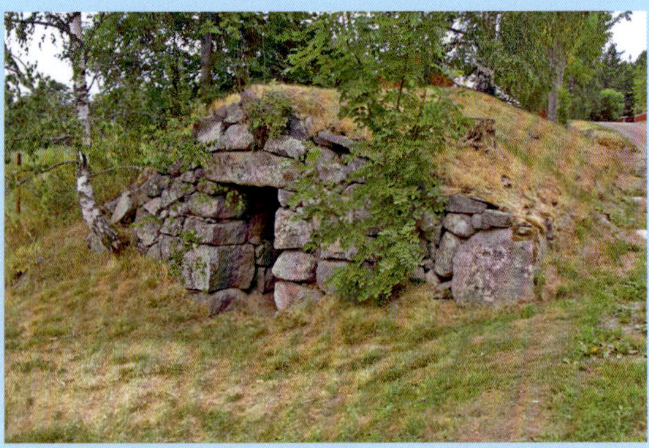

146_wSsL_haw

wurde am Fluss ein schöner Übernachtungsplatz mit Feuerstelle und Unterstand **(Vindskydd)** angelegt. Noch weiter unterhalb kommt man auch ans fließende Wasser. Richtiges Baden ist an dieser Stelle aber kaum möglich. Der eigentliche Weg führt beim **Abzweig (8)** aber nach links entlang der Straße. Bald bie-

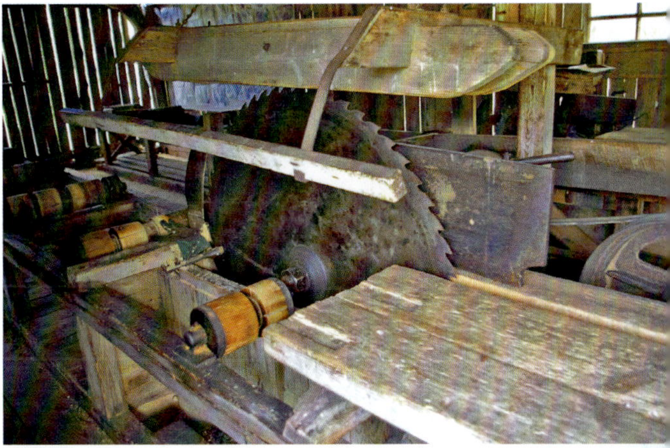

147_wSsL_haw

gen wir links in die Schotterstraße Richtung Övrakulla ein, dann geht es wieder rechts in einen Pfad, dabei immer den orangefarbenen Markierungen folgend. In raschem Wechsel geht es so nach rechts in einen schmalen Wirtschaftsweg, dann gleich wieder links an einem verfallenen Erdkeller entlang, dann wieder rechts in einen schmalen Pfad. Das gesamte Wegstück ist eigentlich sehr unübersichtlich, aber durch die hier meist gut sichtbaren Markierungen des Sevedeleden dennoch gut zu finden. Schließlich erreichen wir auf diese Weise die **Kullakvarn,** eine große, alte **Mühlenanlage (9)** mit Teich, Wasserkanälen und großem Mühlrad. Das Gebäude ist in Privatbesitz und kann nicht von innen besichtigt werden.

Von hier aus beginnt quasi der Rückweg: Wir gehen den Sevedeleden ein kleines Stück zurück bis zur **Einmündung des Pfades (10).** Jetzt verlassen wir den Sevedeleden, um den Weg weiter geradeaus zu nehmen. An der bald folgenden T-Kreuzung geht es nach links auf dem Schotterweg weiter, bis wir in die Schotterstraße kurz danach nach rechts einbiegen. Wir sind nun

Gibberyd-Säge

Erdkeller

wieder auf der Schotterstraße Richtung Övrakulla, der wir ein Stück weit folgen. Noch vor dem Ort (die Häuser sind schon sichtbar) biegen wir in die erste Schotterstraße rechts ab nach **Nedrakulla (11).** Es steht hier kein Hinweisschild, jedoch ein Durchfahrt-Verboten-Schild. Nach einem Waldstück tauchen plötzlich die vielen kleinen Nebengebäude von Nedrakulla auf, die verteilt auf mehrere Wiesen eine behagliche Atmosphäre verbreiten. In Nedrakulla wurden auch ein paar Scheunen- und Außenszenen der Michel-Filme gedreht. Wir nehmen den Ab-

„Silvergatan" (Silberstraße)

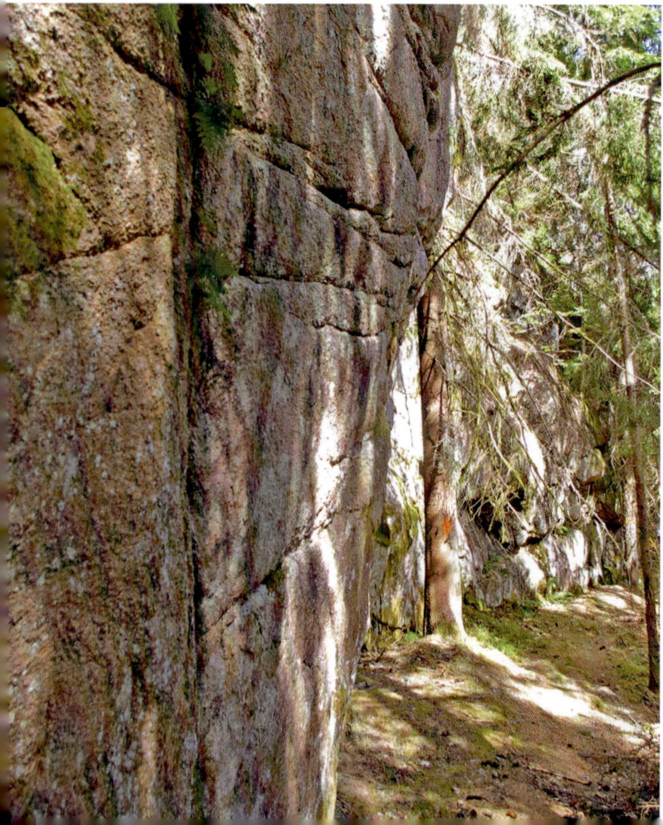

148_wSsL_haw

zweig nach links durch die Siedlung hindurch weiter nach Gibberyd. Hier handelt es sich wiederum um eine typische småländische Landsiedlung mit roten Häusern, Scheunen und einem sehenswerten alten Erdkeller, der frei zugänglich ist. Wir folgen der Schotterstraße noch ein kleines Stück bergab, bis wir wieder den Parkplatz von Katthult erreichen.

Gegen einen geringen Eintritt kann man das ganze Hofgelände mit Ausnahme des Wohnhauses besichtigen und an einem der vielen Sitzplätze eine Rast einlegen.

Kullakvarn

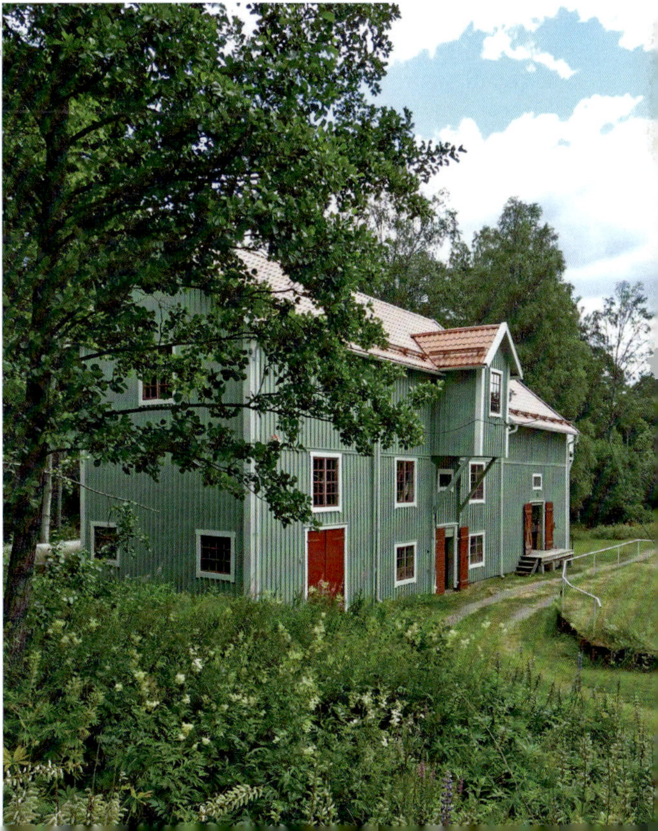

149_wSst_haw

Tour 12
Auf den Spuren von Astrid Lindgrens Kindheit –
„Nicht weiter als bis zum Bauchnabel!"

ca. 2,5 h
8,4 km
leicht

Gemütliche Wanderung von Näs aus durch Wiesen und Wald zu Wasserstellen am Stångån-Fluss und am See Krön.

Wer den Fotoband „Mein Småland" von Astrid Lindgren kennt, wird auf dieser Wanderung viele vertraute Bilder wiederfinden. Wir wandeln quasi auf den Wegen ihrer Kindheit: Zu den Kuhwiesen von Näs, in die Blaubeerwälder und zu möglichen Badestellen an Fluss und See: „Nicht weiter als bis zum Bauchnabel", sagte Astrids Mutter Hanna, bevor die Kinder sich alleine zum Baden aufmachten. Natürlich hielten sie sich nicht an die Anweisung, kamen aber immer glücklich mit dem Leben davon.

Die Rundwanderung startet direkt am **Geburtshaus** von Astrid Lindgren in Näs. Auch wenn sich seither einiges verändert hat, kann man sich doch gut vorstellen, wie die Geschwister von hier aus durch Kuhwiesen und Wald zuerst zum Fluss und dann evtl. auch weiter bis zum See zum Baden gelaufen sind. Hier sind die Wälder und Wiesen, in denen Astrid und ihre Geschwister nach den Worten ihrer Tochter **Karin Nymann** alle Tage „wild und frei herumstrolchten".

150_wSsL_haw

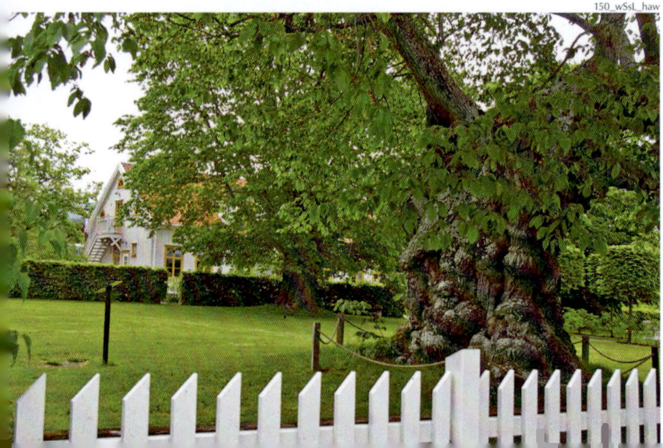

Astrid Lindgrens Näs in Vimmerby

Das Gehöft Näs, auf dem Astrid Lindgren ihre Kindheit verbrachte, bietet heute die Möglichkeit zu einem Besuch mit einer Fülle von Informationen und Eindrücken. Im 2007 eröffneten **Pavillon** befindet sich eine **Dauerausstellung** zu Leben und Werk der Schriftstellerin. Es gibt Audioguides in verschiedenen Sprachen und eine eigene Kinderversion. Ein einstimmender Film bildet den Anfang des Rundgangs. Jeder kann in seinem Tempo durch die Ausstellung gehen, Texte gegebenenfalls mehrfach hören und sich in Ruhe die vielfältigen Materialien ansehen. Außerdem befindet sich im Pavillon ein **Shop** mit einer sehr großen, interessanten Auswahl an Büchern (auch in Deutsch), Gartenartikeln und diversen Kleinigkeiten. Das Café hat sowohl drinnen als auch auf der Terrasse Plätze.

Auf dem Gelände findet man schöne **Spielplätze** und wunderschön angelegte **Gärten**, in denen der sogenannte **„Limonadenbaum"** steht. Oberhalb der Gärten gibt es ein weiteres **Café,** in dem zusätzlich Wein und Bier ausgeschenkt wird. In der sogenannten „Boa", dem früheren Tischlerschuppen, befindet sich ein kleiner, von den Nichten Astrid Lindgrens betriebener Laden mit vielen interessanten Büchern und schönen Postkarten. Besonders spannend ist es, wenn eine der Nichten im Laden ist und ein bisschen von früher erzählt. Im selben Gebäude findet sich in der oberen Etage eine sehr empfehlenswerte, vor Jahrzehnten von der Familie aufgebaute Ausstellung über die vier Geschwister in Näs. Im alten Pfarrhof gibt es weitere Teil- und Wechselausstellungen. Am besten nimmt man sich einige Zeit, um sich auf dem Gelände aufzuhalten.

Das alte Häuslerhaus von Kristin, in dem für Astrid Lindgren das „grenzenloseste aller Abenteuer" begann, als ihr die Tochter Edith Märchen erzählte, steht heute nicht mehr auf dem Gelände. Das große gelbe Haus, in das die Ericssons 1921 umzogen, kann nicht besichtigt werden.

Überblick

Länge: 8,4 km
Gehzeit: ca. 2,5 Stunden
Auf-/Abstieg: je ca. 140 m
Wegeigenschaften: Waldwege, Pfade, Schotterweg, auch geteerte Wege und Bürgersteige im Wohngebiet

Der „Limonadenbaum"

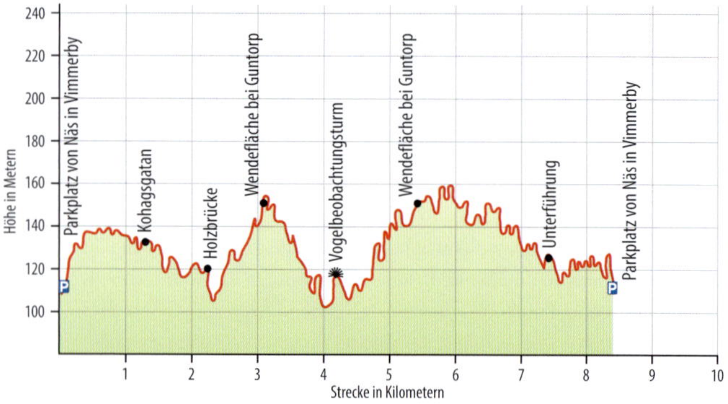

Technik: recht einfache und wenig anstrengende Runde, für Kinderwagen jedoch ungeeignet
Kondition: gering
Einkehrmöglichkeiten: Café/Restaurant am Start-/Zielpunkt in Astrid Lindgrens Näs, weitere große Auswahl im Stadtzentrum von Vimmerby
Bademöglichkeiten: Wasserzugang am Krön nur bedingt als Badestelle geeignet
Landschaft: Stadtausläufer, Wiesen, Weiden, Wald, See
Rastplätze: Sitzgelegenheit auf dem Vogelturm am See Krön
Anfahrt: Schon von den großen Umgehungsstraßen aus ist Astrid Lindgrens Näs in Vimmerby gut ausgeschildert. Der Parkplatz ist einfach zu finden und kostenfrei (GPS N 57.67356, E 15.85697). Nach Vimmerby führen auch zahlreiche Bus- und Bahnlinien (www.klt.se)

Wegbeschreibung

Die Tour beginnt am **Parkplatz von Näs in Vimmerby (1).** In den Sommermonaten zieht der nahe gelegene Freizeitpark *Astrid Lindgrens Värld* Zehntausende Besucher täglich an, die vorzugsweise morgens zwischen 10 und 11 Uhr anreisen und durch die das ganze Stadtviertel mit Autos verstopft wird. Einen kleinen Vorteil kann man sich verschaffen, wenn man zunächst die Beschilderung ignoriert und die nördliche Stadteinfahrt wählt, weil man so den Hauptverkehrsstrom gegen sich hat.

Für einen Besuch des Astrid-Lindgren-Zentrums und des Geburtshauses sollte man etwa zwei bis drei Stunden Zeit einplanen.

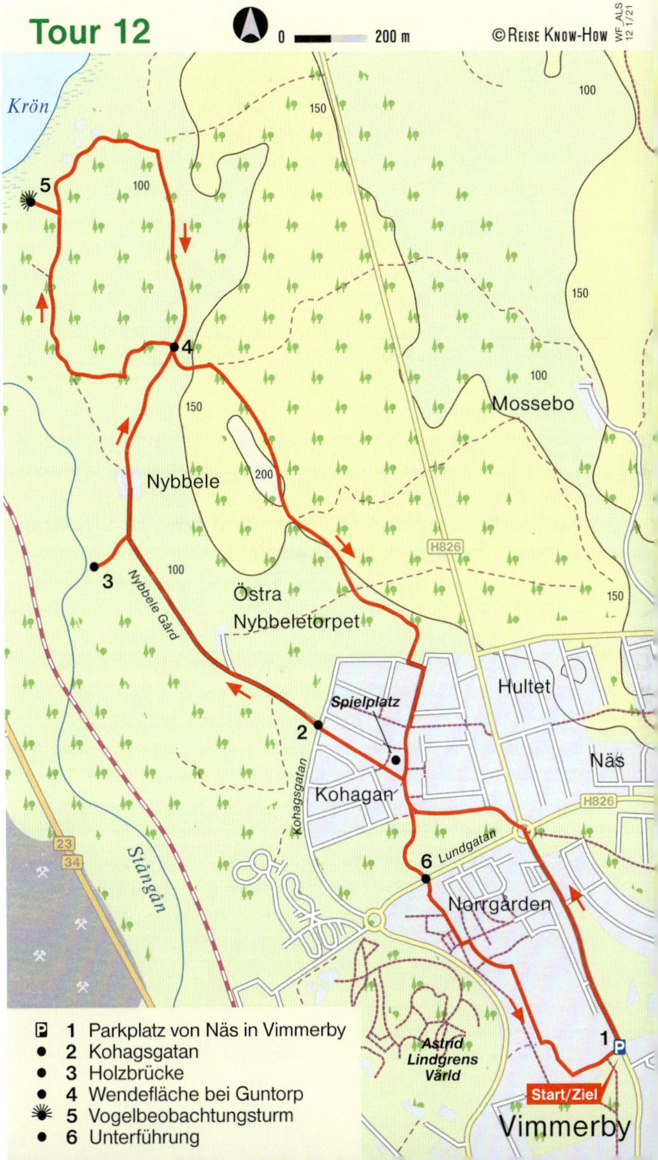

Astrid Lindgrens Geburtshaus in Näs

„So will ich denn zunächst mit einigen wenigen Strichen die auf dem Lande gelegene Pfarrei skizzieren, deren rotgetünchtes Wohnhaus so friedlich unter den von freundlicher Hand rings um den Hof gepflanzten Kastanien, Ulmen und Linden lag, der auf drei Seiten von Obst- und Küchengärten umgeben war. Das Haus war niedrig und enthielt nur die drei Kammern sowie Wohnstube nebst Küche, die Pastoren dazumal zugebilligt wurden. Die Stuben waren niedrig und dunkel, aber Liebe und Friede weilten darinnen, und die frohen Gesichter vier glücklicher Kinder vermögen es gewiss, Sonnenschein in dunklere Kammern als diese zu bringen." Diese Schilderung von **Astrid Lindgrens Geburtshaus** wurde bereits lange vor ihrer Zeit, Anfang des 19. Jahrhunderts, von einem damaligen wortgewandten Bewohner geschrieben. Offenbar wohnte auf Näs viele Jahrzehnte ein besonderer schriftstellerischer Geist.

Eine **Führung** durch das rote Haus muss beim Besuch in Näs extra zugebucht werden. Für biografisch interessierte Astrid-Lindgren-Freunde lohnt der Besuch aber auf jeden Fall. Viele Geschichten und Personen entspringen Erlebnissen ihrer Kindheit auf dem elterlichen Hof. Hier in der Küche hat Alfreds Vorbild, der **Knecht Pelle,** mit den Kindern gesessen, hier liefen die **Ericsson-Kinder** von Zimmer zu Zimmer rund um den Kamin und spielten „Kickse, kickse hu", hier hat sich Astrid mit ihren Geschwistern Gräben durchs Heu gegraben, hier kamen sie in Kontakt mit Landstreichern, hier wohnten in der Nähe „alte Jungfern", die auf dem Hof bei der Wäsche halfen wie Linus Ida, und nicht zuletzt war dieses Haus das Heim von Samuel und Hanna, deren Liebesgeschichte anrührend in **„Das entschwundene Land"** beschrieben ist. Vermutlich sind es die Erinnerungen an all diese Geschichten, die den Besuch des Geburtshauses so intensiv erleben lassen.

Mitte der 1960er-Jahre kaufte die Autorin ihr Geburtshaus ihrem Bruder ab. Sie richtete es möglichst genau wie zu ihrer Kindheit ein und rettete auch einige Wiesen rundherum vor Bebauung. Ihr Anliegen war nicht die Errichtung eines Museums, sondern sie wollte sich einen **Rückzugsplatz** schaffen, ihre Kindheitserinnerungen lebendig erhalten, wenn sie selbst in Vimmerby weilte. Noch heute ist das Haus im privaten Besitz der Familie.

Astrid Lindgrens Värld in Vimmerby

In Vimmerby erwartet den Besucher ein **Freizeitpark** ganz besonderer Art. **Livetheater** und **-musik** bilden den Kern des Programms, das vor den Kulissen der literarischen Orte spielt, die in Kindergröße hier aufgebaut wurden. Unterschiedliche Szenen der Geschichten werden tagtäglich gegeben. Wer sich in den Geschichten gut auskennt, versteht die Handlung auch **ohne schwedische Sprachkenntnisse** auf Anhieb und kann das Theater entsprechend wertschätzen. Profischauspieler und -musiker stehen auf der Bühne, außerdem – auf Astrid Lindgrens ausdrücklichen Wunsch hin – Kinder der Region, die regelmäßig gecastet werden. Zwischen den Aufführungen stehen die Gebäudeensembles zum freien Spielen offen.

Ganz unspektakulär fing die Geschichte des Parkes in den 1980er-Jahren an, als drei befreundete Familien „Katthult und Bullerbü en miniatur" bauten, um ihre und andere Kinder darin spielen zu lassen. Schnell wuchs das Ganze und wurde inzwischen zu einem großen Unternehmen. Auch wenn der Freizeitpark mit ca. 500.000 Besuchern im Jahr längst eine gigantische Größe erreicht hat, ist er seiner Anfangsidee treu geblieben, Kinder Astrid Lindgrens Geschichten lebendig erleben zu lassen. Theater und Musik sind von hoher Qualität. Noch beeindruckender ist jedoch die gute Laune und fröhliche Stimmung, mit der die Schauspieler agieren.

Der Besucher findet neben **Cafés, Restaurants** und **Shops** auch etliche schön angelegte Plätze – teils auch mit Grill –, um selbst mitgebrachtes Picknick zu verzehren.

151_wSsL_haw

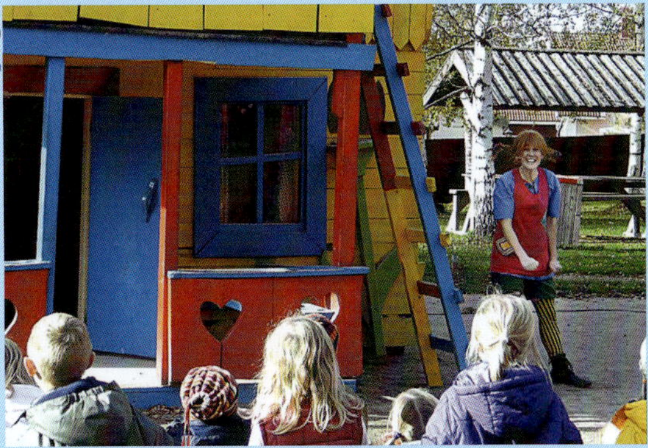

Schweden – ein Land der Vogelfreunde

Das besondere Verhältnis vieler Schweden zu Vögeln hat sicherlich klimatische Ursachen: Nach langen dunklen Wintern kehren mit der Sonne und der Wärme auch große Scharen an **Zugvögeln** zurück und zeigen den **Beginn des Frühlings** an. Selma Lagerlöf baut ihre komplette Nils-Holgersson-Handlung auf dem Weg der Wildgänse durch Schweden auf. An vielen weiteren Stellen des Romans spielen größere Vögel eine tragende Rolle: Der Kranichtanz auf dem Kullaberg, der Seeadler Gorgo, der Rabe in Falun und viele weitere. Das erste Aufkeimen eines **Umweltbewusstseins** in Zeiten der **Industrialisierung** wird thematisiert am Beispiel des flachen smäländischen Sees Tåkern, den manche Bauern trocken legen wollen, wodurch der Lebensraum Tausender Zugvögel gefährdet werden würde. In der Geschichte siegt schließlich der Vogelschutz. Der See und mit ihm die Nist- und Rastplätze werden von den Vogelfreunden gerettet.

Heute finden sich in ganz Schweden auffallend viele **Vogelschutzgebiete** in Gewässern und Uferbereichen, die zu bestimmten Zeiten nicht mit Booten befahren und betreten werden dürfen. Häufig trifft man im Randbereich dieser Schutzzonen auch auf sog. „Vogeltürme" wie den am See Krön, von denen aus die **Brut-** und **Lagerplätze** mit Ferngläsern in den Blick genommen werden können. Das Beobachten und das Unterstützen von Vögeln scheint in der Mentalität vieler Schweden fest verankert. Zahllose **Nistkästen** zieren Bäume, sowohl in der Stadt als auch im ländlichen Bereich und manchmal auch mitten im tiefen Wald. Im Herbst und Winter wird Vogelfutter in den Supermärkten in Sackgrößen angeboten, die eine Person alleine kaum zu heben vermag.

Auch in der **Literatur** hat sich gehalten, dass der „gute Mensch" ein Herz für die Vögel zu zeigen habe. Bei Astrid Lindgren begegnet der Topos z. B. in der Lotta-Geschichte: Der nette Müllmann Fransson „rettet" aus den Mülltonnen mögliches Vogelfutter (und damit unbeabsichtigt auch den sog. Schweinebär von Lotta). Umgekehrt geben sich die Schmuggler in der Saltkrokan-Geschichte als Vogelforscher aus, wodurch sie noch perfider erscheinen. Den Kindern, die ihnen zufällig auf die Schliche kommen, erklären sie allerlei Unsinn über die Vögel, wobei sie sich selbst enttarnen, indem sie über die „gemeinen" Vögel schimpfen und lästern: Das müssen einfach schlechte Menschen sein!

Blick vom Vogelturm

Die Wanderroute führt am Eingang und Außenzaun der Anlage vorbei entlang der Hauptstraße. Ins Auge fällt sehr bald eine gewaltige alte Ulme, die schon vor 100 Jahren eine imposante Größe gehabt haben muss, von den Ericsson-Kindern „Eulenbaum" genannt wurde und später Pate stand für den „Limonadenbaum" in „Pippi Langstrumpf". Kurz darauf sieht man in zartem Zitronengelb das von einer Fliederhecke umgebene Jugendhaus der Autorin, in das die Familie um das Jahr 1920 vom direkt benachbarten Pächterhaus aus umzog. Dann geht es weiter entlang des Gartenzauns von Näs. Von hier aus kann man einen neugierigen Blick in den recht frisch angelegten Außenbereich des Zentrums werfen. Früher endete hier quasi die Stadt und es schlossen sich die Kuhweiden von Näs an, die bis an den Wald bzw. an die Weiden von verstreuten Einzelhöfen der Umgebung ragten. In den 1960er-Jahren kaufte die Stadt Vimmerby weite Teile des Geländes auf, um Wohnsiedlungen und Neubaugebiete dort zu errichten. Astrid Lindgrens Bruder, der den Betrieb von den Eltern inzwischen übernommen hatte, wurde finanziell entschädigt und gab die Landwirtschaft auf. Später kaufte die inzwischen berühmt gewordene Autorin ihr Geburtshaus und Teile des Areals wieder zurück, v. a. auch um die traditionelle Landschaft wenigstens teilweise zu bewahren.

Unser Weg führt zunächst genau durch dieses Mischgebiet: Bei der Tankstelle wird am Zebrastreifen die Straßenseite gewechselt. Im bald anschließenden Kreisverkehr überquert man die Lundgatan und biegt in den schmalen Teerweg halblinks diagonal in das Wohngebiet mit dem bezeichnenden Namen

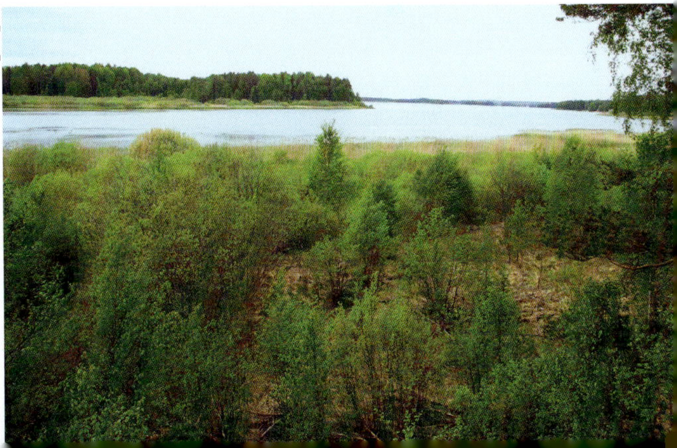

152_wSsL_haw

Vimmerby

Astrid Lindgren hatte wohl ein ambivalentes Verhältnis zu ihrer **Geburtsstadt** Vimmerby. Dies kommt in den letzten Sätzen des Reiseberichtes zum Ausdruck, den sie als 17-Jährige für die Vimmerby-Zeitung schrieb: „Liebes kleines Vimmerby, im Grunde ist es nicht schlecht, wieder zu dir zurückzukehren, denn du bist keineswegs eine dumme Stadt. Aber Gott bewahre uns davor, für immer hierbleiben zu müssen."

In späteren Jahren (Gott hatte Astrid davor bewahrt, für immer in Vimmerby bleiben zu müssen) wohnte sie in Stockholm. Mit Vimmerby blieb sie aber zeitlebens äußerlich und innerlich verbunden. In einigen Geschichten dient ihr die Kleinstadt offensichtlich als Vorlage, u. a. für Kalle Blomquists „kleine, kleine Stadt": „‚In dieser Stadt gibt es nur eine Straße und eine Querstraße', pflegte Bäckermeister Lisander den Leuten zu erzählen, die aus einer anderen Gegend hierher kamen. Und der Bäckermeister hatte recht. Hauptstraße und kleine Straße, das war alles, was es gab – und den Großen Markt natürlich. Der Rest waren winzige kopfsteingepflasterte, bucklige Gassen und Straßenstummel, die zum Fluss hinunter führten oder auch ganz plötzlich aufhörten vor einem baufälligen alten Haus. [...] Gewiss fand sich am Stadtrand die ein oder andere moderne Villa in einem schönen gepflegten Garten; aber das waren Ausnahmen. Die meisten Gärten waren wie der des Bäckermeisters: wild gewachsen mit alten knorrigen Apfel- und Birnbäumen und verwilderten Grasflächen, die nie gemäht wurden. Auch die Häuser ähnelten meist dem des Bäckermeisters: große Holzkästen, die ein Baumeister längst vergangener Zeit in wildem Schönheitsrausch mit ganz unerwarteten Vorsprüngen, Türmchen und Zinnen geschmückt hatte. Eine schöne Stadt war es also streng genommen nicht, aber sie war von altmodischer, gemütlicher Ruhe."

Etwas milder scheint hier ihr Urteil geworden zu sein. Der Besucher kann heute viele biografisch interessante Orte besuchen, schön und ausführlich beschrieben ist dies in Sabine und Wolfram Schwieders „Astrid Lindgrens Schweden" (Reise Know-How Verlag). Neben den biografisch interessanten Orten ist auch noch das **Stadtmuseum Näktegalen** in der Nähe des Marktplatzes erwähnenswert. Es befindet sich in einem typischen Haus aus dem 18. Jahrhundert mit entsprechenden barocken Wand- und Deckenmalereien. Des Weiteren sitzt seit 1856 in Vimmerby die große **Åbrobrauerei,** deren erster Braumeister aus Deutschland kam. Heute werden dort auch Führungen angeboten und unterschiedlichste Biere von leicht bis stark hergestellt.

Kohagan **(Kuhweide)** ein, das komplett durchquert wird. Viele Straßennamen hier sind Astrid-Lindgren-Geschichten entlehnt. An einer ersten Fußwegkreuzung geht es rechts, dann an der Gabelung halblinks, sodass der Spielplatz rechter Hand liegt. Eine kleine Straße **(Kohagsgatan (2))**, die das Wohngebiet einrahmt, wird überquert. Die Route verlässt hier die Stadt und geht geradeaus weiter in eine Schotterstraße mit der Beschilderung „Nybbele Gård“. Entlang des Weges folgen einige Einzelhöfe, Reitplätze und vor allem Wiesen, die von Steinmauern eingerahmt sind. Diese (für Småland sehr typische) Landschaft hatte sich Astrid Lindgren als Kind tief eingeprägt und sie blieb ihr zeitlebens emotional eng verbunden.

Unmittelbar vor dem letzten Einzelhof von Nybbele (Nybble) zweigt links ein Weg zum Fluss ab, den wir als kleinen Abstecher genau bis zur **Holzbrücke (3)** nutzen. Das Wasser steht recht träge im Flussbett und verspricht bei heißem Wetter Abkühlung, denn bislang verlief der Weg fast ohne Schatten. Zum Baden eignet sich die Stelle aber eher nicht. Gut vorstellbar aber, dass die Kinder hier früher an Sommertagen genau „bis zum Bauchnabel“ ins Wasser gingen. In ihrem spät erschienenen Kriegstagebuch können wir von einem Spaziergang lesen, den sie 1944 genau an dieser Stelle machte: „Aber heute Nachmittag war es warm und schön, und Stina und ich haben einen herrlichen Spaziergang durch Kohagan und zur Eisenbahnlinie hinunter gemacht (wobei wir an einem Graben vorbeigekommen sind, der voller Primula farinosa war, und dort am Grabenrand haben wir ein Vogelnest gefunden), dann hinunter zum Stångån und über die Eisenbahnbrücke nach Nybble und zurück nach Hause.“

Wieder zurück am Hauptweg geht es über das Hofgelände in ein weiteres Wiesen- und Weidegebiet. Der Weg wird schmaler. Rechts folgt ein kleines Einzelgehöft **(„Guntorp“)**. Bald danach erreicht der Weg den Kiefernwald und verbreitert sich zu einer **Wendefläche (4).** Hier kommen wir auf dem Rückweg wieder vorbei und wenden uns dann in das jetzt rechts von uns liegende Waldstück. Jetzt aber geht es ein sehr kurzes Stück geradeaus weiter, bis wir an der ersten Gelegenheit links ab einen Abzweig rechtwinklig in Richtung Fluss nehmen. Der Wegverlauf beschreibt bald einen Viertelkreis nach links und zweigt dann wiederum fast rechtwinklig nach rechts ab. Jetzt geht es ein Stück lang geradeaus, bis man am Ende dieses Weges auf einen größeren, geschotterten Querweg stößt, in den man nach rechts einbiegt. Bald erscheint ein Einzelhaus am linken Wegrand, etwas weiter ein kleiner unbeschrifteter Holzpfeil, der auf einen schmalen Pfad links hinein in den Wald deutet und von dem wir uns leiten lassen. Der Abstecher endet an einem **Vogelbeobachtungsturm (5)** in der Mündungsgegend des Stångån in den See Krön, wo ein großes Feuchtgebiet im Frühling Rast- und Nistplätze für allerlei Vögel bietet. Von oben hat man eine schöne Aussicht auf das Gewässer und kann die vorhandenen Bänke auch gut als Rastplatz nutzen.

Nach dem Abstecher folgt man dem Weg noch ein kurzes Stück, bis in einer Kurve eine kleine Ferienhaussiedlung direkt am See erreicht wird. Direkt links neben dem ersten Haus bietet sich die Möglichkeit, zum Wasser zu gelangen. Der Zugang über eine Wiese ist deutlich angelegt, aber es ist etwas unklar, ob es sich um Privatgelände handelt oder ob der Platz auch der Allgemeinheit zur Verfügung steht. Für Astrid Lindgren wäre diese Stelle knapp vier Kilometer entfernt von zu Hause die am nächsten gelegene Seezugangsstelle gewesen. Die Ferienhaussiedlung war damals noch nicht vorhanden. Weiter nördlich am See gibt es hinter Vennebjörke einen offiziellen Badeplatz mit großem Café. Den „Kröngården“ gab es als Ausflugslokal mit Badestelle schon in Astrid Lindgrens Kindheit, und nach Angaben ihrer Tochter hat sie dort auch gebadet. Für småländische Verhältnisse war Astrid Lindgren als Kind nicht gerade mit Wasserstellen gesegnet. Wie gut, dass ihre Großmutter mütterlicher-

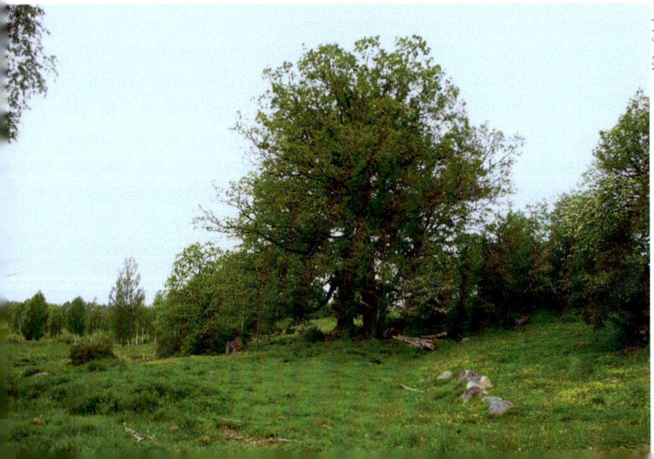

153_wSsL_haw

seits am schönen Mossjön wohnte. „Sie wohnte auf einem Hügel mit dem Blick auf den See. Das taucht in meinen Geschichten immer wieder auf, denn wo wir wohnten, war es flach, und wir hatten keinen Hang. Den vermisste ich sehr und deshalb schlug ich einmal vor, wir sollten tauschen und umziehen, damit wir einen Hang zum Schlittenfahren hätten."

Hinter dem Seezugang wendet sich der Schotterweg rechts hoch vom Wasser ab und stößt bald auf einen etwas größeren geschotterten Weg, auf dem wir nach rechts abbiegend den Rückweg antreten. Zunächst geht es geradeaus bis zu jener charakteristischen dreiecksförmigen **Wendefläche bei Guntorp (4),** an der wir auch schon auf dem Hinweg vorbeikamen. Hier wenden wir uns nach links in den Kiefernwald hinein. Schnell wird der Weg zum Pfad. Das Gelände ist sehr flach, der Bodenbewuchs beerenreich. Immer wieder zweigen weitere Trampelpfade links und rechts ab, die alle ignoriert werden müssen. Man kann sich in diesem Abschnitt sehr gut spielende Kinder denken, die auf den verschiedensten Wegen quer durch den Wald streifen, Beeren sammeln oder Verstecken spielen.

Ziemlich unvermittelt endet der Pfad im Wohngebiet Kohagan, das wir auf dem Rückweg im Winkel von ca. 90° zur Hinwegsroute durchqueren. Es handelt sich um ein für Schweden sehr typisches Neubaugebiet mit recht kleinen Einfamilienhäusern in ziemlich loser Bebauung, gepflegten Vorgärten und vielen Sackgassen und Schlaufenstraßen, in denen man sich mit dem Auto leicht verfahren kann.

Hinter Kohagan führt der Weg über eine Wiese zum Lundgatan, der ungefähr in der Mitte zwischen zwei großen Kreiseln in einer **Unterführung (6)** unterquert wird. Das folgende Wohngebiet ist jener Teil der ehemaligen Näs'schen Fläche, das die Stadt zuerst erworben hatte und auf dem größere Wohnblocks, auch als sozialer Wohnungsbau, errichtet wurden: ein wenig charakteristisches Quartier, das ganz ähnlich auch in Deutschland oder Polen stehen könnte. Es geht weiter in der Grundrichtung geradeaus. Rechts liegt der Freizeitpark Astrid Lindgrens Värld. Der geteerte Fußweg verläuft ungefähr parallel zur Straße, die Park und Wohngebiet voneinander trennt. Nach ca. 800 m biegt man rechtwinklig nach links ab und erreicht bald den Startpunkt der Wanderung.

Kohaga (Kuhweide), vor dem Ortsteil Kohaga

Tour 13
Der Ökolandwirtschafts-betrieb Ingebo Hagar –
„Meine Kuh will auch Spaß haben"

ca. 2,5 h
6,7 km
leicht

Drei kurze, gut beschilderte Rundtouren, die in konzentrischen Kreisen und Schlaufen durch Wiesen, Weiden und Wald des Öko-Landwirtschaftsbetriebs Ingebo Hagar bei Vimmerby führen.

Astrid Lindgren war nicht nur als Schriftstellerin in der Öffentlichkeit präsent. Sie meldete sich auch in politischen und gesellschaftlichen Fragen zu Wort. Außer ihrem **Engagement** in der **Steuerpolitik** und ihrem steten Eintreten für **Frieden** und **Gewaltfreiheit** standen dabei seit den 1980er-Jahren Umwelt- und Tierschutz im Vordergrund. In dieser Zeit schrieb sie in Zusammenarbeit mit der Tierärztin Kristina Forslund mehrere Artikel im „Expressen", die später in dem Buch „Meine Kuh will auch Spaß haben" gesammelt wurden. Anschaulich, unterhaltsam und sehr pointiert führt sie die Lage der Tiere vor Augen. Dies zeitigte denn auch einen gewissen Erfolg: Am 14. November 1987 bekam sie zu ihrem 80. Geburtstag vom Staatsminister einen Entwurf zu einem neuen **Tierschutzgesetz** vorgelegt. Resolut distanzierte sie sich jedoch 1988 von der sogenannten „Lex Lindgren". Das schließlich in Kraft tretende neue Gesetz blieb weit hinter ihren Tierschutzforderungen zurück. Als Frage des Tierwohls betrachtete sie letztlich auch ihren Einsatz für den Erhalt der „Hagar", der typisch småländischen Wiesenlandschaftsform: „Die Wiesen und Wäldchen, das Lieblichste und Schwedischste, was es überhaupt gibt, brauchen, um nicht zu verwildern, Kühe und andere Weidetiere. Und die Kühe brauchen die Weiden zum Herumwandern und Grasen, um gesund zu bleiben und vielleicht auch ein wenig um den Sommer zu genießen. Kühe und Wiesen brauchen einander, und wir brauchen Wiesen und Kühe, gesunde Kühe." (Dagens Nyheter, 3. Mai 1985)

Schafe

Ihr Enkel **Olle Nyman** äußerte sich in einem Interview 2019, angesprochen auf die junge Umweltaktivistin Greta Thunberg: „Die Natur war für meine Großmutter sehr wichtig. Sie ging leidenschaftlich gern in den Wald, über Wiesen. Dort fand sie zu sich selbst. Schon vor mehr als 30 Jahren machte sie sich für ökologische Themen und den Tierschutz stark. Die Umwelt zu bewahren wäre ihr heute genauso wichtig. Ich bin sicher, sie wäre schwer beeindruckt von dem Engagement der vielen jungen Menschen".

In ihrem Anliegen war sie nicht alleine. Rund um den Hof „Ingebo Hagar" südlich von Vimmerby kann man einen sehr guten Einblick in die unterschiedlichsten Facetten biologischer Wirtschaftsweise bekommen: Vom Gemüsegarten über Felder, Wiesen, Weiden bis hin zur **ökologischen Waldwirtschaft.** Es handelt sich um eine fast perfekte Kreislaufwirtschaft, in der nahezu das gesamte Sortiment landwirtschaftlicher Produkte selbst produziert und in Köhlerhütte, Hofladen, Café/Restaurant weiter verarbeitet und selbst vermarktet wird. Schön angelegte Wege und Pfade, die sorgfältig bezeichnet sind, führen den Wanderer in diese kleine Welt, die fast für sich selbst existieren könnte.

Die **drei** angelegten **Wanderrunden** (gelb, rot und blau markiert) führen in dieselbe Richtung mit Start und Ziel am Hof. Über weite Passagen sind die Streckenführungen identisch. Unser Routenvorschlag versucht, alle Wegabschnitte durch eine

154_wSsL_haw

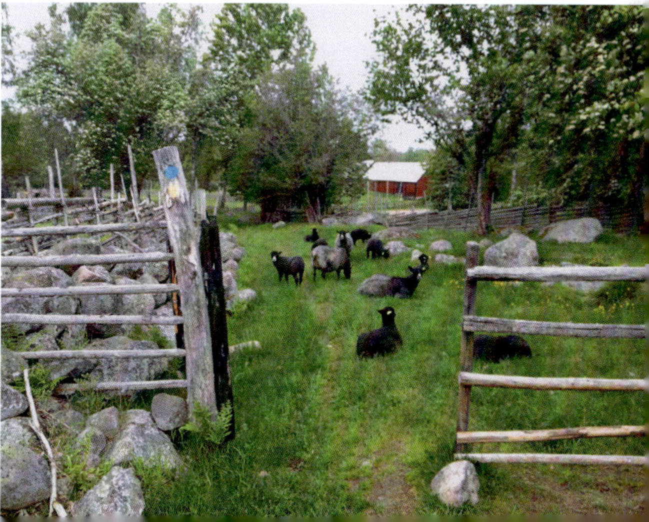

neue Streckenführung miteinander zu verbinden, ohne allzu große Strecken mehrfach ablaufen zu müssen, was sich allerdings nicht ganz vermeiden lässt. Die roten Zahlen in der Karte illustrieren die Reihenfolge der Wegabschnitte. Aufgrund der meist guten Beschilderung kann man sich auch leicht eine eigene Alternative zusammenbasteln.

Überblick

Länge: 6,7 km
Gehzeit: ca. 2,5 Stunden
Auf-/Abstieg: je ca. 100 m
Wegeigenschaften: Waldwege, Pfade, auch Planken, teils auch Schotterweg
Technik: kurz, meist einfach, abschnittsweise aber unwegsam, für Kinderwagen ungeeignet, viele Abkürzungsmöglichkeiten
Kondition: gering
Einkehrmöglichkeiten: Café/Restaurant am Start-/Zielpunkt (nur im Sommer geöffnet: von Mittsommer bis Ende August). Hier kann man sich auch gut gefüllte Kaffeekörbe für unterwegs ausleihen.
Bademöglichkeiten: keine
Landschaft: Wiesen, Weiden, Wald und Moor
Rastplätze: zwei Rastplätze mit Bänken unterwegs
Anfahrt: Zwischen Vimmerby und Hultsfred geht es von der großen Reichsstraße Nr. 23/34 ca. 5 km südlich von Vimmerby rechts bzw. westlich ab (Beschilderung „Ingebo Hagar“). Ein erster Parkplatz ist kostenfrei. Wer bis vors Café fährt, zahlt eine geringe Parkgebühr (GPS N 57.63222, E 15.83233). Die Buslinie 35 (www.klt.se) hält einen knappen Kilometer entfernt an der Hauptstraße direkt beim Abzweig.

Wegbeschreibung

Die Tour beginnt am **Parkplatz von Ingebo Hagar (1).** Steht man auf der Freifläche zwischen dem Hofladen (linker Hand) und dem Café (rechter Hand), startet der Weg geradeaus. Rechts des Fahrweges steht ein größerer Holzschuppen, an dem detailliertere Weginfos in schwedischer Sprache und Karten mit

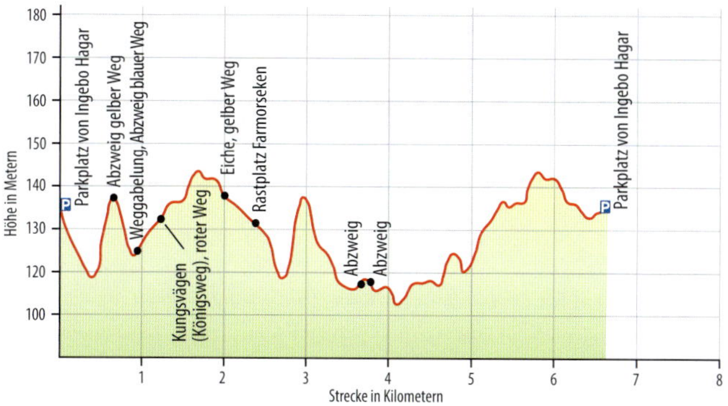

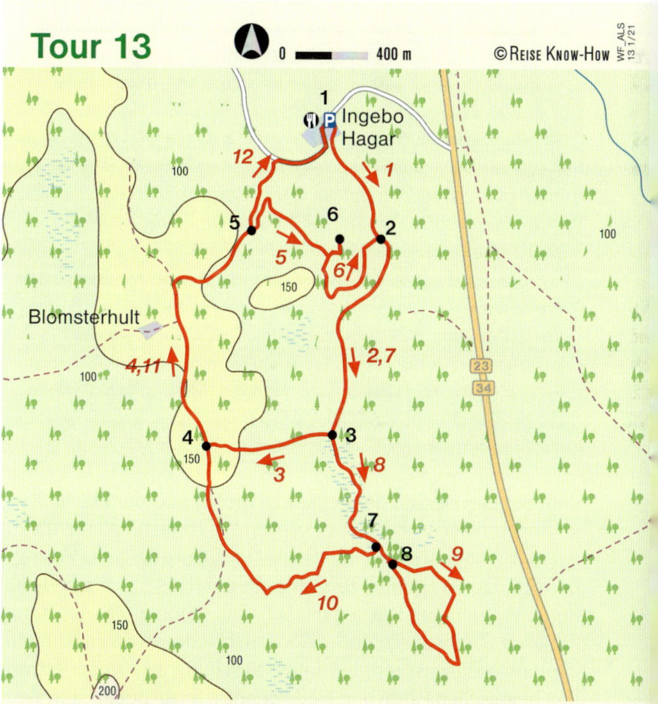

- P 1 Parkplatz von Ingebo Hagar
- ● 2 Abzweig gelber Weg
- ● 3 Weggabelung; Abzweig blauer Weg
- ● 4 Kungsvägen (Königsweg), roter Weg
- ● 5 Eiche, gelber Weg
- ● 6 Rastplatz Farmorseken
- ● 7 Abzweig
- ● 8 Abzweig
- *1* „Wegabschnitt"

Bio-Landwirtschaft in Schweden

Ähnlich wie in Deutschland werden **biologisch erzeugte Lebensmittel** in Geschäften mit einigen einheitlichen Siegeln angeboten, sodass sie leicht zu erkennen sind. Das verbreitetste Label ist **KRAV** (wörtlich übersetzt: Anforderung). Es werden besondere Anforderungen an solche Produkte gestellt. Diese beziehen sich u. a. auf Tier-, Klima-, Umwelt- und Artenschutz, Verzicht auf synthetische Dünger, Pflanzenschutzmittel und Gentechnik. Die Beachtung sozialer Standards und weiterer Aspekte, die man gemeinhin unter dem Oberbegriff „nachhaltig" zusammenfasst, gehören dazu. Die **Krav-Zertifizierung** ist strenger als die EU-Bio-Zertifizierung, deren Siegel man wie viele weitere spezielle Labels im Supermarkt ebenfalls häufig entdecken kann. Meist steht auf den Verpackungen auch einer der Begriffe *ekologiskt, bio* oder *miljömärkt.* Ähnlich wie in Deutschland sind diese Bezeichnungen geschützt. Unter der Marke „Saltå Kvarn" werden Produkte in Demeter-Qualität vermarktet, ohne dass dies ausdrücklich vermerkt wäre. Neben den eigentlichen **Bio-Siegeln** findet man häufig auch ein grün eingefasstes Schlüsselloch als Wegweiser für „gesündere" Lebensmittel. Diese enthalten im Vergleich mit ähnlichen Produkten weniger (und hochwertigeres) Fett, Zucker und Salz, aber mehr Ballaststoffe und Vollkornprodukte, ohne dass sie zwangsläufig ökologisch produziert worden sind.

Besonders bei Milchprodukten fällt der vergleichsweise geringe **Preisunterschied** zwischen Bio- und Nicht-Bio-Produkten auf. Dies liegt vermutlich daran, dass die schwedischen Milchbauern strengeren Auflagen hinsichtlich Tierwohl und Fütterung als viele ihrer EU-Kollegen unterliegen. Zwischen zwei und vier Monaten (je nach Region) müssen die Tiere mindestens auf die Weide. Auch hinsichtlich Kunstdünger und Antibiotika-Einsatz gibt es restriktive Regelungen.

dem Streckenverlauf der gelben, der roten und der blauen Runde angeschlagen sind. Auf der linken Wegseite folgt kurz darauf eine Villa mit schönem Granitsockel und großzügigem Eingangsbereich. Der Weg führt zunächst ein größeres Stück geradeaus durch Weiden und Wiesen mit Schafen, schönen Zäunen, traditionellen Steinmauern und vielen verschiedenen Einzelbäumen, die eine möglichst repräsentative Mischung aller in Südschweden heimischen Laub- und Nadelgehölze anzustreben scheinen.

Bald zweigt der **gelbe Weg (2)** rechts ab, wir folgen aber den blau-roten Markierungen. An diesem idyllischen Wegabschnitt geschah am 3. Juni 1834 aus Eifersucht ein schrecklicher Mord: Mit einer Axt erschlug der Bauer Håkan Ingeström, übrigens der Bruder von Astrid Lindgrens Ururgroßvater, den jüngeren Knecht Gustaf Boman. Inzwischen ist sprichwörtlich wie wörtlich über die Tat dichtes Gras gewachsen, auf dem die Schafe friedlich weiden, als wäre nie etwas geschehen.

An der nächsten **Gabelung (3)** führt links der **blaue Weg** als schmaler Pfad in den dunklen Wald. Wir bleiben rechts und folgen den **roten Markierungen** am Waldrand entlang. Bald geht der Weg über ein paar Planken im recht feuchten Gelände, dann über artenreiche Wiesen, bis wir einen breiten Schotterweg erreichen, in den wir rechts einbiegen und wo wir wieder auf die blaue Strecke treffen. Dieser Wegabschnitt ist die alte Reichsstraße **Kungsvägen (Königsweg) (4)** zwischen Kalmar und Stockholm. In einer Steigung liegt linker Hand ein halb verstecktes, kleines

155_wSsL_haw

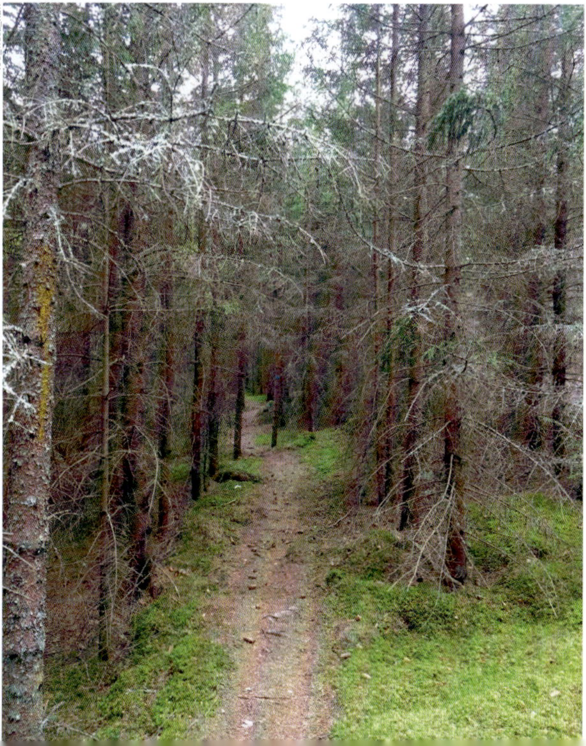

Der Bio-Landwirtschaftsbetrieb Ingebo Hagar

Am 24. Mai 2011 wurde der ökonomische Verein Ingebo Hagar von fünf Enthusiasten gegründet, deren Ziel es war, das ganze Dorf Ingebo, 5 km südlich von Vimmerby, weiter zu entwickeln, um eine möglichst große Vielfalt an Aktivitäten auf der Grundlage **zertifizierter Land- und Forstwirtschaft** zur Verfügung zu stellen. Ökologische und wirtschaftliche Kreisläufe und eine nachhaltige Zukunft waren das Ziel. Heute gibt es das **Ekocafé/Restaurant,** welches das Herz im Dorf ausmacht. Darüber hinaus wird ein **offener Biohof** mit Kleintieren und einem **Hofladen** mit eigenen und lokal produzierten Waren betrieben. Auf dem Hof leben Hunde und Katzen, drei Pferde, viele Gotlandsschafe, Enten, Hühner, Kaninchen und Fische. Bienenstöcke versorgen Café und Hofladen mit Honig. Ferienwohnungen sind in verschiedenen Größen vorhanden und es gibt Wanderwege in Wald und Wiesen.

„Ingebo Hagar" wird von den Familien Lindelöf und Pommerenke gemeinsam geleitet. Kristina Lindelöf wohnt dort in der 11. Generation zusammen mit ihren drei Töchtern. Hans und Susanne Pommerenke stammen aus Süddeutschland und wohnen mit ihren vier Kindern dort.

Ingebos **Hofladen** eröffnete im Frühling 2015 und wurde im Mai vom Gouverneur des Kalmar Län eingeweiht. Hier gibt es **lokal produzierte** und **ökologische Produkte,** Süßigkeiten und Eis. Es werden auch gefrorene und gekühlte Waren (z. B. Milch, Fleisch, Wurst und Käse) verkauft sowie Konserven und Grundnahrungsmittel wie Mehl, Reis und Nudeln, außerdem Handwerksprodukte und Schafsfelle von Ingebo und anderen Höfen aus der Region. Der Hofladen wird mit **Sonnenenergie** betrieben und ist mit ökologischen Materialien gebaut. Neuerdings findet man sogar eine **Ladestation für Elektroautos** neben dem Hofladen, an der man sein Elektroauto mit Sonnenenergie aufladen kann. Pferdefreunde haben die Möglichkeit, Reitstunden auf freundlichen Isländern und Ponys zu nehmen: Tel. +46 70 279 63 83. Seit 2019 bitten die Betreiber von Ingebo Hagar um einen finanziellen Beitrag für den Besuch des Hofes und Gartens. Dies sind 50 SEK für Erwachsene und 25 SEK für Kinder.

Haus. Bald darauf verlässt der markierte Weg nach rechts den Fahrweg und führt entlang einer Mischwaldschonung wieder zu den Wiesen und Weiden von Ingebo Hagar zurück.

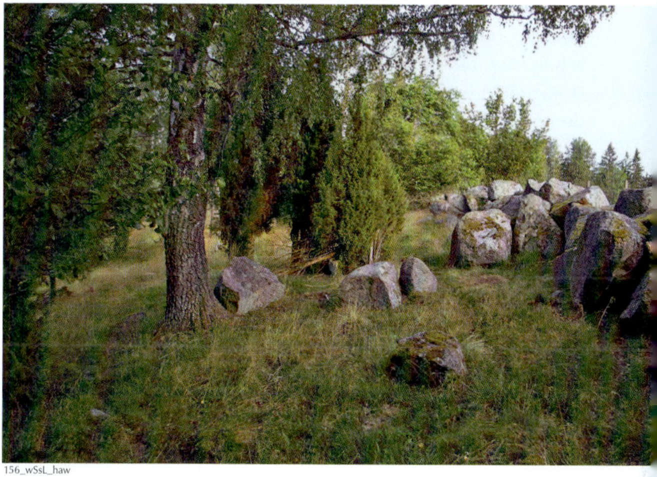

156_wSsL_haw

Gelber Wegabschnitt

Planken am roten Wegabschnitt

157_wSsL_haw

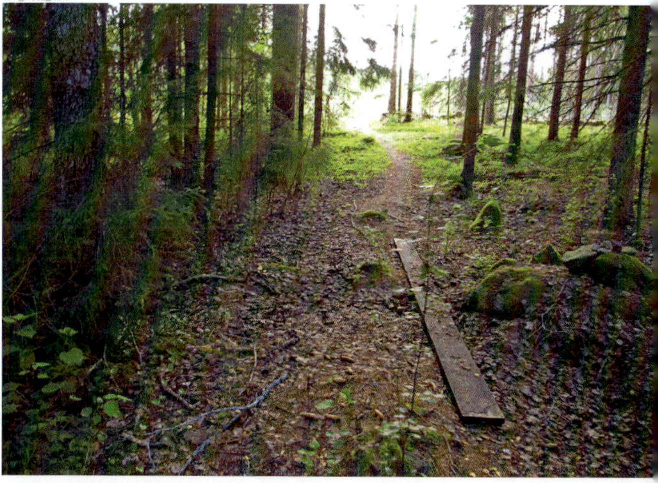

Um jetzt in den **gelben Weg** zu gelangen, wechseln wir an einer markanten **Eiche (5)** auf den Trampelpfad, der parallel zum eigentlichen Weg über die Schafsweide auf der anderen Zaunseite verläuft. Schon bald tauchen die Markierungen des gelben Wegs auf der rechten Seite auf, in den wir nun quasi in Gegenrichtung einbiegen. Diese Markierungen wurden in umgekehrter Richtung angelegt, weshalb sie manchmal etwas schwer zu sehen sind, aber meistens ist der Streckenverlauf gut erkennbar. Es geht auf einem schmalen Pfad über Weiden zwischen gewaltigen Steinhaufen hindurch. An einer imposanten Baumgruppe, in deren Mitte die **Farmorseken (6)** (die Oma-Eiche) thront, zweigt links ein kurzer Abstecher zu einer „Grotte“ steil nach unten ab. Dieser Bereich ist aufgrund seiner besonderen Moose und Flechten als Schlüsselbiotop ausgewiesen. Am Abzweig ist auch ein schöner **Rastplatz** angelegt.

Danach geht es über eine Wiese, auf der im Juni Orchideen und Weiße Waldhyazinthen blühen. Bald danach an einem Zaun muss man scharf links in den dichten Wald abbiegen, bis man am **Abzweig gelber Weg (2)** wieder auf den Ausgangsweg stößt, dem man ein zweites Mal bis zur **Weggabelung, Abzweig blauer Weg (3)** folgt. Hier geht es für uns jetzt links weiter und es gilt die blaue Route. Der Weg führt als Pfad in den Wald, teils durch Rodungsstücke, teils auch über Planken durch morastiges Terrain. Überall ist der Streckenverlauf gut sichtbar markiert. Im Wendebereich jedoch sorgt eine Schlaufe u. U. für leichte Verwirrung. An einem **Abzweig (7)** sind blaue Punkte plötzlich in zwei Richtungen sichtbar. Man bleibt aber geradeaus/leicht links. Genauso verfährt man am nächsten **Abzweig (8).** Tendenziell immer links hal-

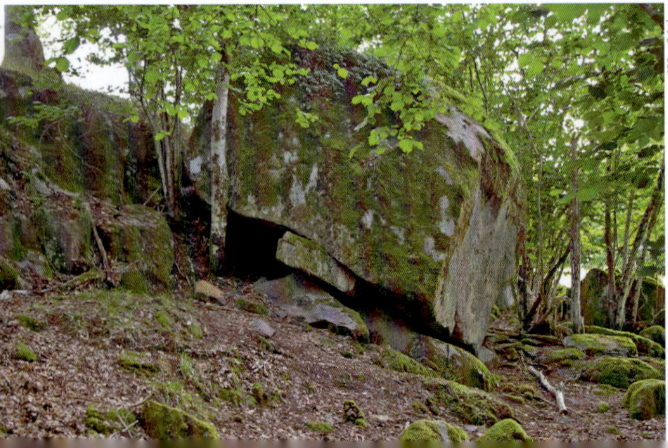

158_wSsL_haw

ten. Jetzt folgt die eigentliche Schlaufe. Nach der Kehre gelangt man von der anderen Seite wieder zum **Abzweig (8)** und dann zum **Abzweig (7),** wo man sich jetzt auf dem Rückweg ebenfalls links halten muss, um nicht wieder den Hinweg zu nehmen. Der Wald ist nicht spektakulär, aber vielfach recht dicht und dunkel und damit ein schöner Kontrast zur eher offenen Landschaft des ersten Wegteils. Über breitere Schotterwege nähern wir uns dem Weidegebiet nahe dem Hof allmählich wieder an, während von rechts zunächst der **rote (4)** und dann der **gelbe Weg (5)** wieder auf den blauen stoßen. Unterdessen kann man verschiedene Typen von Waldwirtschaft studieren: Zunächst zeigt sich auf der linken Wegseite eine große, frische Rodungsfläche einer ehemaligen Nadelholzmonokultur, die mit schwerem Gerät vollflächig geerntet wurde, sodass kaum noch ein Stumpf aus dem Boden ragt. Aus solchen Kahlschlägen speisen sich die gigantischen, meterhohen Holzstapel in den riesigen Sägewerken entlang der größeren Straßen. Etwas weiter sieht man rechts des Weges jüngere Mischwaldflächen, die zum Ökobetrieb Ingebo Hagar gehören. Hier wurde mit Sorgfalt ein bunter Laubholzbestand angelegt, aus dem sparsam einzelne Stämme geschlagen und mithilfe von Rückepferden entnommen werden. So verdichtet sich der Waldboden nicht und bleibt vor Erosion geschützt. Das Ökosystem kann sich fast ungestört und allmählich weiter entwickeln.

Die Zukunft wird zeigen, ob sich diese Art der Waldwirtschaft letztlich auch als die ökonomischere erweisen wird, denn Stürme wie Trockenphasen haben in den vergangenen Jahren dem schwedischen Wald stark zugesetzt. Gerade die Fichten-Monokulturen sind stärker vom Borkenkäfer betroffen. Allmählich setzt ein Bewusstsein für einen schonenderen und pfleglicheren Umgang mit Boden, Pflanzen- und Tierwelt ein. Vielleicht profitieren bald auch andere Waldeigentümer von dem Erfahrungswissen, das hier in Ingebo Hagar gesammelt wurde.

Wieder zurück in der Siedlung liegt links das große Café mit schönem Außenbereich. Auf der rechten Wegseite lohnt ein Blick in den für Besucher offenen Garten (Schild „Visningsträdgård"), der in sog. Permakultur bewirtschaftet wird und durch den der Gastronomiebetrieb mit Salat, Gemüse und frischem Beerenobst versorgt wird. Wer sich auf dem Gelände noch weiter umsieht, findet Pferdeställe, Ferienwohnungen, eine Köhlerhütte und Teiche.

„Grotte" in der Nähe der „Farmorseken"

Tour 14 Etappenwanderung entlang des Höglandsledens – von Mariannelund zu Michels Verwandtschaft in Ingatorp

ca. 6 h
18,5 km
schwer

Abwechslungsreiche Streckenwanderung von Mariannelund nach Ingatorp mit schönen Ausblicken, charakteristischer småländischer Natur- und Kulturlandschaft, mehreren Badegewässern und einigen Sehenswürdigkeiten. Rückweg am einfachsten mit dem Bus.

Diese Streckenwanderung entlang des Höglandsledens verbindet die beiden Orte, deren wohlklingende Namen aus den Michel-Geschichten vertraut sind. Während wir Mariannelund in einem größeren Bogen links liegen lassen, steuern wir in den zweiten Ort Ingatorp mit seinen Sehenswürdigkeiten mitten hinein. Bemerkenswert ist das älteste profane **Holzgebäude** Schwedens von 1229 und die charakteristische **Kirche** mit dem hohen, weithin sichtbaren schwarz-weißen Turm. Unterwegs erwarten uns schöne Ausblicke, typisch småländische Natur und

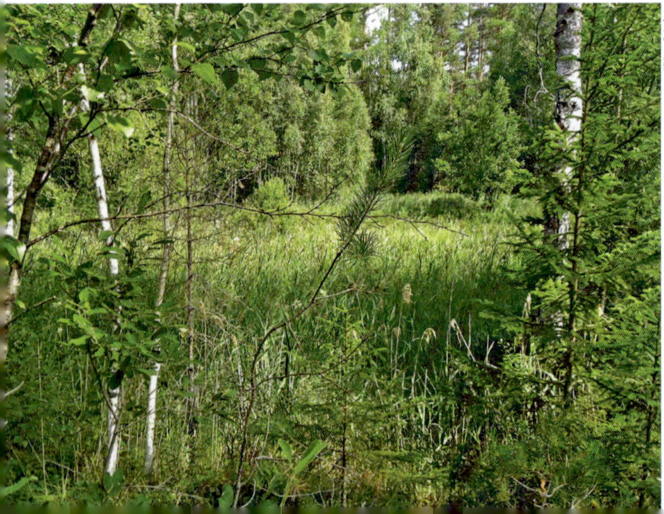
159_w5sL_haw

Höglandsleden und Sevedeleden

Das småländische Hochland wird von zwei **Fernwanderwegen** durchzogen, die bei Mariannelund aufeinandertreffen, dem **Höglands-** und dem **Sevedeleden.** Sie gehören zu einem großen Netz von Weitwanderwegen, das im Gesamten auch als **Smålandsleden** bezeichnet wird und teils auch zum europäischen Fernwanderweg E6 zählt. Im Westen und Norden schließen der Aneby- und der Östagötaleden an, im Südosten der Lönnebergaleden, im Südwesten der Sigfrids-, der Gislaveds- und der Järnbärarleden. Einzelne Etappen des Höglandsledens, der insgesamt 454 km lang ist, tragen wiederum eigene Bezeichnungen wie z. B. der Sävsjöleden oder der Njudungsleden. Etwas verwirrend ist manchmal auch die Streckenführung im Groben, weil es verschiedentlich größere Schlaufen, Gabelungen und Zubringer gibt, sodass an bestimmten Wegkreuzungen derselbe Wanderweg in mehr als zwei Richtungen gleichzeitig verlaufen kann.

Durch die **dichte** und **einheitliche Markierung** in Orange und die Beschilderung mit einem quadratischen, blau-weißen Symbol mit zwei Wanderern sind die Wege an sich meist gut zu finden. Auf vielen gedruckten Karten und auf www.hitta.se ist der Streckenverlauf verzeichnet. In recht regelmäßigen Abständen findet man **Schutzhütten** und **Rastplätze** mit Feuerstellen, manchmal direkt an einem See gelegen. Die Wegabschnitte führen sowohl durch tiefen, einsamen Wald als auch durch Kulturlandschaft, kleine Orte und Städte. Alle Wegkategorien sind vertreten: kleine Straßen, Schotterwege, Waldwege, kleine Pfade und Holzplanken in moorigen Gebieten. Mit Rucksack, Isomatte, Schlafsack und Proviant kann man wochenlang auf diesen Fernwanderwegen durch Schweden wandern.

einige schöne Gehöfte, die diesen Abschnitt des Höglandsleden besonders lohnenswert machen. Durch die Markierungen ist der Weg leicht zu finden. Zurück geht es am einfachsten mit dem Bus, der normalerweise stündlich fährt.

Naturschutzgebiet des Silverån

Überblick

Länge: 18,5 km
Gehzeit: ca. 6 Stunden
Auf-/Abstieg: ca. 300/270 m
Wegeigenschaften: Mix aus allen Wegkategorien
Technik: mittel, mehrere Anstiege, für Kinderwagen ungeeignet
Kondition: hoch
Einkehrmöglichkeiten: jeweils am Start- und Zielpunkt: Café im Filmbyn und verschiedene Einkehrmöglichkeiten in Ingatorp
Bademöglichkeiten: zwei angelegte Badeplätze an Seen und ein Wasserzugang zum Fluss
Landschaft: Wald und Kulturlandschaft, mehrere weite Ausblicke
Rastplätze: am Aussichtspunkt Stubbaberg und an den Badeplätzen am Åsjön und in Ingatorp
Anfahrt: Von der großen Straße Nr. 40 führt kurz hinter Mariannelund (Richtung Vimmerby/Västervik) eine Ausfahrt zum Filmbyn Småland und zum Spilhammar-Campingplatz. Die Tour beginnt direkt an der Bushaltestelle entlang der Hauptroute 320/325 Nässjö – Vimmerby bzw. Nässjö – Västervik (Fahrplan unter www.jlt.se): GPS N 57.62272, E 15.59678

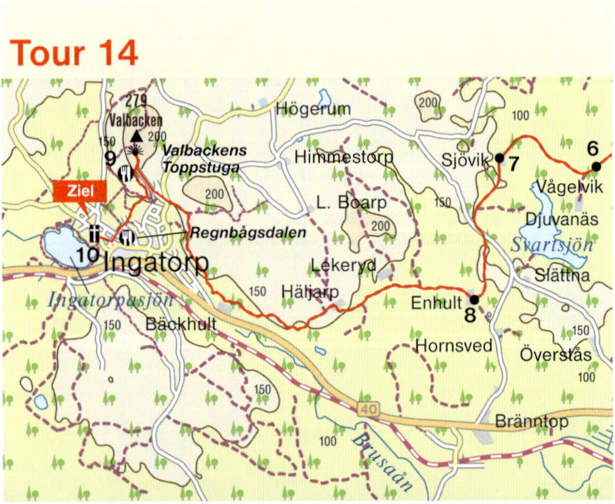

Wegbeschreibung

Die Tour startet am **Parkplatz des Filmbyn (1).** Die große Landstraße muss überquert werden, um auf der anderen Straßenseite der orangefarbigen Markierung folgend auf einem Pfad in den Wald einzutreten. Bald schon kommt man ans Ufer des Åsjön-Sees, wo sich ein schöner **Rast- und Badeplatz (2)** befindet, der mit gut angelegter Grillstelle und einem kleinen, ganz einfachen Übernachtungsunterstand ausgestattet ist, der auch als Regen-

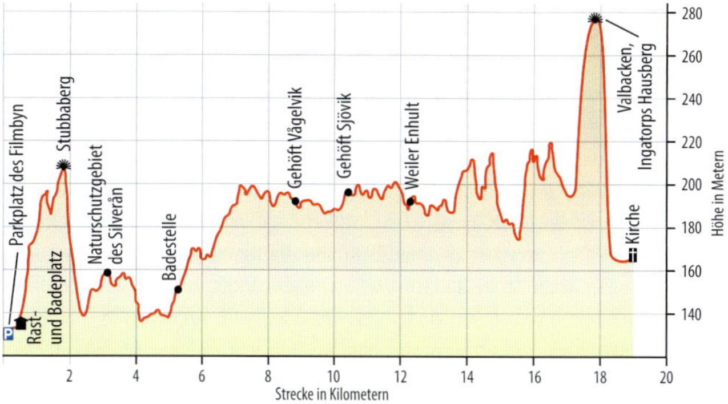

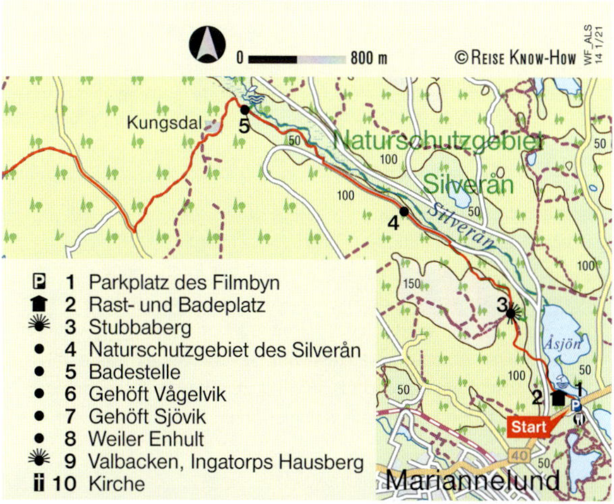

Ingatorp

Der Ortsname Ingatorp ist vielen Deutschen geläufig. In den Michel-Geschichten veranstaltet der Titelheld ein großes Festessen für die Armenhäusler mit einer endlosen Reihe an Köstlichkeiten, die eigentlich am kommenden Tag der Verwandtschaft von Ingatorp aufgetischt werden sollten. „Ingatorp" findet man auch in vielen Wohnungen, denn IKEA bediente sich des klangvollen Ortsnamens bei der Namensgebung einer sehr traditionell designten Esszimmermöbelserie.

Anmutig liegt das kleine 450-Einwohner-Dorf mit seiner auffallenden Kirche am See, dessen **Idylle** heute durch die große **Landstraße** merklich gestört wird. Die Ingatorper haben dieses Manko versucht ins Positive zu drehen und haben an ihr Ortseingangsschild „Väg 40: s pärla" („Perle an der Reichsstraße 40") geschrieben.

Besonders ins Auge sticht die **schwarz-weiße Kirche,** die sich an schönen Tagen im See spiegelt und die 1997 zur schönsten Kirche Schwedens gekürt wurde. Sie gilt als besonders charakteristisches Beispiel des nordeuropäischen Jugendstils: mit Tierkopf-Skulpturen, reichen Ornamenten in rot und blau und der fünfgeteilten, grün lasierten Holzgewölbedecke. Da sowohl Kirchengebäude, Altarraum, Emporen, Inneneinrichtung als auch Orgelfassade vom **Architekten Fredrik Falkenberg** geplant wurden, ergibt sich ein sehr stimmiges Gesamtbild. Lediglich das Triumphkruzifix im Altarraum und ein Seitenaltar – jeweils aus dem 14. Jahrhundert – stammen aus der Vorgängerkirche am gleichen Platz.

Auf dem mit einer Granitmauer eingefriedeten Friedhof kann man viele alte Gräber sowie Gräber von sehr alt gewordenen Menschen finden. Bemerkenswert ist hier aber vor allem die alte **Zehntscheune** („Tiondeboden"), zu der die Bauern früher ihre Naturalabgaben brachten. Mithilfe von dendrochronologischen Untersuchungen im Jahr 2008 konnte man dieses Gebäude auf das Jahr 1229 datieren. Damit handelt es sich um das älteste profane Holzgebäude von ganz Schweden. Das einzige ältere Holzgebäude überhaupt ist die etwas weiter südlich in Småland gelegene Kirche von Granshult aus dem Jahre 1217.

Auf dem pittoresken **Marktplatz** nahe der Kirche findet zweimal jährlich ein Markt statt, dessen Tradition weit zurückreicht. In seiner Erzählung „ett marknadsminne" („eine Markterinnerung") beschreibt der regionale Autor **Albert Engström** (s. Tour Nr. 16) das muntere Treiben dort: Verkaufs- und Essensstände, ein Karussell, viel dubioses Volk, das sich dort herumtreibt, darunter ein deutscher Schausteller, der gegen 50 Öre Eintrittspreis in unnachahmlichem Kauderwelsch aus Schwedisch und Deutsch allerlei Exotisches präsentieren will: je einen lebenden Löwen, einen Elefanten, ein gefährliches Krokodil, eine Boa Constrictor, ein Känguru, zwei Menschenaffen und zum krönenden Abschluss einen originalen „Kannibalen" aus Westafrika und eine Riesenfrau, die 500 Pfund auf die Waage bringen soll. Während der Vorstellung fliegt der Kannibalen-Schwindel auf, weil ein ehemaliger Matrose im Publikum seinen alten Kameraden zur See wiedererkennt. „Todesmutig" springt er auf die Bühne und unterhält sich mit dem „Menschenfresser" fließend auf Schwedisch. Die Vorstellung endet in Geschrei und Tumult. Das Publikum fordert sein Geld zurück, der ruinierte Deutsche schleudert Morddrohungen in die Runde, der Afrikaner „kündigt" und vertreibt sich – ohne Eisenketten frei herumlaufend – auf dem Marktplatz seine Zeit. Aber bald schon legt sich die Hysterie, und die nächste Vorstellung startet – ohne Kannibalen – zu ermäßigtem Eintrittspreis. Mit solchen „Attraktionen" ist heutzutage auf dem Ingatorper Markt nicht mehr zu rechnen.

214_w5sL_haw

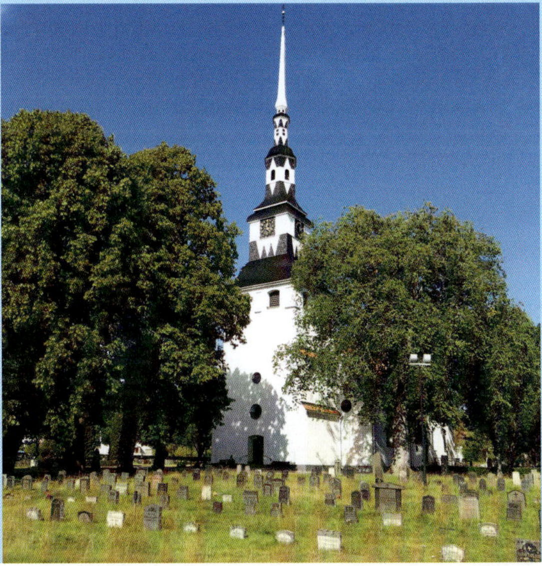

Die Kirche von Ingatorp

Pfifferlingspfanne

In nicht zu trockenen Sommern kann man in den småländischen Nadelwäldern häufig große Portionen Pfifferlinge sammeln. Die meist unregelmäßig buckeligen Köpfe versuchen vielfach, sich zwischen Gras und Moos zu verstecken. Ihre **leuchtend gelbe Farbe** macht ihnen dabei aber einen Strich durch die Rechnung. Nichtsdestotrotz sind die allermeisten Exemplare weitgehend makellos, denn die „kantareller" (wie sie in Schweden heißen) haben außer dem Menschen offenbar kaum **Fressfeinde,** was sie von den ebenfalls häufig anzutreffenden Steinpilzen deutlich unterscheidet, die von Schnecken äußerlich und von Würmern gerne innerlich angefressen werden. Beide Sorten gehören zu den begehrtesten **Speisepilzen** und können z. B. durch Trocknen oder Einkochen konserviert werden. Sie lassen sich aber auch hervorragend frisch zubereiten.

Pilze werden nicht gewaschen, sondern lediglich abgebürstet. Sodann kann man sie mit Zwiebeln, Knoblauch und Kräutern (Rosmarin, Thymian, Majoran) in etwas Olivenöl oder Butter in einer Pfanne dünsten. Größere Exemplare schneidet man am besten in mehrere Stücke. Nach ca. 15 Minuten sind die Pilze gar. Wer mag, kann die Sauce mit Weißwein und etwas Sahne oder Crème fraîche verfeinern. Die Pilzsauce schmeckt köstlich zu Brot, Nudeln oder Getreide. Nur wer Pilze zweifelsfrei bestimmen kann, hat die Gewähr, dass die Freude nach der Mahlzeit nicht durch ernste oder sogar tödliche Vergiftungen ein jähes Ende findet.

Mit ein wenig Glück hat man vielleicht schon eine antike Pfanne, wie jene auf dem Foto zu sehen, in einem der Loppise ergattert. Damit kann man herrlich auf dem Lagerfeuer kochen. An die Pfanne ist ein Dreifuß geschmiedet, auf dem sie sich drehen lässt. Eine ungemein praktische Erfindung unserer Vorfahren, da Feuer und Glut nie ganz gleichmäßig unter der Pfanne verteilt sind!

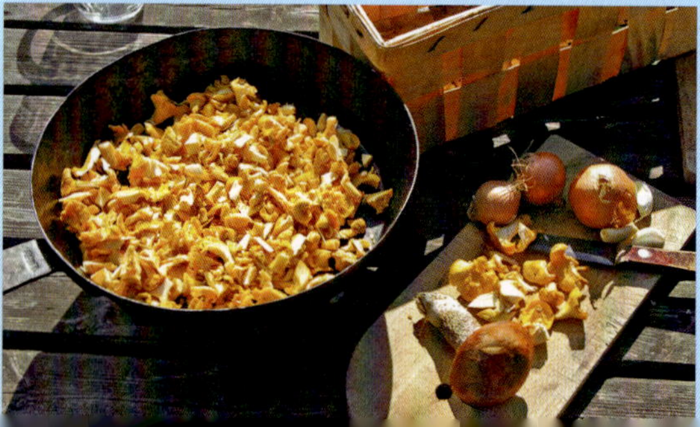

161_wSsL_haw

und Windschutz nutzbar ist. Der Wanderweg durchquert diesen Rastplatz und verläuft weiter durch den Wald, immer entlang der orangefarbigen Markierung und ein Stück weit parallel zum Seeufer. Bald aber windet sich der Pfad nach links. Es geht etwas bergan, und eine kleine Asphaltstraße wird überquert. Auf der anderen Straßenseite finden wir wieder die orangefarbige Markierung, die den nun steil bergan führenden Pfad anzeigt. Am höchsten Punkt angelangt, stehen wir auf dem **Stubbaberg (3),** Mariannelunds Haus- und Aussichtsberg. Ein weiter Blick über Smålands Wälder und zum Åsjön, an dem wir eben entlang gingen, lohnt den etwas mühevollen Aufstieg. Der Rastplatz, der hier angelegt ist, liegt ca. 75 Meter über dem Tal, zu dem die Felswände fast vollkommen senkrecht abfallen. Vorsicht: Absturzgefahr!

Unser Weg folgt weiter den orangefarbigen Markierungen des Höglandsledens, nicht dem kleinen Pfad nach links. Es geht jetzt hinunter ins Flusstal des Silverån, wo der Waldweg auf einen Schotterweg trifft, dem wir nun nach links folgen. Ein längerer Wegabschnitt wurde hier durch das **Naturschutzgebiet des Silverån (4)** gelegt. Hier gibt es an schützenswerten Arten z. B. die seltene Flussperlmuschel, Marder, Spechte und jede Menge Pilze, Moose, Farne und Flechten. Das Abpflücken von Pflanzen und Pilzen ist verboten, außer das Sammeln von Beeren und Speisepilzen zum privaten Verzehr, von denen es im Übrigen nicht wenige gibt. Nach ungefähr 1,5 km, in einer beginnenden Linkskurve des Schotterwegs, führt der Höglandsleden als Pfad rechts ab. Bald sind wir wieder nahe am Fluss, der an dieser Stelle recht breit ist, weshalb wohl eine kleine **Badestelle (5)** angelegt wurde. Hier geht die Streckenführung rechtwinklig ab vom Fluss. Die kleinen Waldwege, die bald nach rechts und links abzweigen, missachten wir, bis wir nach knapp 1,5 km auf eine geteerte Straße stoßen, auf der es nach rechts ein Stück Richtung Nordwesten geht. Bald jedoch führt der Höglandsleden nach links ab in einen Schotterweg, und es zeigt sich das auf einem Moränenwall gelegene und bereits im 15. Jahrhundert erwähnte **Gehöft Vågelvik (6).** Auffallende Vögel sind uns in diesem Bereich keine begegnet, jedoch süße Schäfchen auf der Weide. Dem Wegabzweig in einer Rechtskurve, der nach links Richtung Djuvanäs führt, folgen wir nicht, sondern kommen nach einer großen Linkskurve zum nächsten **Gehöft Sjövik (7).** Das Hofgebäude aus der Mitte des 19. Jahrhunderts, verwunschen gele-

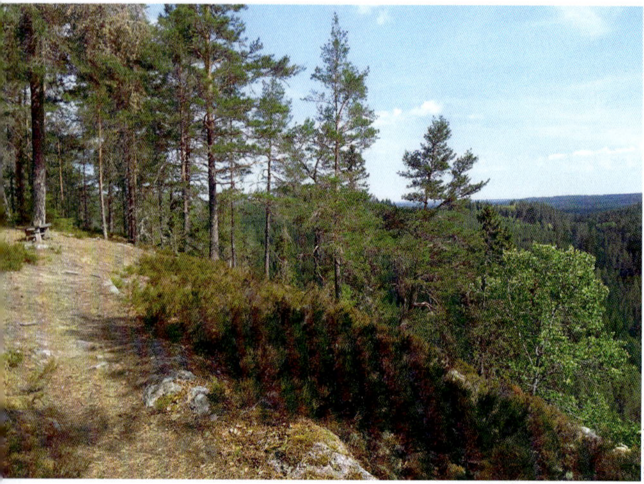

162_wSsL_haw

gen hinter Heckenrosen, hat eine besonders schöne Fassade mit einem großen halbrunden Fenster. Ein weiteres Mal hält der Ortsname nicht, was er verspricht, denn man sieht weder den nahen Svartsjön, geschweige denn die Bucht darin, die früher vielleicht einmal bis ans Haus herangereicht hatte.

500 m weiter stoßen wir an einer T-Kreuzung auf eine breitere Schotterstraße, der wir ein sehr kurzes Stück nach links folgen. Bald aber biegen wir wieder nach rechts in einen Waldweg ein und verlassen die Schotterstraße. Auch diese Abzweigungen sind durch die orangefarbenen Markierungen gut zu finden. Im nächsten kleinen **Weiler Enhult (8)** folgt man der Schotterstraße nach rechts. Währenddessen kann man nach den langsam wachsenden Bäumen Ausschau halten und prüfen, ob für dieses Mal der Ortsname noch auf dem landschaftlich aktuellen Stand ist.

In Lekeryd, wiederum ca. 500 m weiter, geht es wieder links in einen Waldpfad, dem man nochmal etwa 500 m bis Häljarp folgt. Hinter dem Hofgelände geht es auf einem Waldweg mit einigem Auf und Ab über große Wurzeln durch knorrigen, sehr alten Kiefernwald. Wir sind nun etwas hinunter ins Tal des Brusaå

Stubbaberg

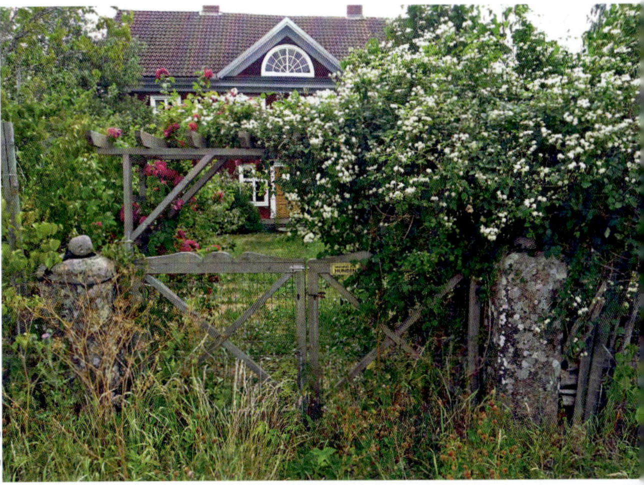

163_wSsL_haw

gekommen. Doch der nächste Anstieg folgt direkt: Nachdem wir eine geteerte Straße überquert haben, führt uns der Höglandsleden hoch auf den 279 m hohen **Valbacken, Ingatorps Hausberg (9).** Hier hat man eine fantastische Aussicht und mit etwas Glück hat im Sommer auch das kleine Café Valbackens Toppstuga geöffnet. Im Winter wird der Valbacken als Skiberg genutzt. Zwei kleine Schlepplifte bringen Kinder und Erwachsene nach oben. Zu Liftöffnungszeiten ist an der Talstation ein kleiner Imbiss geöffnet.

Vom Berg führt der Höglandsleden vorbei am Hembygspark wieder steil hinunter ins Dorf, wo sich ein Blick auf (und wenn möglich auch in) die **Kirche (10)** lohnt, die ganz nah am Ingatorpasjön liegt. Kulturhistorisch bedeutsam ist vor allem auch der Friedhof mit dem ältesten profanen Holzhaus Schwedens. Wenige Meter weiter wartet ein schön angelegter Badeplatz. Hier kann man sich nach den Strapazen der Wanderung regenerieren, bevor es zurück zum Startpunkt geht. Die nächstgelegene Bushaltestelle findet sich in der Storgatan gegenüber dem Café Regnbågsdalen.

Gehöft „Sjövik“

Tour 15
Norrland-Feeling im Moor –
das karge Land armer Leute – heute besonders artenreich

ca. 3 h
8,5 km
mittel

Teils etwas schwer zu bewältigende Tour durch das Moor südlich von Ingatorp, mit sumpfig-morastigen Abschnitten und interessanter Flora und Fauna.

Selma Lagerlöf erzählt in ihrem Roman „Die wunderbare Reise des Nils Holgersson mit den Wildgänsen" die Geschichte einer armen, missmutig die Moore betrachtenden småländischen Bäuerin, deren Kinder alle nach Amerika ausgewandert waren. Auf der dünnen Bodendecke und erst recht auf den **Moorböden** wuchs das Getreide nicht gerade üppig. Vor allem im 19. Jahrhundert, als die Bevölkerung stark zunahm, lebten in Småland viele Familien am **Existenzminimum** oder auch darunter. Astrid Lindgren beginnt mehrere Geschichten mit den Worten: „In den Tagen der Armut ...". Auch ihr Vater stammte aus einer Familie, deren Land nicht ausreichte, um alle erwachsenen Söhne zu ernähren. Viele Jahre lang kamen die Erikssons nur gerade so über die Runden, bis sich ihnen durch die Pacht des Pfarrhofs Näs in Vimmerby die Chance bot, mit einem größeren und besser ausgestatteten landwirtschaftlichen Gut mehr „Boden unter die Füße" zu bekommen – im wahrsten Sinn des Wortes.

Anfang des 20. Jahrhunderts kam in Småland für viele Familien eine neue Hoffnung auf. Man entwickelte Techniken, um die Moore durch Gräben systematisch trockenzulegen und dort **Roggen** anbauen zu können. Bald jedoch zeigte sich, dass an den meisten Stellen der Boden für landwirtschaftliche Nutzung einfach nicht geeignet war. Die Moore blieben letztlich meist unwirtliche Gebiete, die sich den Zivilisationsversuchen der Menschen entzogen. Im vergleichsweise hoch entwickelten Südschweden bilden sie nach wie vor **Inseln der Wildnis.** Für den Mitteleuropäer sind sie quasi die Vorboten Nordschwedens, wo sich die Proportionen umkehren und sich nur hie und da noch Wiesen oder Felder zwischen den weiten Moorflächen zeigen.

Für die Wanderung sollte man ein paar praktische Vorkehrungen treffen: *1. Den richtigen Tag wählen:* Regnet es schon seit einigen Tagen, wird die Moorstrecke zum Glücksspiel, denn es besteht die Gefahr, dass der Weg vielleicht ganz im Sumpf versinkt. Aus diesem Grund eignet sich der spätere Sommer auch besser als der frühere und der Herbst besser als der Frühling. *2. Die richtige Tageszeit wählen:* Wer die Dämmerungszeit meidet, hat Chancen, den Fluginsekten einigermaßen zu entkommen. Bei Tiefdruckwetter wiederum zieht es die Plagegeister nach unten zur Erde hin, wo sich ja auch die Wanderer zumeist aufhalten und eine leichte Beute werden. *3. Die richtige Kleidung wählen:* Feuchtigkeitsresistente Schuhe sind ein Muss. Mit Gummistiefeln ist man auf der (relativ) sicheren Seite. Hohe Wanderschuhe tun es auch, wenn man eine längere Trockenphase erwischt hat. Barfußlaufen ist allenfalls auf kurzen Passagen zwischendrin eine sinnvolle Alternative. Hilfreich gegen die Mücken ist auch das Tragen eines langärmeligen, am besten hellen Hemdes, das man weit nach oben zuknöpft. So kann die Tour ins Mysteriöse glimpflich überstanden werden.

Allee nach Bergholm

164_wSsL_haw

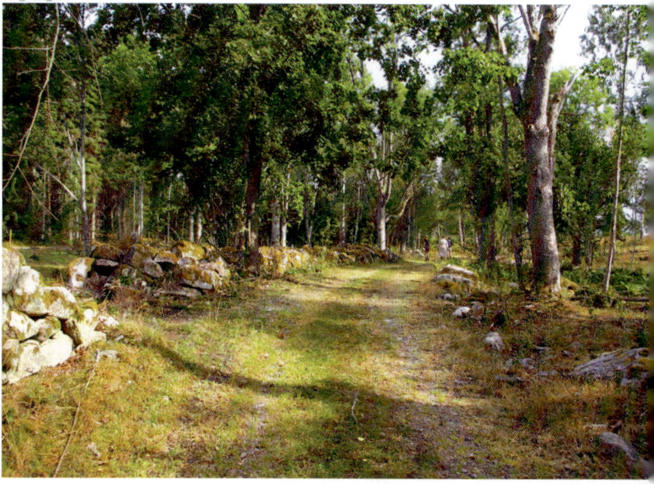

Überblick

Länge: 8,5 km
Gehzeit: ca. 3 Stunden
Auf-/Abstieg: je ca. 105 m
Wegeigenschaften: Mix aus allen Wegkategorien, hoher Pfadanteil, teils auch Holzplanken
Technik: hoher Pfadanteil, teils etwas schwergängig, für Kinderwagen ungeeignet
Kondition: mittel
Einkehrmöglichkeiten: nur im Ort Ingatorp
Bademöglichkeiten: keine unterwegs. In Ingatorp gibt es einen Badeplatz im Dorf in der Nähe der Kirche.
Landschaft: großes Stück durch ein typisches Torfmoor, ansonsten Wald und landwirtschaftlich genutzte Kulturlandschaft
Rastplätze: keine
Anfahrt: An der großen Straße Nr. 40 kreuzt im Ortsausgangsbereich Richtung Eksjö der Höglandsleden die Fahrbahn. Hier gibt es große Parkbuchten entlang der Straße, an denen man das Auto abstellen kann (GPS N 57.63464, E 15.40444). Die Tour beginnt direkt an der Bushaltestelle entlang der Hauptroute 325 Nässjö – Vimmerby bzw. Nässjö – Västervik (Fahrplan unter www.jlt.se).

Wegbeschreibung

Von der **Bushaltestelle (1)** aus öffnet sich zwischen den letzten Wohnhäusern entlang der Straße hie und da die Sicht auf den Ingatorpsjön und die besonders ansprechende Kirche direkt am Seeufer (vgl. Tour Nr. 14). Wir kehren dieser aber den Rücken, überqueren die Hauptstraße und direkt danach die Bahnlinie und treten auf einem Fahrweg (Wegweiser „Källeberg“) in den Wald ein, der kaum mehr einen Blick zurück freigibt. Bald gabelt sich der Weg in drei Arme, von denen der mittlere zu nehmen ist. Wir folgen den orangefarbenen Schildern des Höglandsleden. An der nächsten Gabelung muss man sich rechts halten, bald darauf geht es wieder rechts ab. Linker Hand findet sich hier ein Einzelhof umgeben von Wiesen.

Alle Abzweigungen sind hier gut ausgeschildert, auch die folgende, die in einer sanften Rechtskurve nach links in einen **kleineren Pfad abzweigt (2)**, der zunächst durch morastigen

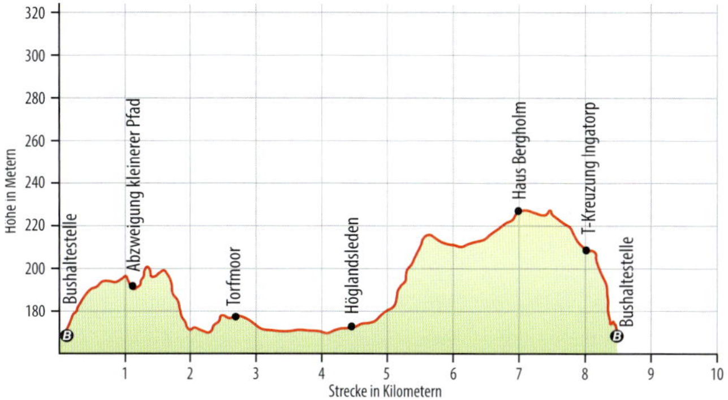

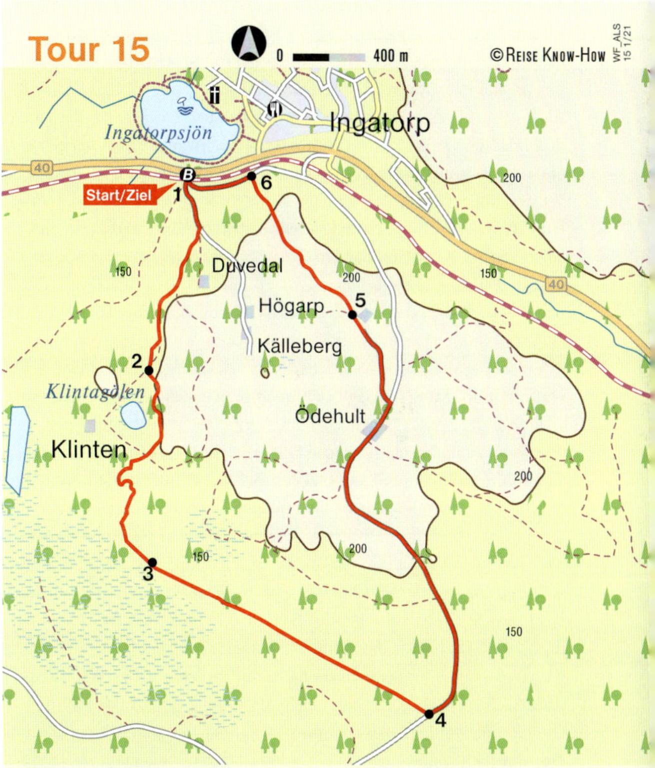

- B 1 Bushaltestelle
- • 2 Abzweigung kleinerer Pfad
- • 3 Torfmoor
- • 4 Höglandsleden
- • 5 Haus Bergholm
- • 6 T-Kreuzung Ingatorp

Smålands Sümpfe – Moore und Feuchtgebiete in Schwedens Süden

Im Unterschied zu Mitteleuropa hielten sich in Skandinavien die **Eiszeitgletscher** deutlich länger. Die riesigen Eismassen schürften den Boden gründlich bis auf den massiven Granituntergrund ab und ließen Sand und Geröll zurück. In den muldenförmigen Vertiefungen sammelte sich Grund- und Regenwasser wie in Badewannen und fand kaum Möglichkeiten zum Abfließen oder gar Versickern. Pflanzenfasern verrotteten hier sehr langsam und unter Ausschluss von Sauerstoff, sodass sich im Laufe von Jahrhunderten und Jahrtausenden allmählich dichte **Torfschichten** entwickelten. Je weiter wir nach Norden kommen, umso jünger und dementsprechend dünner ist die Bodenschicht, umso größer ist der Anteil an Moorgebieten. In Süd- und Mittelschweden ist der **Mooranteil** an der Gesamtfläche in Småland vergleichsweise am höchsten, weshalb sprichwörtlich gerne von „Smålands Sümpfen" gesprochen wird – eine wenig schmeichelhaft gemeinte Kurzcharakteristik des Landes. Dass das Gebiet für die **Landwirtschaft** wenig brauchbar sei, geben auch die Bewohner selbst unumwunden zu, wenn sie behaupten: „Der Teufel schuf das Land, aber Gott die dazugehörigen Menschen." Im Nils-Holgersson-Roman von **Selma Lagerlöf** zitiert die Autorin die sog. Småland-Sage, nach der Gott den Småländer besonders klug und genügsam, froh und fleißig, aktiv, erfindungsreich und tüchtig geschaffen habe, damit er in dem armen Land gut über die Runden kommen könne.

Wenn wir uns durch das große Moor südlich von Ingatorp wagen, erleben wir die Wildnis des Nordens ähnlich eindrucksvoll wie im großen **Nationalpark Store Mosse** bei Värnamo, nur dass uns nicht ganz so viele Wanderwege, Unterstände und Infotafeln zur Verfügung stehen wie dort. Wir finden eine ähnliche Flora mit krumm gewachsenen Waldkiefern, Moorbirken und verhutzelten Fichten, die es auf dem sauren, nährstoffarmen Boden kaum zum richtigen Baum schaffen. Eine weitere Stufe kleiner sind die zahlreichen Beerensträucher, Moose und Gräser, über deren Vielfalt wir staunen können (vgl. Einleitungskapitel, ab S. 88).

Der naturliebende Besucher heute hat freilich einen anderen Blick auf das Moor als die hart arbeitenden Bauern früherer Zeiten, die jahrzehntelang versucht hatten, die **Sümpfe** z. B. durch **Trockenlegung** kultivierbar zu machen oder sie anderweitig zu nutzen. Viele gaben den Kampf schließlich auf und kehrten ihrer Heimat Richtung Amerika den Rücken. Die Geschichte der **Auswanderung** ist in Småland allenthalben lebendig, und auch in den Geschichten Astrid Lindgrens begegnen wir ihr auf

Schritt und Tritt: Die Bewohner Backhorvas z. B. veranstalten eine Auktion, bevor sie auswandern. Madita und Lisabet schauen sich bei Linus Ida die Bilder der Töchter an, die in Amerika wohnen. Michel soll nach dem Willen der Nachbarn nach Amerika geschickt werden.

Hier im **Ingatorper Moor** wurde „in den Tagen der Armut" – ähnlich wie in vielen anderen Mooren auch – Torf gestochen, um es als **Brennmaterial** verkaufen zu können, was nicht besonders einträglich war. Nach dem Zweiten Weltkrieg brach dieser Markt komplett zusammen. Einzig als **Tierstreu** fand der zwar ökologisch wertvolle, aber ökonomisch ziemlich unergiebige Rohstoff Verwendung. Bis in die 1970er-Jahre blieb die Arbeit zum allergrößten Teil Handarbeit: Stechen, Drehen und Wenden, Aufladen (für den Transport gab es jetzt einen Traktor und eine Art Rollband); alles schlecht bezahlte, harte Schufterei. Zum Teil waren es **Schulkinder** aus der Umgebung, die sich in den Sommerferien ein Taschengeld verdienten, teils waren es **Gastarbeiter** aus Südeuropa, die in einer gesetzlichen Grauzone ohne Aufenthalts- und Arbeitserlaubnis den ungeliebten Job erledigten. Bis heute werden in Ingatorp Geschichten erzählt von Arbeitskräften aus berüchtigten Milieus, die abends im betrunkenen Zustand ihre eigenen Barackenunterkünfte kaputt schlugen, Leute ohne festen Wohnsitz, ständig auf der Hut vor der Polizei oder der Steuerfahndung. Teils waren es auch skurrile, verschrobene Einheimische am Rande der Gesellschaft, die im Moor eine passende Arbeit für sich fanden. 1971 schloss die Produktion endgültig, und seither bleibt das Moor sich weitgehend selbst überlassen.

165_wSsL_haw

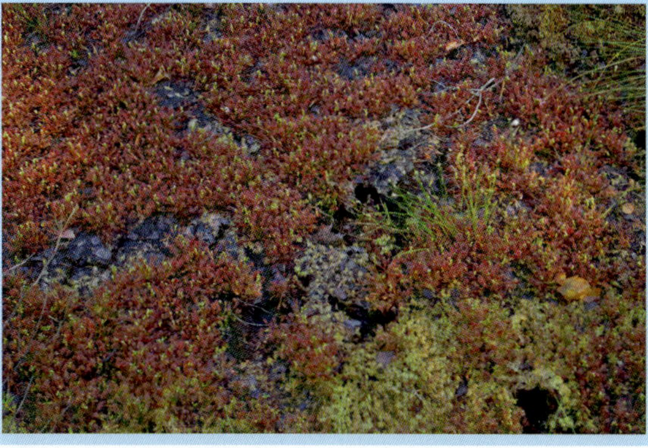

Moose im Torf

Loppis

Jedem Schwedenurlauber fallen vermutlich die Schilder mit der Aufschrift „Loppis“ an allen möglichen Stellen auf: groß und klein, mit oder ohne Datum und Öffnungszeiten, handschriftlich auf Pappe gekritzelt oder als fein ausgearbeitetes Schild in Email. Sehr selten sieht man das Wort in seiner vollen Größe mit fast schon offiziellem Unterton. Dann heißt es *Loppmarknad* **(Flohmarkt).** Im Mündlichen ist neuerdings vermehrt gar das Verb *att loppa* (im Loppis einkaufen gehen) und *att loppa ut* (etwas aussortieren, etwas im Loppis anbieten) zu hören.

Die Schweden sind wahre **Recycling-Künstler.** Was schlussendlich auf der Mülldponie in Ingatorp landet, muss vorher schon mehrere Male durch den Loppis gegangen sein. Wenn etwas nicht mehr gebraucht wird, wandert es üblicherweise zunächst in eines der Außenhäuser, die jedes ernst zu nehmende Grundstück in ausreichender Menge vorweisen kann. Kommt es eines Tages zum **Immobilienverkauf** oder zur **Haushaltsauflösung,** beginnt die erste **Loppis-Runde.** Der alte Eigentümer versucht, möglichst viel für meist wenige Kronen unter die Leute zu bringen. Dasselbe wiederholt sich ggf. wieder, wenn der neue Eigentümer Inventur gehalten hat und zur zweiten Loppis-Runde läutet. Manches schöne Stück findet sich ab und an dabei, schließlich wurde vieles jahrzehnte- oder gar jahrhundertelang über Generationen hinweg gehortet. Es gibt auch große, **gewerbliche Loppise,** die sich hier oder bei Auktionen eindecken kommen und dann den ganzen Plunder mehr oder weniger sortiert zum Verkauf bieten. Vielfach sind es auch Interessenvereinigungen, Nachbarschaftshilfen, die sich zu einem Loppis zusammenschließen: Jeder bringt seine Sachen, und der mit der größten leeren Scheune führt dann den Loppisladen für die anderen. Zu erkennen sind solche „Kombinate“ an verschiedenfarbigen Preisschildern und

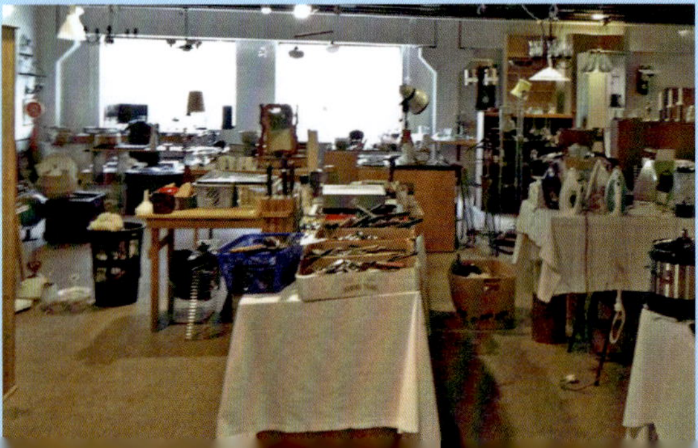
166_wSsl_haw

großen Büchern, in denen handschriftlich jeder verkaufte Kerzenleuchter penibel verbucht wird. **Handeln** macht in diesen Läden keinen Sinn, denn das Gegenüber verkauft nicht auf eigene Rechnung. Schwer vorstellbar, dass in so einem Scheunenloppis viel mehr erwirtschaftet wird als die anfallenden Stromkosten. Vielleicht steht dahinter auch wieder die sprichwörtliche Sparsamkeit: Brauchbare Gegenstände nicht achtlos wegwerfen, sondern einem neuen Eigentümer zuführen, der Verwendung dafür hat (bzw. der noch etwas mehr Platz in seinem Außenhaus hat), eine durchaus sinnstiftende Beschäftigung. Oder es geht ganz einfach um den sozialen Aspekt: In dem dünn besiedelten Land trifft man sich beim Loppis bzw. beim Loppen. Meist gibt es auch den obligatorischen Kaffee. Die Gegenstände, die feilgeboten werden, liefern direkt auch einen Gesprächsanlass: „Die Lampe stand doch bei Svenssons im Wohnzimmer – ach, die sind jetzt weggezogen?"

Nur wenige **professionelle Loppise** machen den Eindruck, dass hier der kommerzielle Anreiz im Vordergrund steht. Ingatorp kann als das Eldorado dieser Loppisform im nördlichen Småland gelten: Am Ortsausgang Richtung Mariannelund liegen direkt an der Hauptstraße gleich mehrere solcher Läden hintereinander. Man braucht schon etwas Zeit und Durchhaltevermögen, um sich durch mehrere alte Lager- oder Fabrikhallen Krimskrams zu arbeiten. Meist lohnt die Mühe, denn irgendein schönes oder brauchbares Urlaubsandenken findet sich schon.

In den Städten **Vimmerby, Eksjö, Nässjö** usw. gibt es auch gemeinnützige, meist gut sortierte Loppisläden, die von sozialen Organisationen betrieben werden, z. B. von Erikshjälpen oder vom Roten Kreuz. Wenn einmal die Woche die Türen geöffnet werden, strömen regelrechte Menschenmassen zu den Regalen. Man stöbert, unterhält sich und trinkt Kaffee. Ehrenamtliche Kräfte, häufig Senioren, übernehmen die Arbeit. Es lohnt sich durchaus, auf die Öffnungszeiten zu achten und solch einen „Erikshjälpen" einmal zu besuchen!

Jungwald führt – ein kleiner Vorgeschmack auf das, was folgen wird. Rechts liegt ein winziger See, links ist es etwas felsig. Wenn der Kiefernwald erreicht ist, wird es vorläufig wieder etwas trockener am Boden mit den üblichen Wurzeln, Steinen und Blaubeeren. Es geht ein wenig bergauf und bergab. Dabei wird ein breiter Forstweg überquert. Es folgen ein Fichtenjungwald, dann wieder Kiefern. Bald kommen die ersten Planken auf dem Boden als sichere Vorboten. Moorbirken bestätigen das Bild: Wir sind im Eingangsbereich einer weiten Fläche, flach wie ein Topfdeckel, nur ab und an durchbrochen von Furchen, in denen einst Torf gestochen wurde. Der Weg beschreibt zunächst eine deutliche Linksbiege (gut beschildert), führt dann einen guten halben Kilometer im leichten Zickzack, um peu à peu in eine schnurgerade Spur zu münden, auf der man in weiteren 1,5 km das **Torfmoor (3)** komplett durchquert.

Im Gegensatz zu früheren Zeiten liegt heute das Moorgebiet meist einsam und verlassen. Die (teils etwas abgewrackten) Holzplanken, die Moltebeersträucher am Boden (meist ohne Früchte), der leicht säuerliche Geruch und die höhere Insektendichte verströmen Lapplandfeeling. Mehrmals ändert das Moor sein Gesicht: Mal dominieren dürre Kiefern, dann wieder Birken, teils stehen sie sehr lose, dann wieder dichter. Am Boden begegnen uns verschiedene Beerenpflanzen, dann wieder Gras, Farnmoos und Himbeeren. Langeweile kommt beim Gehen auch deshalb keine auf, weil mehrmals Wassergräben mithilfe von kleinen Holzbrücken zu überqueren sind.

Wenn der Moorpfad auf einen breiten Schotterweg stößt, wird der **Höglandsleden (4)** nach links verlassen. Hier endet auch das

Moorwald

167_wSsL_haw

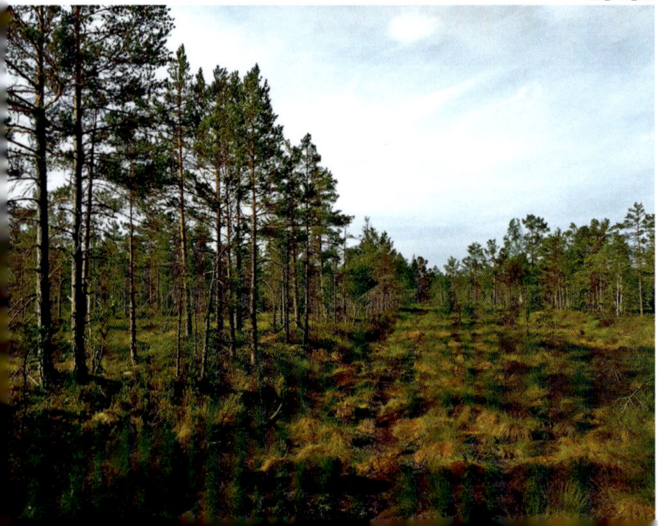

Moor. Auf dem Weg nach Ödehult kommt rechter Hand ein einsam gelegenes größeres Haus (Nybo). Danach geht es ein kurzes Stück deutlich bergauf und bleibt anschließend ungefähr auf einer Höhe. Nach der Mooreinsamkeit erzeugen die bestellten Wiesen, schönen Häuser und imposanten Eichen von Ödehult – anders als der Ortsname vermuten lässt – ein gewisses Gefühl von Zivilisation und Heimeligkeit.

Ein kurzes Stück folgt man dem Weg noch geradeaus, dann geht es hinter einer Weide leicht nach links ab in einen weiteren Forstweg (Gatter ggf. schließen) entlang alter Steinmauern und einer Eschenallee. Das einsame **Haus Bergholm (5)** muss früher einmal einen gewissen herrschaftlichen Anspruch an die Umgebung erhoben haben, von dem aber nur noch ein schwacher Abglanz geblieben ist. Grundstück und Bebauung wirken heute eher verwunschen und etwas geheimnisvoll. Kurz hinter dem Haus gabelt sich der Weg. Die linke Variante – obwohl auf einigen Karten verzeichnet – verliert sich bald im dichten Wald. Gewählt wird also der schmalere Weg nach rechts, dem man immer geradeaus folgt, bis an einer **T-Kreuzung** die äußersten Häuser von **Ingatorp (6)** erreicht werden. Hier geht es nach links ein kleines Stück durch den Wald zurück zur Reichsstraße 40 und zum Ausgangs-

Torp Bergholm

168_wSsL_haw

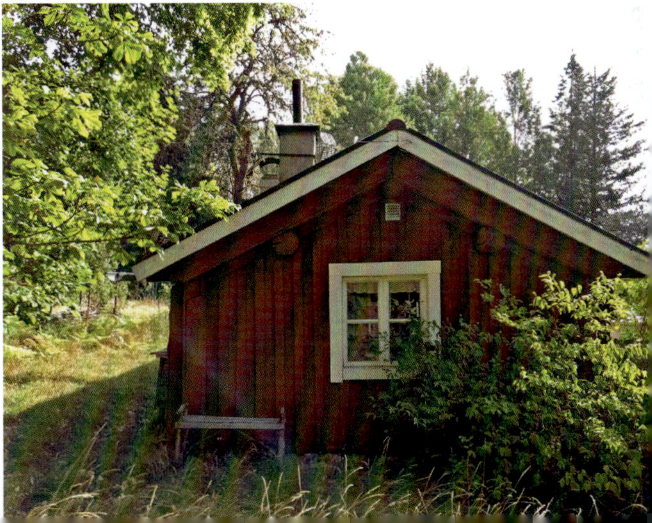

Spielzeug „in den Tagen der Armut“

In früheren Zeiten brauchte man in der Landwirtschaft alle Kinderhände zum Arbeiten, vor allem natürlich in den ärmeren Familien. Die Kleinen mussten Beeren sammeln, Vieh versorgen, Erbsen pellen, Rüben verziehen usw. Besonders hart war das Leben für **Waisenkinder,** die von der Gemeinde bei Bauern untergebracht und dort mitunter gnadenlos als **Arbeitskräfte** missbraucht wurden. In Astrid Lindgrens Geschichte „Sonnenau“ hören wir z. B. von den Kindern Matthias und Anna, die als Waisenkinder so viel arbeiten mussten, dass ihnen keinerlei Möglichkeit zum Spielen blieb: „Denn Kinderhände können recht gut arbeiten, wenn man sie nur daran hindert, Borkenschiffchen zu schnitzen und Weidenflöten zu schneiden und Spielstübchen am Bergeshang zu bauen.“ Besser hatten es Kinder jener Zeit wie Stina Maria aus „Die Schafe auf Kapela“, die mit Eltern und Großvater auf einem kleinen Hof lebte und die Freiheit hatte, sich bei der Schafweide ein Spielstübchen einzurichten und die Welt zu erkunden.

Das Spielumfeld der Kinder änderte sich kaum bis weit ins 20. Jahrhundert hinein. Astrid Lindgren selbst schreibt, dass sie und ihre Geschwister neben den landwirtschaftlichen Pflichten so viel gespielt hätten, dass es „das reine Wunder ist, dass wir uns nicht tot gespielt haben.“ Das **Spielzeug** war seinerzeit natürlich entsprechend einfach. Astrid Lindgrens Vater benutzte als Kind Mörser und Stösel als Zug. Spielstübchen entstanden auf den Weiden zwischen großen Findlingen, vermutlich, während die Hüteaufgaben erfüllt wurden. Als Tiere konnte man Tannenzapfen, Abfallholz usw. nehmen, als Schiffchen ein Stück Rinde, ein Steckenpferd entstand aus einem alten Strumpf und einem Holzstock und die **Puppe,** das „Urspielzeug“ schlechthin, aus einem Holz mit ein paar Lumpen.

In Astrid Lindgrens Geschichte **„Die Prinzessin, die nicht spielen wollte“** wird von dem besonderen Reichtum des kindlichen Spiels ohne aufwendiges Zubehör erzählt. Die kleine Prinzessin Lise-Lotta, Besitzerin unzähliger teurer Puppen – damals schon mit Schlafaugen und Sprechmechanismus! –, will einfach mit nichts spielen. Per Zufall trifft sie auf das arme Mädchen Maja mit ihrer Puppe Pia, die „eher aussah wie ein Stück Holz mit Lumpen daran“. Lise-Lotta fragt ihre Mutter: „Aber Mama, warum hast Du mir nie eine Puppe wie Pia geschenkt, mit der man auch spielen kann?“

Heute wird das Herstellen solcher einfachen **Holzpuppen** gerne an Aktionstagen in Museen, z. B. in Åsens By (s. Tour Nr. 21, S. 314), in

Gamla Linköping und in Skansen als Kinderprogramm angeboten. Sicher findet sich ein Holzscheit oder ein besonders lebendig wirkendes Aststück beim Wandern im Wald, das wir mit unseren Kindern zum Leben erwecken und als Familienzuwachs mit nach Hause nehmen können.

Für ein Puppenkind braucht man:
- ein Stück Holz
- eventuell ein Schnitzmesser, um das Holz etwas zu bearbeiten
- Stoffreste oder Stofftaschentücher
- eventuell Wachsstifte, um Mund und Augen anzudeuten (manche Kinder mögen es sogar lieber ohne gemaltes Gesicht. Der Gesichtsausdruck der Puppe ist dann der Fantasie des Kindes entsprechend variabler)
- etwas Hanf, ungesponnene oder gesponnene Wolle für die Haare (geht natürlich auch ohne, dann sind dem Baby halt noch keine Haare gewachsen)
- Klebstoff oder Nägel, um die Haare zu fixieren.

169_wSsL_haw

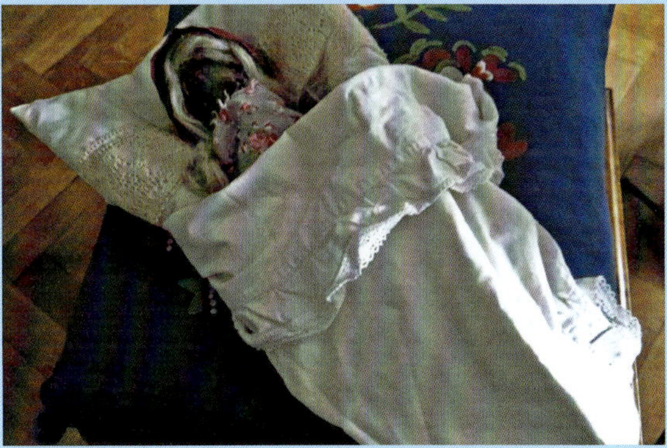

punkt der Tour. Zum Abschluss kann man in Ingatorp noch ein Bad im See nehmen, die schöne Kirche besichtigen, etwas essen gehen oder sich in den großen Loppisläden an der Hauptstraße die Zeit vertreiben.

Holzpuppe

Tour 16
Skuruhatt und Skurugata –
vom Aussichtsberg in den tiefen Canyon

ca. 1,5 (2,5) h
3,2 (5,8) km
mittel

Kurze, aber anstrengende Tour über den Aussichtspunkt Skuruhatt und durch die spektakuläre Skurugata. Mit kleinem Abstecher zum Försjön-See (Alternativrunde).

Diese Wanderung führt zu einem bedeutenden **Naturdenkmal** Smålands. Dabei geht es gleich durch zwei **Naturreservate** (**Klinten** und **Skurugata**), in denen dank extensiver Bewirtschaftung der Wald besonders urwüchsig erlebbar wird, was zu den imposanten Felsformationen hervorragend passt. Vielleicht fühlt sich der ein oder andere zu den Brüdern Löwenherz nach Nangijala versetzt, „in das Land, aus dem alle Märchen und Sagen stammen, in dem noch die Zeit der Lagerfeuer und Sagen herrscht". Hier können wir wie die beiden um ein Lagerfeuer auf einer Felsplatte sitzen, wenige Meter von der senkrecht abfallenden Felskante entfernt. Auch wenn kein reißender Fluss (mehr) durch diese Schlucht fließt, so sehen wir aber immerhin einige mächtige Findlinge, ähnlich dem, den Jonathan Löwenherz auf das Ungeheuer Katla hinabstieß.

170_wSsL_haw

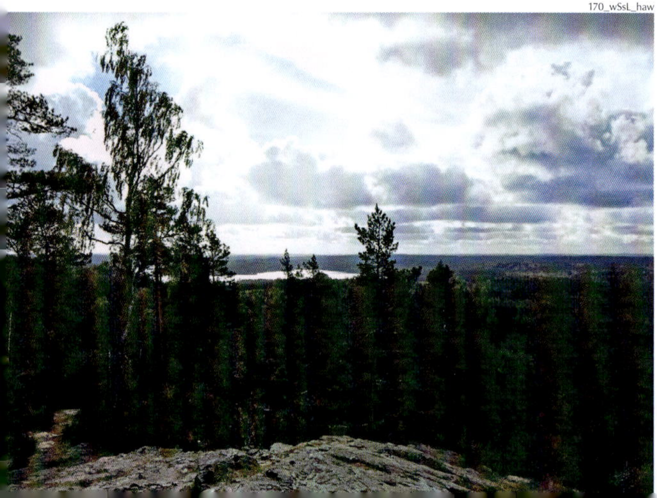

Geschichten rund um die Skurugata

Die Entstehung der Skurugata ist bis heute nicht ganz geklärt. Eine Theorie geht davon aus, dass es sich um **Spuren eines Flusses** handelt, der sich beim Abschmelzen des Inlandeises am Ende der letzten **Eiszeit** gebildet hatte. Eine andere vermutet eine **Rissbildung** im Gestein aufgrund tektonischer Bewegungen. Wie dem auch sei: Beeindruckend und inspirierend ist die Skurugata allemal. Den Menschen früherer Zeiten muss die Schlucht sehr unheimlich vorgekommen sein. Sie erfanden **Gruselgeschichten** rund um die Felsspalte, in denen neben Räubern auch überirdische bzw. unterirdische Wesen vorkamen. Am bekanntesten ist die Geschichte vom **Räuber „Jösse"**, der mit einem Troll im Bunde stand, in der Skurugata hauste und die Bauern rings umher überfiel und ausraubte.

Einmal gelang es den Bauern, den Räuber aufzuspüren, nachdem dieser einen undichten Mehlsack gestohlen hatte und eine feine weiße Spur hinter sich herzog. An der **Skuruquelle** wurde er gestellt, überwältigt und gefangen genommen und in der nahen Stadt Eksjö der Obrigkeit übergeben. Mithilfe dunkler Kräfte konnte sich Jösse aber wieder befreien und hinterließ eine Art Fluch oder Versprechen – wie man es auffassen will: Wer seine Räuberhöhle mit Gewehr und Beuteschätzen in der tiefsten Schlucht fände, der würde reich und glücklich werden. Im Vertrauen darauf, dass der Troll sein Eigentum schon gut verbergen bzw. verteidigen würde, wollte er vielleicht viele ins Verderben locken. Seither hat man jedenfalls weder Jösse noch sein Gewehr oder den Schatz gefunden. Es gibt also außer seltenen Pflanzen und Tieren noch etwas zu entdecken in der Skurugata ...

Wer sich auf den **Aussichtspunkt Skuruhatt** (mit 337 m einer der höchsten Punkte Südschwedens) und in die finstere Schlucht mit ihrer speziellen Flora und Fauna mit Moosen, Flechten und Farnen begibt, wandelt automatisch auf den Spuren des småländischen Künstlers **Albert Engström,** der in der Nähe seine Kindheit verbrachte und die außergewöhnliche Landschaft in Bild und Text festgehalten hat.

Besonderes Augenmerk sollte man auf **Kleidung** und **Ausrüstung** legen: Feste Schuhe sind ein Muss, Stöcke hilfreich. Auch an heißen Tagen bleibt es in der Skurugata kühl und feucht. Die Temperaturunterschiede können bis zu 20°C ausmachen.

Ein außergewöhnliches Schauspiel bietet die Skurugata auch im **Winter,** wenn das tropfende Wasser an den Wänden zu Eis gefriert und bizarre Formen entstehen lässt. Allerdings ist der Weg dann nicht bei allen Witterungslagen passierbar. Eine **Nachtwanderung** durch die Felsspalte kann mit einem stimmungsvollen Lagerfeuer auf Skuruhatt beendet werden, wo die an die Dunkelheit gewöhnten Augen plötzlich ganz Småland überblicken zu können meinen. In warmen Sommernächten kann es hier schon mal ein vergleichsweise großes Getümmel an Touristen und Einheimischen geben.

Überblick

Länge: 3,2 km bzw. 5,8 km
Gehzeit: ca. 1,5 Stunden bzw. 2,5 Stunden
Auf-/Abstieg: je ca. 45 m bzw. je ca. 75 m
Wegeigenschaften: Mix aus sehr gut angelegtem Schotterweg und schwergängigem Pfad
Technik: Das erste Wegstück bis Skuruhatt ist sehr leichtgängig, für Kinderwagen und sogar für Rollstuhl geeignet. Danach folgen Pfade im teils sehr unwegsamen Gelände.
Kondition: mittel, höher als die Wegstrecke vermuten lässt
Einkehrmöglichkeiten: keine
Bademöglichkeiten: Badestelle am Försjön-See (nur bei der längeren Wegroute)
Landschaft: naturnaher Mischwald, sehr felsig, tiefe Schlucht, Aussichtspunkt
Rastplätze: auf Skuruhatt sehr aufwendig angelegte Sitzbänke, Feuerstellen und Unterstände; bei der längeren Wegroute weiterer Rastplatz am Försjön-See, Sitzbänke auch am Parkplatz (Start- und Zielpunkt)
Anfahrt: In Eksjö fährt man im zweiten Kreisverkehr (von Osten kommend) bei der Tankstelle und dem ICA-Supermarkt rechts ab. Hinter dem Willys-Supermarkt an der T-Kreuzung links und sofort wieder rechts auf eine kleine Straße, die zunächst durch ein Villenviertel und dann in vielen Kurven in den Wald führt. Nach etwa 10 km ist der Wanderparkplatz nach rechts ausgeschildert (GPS N 57.70131, E 15.08839). Kein öffentlicher Nahverkehr.

Wegbeschreibung

Die Wanderung beginnt am **Parkplatz des Naturreservats Skurugata/Klinten (1).** Hier stehen einige Hinweistafeln und schöne Sitzbänke. Außerdem gibt es eine Trockentoilette.

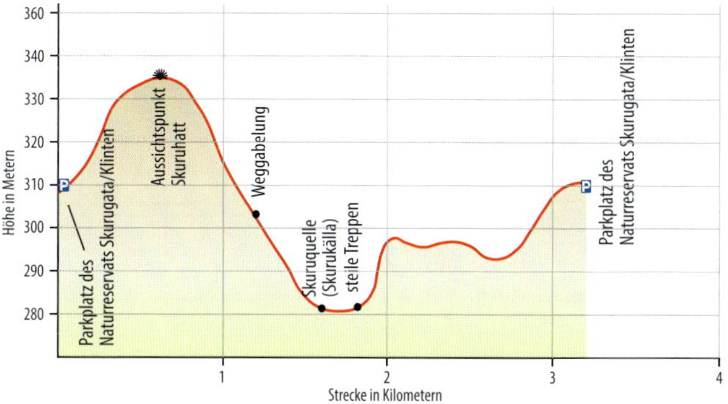

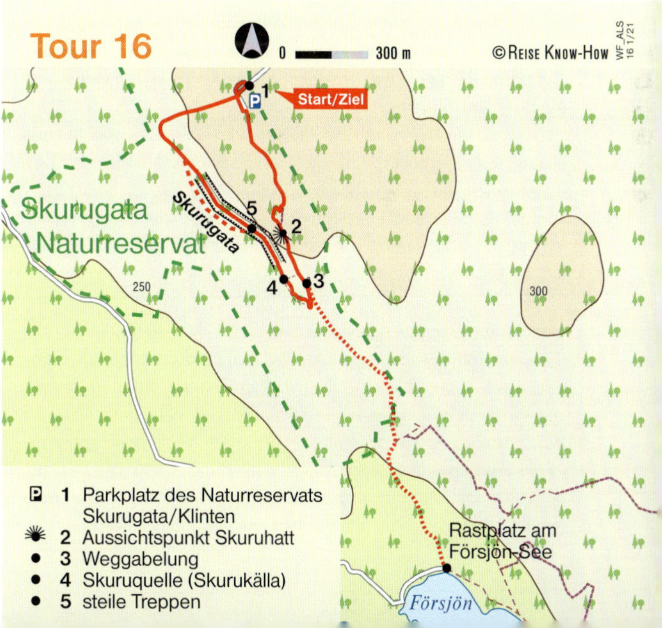

Albert Engström

In Deutschland wenig bekannt, aber in seiner Heimat immer noch sehr präsent, ist der vielseitig begabte **Autor, Maler, Zeichner** und **Humorist** Albert Engström (1869–1940). Seine Spuren kreuzen sich lose mit denen Astrid Lindgrens: So wohnte Engström eine Zeit lang auf dem herrschaftlichen Anwesen **Mossebo** zwischen **Mariannelund** und **Vimmerby** (heute Café/Restaurant, s. Tour Nr. 9), wo er als **Hauslehrer** des Majorssohnes ein bescheidenes Auskommen fand und nebenher auf dem Nachbargut der jungen und hübschen Sigrid Sparre den Hof machen konnte, die er schließlich auch heiratete. Astrid Lindgrens Mutter, **Hanna von Hult,** wurde vor ihrer Hochzeit auf denselben Hof geschickt, um ihre Haushaltsführung zu perfektionieren. Wenige Jahre liegen zwischen den beiden Gastaufenthalten.

Bekannt waren (und sind) vor allem Engströms **Landschaftsbilder,** seine teils **karikaturhaften Zeichnungen** und seine **Spuk- und Lausbubengeschichten,** die einen gewissen Niederschlag in den Geschichten von „Michel aus Lönneberga" gefunden haben mögen, auch wenn die konkreten Michel-Streiche wohl zum nicht geringen Teil auf echte Streiche von Astrid Lindgrens Vater zurückzuführen sind. Als Literaturgattung hoffähig gemacht hatte aber wohl erstmals Albert Engström die humorvoll-herben Erzählungen von **Bauernjungen,** die es faustdick hinter den Ohren haben. Interessantes Detail: Albert Engströms Geburtshaus liegt nur wenige Meter von der Kirche in Lönneberga entfernt (vgl. Tour Nr. 4).

Den größten Teil seiner Kindheit verbrachte der Autor aber in **Hult,** einem Dorf nahe bei Eksjö, von wo aus die Skurugata nur wenige Kilometer entfernt liegt. Die Schlucht mitten im Wald zog den umtriebigen, künstlerisch begabten Jungen offenbar magisch an. Hier streifte er durch die Wälder, malte und zeichnete die Landschaft und ließ seiner Fantasie freien Lauf.

Als junger Erwachsener ging er (wie Astrid Lindgren) zunächst zur Regionalzeitung, ergriff dann aber die Möglichkeit zu studieren: Alte Sprachen, Literatur und Kunst (u. a. bei Carl Larsson). Er gründete eine Zeitschrift und publizierte Bücher. **Landesweite Aufmerksamkeit** erzielte Engström übrigens mit seiner Kampagne im Zusammenhang der Volksabstimmung zur Alkoholfrage 1922. Er trat energisch gegen die (schlussendlich eingeführten) Restriktionen ein, da die Krebse beim traditionellen Krebsessen im August den Schnaps einfach bräuchten (so zumindest die Argumentation seiner berühmt gewordenen Plakate).

Seine **Bekanntheit** zeigte sich nach seinem **Tod** z. B. in schwedischen Briefmarken ihm zu Ehren, der Gründung einer Albert-Engström-Gesellschaft und eines Museums in Eksjö. In Hult hat man sein ehemaliges Wohnhaus in den Hembygdspark integriert, der hier „Albert-Engströmsgård" heißt. Auf einer Bühne werden im Sommer ab und an Laientheaterstücke in småländischem Dialekt nach seinen Prosatexten gespielt.

171_wSsL_haw

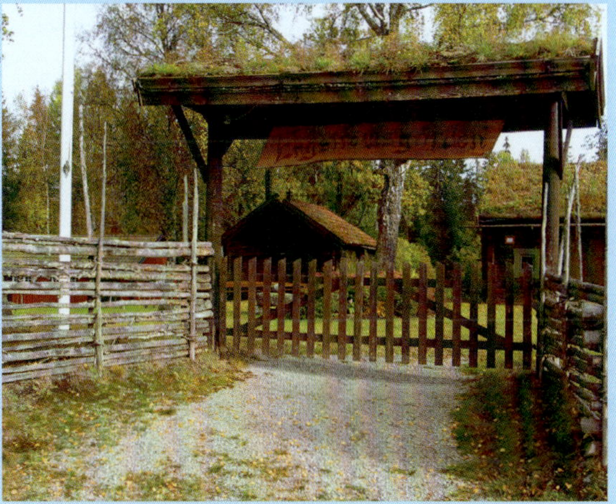

Zunächst folgen wir dem breit ausgebauten, geschotterten Wanderweg Richtung Skuruhatt, der auch für Rollstuhlfahrer geeignet ist und eine sehr gute Qualität aufweist. Entlang des Weges erkennt man an einigen Stellen, wie ältere, angepflanzte Fichten gefällt worden sind, um Platz zu schaffen für einen Naturwald, in dem verschiedene Laub- und Nadelbäume ungestört nebeneinander heranwachsen können. Aus den gefällten Baumriesen hat man Sitzgelegenheiten und kleine Abenteuerspielplätze geschaffen. Das restliche Totholz überlässt man den natürlichen Abbauprozessen als Lebensraum für Insekten, Pilze usw.

„Albert-Engströmsgård"

Nach weniger als einem Kilometer sehr sanften Aufstiegs erreicht man bereits den **Aussichtspunkt Skuruhatt (2)**, von wo aus man einen beeindruckenden Blick auf die Wälder Smålands genießen kann. Einzelne Seen blinken bei Sonnenschein zwischen dem dunklen Grün grell hervor. Wir stehen auf einem von Gletschereis glatt geschliffenen Felsen, der zunächst sanft bergab geht, ein Stück weiter geradeaus aber fast senkrecht in die Schlucht hinabfällt, weshalb man sich nicht zu weit vorwagen sollte. Auf Skuruhatt wurden viele Sitzgelegenheiten mit und ohne Unterstand angelegt, dazu noch Grill- und Feuerstellen und ein Brennholzvorratsschuppen. Es fehlt hier an nichts, weshalb die Stelle auch gerne von Jugendlichen zum abendlichen Feiern aufgesucht wird, was man auch an vielen typischen Kohlezeichnungen und -schriftzügen an den Wänden erkennen kann. Ein Gedenkstein auf dem Felsen erinnert an den berühmten Zeichner und Dichter Albert Engström, der in der Nähe wohnte und die Gegend eindrucksvoll beschrieben hat.

Die Fortsetzung der Tour führt uns jetzt auf steilem, felsigunwegsamem Pfad bergab. Nach einem knappen Kilometer **gabelt sich der Weg (3).** Scharf rechts geht es in die Skurugata, geradeaus können wir noch einen **Abstecher zum Försjön-See** machen (Alternativroute): Durch einen ertragreichen Heidel- und Preiselbeerwald läuft das Gefälle nach unten hin sachte aus. Bald mündet der Pfad in einen schmalen Fahrweg, auf dem wir ca. 1,5 km hinter der Gabelung das Ufer des schönen Sees erreichen, der nur den Namen mit dem Försjön aus Tour Nr. 9 teilt. Vor uns breitet sich eine größere Wasserfläche mit Buchten und Inseln aus, die zum Baden einlädt. Ein Grillplatz mit Unterstand und ein Steg machen den Platz zu einem hervorragenden **Rastplatz.**

Wir nehmen denselben Weg zurück bis zur **Weggabelung (3)** und biegen jetzt links nach unten ab in Richtung Skurugata. Alle Wegabschnitte sind gut beschildert. Bald erreichen wir die **Skuruquelle (Skurukälla) (4),** die quasi den Beginn der eigentlichen Schlucht markiert. Von hier ab wird es noch einmal unwegsam, vor allem bei feuchter Witterung oder im Frühling, wenn sich das Schmelzwasser auf dem Boden staut. Immer wieder gibt es kleine steilere Abschnitte, die teils auch mit Stufen ausgebaut oder mit Seilen gesichert worden sind. Rechts und links von uns ragen die Wände des Canyons 20–35 m fast gerade nach oben. Wir folgen dieser natürlichen Straße („gata") bis zu ihrem Ende, oder aber wir entfliehen der Schlucht auf ungefähr halber Strecke. Links ab gibt es **steile Treppen (5),** die uns auf die linke Oberkante der Bruchkante führen. Von hier aus folgen wir einem schmalen Pfad parallel der Schlucht, sodass wir jetzt den beeindruckenden Blick von oben nach unten haben: eine interessante Abwechslung zum Verlauf des ersten Wegstücks. Beide Wege verlaufen also im Abstand von nur wenigen Metern Luftlinie. Am Ende der Skurugata vereinigen sie sich wieder. Jetzt ist der aufregende Wegteil zu Ende und nur noch ein paar Hundert Meter trennen uns vom Parkplatz.

An der nächsten Gabelung muss man sich rechts halten, bald darauf geht es wieder rechts ab. Linker Hand findet sich hier ein Einzelhof umgeben von Wiesen.

172_wSsL_haw

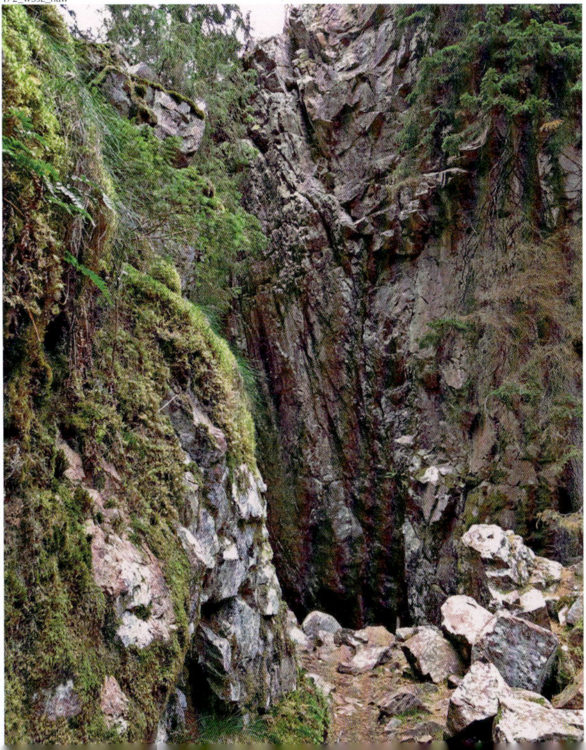

Tour 17 Rundwanderung um das Naturschutzgebiet Södra Bråta –

„Bist du je an einem Julimorgen durch einen Wald in Småland gelaufen?"

ca. 3,5 h
9,8 (10,4) km
mittel

Landschaftlich reizvolle Rundtour beginnend an einem kleinen, wenig bekannten Kulturschatz, durch typisch småländischen Wald, mit schönen Ausblicken und mit mehreren Badegelegenheiten.

„Wenn du auch einmal an einem frühen Sonntagmorgen im Juni in einem Wald in Småland gewesen bist, dann wirst du dich erinnern, wie das ist: Du hörst den Kuckuck rufen und die Amsel flöten, und du fühlst, wie weich die Kiefernnadeln unter deinen

173_wSsL_haw

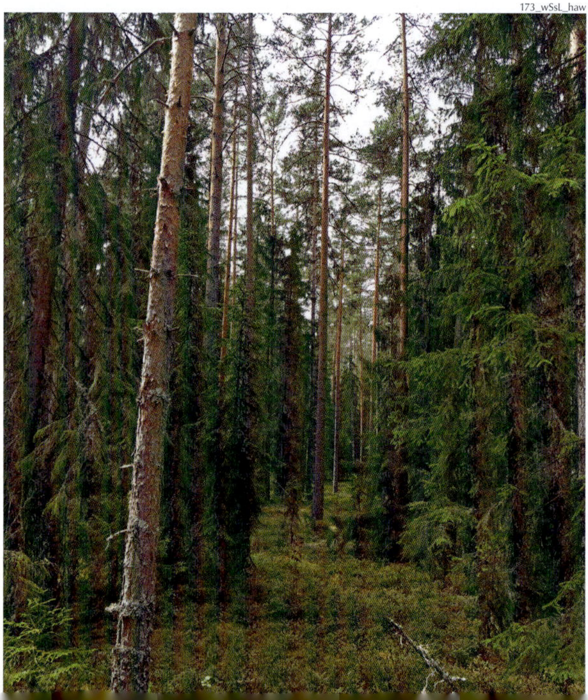

Das Naturreservat Södra Bråta

Der Hof **Södra Bråta** blickt zurück auf eine durchgehende und kontinuierliche Siedlungsgeschichte seit dem 16. Jahrhundert. Bis in die 1990er-Jahre hinein änderte sich wenig an der Wirtschaftsweise. Die Eigentümer versuchten, ihre traditionellen Methoden der **Weidewirtschaft** so lange wie möglich weiterzuführen und schufen dadurch einen einzigartigen Ort, an dem eine uralte **Kulturlandschaft** lebendig blieb und eine einmalige ökologische Vielfalt zu bewundern ist. Auf einem Quadratmeter Wiese wurden 40 verschiedene Gras- und Blumensorten gezählt, darunter die Gewöhnliche Kreuzblume, der Kleine Klappertopf, Borstgras, das Mittlere Zittergras und seltene Unterarten des Feldkranzenzians. Es leben hier über 50 verschiedene Tagfaltersorten, darunter auch **bedrohte Arten.**

Das Bundesland Östergötland hat Södra Bråta 2007 übernommen und anschließend zum **Reservat** erklärt, damit diese „ökologische Insel" erhalten bleibt. Durch den reizvoll angelegten **Wanderweg** ist es für die Allgemeinheit zugänglich geworden. Die Wohn- und Wirtschaftsgebäude sind aber in der Regel für Besucher geschlossen.

174_wSsL_haw

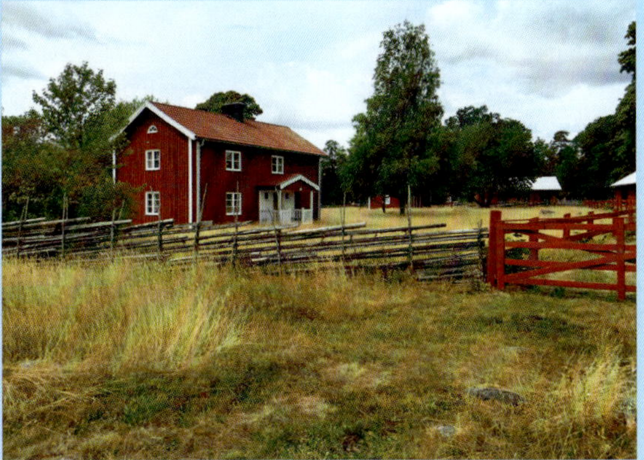

Zäune bei Södra Bråta

Naturreservat Södra Bråta: Im Wald

nackten Füßen sind und wie schön die Sonne deinen Nacken wärmt. Du gehst dahin und magst den Harzduft von Kiefern und Tannen, und du siehst, wie weiß die Walderdbeeren auf den Lichtungen blühen. Genauso empfand es auch **Michel,** und deshalb hatte er keine Eile, aber schließlich kam er doch zu dem Häuschen von Krösa-Maja, das so klein und grau und verfallen da lag, dass es kaum zwischen den Bäumen zu sehen war". Genau diese Szene, als Michel zu Krösa-Majas Kate durch den Wald läuft, wurde bei Södra Bråta, hoch über dem Tal des Silverån gedreht. Dort existierte zur Drehzeit ein Gehöft, das noch ganz traditionell bewirtschaftet wurde und dessen Nutzflächen dementsprechend als Drehort besonders geeignet waren. Inzwischen wurde der Bereich als **Reservat** unter Schutz gestellt, mit dem Ziel, die Fläche in ihrer derzeitigen, also ganz altertümlichen Form zu wahren. Reizvoll an der Rundtour ist auch der tief liegende Abschnitt im Tal des Silverån, der sich mehrmals zu kleinen Seen weitet.

Überblick

Länge: 9,8 km (alternativ 10,4 km)
Gehzeit: ca. 3,5 Stunden
Auf-/Abstieg: je ca. 180 m
Wegeigenschaften: Mix aus allen Wegkategorien
Technik: meist breitere Fahr- und Wirtschaftswege, aber auch Pfadanteil, ein kurzes Stück querfeldein (kann aber auch alternativ umgangen werden), nicht für Kinderwagen geeignet
Kondition: mittel
Einkehrmöglichkeiten: keine
Bademöglichkeiten: Wasserzugänge und einfach angelegte Badestellen am Börlingen, Gnöstasjön und Hålsjön, die alle drei zum Wasserlauf des Silverån gehören
Landschaft: im Naturreservat Felder und Wiesen, ansonsten vorwiegend Nadelwald, Fluss- und Seenlandschaft im Silverråntal
Rastplätze: zwei Rastplätze an den Seen in der Mitte der Tour
Anfahrt: Von Mariannelund oder Ingatorp aus auf Nebenstraßen nach Norden zum Westufer des Sees Hjorten. Von der kleinen Siedlung Tyresbo aus weiter nach Westen über Hamra und Gnöst nach Södra Bråta (kleine Schotterstraße) bis zum Besucherparkplatz (GPS N 57.71494, E 15.43136). Kein öffentlicher Nahverkehr.

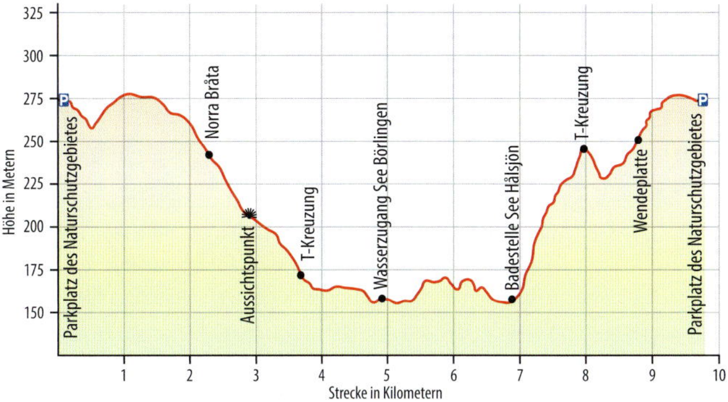
Höhe in Metern
325
300
275
250
225
200
175
150
Parkplatz des Naturschutzgebietes
Norra Bråta
Aussichtspunkt
T-Kreuzung
Wasserzugang See Börlingen
Badestelle See Hålsjön
T-Kreuzung
Wendeplatte
Parkplatz des Naturschutzgebietes
1
2
3
4
5
6
7
8
9
10
Strecke in Kilometern

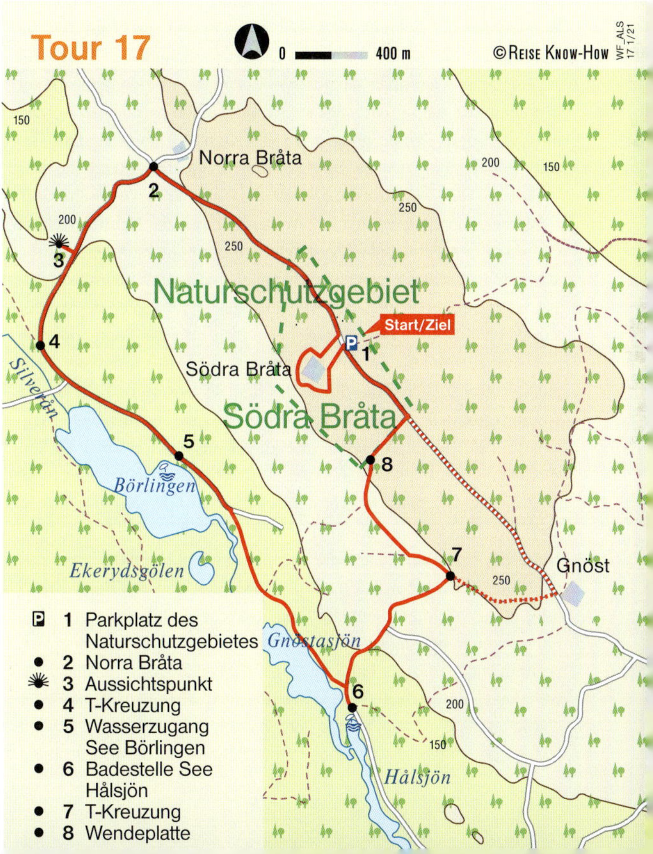
Tour 17
0
400 m
©Reise Know-How
WF_ALS 17 1/21
Norra Bråta
Naturschutzgebiet
Södra Bråta
Södra Bråta
Start/Ziel
Silverån
Börlingen
Ekerydsgölen
Gnöstasjön
Hålsjön
Gnöst
150
200
250
1 Parkplatz des Naturschutzgebietes
2 Norra Bråta
3 Aussichtspunkt
4 T-Kreuzung
5 Wasserzugang See Börlingen
6 Badestelle See Hålsjön
7 T-Kreuzung
8 Wendeplatte

Smålandszäune

An kaum einem anderen Platz gibt es noch ähnlich imposante Smålandszäune wie hier in **Södra Bråta,** obwohl die traditionell gefertigten Einfriedungen im ganzen Land noch weit verbreitet sind. Aber so lang und durchgehend und so schön geschwungen wie hier findet man sie doch selten. Jahrhundertelang waren sie neben den Steinmauern der am weitesten verbreitete Typ der **Feld- und Wiesenbegrenzung:** Für Weide- wie für Raubtiere schwer zu überwinden, kostengünstig im Material und recycelbar.

Für die senkrechten Pfosten wird in der Regel feuchtigkeitsbeständiges **Wacholderholz** genommen, das man mit der Axt etwas anspitzt und meist im Feuer leicht ankokelt, um die Haltbarkeit weiter zu erhöhen. Als Paar werden sie ein gutes Stück weit in den Boden geschlagen, wo sie ca. 10 Jahre stabil stehen, bis auch an ihnen der Zahn der Zeit nagt und sie von unten nach oben allmählich etwas mürbe werden. Jetzt kommt der Zeitpunkt, wo sie ein Stück weiter nach unten geschlagen werden müssen, woran sich im günstigen Fall weitere 10 Jahre Stillstand anschließen können. Dieses Spiel wird so lange fortgesetzt, bis das senkrechte Ende zu kurz geworden ist und komplett ausgetauscht wird.

Die beiden Pfähle werden mit **Weiden** oder jungen **Fichtenzweigen** mehrfach in regelmäßigen Abständen zusammengebunden. Auf die achtförmigen Schlaufen legt man jetzt einfach diagonal junge, grob entastete Fichtenstämme von ca. 4 Metern, die beim Auslichten des Waldes ansonsten als Totholz liegen geblieben wären, oder die Kopfenden von größeren gefällten Bäumen. Auch bei den wenig wasserresistenten Fichten verrottet zunächst das Stück, das den Bodenkontakt hält. Da die Gesamtkonstruktion aber sehr gut belüftet ist, dauert es auch hier etliche Jahre, bis durch Nachschieben oder durch Austausch etwaige Lücken wieder geschlossen werden müssen. Wenn der Zaun einmal steht, muss er immer wieder gewartet werden. Aber im Grunde wird er nie mehr komplett ausgetauscht, sondern immer nur partiell.

Aus der Entfernung sehen die Zäune sehr leicht und filigran aus. Aus der Nähe betrachtet, wundert man sich bisweilen, dass sich doch das ein oder andere richtige Bäumchen mit stattlichem Durchmesser in das Zaungeflecht hineingemogelt hat. Die Smålandszäune lassen sich besonders gut an landschaftliche Unebenheiten anpassen, miteinander verbinden bzw. verzweigen. Es lassen sich auch sehr einfach Gatter oder Toröffnungen einbauen. Häufig sieht man sie auch in Kombination mit Steinmauern oder als Ausläufer und Übergang in diese. Mit ihnen zusammen sind sie Sinnbild der småländischen **Kulturlandschaft.** Im Schwedischen heißen die Zäune *Gärdesgård*, wörtlich übersetzt „Feldergarten“, womit die einzelnen Zaunsegmente gemeint sind. Der deutsche Begriff Smålandszaun ist insofern irreführend, als dieser Zauntyp auch in den weiter nördlich gelegenen Regionen Schwedens und auch in anderen Ländern Nordeuropas verbreitet ist.

215_wSsL_haw

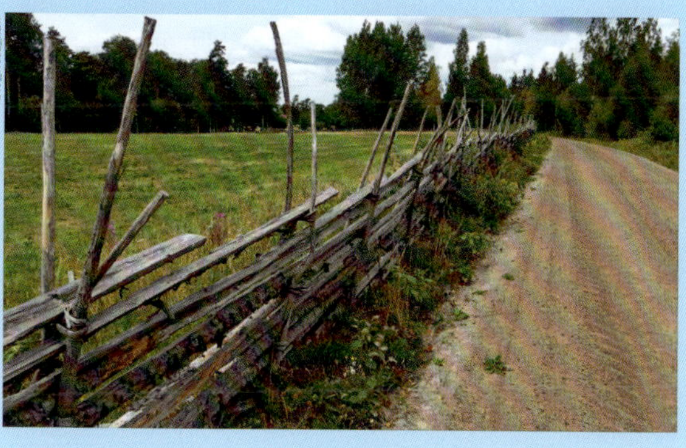

Wegbeschreibung

Die Rundtour startet vom **Parkplatz des Naturschutzgebietes (1),** wo man sich an Bild- und Texttafeln über Södra Bråta informieren kann. Dort geht es zunächst los mit der orange markierten kleinen Wanderrunde des Naturreservats, die links am Wohnhaus vorbeiführt und einen schönen Ausblick weit über das Tal des Silverån bietet. Nach ein paar Biegungen führt der Pfad entlang der Rückseite des Hauses an Scheunen und Wirtschaftsgebäuden vorbei zurück. Sobald wir auf die Schotterstraße stoßen, verlassen wir die orangefarbenen Markierungen und folgen der kaum befahrenen Straße nach links. Erst begleiten uns noch Wiesen, dann lichter Wald, der dichter wird. Wenn wir die nächste kleine Siedlung, **Norra Bråta (2),** erreichen, biegen wir links in einen Schotterweg ab (Beschilderung: „N:a Bråtavägen“), dem wir bis zum Ende talabwärts folgen. Zwischen-

Langer Smålandszaun bei Södra Bråta

drin wird rechts ein Felsen sichtbar, der sich als **Aussichtspunkt (3)** eignet (kleines Stück querfeldein). Unten angekommen folgt man an der **T-Kreuzung (4)** dem breiten Schotterweg nach links (nicht scharf links in den Waldweg biegen). Bald kommen wir an einem hübschen kleinen Torp mit auffälliger Wildfütterung und hübschem Erdkellereingang vorbei. Wie viele Torps scheint das Haus heute als Ferienhaus genutzt und nicht mehr von Krösa-Maja bewohnt. Wir bleiben auf dem Weg geradeaus (Beschilderung: „Hammarsbergsvägen"). Rechts wird nun immer wieder der Wasserlauf des Silverån sichtbar, der sich bald auch zum **See Börlingen** verbreitert. Verschiedene Waldsorten wechseln sich ab. An einem ersten schön angelegten **Wasserzugang (5)** belehrt uns das Schild „Camping förbjuden", dass wir hier nicht übernachten dürfen. Baden und Ausruhen unter der auffälligen Zwillingskiefer ist jedoch erlaubt.

Nach der Rast gehen wir den Weg weiter bis zu einer Gabelung, halten uns rechts und stoßen wieder kurz auf den Fluss. Nach einer Schranke und einer Rechtsbiegung wird der nächste See Gnöstasjön sichtbar. Der Weg mündet am Ufer in eine Wendeplatte und führt dahinter in einen schmalen Pfad entlang

176_wSsL_haw

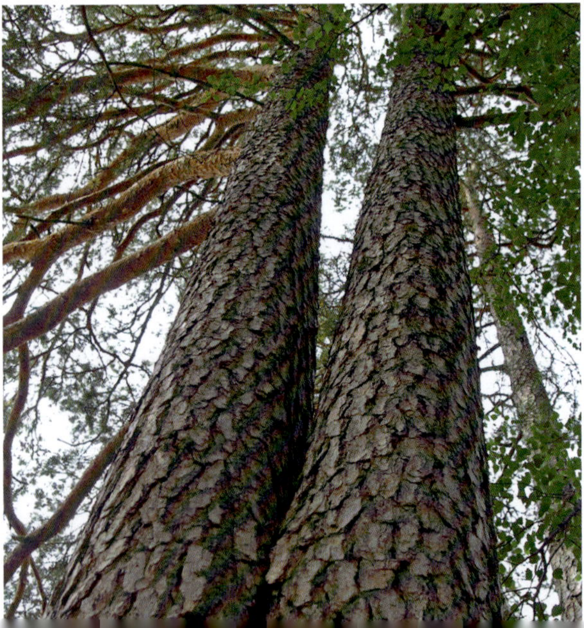

des Sees mit recht steilem Uferbereich. Am Ende des Sees führt der Pfad durch einen Rodungsbereich leicht aufwärts und stößt auf einen Fahrweg, der scharf links den Berg hinauf wieder in Richtung des Parkplatzes führt. Vorher können wir noch einen lohnenden Abstecher nach rechts unten nehmen und gelangen zum nächsten **See Hålsjön** mit einer schönen, aber auch etwas heruntergekommenen weiteren **Badestelle (6).** Der sandige Grund ist sehr angenehm zum Baden. Ein Déjà-vu bietet die Zwillingskiefer, die von der ersten Wasserstelle verpflanzt zu sein scheint.

Statt der weiteren Baderast kann man aber auch direkt den recht steilen Anstieg des Fahrwegs in Angriff nehmen. Ab und an gibt es schöne Ausblicke ins Land. Man folgt dem Forstweg bis zu einer **T-Kreuzung (7),** wo wir nach links abbiegen. Es geht jetzt leicht bergab. An der folgenden Gabelung hält man sich rechts und wandert durch Nadelwald mit einzelnen Birken dazwischen. An der ersten Abzweigung rechts biegen wir ab, bis wir bald zu einer **Wendeplatte (8)** kommen, wo der Weg endet. Von hier aus ist es nur noch ein kurzes Stück bis zum Naturschutzgebiet Södra Bråta.

Frei nach schwedischer Wandertradition geht es jetzt querfeldein weiter. Als erstes Ziel peilt man geradeaus durch den stark ausgedünnten Wald einen Hochsitz an, der zwischen Birkenjungwald und einem schmalen Streifen älteren Kiefernwaldes gut sichtbar ist. Den schmalen Kiefernstreifen durchquert man nun, bis man an den deutlich mit weißen Markierungen versehenen Grenzzaun des Naturreservates stößt, dem man bis zur Schotterstraße zurück folgen kann. Dieser Abschnitt ist teils recht unwegsam und es bietet sich an, auf einen parallel zum Zaun verlaufenden Trampelpfad innerhalb des Reservats zu wechseln. Wenn wir uns bis zur Straße gekämpft haben, geht es noch ein kleines Stück links entlang der imposanten Smålandszäune bis zum Parkplatz zurück. Wem die Querfeldein-Passage nicht geheuer ist, kann alternativ auf befestigten Wegen bleiben und hält sich an der oben genannten **T-Kreuzung (7)** rechts statt links. Nach ca. 500 Metern stößt man in dem kleinen Weiler Gnöst auf die Schotterstraße, der man nach links zum Parkplatz folgt.

Zwillingskiefer

Angeln in Småland

Als *fisk* bezeichnet man in Schweden Fisch. Die Tätigkeit des Fischens heißt *fiske* bzw. als Verb *att fiska* – alles Begriffe, die auf Hinweistafeln an Gewässern häufig zu lesen sind. Die vielen Seen und Flüsse Südschwedens locken Angler aus nah und fern in großer Zahl. An vielen Stellen legen ortsansässige **Angelvereine** feste Plätze an mit **Bootsstegen, Grillplätzen,** manchmal auch mit **Hütten** oder kleinen **Vereinshäusern.** Von See zu See und von Fluss zu Fluss unterscheidet sich der Fischbestand manchmal beträchtlich.

Am häufigsten kommen vor:
Zander – gös
Hecht – gädda
Barsch – aborre
Saibling – röding
Schleie – sutare
Maräne – sik
Forelle – öring/regnbågslax

Geangelt wird sowohl vom Ufer aus als auch mit Boot. **Angelscheine** werden normalerweise nicht verlangt, aber in der Regel muss eine **Angelerlaubnis** in Form einer sog. *fiskekort* eingeholt werden, die meist zwischen 10,– und 60,– SEK pro Tag kostet. Oft sind in Ufernähe Telefonnummern angeschlagen, wo man die Angelkarte erwerben kann. Bezahlt wird vielfach über den Onlinebezahldienst Swish, der in Schweden weit verbreitet ist. Die Gewässer und mit ihnen die Angelrechte befinden sich oftmals in **Privatbesitz,** sodass man direkt beim Eigentümer bezahlt. Vielfach kann eine *fiskekort* aber auch bei einer **Touristeninformation** erworben werden. Dort bekommt man auch nähere Informationen über die speziellen Eigenschaften von bestimmten Gewässern, über Bootsverleihe und Schwimmwesten. Im Vätternsee und an der Ostseeküste ist das Angeln teils ohne Karte erlaubt. Ausnahmen gibt es auch für Kinder, die in der Regel kostenlos angeln dürfen.

Als besondere Form des Angelns wird im Winter vielfach das **Eisangeln** praktiziert: Mit eigens dafür vorgesehenen Bohrern wird in die Eisdecke eines zugefrorenen Sees ein Loch gebohrt, durch das die Köder ins Wasser gelassen werden. Im August kann man an vielen Seen auch die Schaumstoff-Schwimmer der Reusen sehen, mit denen Krebse gefangen werden. Für das **Krebsfischen** *(kräftfiske)* gelten besondere Bestimmungen.

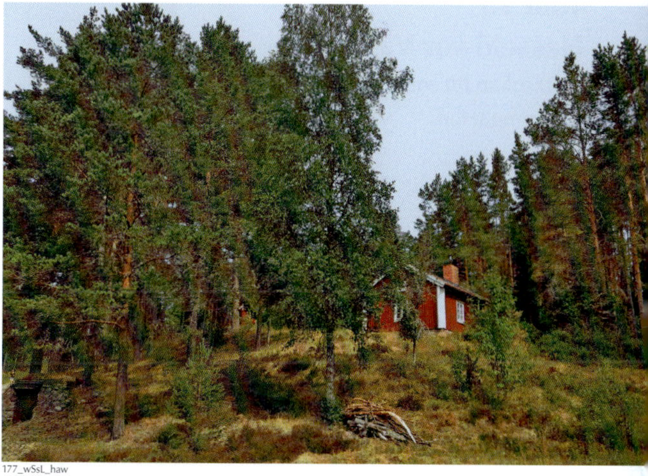

177_wSsL_haw

Torp im Tal mit Erdkeller

Badestelle

178_wSsL_haw

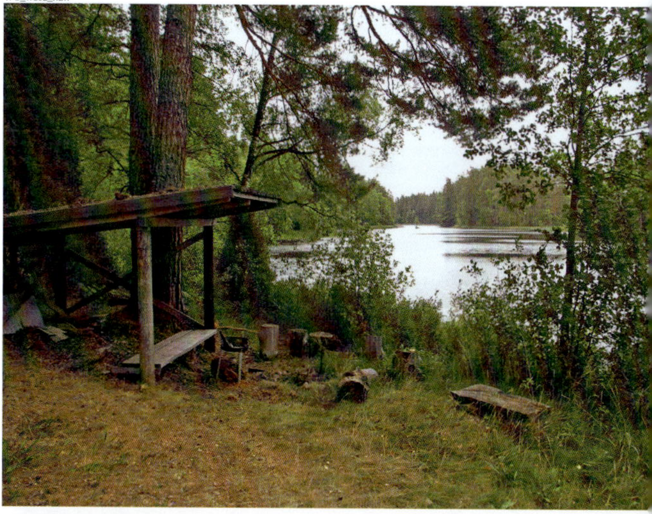

Tour 18
Hasselö vor Västervik –
Saltkrokan im småländischen Schärengarten

ca. 2 h
12 km
leicht

Leichter „Familientriathlon": Boots-, Fahrrad- und Wandertour über eine kleine Ostseeinsel, auf der die Zeit stillzustehen scheint mit Badeklippen, Sandstrand, Möwengeschrei, Meeresbrise und wunderschöner Landschaft.

„Malin, Malin, wo bist du so lange gewesen? Diese Insel hat hier gelegen und auf dich gewartet, ruhig und still hat sie hier draußen am Rande des Meeres gelegen mit ihren rührenden kleinen Bootshäusern, ihrer alten Dorfstraße, ihren alten Bootsstegen und Fischerbooten und mit all ihrer herzzerreißenden Schönheit, und du hast es nicht einmal gewusst. Ist das nicht furchtbar? Ich möchte wissen, was Gott sich gedacht hat, als er diese Insel machte. Ich will es ein bisschen gemischt haben, hat er sicher gedacht. Karg soll es sein, raue, graue Felsen möchte ich haben. Lieblich soll es sein, grüne Bäume, Eichen und Birken, blühende Wiesen und blühende Sträucher, o doch, denn ich möchte, dass die ganze Insel von rosa Heckenrosen und duftendem Weißdorn überquillt an jenem fernen Junitag in tausend Millionen Jahren, wenn Malin Melcherson dorthin kommt."

So schrieb Astrid Lindgrens Romanfigur Malin in **„Ferien auf Saltkrokan"** in ihr Tagebuch. Die Autorin verbrachte selbst seit

179_wSsL_haw

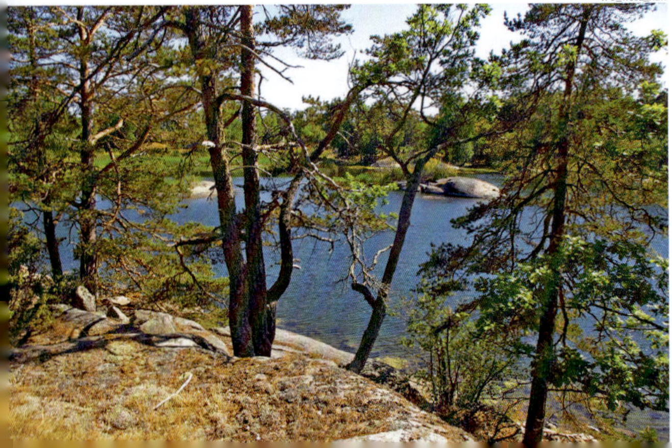

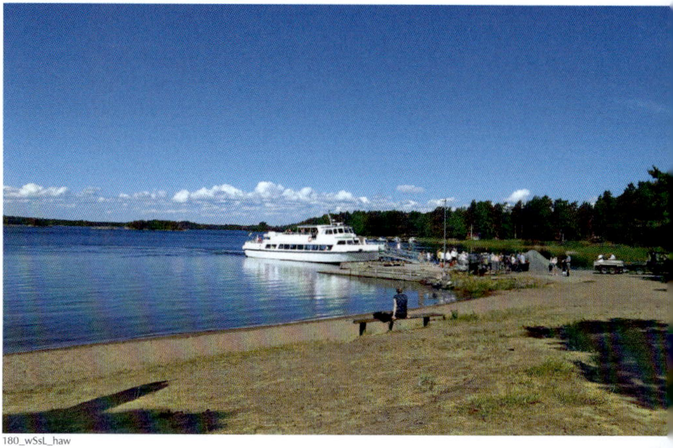

180_wSsL_haw

den 1930er-Jahren ihre Sommer in den **Stockholmer Schären** auf der **Insel Furusund** im Haus Stenhällen, das zunächst ihren Schwiegereltern, nach deren Tod 1947 ihrer eigenen Familie gehörte. Die Aufenthalte dort flossen in ihre Erzählung „Vi på Saltkråkan" ein, die 1964 fast zeitgleich als Film und als Buch erschienen sind. Die lustigen und rührenden Geschichten des Witwers Melcher Melcherson und seiner vier Kinder beflügeln seither schwedische Sommerträume. Gedreht wurde auf den Inseln **Norröra** und **Söderöra,** wie auch auf den bereits zu Finnland gehörenden **Åland-Inseln** östlich der Hauptstadt.

Während der alte Melcherson mehr schlecht als recht am alten Schreinerhaus herumbastelt, versucht seine älteste Tochter Malin, mit kleinen Handgriffen für Ordnung und Gemütlichkeit zu sorgen. So auch Astrid Lindgren in Stenhällen, die viel Mühe und Liebe in das Anwesen steckt, um es zu einem wirklichen Heim zu machen. Fast siebzig Jahre lang ist ihr der Balkon mit Blick auf den Sund ein wichtiger Arbeitsplatz. In späteren Jahren kaufte sie zwei Häuser dazu, um mit Kindern und allen Enkelkindern die Sommer hier verbringen zu können. Sie liebte diesen

Anleger auf Hasselö

Nordende der Hasselö

Platz, freute sich jedes Jahr auf die Sommerfrische dort und nannte ihr Haus „mein Freudenhaus".

An der Ostseeküste entlang nach Norden wie nach Süden finden sich viele solcher **Schärengebiete** oder **„Skärgårdar"**, wie es auf Schwedisch heißt. Ein besonders schöner und unter Seglern beliebter *Skärgård* (Tjusts skärgård) liegt vor der Stadt **Västervik** am östlichen Ende von Småland, in deren Zentrum die Hasselö liegt. Sie ist mit dem Ausflugsboot gut erreichbar, aber dennoch ruhig und beschaulich. Zum Fortkommen eignen sich hervorragend Fahrräder, mit denen die Insel an einem Tag komplett durchquert werden kann. Wer über Nacht bleiben möchte, findet z. B. im Vandrarhem der Insel eine Bleibe.

Überblick

Länge: 4 km Wanderung, ca. 7,5 km Fahrradtour, Hin- und Rückfahrt mit Boot ab Västervik (Linienverkehr)
Auf-/Abstieg: je ca. 55 m
Technik: meist einfach, an einigen Stellen, wo es direkt über die Badeklippen und Felsen geht, etwas unwegsam, für Kinderwagen ungeeignet, kaum Steigung
Kondition: gering
Gehzeit: ca. 2 Stunden (inklusive Fahrradabschnitt)
Wegeigenschaften: Mix aus Schotterwegen, Waldwegen, Pfad und markierten Felsabschnitten
Landschaft: traditionelle Kulturlandschaft, Küstenwald, Meerblick
Einkehrmöglichkeiten: Restaurant Sjökanten; kleine Speisen und Getränke auf dem Ausflugsboot Freden und am Kiosk des Fähranlegers auf Hasselö. Großes Angebot an Restaurants in allen Kategorien in Västervik
Rastplätze: zahlreiche angelegte und auch „natürliche" Rastplätze unterwegs
Bademöglichkeiten: zwei Zugänge zum Meer, davon einer mit abgegrenztem Schwimmbereich
Anreise: Von der Autobahn E22 die Stadtausfahrt Västervik nehmen, jetzt lange dem Straßenverlauf folgen bis zum stadtnahen Hafenkai, wo die Ausflugsboote direkt an einem größeren (gebührenpflichtigen) Parkplatz ablegen. Hinweisschilder mit Fährensymbol können in Västervik irreleiten, denn es gibt noch

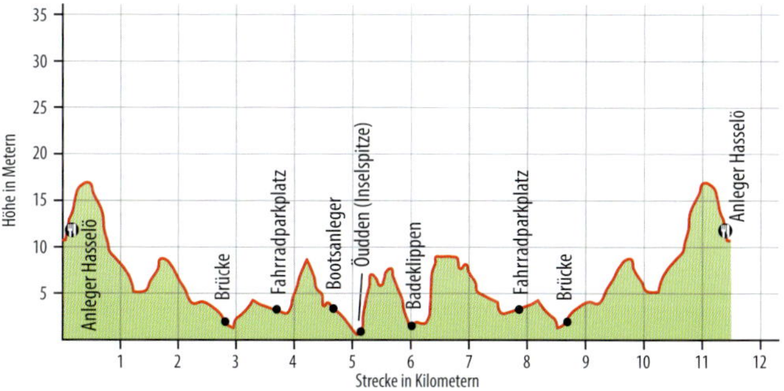
Höhe in Metern
35
30
25
20
15
10
5
Anleger Hasselö
Brücke
Fahrradparkplatz
Bootsanleger
Öudden (Inselspitze)
Badeklippen
Fahrradparkplatz
Brücke
Anleger Hasselö
1
2
3
4
5
6
7
8
9
10
11
12
Strecke in Kilometern

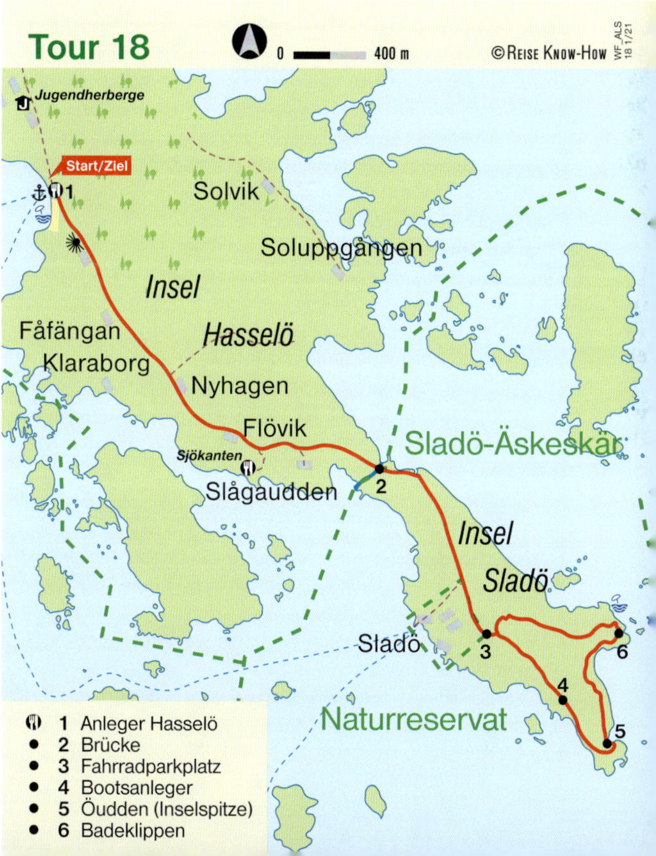
Tour 18
0
400 m
©Reise Know-How
WF_ALS 18 1/21
Jugendherberge
Start/Ziel
1
Solvik
Soluppgången
Insel
Hasselö
Fåfängan
Klaraborg
Nyhagen
Flövik
Sjökanten
Slågaudden
2
Sladö-Äskeskär
Insel
Sladö
Sladö
3
6
4
5
Naturreservat
1 Anleger Hasselö
2 Brücke
3 Fahrradparkplatz
4 Bootsanleger
5 Öudden (Inselspitze)
6 Badeklippen

Västervik

Kommt man aus dem wald- und seenreichen Binnenland nach **Västervik,** fährt man quasi die gleiche Strecke, die in der Geschichte „Kalle Blomquist, Eva-Lotta und Rasmus“ der Professor mit seinem kleinen Sohn und Eva-Lotta im Auto der Kidnapper zurücklegen: „In Windungen und Bogen tastet sich die Straße weich durch die grüne Sommerlandschaft. Sie schlängelt sich um kleine, raue Felsvorsprünge, kleine blinkende Seen, kleine Kiefernwälder, läuft zwischen weißen Birkenstämmen dahin, an blühenden Wiesen und Weiden und wogenden Kornfeldern vorbei. In vielen Windungen nähert sie sich allmählich der Küste, dem Meer.“ Man erlebt jetzt einen Bruch: Glatte **Granitfelsen** fallen direkt ins Salzwasser. Große Strandpromenaden, Sandstrände, ein regeres Straßenleben und Möwengeschrei reißen einen aus der beschaulichen und etwas hinterwäldlerischen **Landidylle.** Im Meer tuckern Ausflugsdampfer neben pfeilschnellen Bootstaxis und Wasserskifahrern, die das Wasser teilen wie eine scharfe Schere einen Stoff. Vor allem die luxuriösen **Jachten** im Wasser und in den Häfen vermitteln eine weltoffene, fast weltmännische Atmosphäre: Ein erfrischender Kontrast zum übrigen Småland. Erst auf der Insel Hasselö bekommt man Abstand vom regen Treiben und genießt die Ostsee von ihrer einsameren, beruhigenden Seite.

Für den Besuch der **Hafenstadt** mit Uferpromenaden, vielen Läden, Restaurants, Hotels, historischen Stadtvierteln und schönen Kirchen sollte man etwas Zeit einplanen. Typisch sind die vielen rosenberankten Eisengitter vor den Häusern. An interessanten Geschäften seien zwei herausgegriffen: Zum einen die **Kerzengießerei** (bzw. -zieherei) Gransö Slottsljusstöperi (www.swedishcandles.com) direkt hinter der Brücke auf der Insel Gransö. In diesem Lichtertempel kann man extravagante Kerzen bestaunen und natürlich auch kaufen. Im kleinen **Handwerksladen** Hos Magnus och Eva in der Innenstadt findet man allerlei fertige Produkte (Keramik, Emaille, Schmiedeeisen, Textilien, kleine Möbel usw.), daneben aber auch qualitativ hochwertige, traditionelle Farben, Baustoffe, Nägel, Beschläge usw. bis hin zu originalen alten Fenstern und Türen – ein origineller Laden, wie man ihn nicht in jeder Stadt finden kann (www.hosmagnusocheva.se).

Wer am Shoppen kein Vergnügen hat, kann auch einfach ziellos durch die vielen kleinen **Gassen** schlendern und dabei an die Geschichte „Rasmus, Pontus und der Schwertschlucker“ von Astrid Lindgren denken: Soll der Stadtname „Västanvik“ eine Anspielung auf „Västervik“ sein? Wir konnten das nicht herausfinden, sind aber keineswegs die Ersten und Einzigen, die diese Verbindung hergestellt haben.

den großen Anleger für die Fähre nach Gotland und mehrere Jachthäfen. Der gewünschte Kai liegt direkt neben der Brückenverbindung zur Insel Gransö und bildet den äußeren Rand der Innenstadt (GPS N 57.75925, E 16.64267). Öffentlichen Nahverkehr nach Västervik gibt es mit Bus und Bahn. Vom Bahnhof aus sind es ca. 300 m bis zum Hafenbecken.

Wegbeschreibung

Die Tour beginnt am **Hafen in Västervik.** Das Ausflugsboot „Freden" bringt uns im Linienverkehr zur autofreien Insel Hasselö (Haselnussinsel). An einzelnen Wochenendtagen im Juli kann es sinnvoll sein, das Ticket vorzubuchen (Tel. +46 490 875 20, Fahrplan und Onlinebuchung auch unter www.vastervik.com). Auf dem Ausflugsboot wird Kaffee, Kuchen und Eis angeboten. Die Route führt zunächst entlang der Küste und bald durch die unübersichtliche Inselwelt. Überall gibt es etwas zu sehen: kleine und größere Schlösschen am Strand, niedliche Hütten, Badestege – dazwischen überall Boote in allen denkbaren Größen und Formen. Nach etwa einer Stunde wird das Ziel erreicht. Am **Anleger von Hasselö (1)** empfängt uns direkt ein schöner Sandstrand mit Spielwiese, Café, Kiosk, Minigolf und kleinem Laden. Hier mieten wir uns Fahrräder, die beim Erkunden der Insel sehr hilfreich sind. Es gibt auch Kinderfahrräder,

Västervik Uferpromenade

181_wSsL_haw

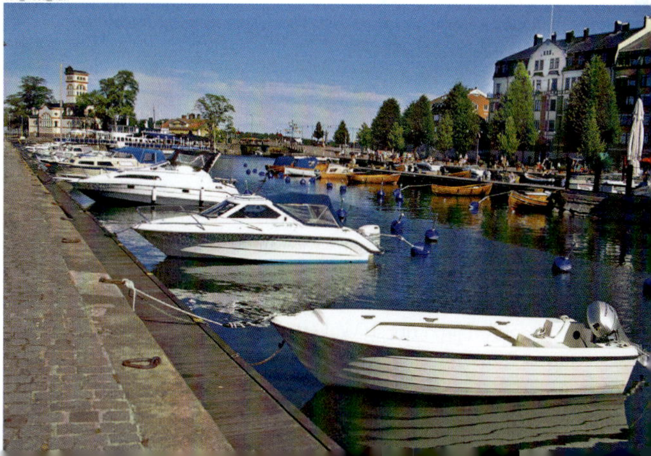

Schären und Schärengarten

Eine ganz besondere und für Schweden sehr charakteristische Landschaftsform stellen die Schären dar. **Selma Lagerlöf** beschreibt in ihrem heimatkundlichen Roman „Die wunderbare Reise des kleinen Nils Holgersson mit den Wildgänsen" den „freundschaftlichen Umgang von Wasser und Land", der zu diesem weichen, fließenden Übergang vom Festland zum offenen Meer führt. Entstanden sind die kleinen felsigen Inseln in der **Eiszeit,** als das von Norden kommende Inlandeis die darunterliegenden Gesteinsmassen überströmte und abschliff. Im Westen Skandinaviens formten sich ungefähr zeitgleich die fjorddurchzogenen Ufergebirge Norwegens. Als sich die Gletscher zurückzogen, füllten sich Spalten und Ritzen mit **Schmelzwasser.** In Schweden entstanden unzählige **Seen** und weiter östlich das größte Gewässer, die **Ostsee,** aus der sich nun, von den schweren Eismassen befreit, Tausende kleine **Inseln** und Inselchen erhoben. Für die Schifffahrt ist es nach wie vor eine Herausforderung, mit heilem Kiel zwischen den Untiefen und Felsen im Wasser hindurchzuschippern, denn an vielen Küstenabschnitten ist das Wasser ohnehin schon sehr flach.

Der Stockholmer *skärgård* allein besteht aus ca 24.000 Inseln, aber auch weiter südlich vor Västervik finden sich unzählige solcher Inseln. **Große Schärengebiete** gibt es auch an der finnischen und an der norwegischen Küste. Auch die zahlreichen Inseln in den großen schwedischen Seen werden als Schären bezeichnet. Da die Erdschicht auf den steinigen Inseln meist sehr dünn ist, sind sie häufig ziemlich kahl oder nur mit Krüppelkiefern bewachsen. Besonders die Schären im Skagerag nordwestlich von Göteborg sind für ihre raue, karge Schönheit bekannt, gegenüber denen die Ostseeschären geradezu lieblich erscheinen.

Die **deutsche Bezeichnung** Schärengarten beruht im Übrigen auf einer falschen Übersetzung des Wortes *skärgård,* („gård" = „Hof" und nicht „Garten"). Hinter dem Begriff steht die Vorstellung, das offene Meer werde durch die Inseln wie eine landwirtschaftliche Hoffläche mit Zäunen eingehegt.

Kindersitze und Anhänger zu leihen. Telefonische Vorbestellung ist möglich, aber normalerweise nicht nötig (Tel. +46 490 911 30). Sinnvoll ist es, sich eine kostenlose Faltkarte von der Insel im Kiosk mitzunehmen.

Wir fahren jetzt durch Wald und Wiesen den einzigen vorhandenen Fahrweg Richtung Südosten zur Sladö, einer Nebeninsel mir großem Naturreservat. Unterwegs sehen wir vereinzelt Höfe, von denen einer heute als Restaurant geführt wird. Die beiden Inseln Hasselö und Sladö sind durch einen schmalen Wasserlauf voneinander getrennt, über den eine **Brücke (2)** führt. Wir kommen jetzt durch schöne Wiesen mit alten Eichen und Wacholderbüschen. Rechter Hand sehen wir ein kleines Dorf mit traditionellen Höfen am Ufer liegen. Der Fahrweg endet an einem Gatter. Hier lassen wir die Fahrräder auf dem entsprechend angelegten **Fahrradparkplatz (3)** stehen, denn im Naturreservat darf man sich nur noch zu Fuß fortbewegen. Hinter dem Gatter beginnt nun ein markierter Wanderpfad, an dessen Anfang linker Hand mehrere eindrucksvolle Erdkeller stehen. Wir laufen den Pfad entlang der gut sichtbaren Markierungen. Rechts von uns liegt das Meer. Ein auf der Karte eingetragener Rastplatz an einem Bootsanleger ist wohl Wetter, Wind oder Wellen zum Opfer gefallen – zumindest ist er nicht mehr auffindbar. Der **Bootsanleger (4)** ist aber noch vorhanden und wird vermutlich je nach Eislage als Ausweichanleger im Winter genutzt. Wir folgen dem Pfad bis zur Südostspitze der Insel, der **Öudden (Inselspitze) (5).** Hier genießen wir den seltenen Blick aufs offene Meer. Der Weg biegt nach links und führt durch einen wunderschönen, lieblichen Kiefernwald. Viele Blaubeeren laden zum Sammeln ein. Da der Weg gut ausgeschildert ist, ver-

Blick vom „Klätterberg“ am Nordende der Insel Hasselö

182_wSsL_haw

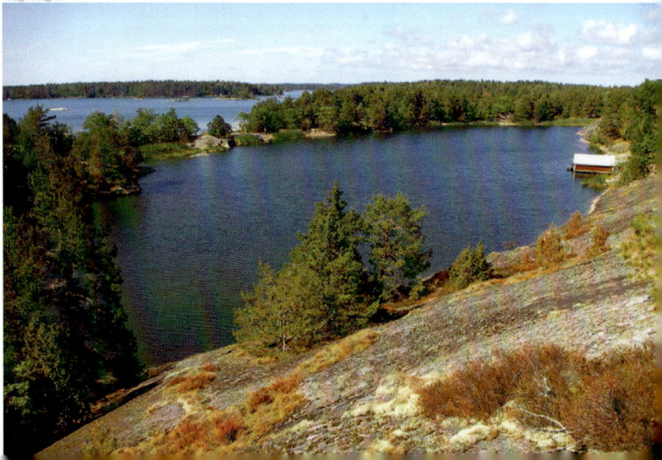

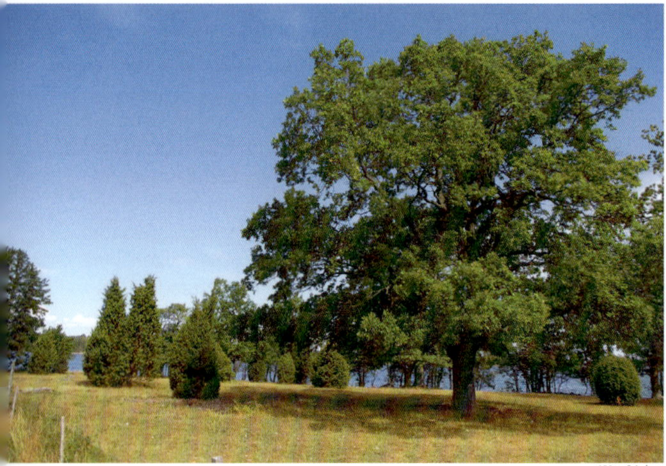

183_wSsL_haw

Uferwiese auf der Sladö

Blick auf Dorf Sladö

184_wSsL_haw

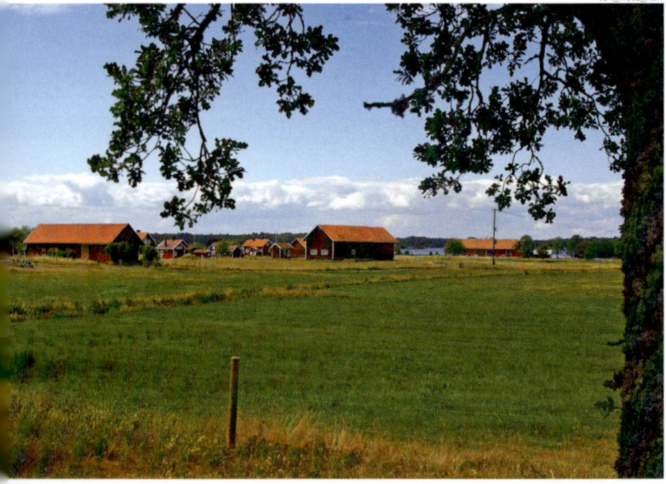

laufen wir uns nicht wie Melcher mit Pelle und Tjorven, und kommen so zu den malerischen **Badeklippen (6),** wo eine Rast sinnvoll ist. Die Eiszeitgletscher haben für uns die etwas kraxeligen Felsen schön glatt geschliffen. Es ist ein ganz besonderes Liegegefühl auf diesen Granitfelsen, die die Sonnenwärme gespeichert haben. Sie sind zwar „steinhart", aber dennoch bequem für einen kurzen Mittagsschlaf. Im Wasser gibt es hier einen abgesteckten Badebereich. Wer weiter herausschwimmt, wird jedoch von keinem Bademeister zurückgepfiffen. Nach der Erfrischung folgen wir dem Weg weiter entlang der orangefarbenen Markierungen bis zum Fahrradparkplatz. Wir kommen unterwegs durch Kiefernwald mit vielen Wurzeln, die auf dem dünnen Waldboden zwischen Steinen und Geröll einen Eingang ins Erdreich suchen. Dann folgen Wiesen mit großen Eichen, Wachholder und manch vollbehangenem Kirschbaum.

Auf dem Fahrrad nehmen wir denselben Weg wie auf dem Hinweg, um zum Schiffsanleger zurückzukommen. Wer genügend Zeit mitbringt, kann die Tour auch komplett zu Fuß laufen. Dann wird sie deutlich anstrengender, auch wenn es kaum Steigungen unterwegs zu bewältigen gibt. Die Fahrrad-Variante hat noch den anderen Vorteil, dass sich auch das interessante Nordende der Insel gut besuchen lässt. Dort steht als höchste Erhebung in der Landschaft der „Vikareklinten", auf dem man in, sage und schreibe, 28 m ü. NN die Aussicht genießen kann. Die letzten Meter zum „Gipfel" muss man auf einem Pfad zu Fuß zurücklegen. Querfeldein kann man sich von hier aus noch weiter zu besonders eindrucksvollen Küstenabschnitten am sogenannten „Klätterberg" durchkämpfen.

Tour 19
Auf Smålands Gipfel – der Tomtabacken

ca. 2,5 h
9,3 km
mittel

Keineswegs alpine, aber ansprechende Rundtour zum höchsten Berg in ganz Småland.

„Mama, wir machen einen Ausflug ... am Mittwoch ... die ganze Schule! Zuerst fahren wir mit der Eisenbahn und dann wandern wir ein ganz langes Ende und dann klettern wir auf einen Berg und da sitzen wir dann und essen Butterbrote und gucken uns die Aussicht an, oh ich freu' mich so!"

So jubelte **Madita** an einem Samstag im September über den bevorstehenden Schulausflug. Den Namen des Berges, auf den ihre Klasse wandern sollte, erfahren wir in der Geschichte nicht. Auch wird die Kleinstadt, in welcher sie mit ihrer Familie lebt, nicht mit Namen genannt. Naheliegend ist es aber, sich die Geschichten in **Vimmerby** vorzustellen. Der **Tomtabacken,** die höchste Erhebung Smålands, wird in einer anderen Astrid-Lindgren-Geschichte, in **„Gute Nacht, Herr Landstreicher",** auch

Wiesen bei „S. Älmhult"

185_wSsL_haw

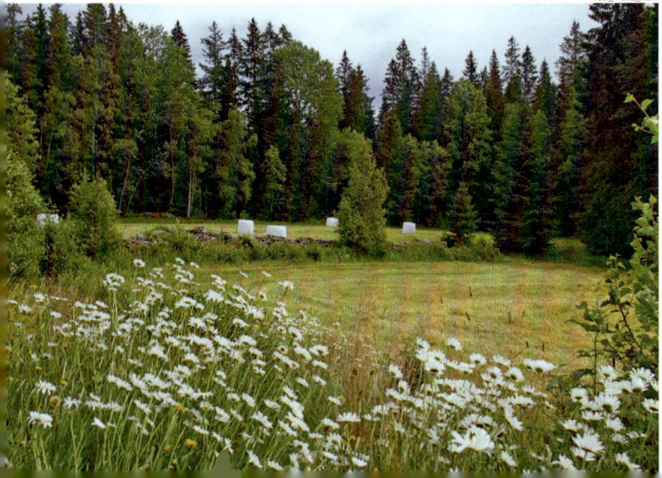

namentlich erwähnt, war also offenbar geläufig – vielleicht aus dem Heimatkunde-Unterricht oder vielleicht auch von Schulausflügen. Mit der Eisenbahn erreichbar war Malmbäck damals wie heute, sodass Schulklassen von dort aus „ein langes Ende“ wandern und oben die Aussicht genießen konnten.

Die von uns gewählte Rundtour über den Tomtabacken kürzt das „lange Ende“ etwas ein, indem ein etwas näherer Startpunkt gewählt wird, und verbindet den schönen Rundblick mit vielfältigen Landschaftsformen, kulturhistorisch interessanter Bebauung und guten Sammelstellen.

Überblick

Länge: 9,3 km
Gehzeit: ca. 2,5 Stunden
Auf-/Abstieg: je ca. 120 m
Wegeigenschaften: Mix aus allen Wegkategorien, vorwiegend Schotterwege und Schotterstraßen, die sich sehr leicht laufen lassen
Technik: geringer Pfadanteil, viel Wald- und Schotterweg, aber für Kinderwagen nur bedingt geeignet, ggf. einfachere Variante möglich
Kondition: mittel

Scheune in Estenstorp

186_wSsL_haw

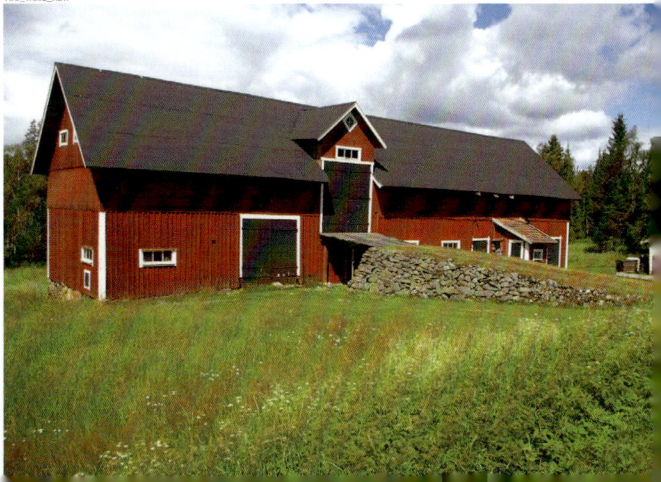

Einkehrmöglichkeiten: keine
Bademöglichkeiten: keine
Landschaft: verschiedene Waldtypen, sehr schöner Ausblick vom Aussichtsturm des Tomtabackens aus
Rastplätze: am Tomtabacken
Anfahrt: Von Malmbäck aus die kleine Landstraße nach Süden nehmen. Der „Tomtabacken" ist hier bereits ausgeschildert. Das Auto lassen wir in der kleinen Siedlung Estenstorp am Straßenrand stehen: GPS N 57.51436, E 14.46342. Kein ÖPNV

Wegbeschreibung

Die Wanderung beginnt im **Weiler Estenstorp (1).** Einen Parkplatz sucht man in diesem schön angelegten Minidorf mit sehenswerten alten Hofanlagen vergebens, weshalb das Auto am Straßenrand abgestellt wird. Ein kurzes Stück folgt man der geteerten, kleinen Landstraße nach Süden. Am ersten Abzweig biegt man nach rechts in die Schotterstraße ein (Schild „S. Mörekull"). Auf der rechten Wegseite hat man die Wiese, auf der linken den Wald. Bald tauchen schon die ersten Gebäude von **Södra Mörekull (2)** auf, doch noch vorher biegt man in einen Schotterweg nach links in den Wald hinein ab. Es geht ein Stück weit bergauf, teils durch jungen Birkenwald. Einen schwarzen Moortümpel lassen wir links liegen und gehen weiter geradeaus, auch an den folgenden Abzweigen und auch da, wo der Höglandsleden von rechts auf unseren Schotterweg stößt. In diesem Bereich ist der Wald sehr „småländisch" mit vielen Beerensträuchern, Moosen, Farnen und imposanten Ameisenhügeln.

Am nächsten **Abzweig (3)** verlässt man den Schotterweg und folgt den Markierungen des **Höglandsleden** nach links in einen Waldweg hinein. Der dunkle „Märchenwald" endet unerwartet an einer Wiese. Wenige Meter weiter hat man eine **kleine Siedlung (4)** erreicht, die an derselben kleinen Landstraße liegt, auf der man gestartet war. Dieser Straße folgt man ein kurzes Stück rückwärts, also nach links (immer dem Höglandsleden folgend), bis beim letzten Haus am Hinweisschild „Tomtabacken" am rechten Straßenrand ein **Rastplatz (5)** erreicht wird. Man ist trotz der guten Aussicht, die sich hier auftut, noch nicht am Gipfel angekommen. Erst geht es rechts ab in einen Wirtschaftsweg hinein, bald danach wieder rechts hoch in einen Pfad. Bis zu diesem Abzweig war die komplette Strecke für Kinderwagen geeignet. Auch der Rückweg geht fast durchgehend problemlos. Nur das kurze Teilstück auf den eigentlichen „backen“ ist als Pfad zu unwegsam. Man müsste jetzt auf dem Wirtschaftsweg geradeaus weiter gehen.

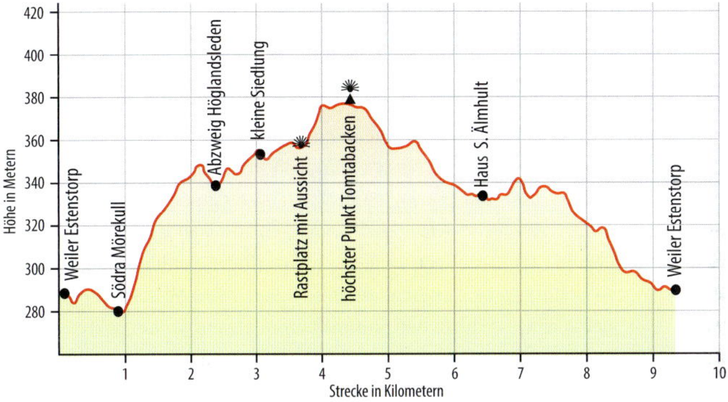

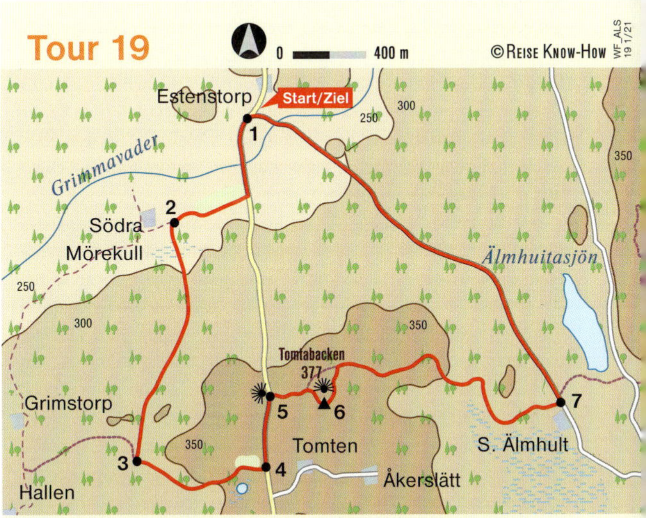

- 1 Weiler Estenstorp
- 2 Södra Mörekull
- 3 Abzweig Höglandsleden
- 4 kleine Siedlung
- 5 Rastplatz mit Aussicht
- 6 höchster Punkt Tomtabacken
- 7 Haus S. Älmhult

Blaubeerpfannkuchen

Das Finden einer guten Sammelstelle von **Blaubeeren** ist (im Gegensatz zu Walderdbeeren, Moosbeeren und Multebeeren) wahrlich keine Kunst. Nur in besonders trockenen Jahren kann es schon mal vorkommen, dass viele Sträucher keine oder nur verkümmerte Früchte ausbilden. Dann kann man versuchen, Sammelstellen nahe an Gewässern aufzusuchen. Oder man nimmt in seiner Not Zuflucht am **Tomtabacken,** denn hier kommt statistisch gesehen der meiste Niederschlag in ganz Småland herunter. In den „sensiblen" Monaten Mai und Juni sind es ca. 50 % mehr als etwa in Eksjö oder Vimmerby, und diese Menge kann in mageren Jahren durchaus den Ausschlag geben.

In den meisten Jahren freilich wird man sich solche Gedanken nicht machen müssen. Dann kann man wild drauflos sammeln, fast überall. In Bezug auf das „Wie" gehen die Meinungen auseinander: Das Pflücken von Hand ist mühsam und zeitintensiv. Die Finger werden blau-rot, und für den Rücken gibt es schonendere Tätigkeiten. So kann der Griff schnell zu einem praktischen **Sammelkamm** gehen, der die Beeren vom Strauch abstreift und so das Sammeltempo enorm steigert. Man kämmt den Waldboden förmlich durch. Kritisiert wird an dieser Methode, dass sie die Beeren schnell quetscht und dass viele Blätter mitgesammelt und Sträucher dadurch geschädigt würden. Kämme seien nur zum Sammeln von Preiselbeeren bestimmt (obwohl sie doch gemeinhin „Blaubeerkamm" heißen), da bei diesen sowohl die Beeren als auch die Sträucher stabiler seien. In manchen Ländern ist das Sammeln mit dem Kamm gesetzlich verboten, auch weil dadurch zu schnell die Grenzen überschritten werden von „für den Eigenbedarf" zu „gewerblich". In **Schweden** gibt es aber kein generelles Verbot.

Diskutiert wird auch über die Gefahr des Fuchsbandwurms. In Schweden ist dieser **Parasit** noch nicht lange aktiv. Das schwedische Lebensmittelamt beurteilte 2017 die Chance einer Infektion als sehr gering. Bislang seien in Schweden auch noch keine schwerwiegenden Krankheitsverläufe gemeldet worden. Von einer allgemeinen Empfehlung, dass der Verzehr roher Blaubeeren völlig unbedenklich sei, ist das Amt aber inzwischen abgerückt. Ob das Abwaschen der Beeren einen hinreichenden Schutz bietet, ist ebenfalls umstritten, ganz abgesehen von der Frage, ob dies den Beeren geschmacklich schadet, worüber wahre Glaubenskriege geführt werden. Weitgehend unstrittig ist lediglich, dass starke **Hitze** den Erreger tötet (was allerdings negative Auswirkungen auf die gesundheitsförderlichen Substanzen hat, die die rohen Beeren in großer Menge noch in sich tragen). Man kann die Früchte also einkochen oder zu Marmelade verarbeiten. Zum Sofortverzehr empfehlen sich **Heidelbeerpfannkuchen.** Unser Rezept:

- 200 g Mehl, am besten schmeckt Dinkel. Den gibt es im schwedischen Supermarkt in „grov" (grob, Vollkorn) oder „siktat" (gesiebt, also hell)
- 3 Esslöffel Skrädmjöl, geröstetes Hafermehl aus Värmland, in fast jedem ICA-Supermarkt erhältlich
- 400 ml Milch-Wasser-Gemisch
- 4 Eier
- Eine Prise Natron und/oder Salz
- Reichlich Blaubeeren
- Öl und Butter für die Pfanne
- Zimtzucker zum Bestreuen

Man verquirlt mit einem Schneebesen die Eier mit dem Wasser-Milch-Gemisch, fügt Mehl, Skrädmjöl und Natron bzw. Salz hinzu und verrührt alles sorgfältig. Wenn eine homogene Masse entstanden ist, hebt man vorsichtig die Blaubeeren unter.

Besonders schön ist es nun, wenn man eine typisch schwedische, schwere Gusspfanne für kleine Pfannkuchen hat, in der man kreisrunde, handtellergroße Pfannkuchen ausbacken kann, die sich besonders gut aus der Hand essen lassen. Natürlich kann man die Pfannkuchen aber auch in jeder beliebigen anderen Pfanne in Öl und etwas Butter braten. Am Ende bestreut man sie mit etwas Zimtzucker.

Alte Pfannkuchenpfanne aus Gusseisen

187_wSsL_haw

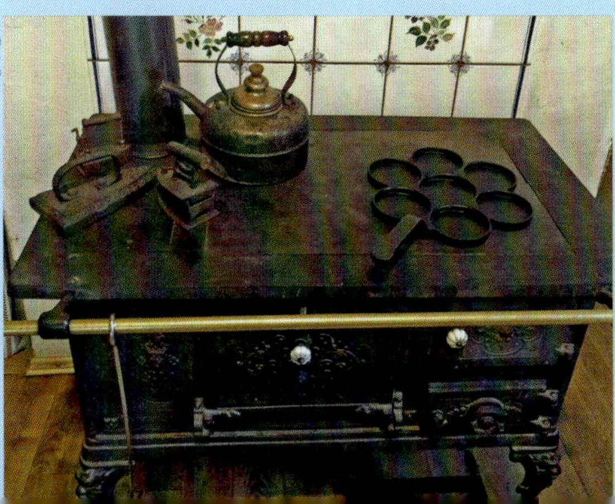

Der Tomtabacken

Mit 377 Metern über NN überragt der Tomtabacken die nähere Umgebung nur geringfügig. Dennoch ist er nicht nur die höchste Erhebung von Småland, sondern von ganz Südschweden. Auch klimatisch wirkt sich die Höhenlage aus. So sind die Jahresdurchschnittstemperaturen ähnlich denen von Hudiksvall, das ca. 500 km nördlich an der Ostseeküste liegt.

Der 12 Meter hohe **Aussichtsturm** in freier **Stahlkonstruktion** wurde 1942 errichtet. Zunächst sollte er als Observationsturm zur Früherkennung von Waldbränden dienen. 300 solcher und ähnlicher Türme wurden damals in den waldreichen Gebieten Schwedens gebaut, die den Sommer über durchgehend mit Personal und Telefonleitung ausgestattet waren. Schnell wurde diese Praxis aus Kostengründen wieder aufgegeben. Stattdessen nutzte die Luftwaffe während der letzten Kriegsjahre den Turm zur Luftraumkontrolle. Die Radartechnik, die sich dann immer mehr durchsetzte, machte den Turm komplett obsolet. Er wurde zu touristischen Zwecken für die Allgemeinheit freigegeben. Inzwischen steht er unter **Denkmalschutz.**

Für den „normalen" Wanderer ist der letzte kurze Anstieg zum **höchsten Punkt (6)** kein nennenswertes Problem. Echte Bergatmosphäre kommt keine auf, zumal man den richtigen Gipfel vor allem daran erkennt, dass einige Sendemasten und eine Wetterstation dort aufgestellt sind. Alpin ist allenfalls das Erklim-

Blick vom Tomtabacken

188_wSsL_haw

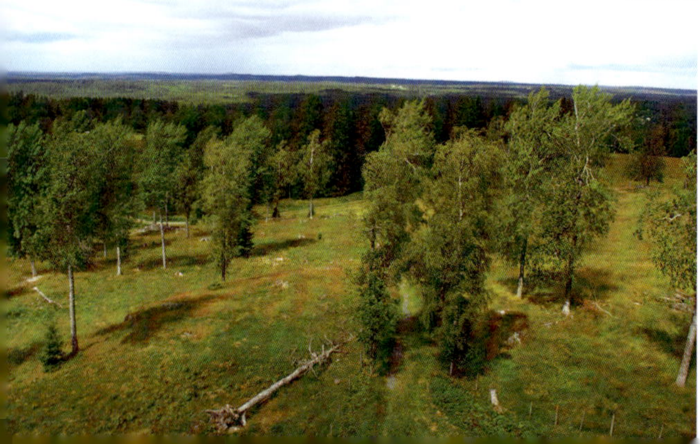

men des Aussichtsturms, der den Blick senkrecht nach unten freigibt. Ein groß angelegter Rastplatz deutet darauf hin, dass man mit vielen Besuchern rechnet. Der Blick von oben lohnt auf alle Fälle. In alle Richtungen sieht es so aus, als würde Wald das Land fast vollflächig bedecken.

Nach einer Rast folgt man dem Pfad bergab durch Fichtenwald, bis man wieder auf dem Wirtschaftsweg landet, in den man jetzt rechts einbiegt. Hinter einer Wendeplatte wird der Weg schmaler, bleibt aber immer noch sehr gut gangbar. Im Bereich einer Rodungsstelle geht es kurz bergab und wieder bergauf. Ein letztes Mal folgt man den orangefarbenen Markierungen des Höglandsledens nach rechts. Der torfig-säuerliche Geruch verrät das nahegelegene Moor, das vom Weg aus nicht sehr deutlich zu erkennen ist. Bald erreicht man das kleine **Haus S. Älmhult (7).** Hier verlässt man den Höglandsleden und biegt nach links in die Schotterstraße nach Estenstorp zum Start- und Zielpunkt der Wanderung ein. Auf der letzten Etappe von ca. 30 Minuten, die vorwiegend durch Fichtenwald führt, kam bei unserer Wanderung kein einziges Fahrzeug hier entlang gefahren. Man vergisst schnell, dass man sich auf einem Verkehrsweg befindet, zumal man in diesem Abschnitt ganz ausgezeichnet Walderdbeeren und Pilze sammeln kann.

Zurück am Ausgangspunkt mag man sich wundern, dass diese Tour, die uns zum höchsten Punkt Smålands geführt hat, konditionell mit die geringsten Anforderungen gestellt hat, obwohl sie mit über 9 km nicht einmal zu den besonders kurzen gehört.

Disteln am Wegrand

189_wSsL_haw

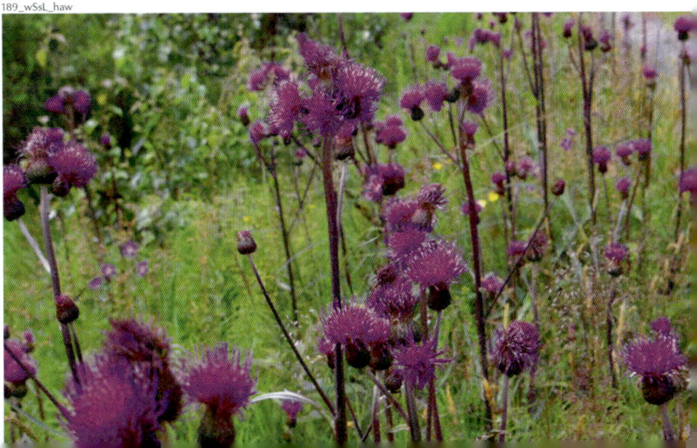

Tour 20
Auf dem John-Bauerleden bei Gränna

ca. 2,5 h
7,0 km
mittel

Kürzere, aber teils anspruchsvolle Runde in den Urwald Västanå hoch über dem riesigen Vätternsee in Sichtweite der Zuckerstangenstadt Gränna.

Die kleinere Rundtour entlang des Vätternsees durch das **Naturreservat Västanå** bei Gränna ist von allen Touren des Wanderführers am weitesten von Astrid Lindgrens Heimat Vimmerby entfernt. Aber gerade hierhin, in die Heimat des berühmten Sagen- und Märchenillustrators **John Bauer,** zog es die damals 17-Jährige nach ihrer Schulzeit im Sommer 1925. Sie unternahm eine mehrtägige Wanderung mit fünf Freundinnen, auf der sie es bis zum Vätternsee und wieder zurück schafften. Ihr ausführlicher Bericht, eines ihrer frühesten literarischen Zeugnisse, wurde in der **Vimmerby-Tidning,** für die sie damals als Volontärin gerade zu arbeiten begonnen hatte, in mehreren Folgen gedruckt. Dort heißt es: „Lieber Per Brahe, was warst Du doch so freundlich, Burg Brahehus zu bauen! Und wie verständig Du warst, sie ganz oben auf die Spitze des Grännabergs zu setzen. Es ist natürlich richtig, dass es einiges an Kraft kostet, hier herauf zu steigen. Und alle können es ja auch nicht so gut haben wie Du, der in der goldenen Sänfte getragen wurde. Aber man wird reichlich belohnt, wenn man endlich den Gipfel erreicht hat und den Vätternsee mit der Visingsö und die fruchtbaren Felder sieht, die für einen ausgebreitet liegen, dass man sich in sie verguckt".

Der Besuch der für ihre **Zuckerstangen** *(Polkagrisar)* berühmten Stadt **Gränna** war damals wie heute ein Muss: „Zuerst sollten wir darum bitten erzählen zu dürfen, dass es das allerallerherrlichste auf der Welt ist, Polkagrisar zu essen." Glaubt man den Türschildern, wurden die letzten Weltmeisterschaften im Zuckerstangenkochen einzig unter den ortsansässigen Betrieben ausgetragen. Einen längeren Abstecher in die Stadt sollte

Ausblick auf den Vätternsee vom unteren Weg

man auf jeden Fall einplanen. Die schmucken Holzhäuschen des kleinen Städtchens, in die sich auch die jungen Frauen direkt verliebten, schauen zur Landseite hin gemütlich und verträumt drein. Zur Seeseite hin, zum riesigen **Vättern,** öffnet sich ein imposanter Blick auf das offene Wasser, die vorgelagerte Insel Visingsö und die Fähren, Jachten und Boote, die sich dazwischen im Wasser tummeln. Ähnliche Ausblicke bietet auch unsere Wanderung, die ca. 3 km außerhalb von Gränna beginnt. Wir passieren alte Pilgerwege, erfahren die Geschichtsträchtigkeit der Region und extrem unterschiedliche Vegetationszonen auf engstem Raum. Die Tour ist kurz, aber phasenweise recht anspruchsvoll. Es stehen viele Wegvarianten zur Verfügung, mit denen die Runde verlängert oder abgekürzt werden kann.

190_wSsL_haw

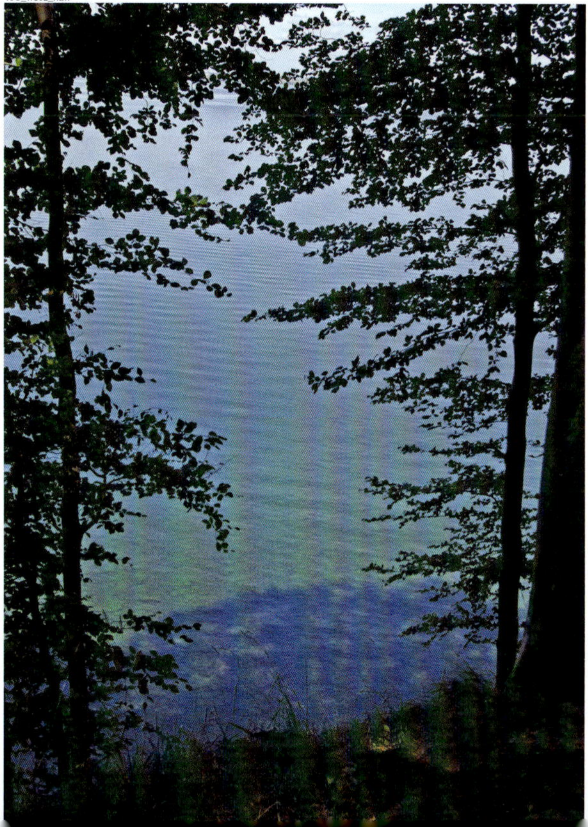

Wassermühlen am Vätternsee

In der frühen Entwicklungsphase der **Metallindustrie** waren Wassermühlen als Energieumwandler unentbehrlich. In ganz Småland findet man viele noch erhaltene alte Mühlen, mit deren Hilfe z. B. Erze gemahlen oder Hammerwerke betrieben wurden. **Zisterzienser** brachten bereits im Mittelalter die Technik von Mitteleuropa nach Skandinavien, wo sie besonders um den Vätternsee herum vielfältige Anwendung fand. Das småländische Hochland fällt hier steil zum Seeufer hin ab. Die Bäche und Flüsse bringen größere Fließgeschwindigkeiten auf und schaffen so die Voraussetzung für leistungskräftigere Produktionsstätten. Der kleine Ort **Röttle By** ist geradezu bevölkert von alten Mühlen. Noch bedeutendere Räder drehten sich jedoch weiter südlich am **Vätternrand** in **Norrahammar** und vor allem in **Huskvarna** („Hausmühlen", alte Schreibweise: *Husqvarna*), wo im 19. Jahrhundert der Sprung in die Großindustrie gelang. Zunächst wurden vorwiegend **Waffen** produziert. Dem Endverbraucher wurde die Marke aber v. a. durch zahlreiche **Haushaltsgeräte** von der Nähmaschine bis zum Eisenofen bekannt, die alle das Firmenemblem der Gießerei bei Jönköping trugen. Hinzu kamen im Laufe der Jahrzehnte Fahrräder, Motorräder, Motorsägen und Rasenmäher. Trotz zahlreicher Fusionen und Übernahmen ist Husqvarna immer noch eine der wichtigsten und international bekanntesten Marken Schwedens.

Überblick

Länge: 7,0 km
Auf-/Abstieg: je ca. 125 m
Technik: hoher Pfadanteil, teils etwas anspruchsvoller, für Kinderwagen ungeeignet, einfachere Varianten möglich
Kondition: mittel
Gehzeit: ca. 2,5 Stunden
Wegeigenschaften: Mix aus allen Wegkategorien, vorwiegend Pfade, teils in sehr schlechtem Zustand
Landschaft: verschiedene Waldtypen, sehr schöne Ausblicke auf den Vätternsee und die Insel Visingsö, interessante kulturhistorische Gebäude
Einkehrmöglichkeiten: schönes Café in Röttle By
Rastplätze: an den beiden Mühlen, im Naturreservat und am Badeplatz des Vättern

Bademöglichkeiten: angelegter Badeplatz am Vättern
Anreise: Von der Autobahn E4 die Abfahrt nach Gränna nehmen. Im Kreisverkehr mit dem Ballon in der Mittelinsel die Abfahrt nach Röttle By nehmen (Straße 993), dann den ersten Abzweig leicht rechts bergab ins kleine Dorf, dort den ersten Abzweig scharf rechts ab wählen. Der Parkplatz kommt nach wenigen Metern auf der linken Seite (GPS N 57.99861, E 14.43410). Zwischen Gränna

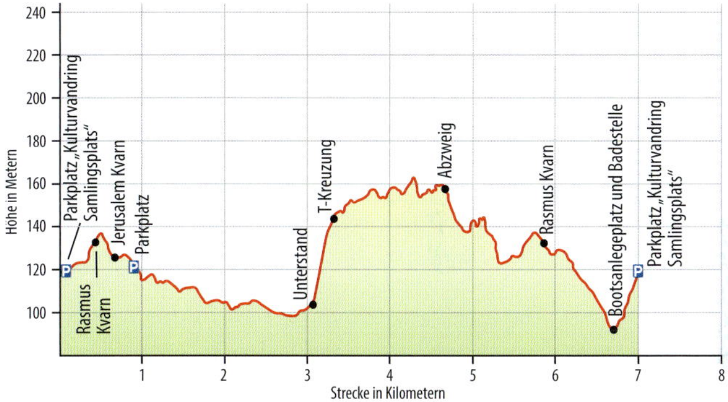

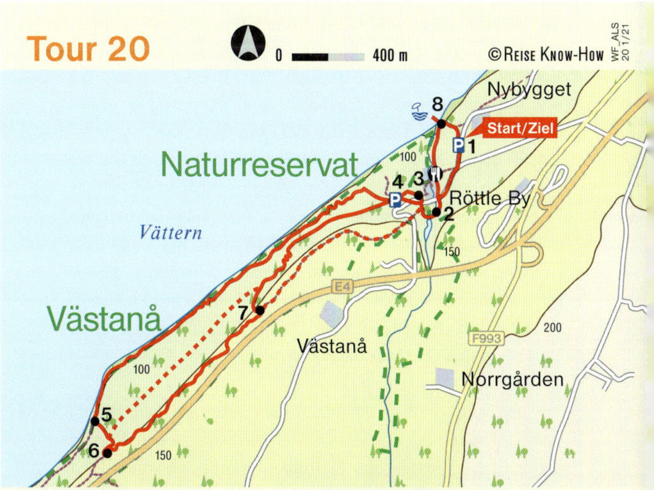

- P 1 Parkplatz „Kulturvandring Samlingsplats"
- • 2 Rasmus Kvarn
- • 3 Jerusalem Kvarn
- P 4 Parkplatz
- • 5 Unterstand
- • 6 T-Kreuzung
- • 7 Abzweig
- • 8 Bootsanlegeplatz und Badestelle

John Bauer

Die beschriebene Wanderung führt uns auch ein Stück über den **John Bauerleden.** John Bauer prägte mit seinen Märchenbildern die Bilderwelt einer ganzen Generation, unter anderem auch die Astrid Lindgrens.

1882 als Sohn eines bayerischen Metzgers und dessen schwedischer Ehefrau in Jönköping geboren, prägte sich dem Kind die **småländische Natur** bei unzähligen Streifzügen durch den Wald tief ein. Mit 16 Jahren zog er nach Stockholm, um **Kunst** zu studieren, konnte dort jedoch aufgrund seines Alters kein Studium an der Kunstakademie beginnen. Die ersten zwei Jahre ging er an eine private Kunstschule, bis er dann an die Akademie wechseln konnte. Ab 1903 begann er mit der **Illustration von Märchen,** einer Arbeit, durch die er ab 1907 landesweite Bekanntheit erlangte. Er erhielt den Auftrag, über mehrere Jahre die Serie „Bland Tomter och Troll“ zu illustrieren. Die jährlich zu Weihnachten erscheinende Heftserie hatte es sich zur Aufgabe gemacht, Bauern- und Arbeiterkindern schöne und künstlerisch wertvolle Bücher günstig anzubieten. Auch bei Astrid Lindgren lagen die Hefte auf dem Tisch. In den Bullerbü-Geschichten verteilt die Lehrerin diese zu Weihnachten: „die Märchenbücherlieferung aus Stockholm“.

Die Reihe erschien in hoher Auflage und machte John Bauers Fantasiegestalten in ganz Schweden bekannt. Die Märchengeschichten knüpften im Sinne des nationalromantischen Denkens an alte **Volkstraditionen** an, schufen aber gleichzeitig eine neue Form von **Kinder- und Jugendliteratur,** die auch auf Astrid Lindgren eingewirkt hat, am deutlichsten in ihrem Spätwerk „Ronja Räubertochter“.

John Bauers Bestrebungen, sich in weitere Kunstbereiche hinein zu entwickeln, wurden durch seinen frühen tragischen **Tod** 1918 beendet. Im November wollte er mit Frau und kleinem Sohn wieder nach Stockholm übersiedeln, nachdem er zwölf Jahre am See Bunn östlich von Gränna gelebt hatte. Er war unterwegs mit dem Schiff über den Vätternsee, um weiter durch den Götakanal Richtung Stockholm zu fahren. Im Sturm verrutschte die schwere Ladung des Schiffes: gusseiserne Nähmaschinen und Öfen aus der Fabrik in Husqvarna. Das Schiff sank und alle Passagiere kamen ums Leben.

In einzigartiger Weise schaffte es John Bauer, die Natur seines Landes und die Figuren der nordischen Märchen einzufangen. Insofern ist er durchaus ein Vertreter der **Nationalromantik,** obwohl seine lyrisch-melancholischen Stimmungsbilder keinesfalls naturalistisch gemalt sind. Wesen und Natur sind stilisiert, klar betonte Konturlinien des Jugendstils sind charakteristisch für seine Bilder. Häufig treffen wir düstere **Trolle,** die geradezu aus den Baumwurzeln oder bemoosten Steinen herauszuwachsen scheinen. Oft findet sich im dunkel gehaltenen Bild ein Kontrast durch eine rote Zipfelmütze oder grellblond-goldenes Prinzessinnenhaar. Unnachahmlich sind auch die eingefangenen Lichtverhältnisse des Waldes, die Dämmerung der Sommernacht, die Dunkelheit des Walddickichts. Richtig erschließen sich die Bilder eigentlich nur, wenn man selbst einmal durch die småländischen Wälder gestreift ist, am besten an einem kühlen nebligen Herbstabend. Dann tauchen ohne große Einbildungsgabe zwischen den dicken Steinen und Wurzeln plötzlich allerlei Fratzen auf, die einen hämisch angrinsen.

In **Deutschland** erschien 1978 ein Märchenbuch mit frühen Bildern John Bauers, das aber lange vergriffen ist. 2004 veröffentlichte der Verlag Urachhaus eine Ausgabe der 1907–1915 erschienenen Bilder mit den dazugehörigen Kunstmärchen schwedischer Autoren unter dem Titel „Trolle, Wichtel, Königskinder". In Jönköping findet man eine John-Bauer-Abteilung im **Landesmuseum** mit zahlreichen Originalen und Begleitmaterial (www.jonkopingslansmuseum.se). Ein weiteres John-Bauer-Museum gibt es in Ebenhausen in Deutschland, von wo der deutsche Zweig der Familie ursprünglich stammt. Mit 13 Jahren hatte John Bauer selbst die Heimat seines Vaters besucht.

Illustration von John Bauer (1915)

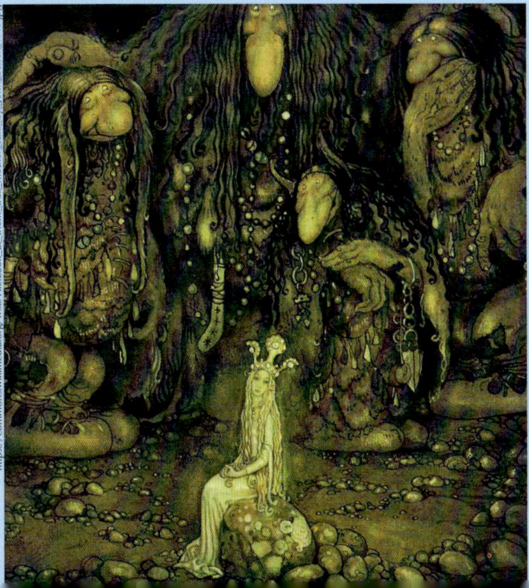

https://commons.wikimedia.org/wiki/File:Look_at_them_troll_mother_said_by_John_Bauer_1915.jpg

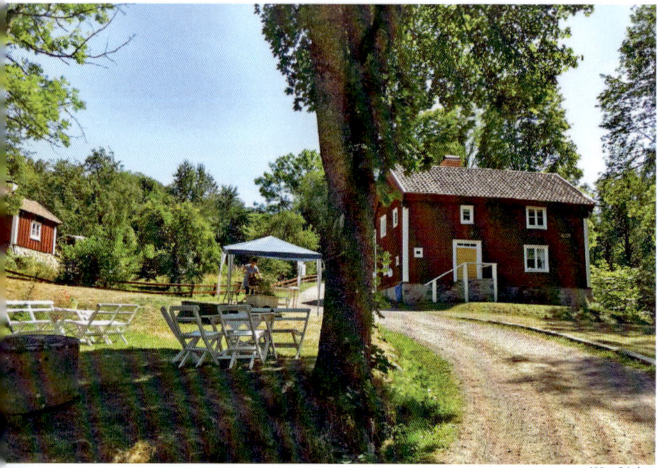

192_wSsL_haw

Röttle By Café

Unterer Wegabschnitt

193_wSsL_haw

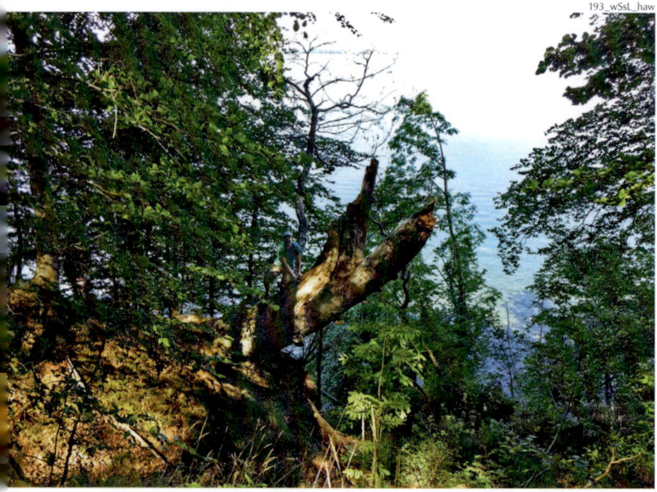

und Jönköping verkehrt die Buslinie 101, die auch in Röttle By hält (www.jlt.se). Die Haltestelle „Röttlevägen" liegt ca. 1 km vom Startpunkt entfernt.

Wer von Osten kommend mit dem Pkw anreist, sollte hinter Eksjö die Straße Nr. 40 verlassen und nördlich auf die 32 wechseln, dann bei Aneby abfahren und weiter über Hullaryd, Vireda und Örserum fahren. Der Straßenabschnitt zwischen Aneby und Örserum ist einer der malerischsten in ganz Småland!

Wegbeschreibung

Die Wanderung beginnt am **Parkplatz „Kulturvandring Samlingsplats" (1)** im ansprechenden kleinen Dorf Röttle By, in dem viele alte Häuser einen lebendigen Eindruck vom Leben in früheren Zeiten am Ufer des Vätternsees vermitteln. Zunächst geht es eine Asphaltstraße Richtung „Rasmus Kvarn". An einem weiteren, deutlich kleineren Parkplatz führt der Weg links hoch zur eigentlichen **Rasmus Kvarn (2).** Die steingemauerte Mühle ist sehr beeindruckend. Leider ist sie nur selten geöffnet (in den Sommermonaten jeweils dienstags, samstags und sonntags von 13 bis 16 Uhr). Aber auch von außen lassen sich das große Wasserrad und die Kanäle bewundern. Auf Infotafeln findet man Hintergrundinformationen, außerdem einen schön angelegten Rastplatz mit Mühlsteinen als Tischen.

Hinter der Mühle überquert man den Mühlendamm und folgt der grünen Beschilderung („Västanå-Leden"). Der felsige Pfad ist auf vielen Karten nicht verzeichnet. Bald erreicht man nach einem Abzweig nach rechts wieder die Straße mit den letzten kleinen Häusern von Röttle By. Diese überquert man und folgt den jetzt meist weißen Wegmarkierungen und der Beschilderung „Jerusalem Kvarn" und „Ladugårdens Rasten". Ein kleiner Abstecher nach rechts bringt uns zur nächsten alten Mühle, der **Jerusalem Kvarn (3).** Diese ist **aus Holz** gebaut und trägt ein traditionelles Schindeldach. Von der eigentlichen Mühle ist nicht allzu viel zu sehen, aber die Infotafeln helfen beim Verständnis der Anlage, allerdings nur in schwedischer Sprache. Wieder auf dem Weg geht es bald nach links eine kurze Holztreppe nach oben. Wir folgen den grünen Markierungen und erreichen einen weiteren **Parkplatz (4),** der eher einer größeren Wendeplatte gleicht. Hier beginnt das „Västanå Naturreservat", zu dem sich auf Infotafeln zahlreiche In-

Gränna-Visingsö – die Wiege Schwedens?

Der Vätternsee liegt ziemlich genau in der Mitte von **Götaland,** dem südlichen Teil Schwedens und bildet mit seiner Form stark verkleinert die Außengrenzen Schwedens ab. Und genau mitten im südlichen **Vätternsee,** in Sichtweite der Küstenstadt **Gränna** und auch von der Wandertour aus gut zu sehen, liegt die größere **Insel Visingsö,** deren Umriss wiederum dem Umriss des sie umgebenden Sees erstaunlich ähnlich ist. Denkt man sich den geografischen Mittelpunkt von Götaland, landet man fast punktgenau auf der Inselspitze.

Auch aus historischen Gründen fühlen sich die **Inselbewohner** als der Nabel – zwar nicht der ganzen Welt – aber von ganz Schweden: Aufgrund der spezifischen Lage im Grenzgebiet mehrerer Königreiche und Territorien, die von verschiedenen Seiten bis an den See reichten, bot sich die Visingsö als **neutraler Verhandlungsplatz** zwischen den Reichen geradezu an. Voll Stolz erzählen sie die Geschichte, dass genau hier einmal drei Reiche zum heutigen **Schweden** zusammen wuchsen, woraus sich das „Tre-Konor"-(„Drei-Kronen"-)Wappen herleiten ließe. Ob das stimmt? Tragfähige historische Quellen konnten wir keine finden, aber plausibel klingt es schon, zumal man in der gesamten Region spürt, dass man auf geschichtsträchtigem Boden unterwegs ist: Da sind zum einen die vielen **Burgruinen** (auf der Insel und auch auf dem Festland), über die deutsche Urlauber von Rhein, Mosel und Neckar vielleicht milde lächeln oder über die etwas plump anmutenden Rekonstruktionen kritisch die Nase rümpfen mögen. Aber immerhin: Nirgends sonst in ganz Schweden konnten wir so viele alte Mauern auf so kleinem Umkreis finden, zumal, wenn man noch die sehenswerten Kirchen der Insel dazurechnet. Vermutlich waren es findige Werbetexter, die für die Region den Namen „Grevskapet" („die Grafschaft") geprägt haben, unter dem sie inzwischen touristisch vermarktet wird. Der Bedeutendste unter den Grafen des 17. Jahrhunderts, **Per Brahe,** gab seinen Namen für eines der Linienboote, das zwischen Gränna und Visingsö regelmäßig verkehrt (Fahrpläne am einfachsten zu finden unter www.jkpg.com/en/granna).

Alt und historisch bedeutsam ist auch der **Eichenwald** der Insel, der (diesmal nachweislich) auf Befehl der schwedischen Könige angelegt wurde, um den **Flottenbestand** langfristig zu sichern. Das Klima war mild, die Lage gut geschützt. Eng wurden die Bäume aneinander gepflanzt, auf dass sie recht langsam und gerade nach oben wachsen sollten, um unverwachsenes und dichtes Holz zu liefern, das man für den **Schiffsbau** dringend benötigte. Das war in Zeiten, als Schweden als **europäische Großmacht** auch zu Wasser fleißig unterwegs war, die Ostsee quasi beherrschte und es gut verschmerzen konnte, wenn mal eines der Segelschiffe durch Baufehler im Meer versank, weil die Konstrukteure ihrem Ehrgeiz hinsichtlich der Reisegeschwindigkeit zu freien Lauf gelassen und es an Tiefgang hatten fehlen lassen. Kaum aus dem Hafen heraus kippte die **Vasa** am 10. August 1628 durch das erste Lüftchen in ihren frisch genähten Segeln zur Seite und verschwand vor den Augen der staunenden Stockholmer sogleich im Wasser. Über 300 Jahre nach ihrer spektakulären Jungfernfahrt auf den Meeresgrund wurde sie 1961 ähnlich spektakulär wieder aus dem Wasser gezogen und lässt sich heute im vermutlich einzigen historischen Museum der Welt, das nur mit einem einzigen Exponat auskommt, bewundern. Wer das Schiff dort einmal von allen Seiten betrachtet hat, sieht den Inselwald mit anderen Augen. Im 17. Jahrhundert dachte man noch nicht daran, dass irgendwann einmal gar keine Eichen mehr gebraucht werden würden, um Kriegsschiffe herzustellen. So erfreuen sich die Bäume noch heute ihres Lebens, stehen weiterhin stramm in Reih und Glied, als wären sie jederzeit bereit, für das glorreiche Vaterland ihre Pflicht zu erfüllen und sich in Schiffsplanken zersägen zu lassen.

Für den Besuch der Visingsö sollte man mindestens einen halben Tag einplanen. Fahrräder, die vor Ort gemietet werden können, sind das ideale Fortbewegungsmittel, um die Insel zu erkunden.

Adobe Stock © bob

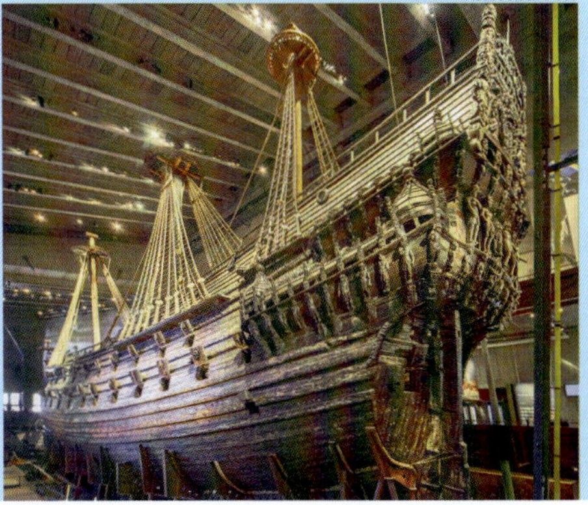

Die Vasa im eigens dafür konstruierten Museum

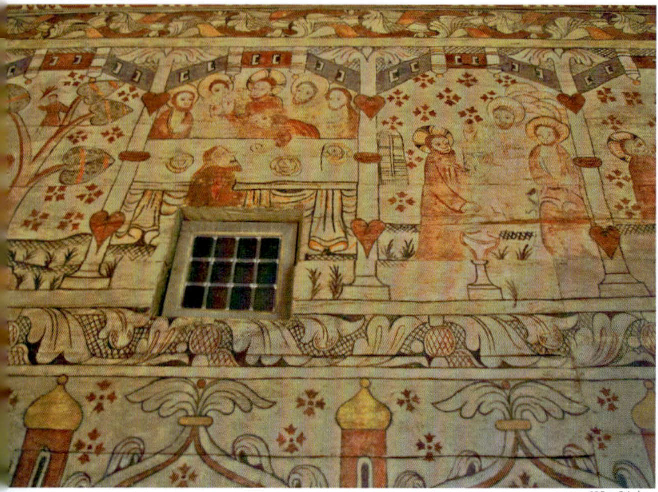

195_wSsL_haw

formationen finden. Die Markierungen werden jetzt etwas übersichtlicher. Es gibt jedoch deutlich mehr, als für unsere Wanderung hilfreich wären, denn es kreuzen sich in diesem Bereich mehrere Fernwanderwege (John Bauerleden, Franciskusleden, Holavedsleden) und Wege des Naturreservats, die letztlich sehr viele verschiedene Wegvarianten eröffnen. Im Prinzip sind es drei parallel zueinander und zum Vätternufer verlaufende Wege nah beieinander, die aber aufgrund des sehr steilen Uferbereichs in sehr unterschiedlicher Höhe liegen und die durch mehrere Querungen miteinander verbunden sind. In unserer Route entscheiden wir uns zunächst für den am tiefsten liegenden und biegen bald in einen Pfad nach rechts ab. Dabei folgen wir nun erst einmal dem John Bauerleden mit seinen orangefarbenen Markierungen.

Die für das Ostufer des Vätternsees charakteristische Landschaft entstand durch Absenken tektonischer Platten nach Westen zu einem Graben, in dem sich dann die Wassermassen sammeln

Die Kirche von Vireda von innen

Unterstand

konnten. Den Uferbereich bildet die zurückgebliebene Felsenkante, die mehr oder weniger stufig wie eine dicke Schokolade abgebrochen wurde. Das Ufer des Vätternsees ist – ganz untypisch für schwedische Küstenverläufe – frei von Buchten und vorgelagerten Schären. Wir laufen den Pfad durch mitteleuropäisch anmutenden Laubwald mit eindrucksvollem alten Buchenbestand. Im Frühjahr und Frühsommer lassen sich hier zahlreiche besondere Blumen und Vogelarten beobachten, im Herbst wachsen hier seltene Pilzarten. An der Vegetation merkt man deutlich, dass hier andere klimatische Voraussetzungen herrschen als im småländischen Hochland, wo die wärmeliebenden Buchen höchst selten anzutreffen sind. Plötzlich taucht aus dem Wald rechter Hand der große Vätternsee wie ein Meer zwischen den Bäumen auf. Die großen Wassermassen speichern die Sommerwärme und sorgen auch im Winter für vergleichsweise milde Temperaturen. Die Tiefe des Sees und der starke Seegang lassen den Vättern nur in sehr kalten Wintern zufrieren. Umgekehrt wirkt er am Sommeranfang ein wenig wie ein Kühlschrank. Zum Baden lädt er trotz seines kristallklaren Wassers nur bei länger andauernden Hitzeperioden ein. Der Felsen rahmt das Gelände zusätzlich ein, sodass ein klimatisch besonders geschützter Raum entsteht.

Der Pfad verläuft jetzt ein längeres Stück in stetem Auf und Ab etwas oberhalb des Ufers und nähert sich diesem immer wieder an. Nach dem ersten Abzweig links, den wir ignorieren, wird der Wald kurz zum Jungwald. Bald sind wir in einem lichten

196_wSsL_haw

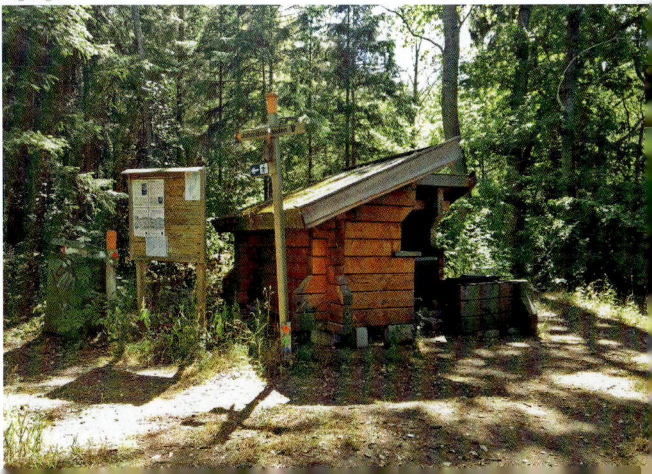

Eichenwald mit einzelnen alten Baumriesen, bald umgibt uns dichter junger Laubwald, dann wieder Buchen wie zu Beginn. Kleine Bäche müssen überquert werden, die in den See münden. Wirkliche Badestellen oder Rastplätze gibt es hier entlang des Ufers jedoch nicht. Erst an einem Abzweig stoßen wir auf einen **Unterstand (5)**. Hier verlassen wir den tiefsten Weg und biegen nach links ab, aber dabei immer noch dem John Bauerleden folgend. Es geht steil bergauf und vom Wasser weg. Bald stoßen wir auf einen Fahrweg, den mittleren der drei Parallelwege, dem wir nach links bis zum Parkplatz folgen könnten. Dies wäre die einfachere Wegvariante, denn von da ab ginge es weitgehend auf einer Höhe zurück, und der Weg ist gut zu finden. Interessanter jedoch ist es, den Fahrweg zu überqueren und geradeaus den Hang weiter nach oben zu erklimmen. Es wird steiler und felsiger. Der Wald wird bald von Kiefern dominiert. Die wenigen Höhenmeter scheinen hier eine ganze Vegetationszone auszumachen, denn es sieht direkt wieder „småländischer" aus. An einer **T-Kreuzung (6)** verlassen wir den John Bauerleden und biegen nach links in Richtung Gränna ab. Wir sind am Scheitelpunkt der Tour angekommen und nehmen den Weg weiter oberhalb des Sees parallel zu unserem Hinweg in entgegengesetzter Richtung. Dadurch ergeben sich neue und ebenfalls interessante Blickwinkel auf den See.

Genau an jener Stelle, wo wir den John Bauerleden verlassen haben, beginnt die Natur ironischerweise immer mehr so auszu-

197_wSsL_haw

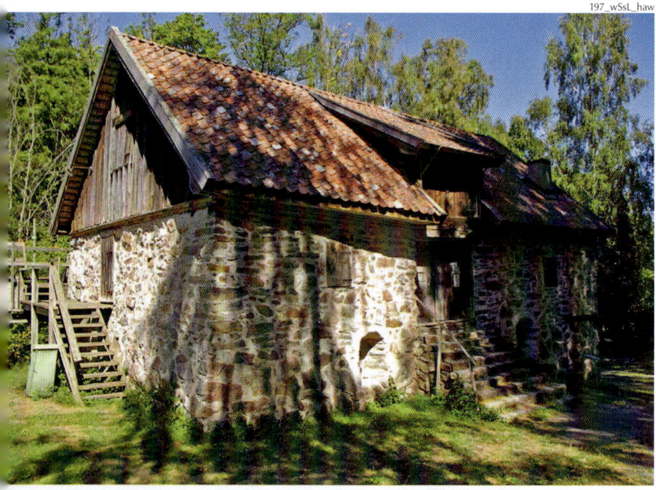

sehen, als wäre sie einem John-Bauer-Bilderbuch entsprungen: Felsen, Moos, knorrige Kiefernwurzeln, hinter denen man Trolle, Zwerge und Elfen vermuten könnte, würde nicht wenige Meter entfernt die Autobahn E4 für eine sehr unpassende Geräuschkulisse sorgen. Ab jetzt gelten wieder die grünen Markierungen des Västanåleden. Auf einem Schild steht „2,6 km" – gemeint ist wohl die Entfernung bis zum Parkplatz. Die haben es aber in sich: Der wildromantische Pfad ist recht kraxelig über umgefallene Bäume, teils auch etwas ausgesetzt. An manchen Stellen helfen ein paar montierte Seile. Beim nächsten **Abzweig (7)** ergeben sich wieder zwei Alternativen: Der Weg geradeaus (mit 1,3 km ausgezeichnet) ist auf vielen Karten nicht verzeichnet, aber dennoch empfohlen. Die andere Variante (mit 1,4 km ausgezeichnet) führt nach unten, um dort auf den mittleren Weg, den breiten Fahrweg zu stoßen. Diese Route ist auf einigen Karten verzeichnet, aber in der Realität kaum auffindbar: Umgestürzte Bäume und Geröll zwingen mehrfach zum querfeldein Gehen. Offenbar gab es hier einen Hangrutsch, dem Weg und Markierungen zum Opfer gefallen sind. Am einfachsten ist es, sich ein wenig unterhalb einer Felsenkante zu halten. Das Terrain ist dennoch schwer begehbar. Bald aber wird wieder der Pfad erreicht, der – wie auf der Karte verzeichnet – auf den Fahrweg stößt, der zum Parkplatz des Naturreservats zurückführt.

Auf dem Rückweg zum Startpunkt führt jetzt noch eine kleine Schlaufe hinunter zum See. Zunächst geht es die Teerstraße zurück ins Dorf. Bei der **Rasmus Kvarn (2),** am mittleren Parkplatz, geht es entlang eines Bachs links ab. Hierher hätte auch die erste Wegvariante geführt. Es geht bergab an weiteren Mühlen und einem sehr einladenden Café vorbei zum Wasser, wo ein **Bootsanlegeplatz und eine Badestelle (8)** direkt nebeneinanderliegen. Der freie Blick nach Westen verspricht eine lange und intensive Abendsonne. Ganz im Norden sieht man den Omberg, der besonders steil ins Vätternwasser fällt und von wo aus der Rückweg von Astrid Lindgrens Sommertour 1925 seinen Ausgang nahm. Vom Vätternufer aus sind es nur wenige Meter Fußpfad zurück zum Parkplatz.

Rasmus-Mühle

Tour 21 Das Kulturreservat Åsens By – im „entschwundenen Land“

ca. 3 h
8,8 km
mittel

Abwechslungsreiche Rundwanderung mit Einblicken in Landwirtschaft und bäuerliche Lebensweise wie aus Astrid Lindgrens Kinderzeit.

Viele Geschichten Astrid Lindgrens spielen im bäuerlichen Milieu um 1900. In dieser Zeit arbeiteten und lebten die meisten Menschen in Schweden noch in der **Landwirtschaft.** Der Hof mit sogenannten Häuslern, Instleuten und Gesinde versorgte sich weitgehend selbst. Es war die Zeit der Ochsenkarren, Landstreicher und Gatterjungen, die uns in vielen Geschichten begegnen. Astrid Lindgren nennt es das „Pferdekutschenzeitalter“. Das **Lebenstempo** und der **Rhythmus** der Tätigkeiten wurden weitgehend bestimmt vom Lauf der Erde und der Sonne und von der Geschwindigkeit der Menschen- und Tierbeine. In den großen bäuerlichen Haushalten hatten Kinder einen selbstverständlichen Platz inmitten der Arbeitswelt der Erwachsenen, ein Platz, der Geborgenheit, aber auch vielfältige Pflichten beinhaltete. Astrid Lindgren schreibt: „Was einem aufgetragen war, das hatte man zu tun. Ich glaube, es war eine nützliche Lehre, die ei-

198_wSsL_haw

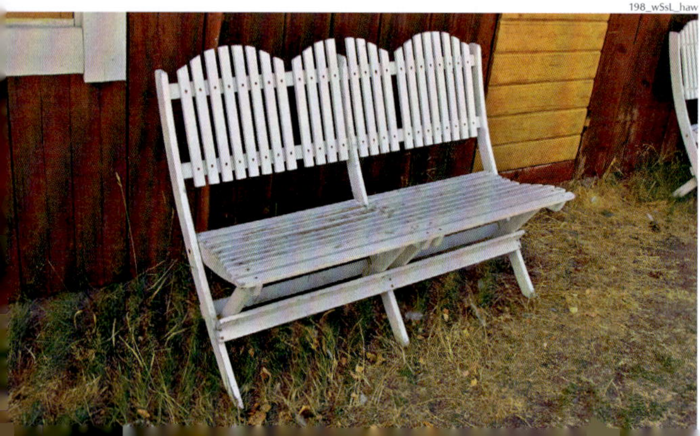

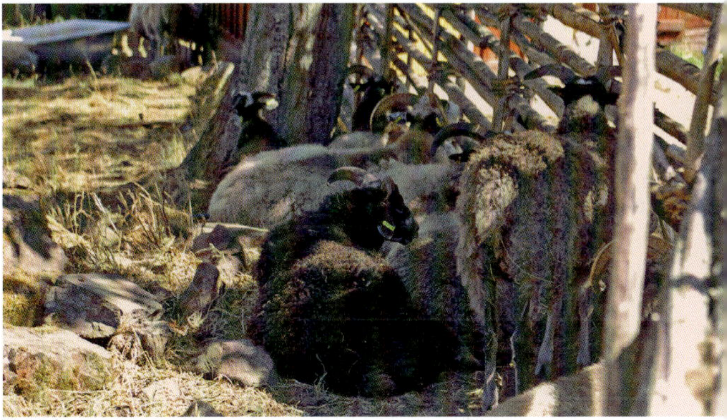

199_wSsL_haw

nem später im Leben half, auch mit eintöniger Arbeit fertig zu werden." Wir hören von Kindern, die in dieser Zeit eine Kindheit voller Geborgenheit erleben, eingebettet in durchschaubare, sinnvolle Tätigkeiten und umgeben von liebevollen Menschen: eine „Bullerbü-Welt", die ganz sicher auch dem eigenen Erfahrungshintergrund ihrer Erfinderin entsprungen ist. Sie schreibt aber auch mit großem Einfühlungsvermögen von einsamen Waisenkindern, Landstreichern ohne Bleibe, Armenhäuslern, Menschen, die in dieser Zeit um ihre Existenz kämpfen mussten.

Astrid Lindgrens Heimathof Näs wurde von ihrem Vater und später von ihrem Bruder immer sehr fortschrittlich bewirtschaftet. Die Eriksons waren innovative Bauern, die Neuem gegenüber stets aufgeschlossen waren, und auch in Astrid Lindgren selbst begegnet uns eine ausgesprochen fortschrittliche Frau. Dennoch hören wir in ihren autobiografischen Schriften und indirekt auch in ihren Geschichten wehmütige Töne darüber, dass das Pferdekutschenzeitalter wohl auf immer „entschwunden" sei.

Wollen wir uns ein Bild jener Zeit machen, besuchen wir am besten das **Kulturreservat Åsens By** mit angegliedertem Frei-

Schafe im Kulturreservat

Gemütliche traditionelle Gartenbank

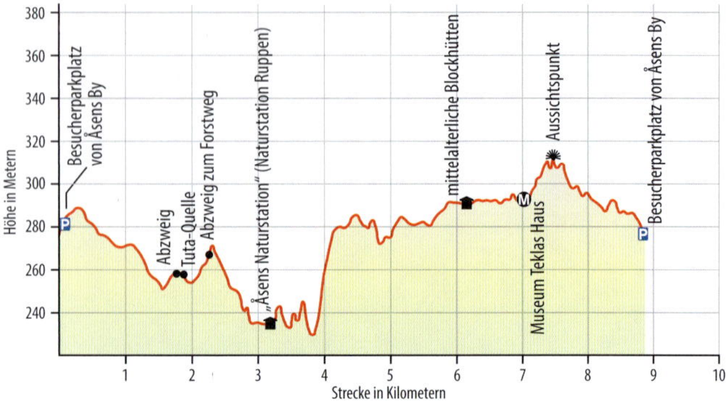

lichtmuseum. Hier wandern wir durch typische Weide-, Acker- und Waldlandschaft, begegnen traditionellen Nutztieren, finden eine Ausstellung über Landwirtschaft und besichtigen ein typisches Bauernhaus. Häufig finden in Åsens By auch Thementage zu verschiedenen Aspekten bäuerlichen und handwerklichen Lebens statt.

Überblick

Länge: 8,8 km
Gehzeit: ca. 3 Stunden
Auf-/Abstieg: je ca. 130 m
Wegeigenschaften: hoher Pfadanteil, teils auch Wald- und Schotterwege
Technik: einfach bis mittel, ein kurzer Abschnitt sehr unwegsam, für Kinderwagen ungeeignet, mögliche kinderwagentaugliche Alternativen
Kondition: mittel
Einkehrmöglichkeiten: Café/Restaurant im Freilichtmuseum Åsens By (nur in den Sommermonaten)
Bademöglichkeiten: der Ruppen-See ist nur eingeschränkt zum Baden geeignet (s. Wegbeschreibung)
Landschaft: Mix aus traditionell bewirtschafteter, offener Kulturlandschaft und Wald, schöner Ausblick über den See Ruppen
Rastplätze: in Åsens By und an der Naturstation Ruppen-See (mit Feuerstelle)

Anfahrt: Der Startpunkt der Tour liegt im nördlichen Småland, östlich des großen Vätternsees in der Kommune Aneby. An der kleinen geteerten Straße, die Hullaryd und Lekeryd miteinander verbindet, weisen ungefähr auf halber Strecke im Ort Haurida braune Hinweisschilder zum Kulturreservat Åsens By nach Norden (GPS N 57.89347, E 14.51517). Kein ÖPNV

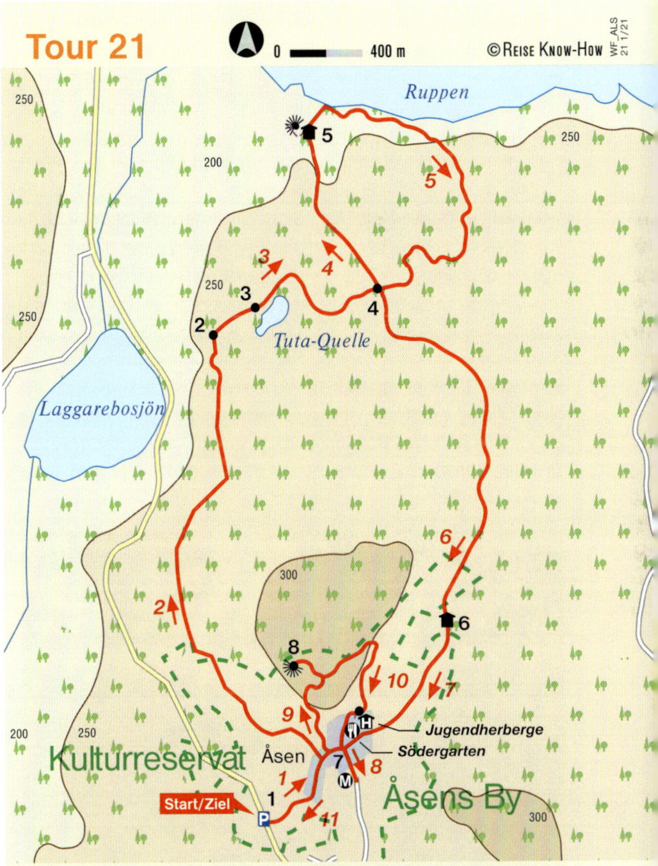

- P 1 Besucherparkplatz von Åsens By
- • 2 Abzweig
- • 3 Tuta-Quelle
- • 4 Abzweig zum Forstweg
- 5 „Åsens Naturstation" (Naturstation Ruppen)
- 6 mittelalterliche Blockhütten
- M 7 Museum Teklas Haus
- 8 Aussichtspunkt
- *1* „Wegabschnitt"

Åsens By

Seit dem Jahr 2000 gibt es auf Flächen der Kommune **Aneby** das **Kulturreservat** Åsens By. Ziel ist es, das kleine Dorf Åsen in sein **ursprüngliches Erscheinungsbild** von 1900 zurückzuversetzen und für die Zukunft zu bewahren. Sämtliche Acker-, Weiden- und Wiesenflächen werden gemäß damals gängigen Methoden bewirtschaftet. Alte Obst- und Gemüsesorten werden in Zusammenarbeit mit der nordischen Genbank angepflanzt, ältere vom Aussterben bedrohte Tierarten gezüchtet und Teile des Waldes als altersgemischter „Plenterwald" in traditioneller Weise gepflegt. Die alten Zaunsysteme und Einfriedungen aus Holz und Stein hat man liebevoll restauriert.

Die meisten Gebäude sind genutzt, teils als **Museum** wie z. B. Teklas Wohnhaus, ein Stall und ein Waschhaus. Andere dienen als **Café, Vandrarhem** (Jugendherberge), **Shop** und **Informationsraum.** Zum Kulturreservat gehören auch verschiedene **Wanderwege,** die mit zahlreichen Informationstafeln viele Hintergründe und Informationen vermitteln. Das Areal ist ganzjährig zu besichtigen. Eintritt und Parkplätze sind gebührenfrei. Die Gebäude stehen nur im Sommer oder zu besonderen Besuchstagen offen. Wer eine weitere Anreise hat und gerne übernachten möchte, kann im Vandrarhem von Åsens By wohnen oder eine alte Blockhütte oder die Hütte von Åsens **Naturstation** mieten. Von Haurida aus werden geführte Pferdetouren nach Åsens By angeboten. Das Veranstaltungsprogramm und weitere Informationen findet man unter www.asensby.se.

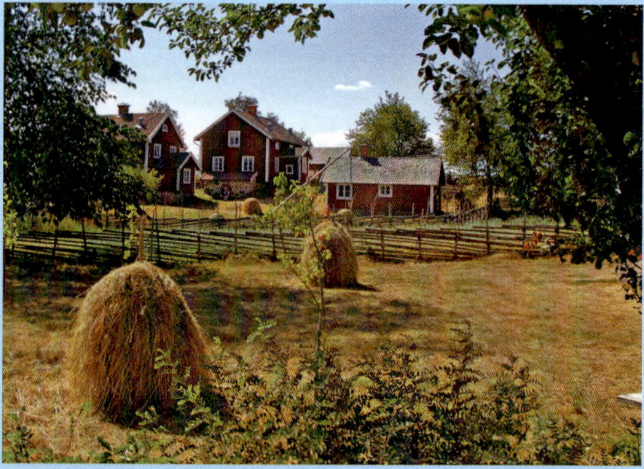

200_wSsL_haw

Wegbeschreibung

Wir beginnen unsere Wanderung am **Besucherparkplatz von Åsens By (1)** und betreten das Freilichtmuseum durch das Gattertor mit dem Schild „Vällkommen till kulturreservat Åsens By". Wir gehen einen kleinen Hügel hinauf zur ersten Scheune, an der wir nach links abbiegen. Beim *Svinhuset* folgen wir wieder nach links dem Schild „Vandringsled" und orientieren uns jetzt an der orangefarbenen Markierung durch offene Landschaft entlang typischer Smålandszäune. Nachdem wir zwei Gatter passiert haben, durchqueren wir einen kleinen Wald. Dieser öffnet sich schon bald wieder, und wir genießen die weite Aussicht.

Naturwald

Åsens By

201_wSsL_haw

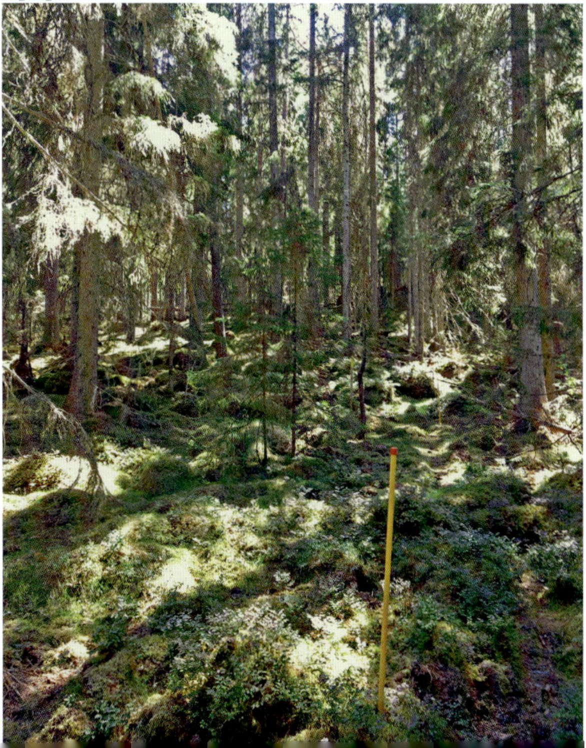

Gatter und Gatterjungen

Die småländische Kulturlandschaft zu Anfang des 20. Jahrhunderts ist nicht vorstellbar ohne Gatter. In „Michel aus Lönneberga" schreibt Astrid Lindgren: „Wenn Du auch ein Kind in Småland gewesen wärst, als Michel klein war, dann würdest du wissen, wie gesegnet viele Gatter es zu jener Zeit überall auf den Wegen gab. Sie waren da, damit alle småländischen Ochsen und Kühe und Schafe auf ihren eigenen Weiden bleiben, und vielleicht auch, damit sich alle småländischen Jungen ab und zu ein Zweiörestück verdienen konnten, wenn sie das Gatter für einen faulen Bauern öffneten, der auf seinem Pferdefuhrwerk des Weges kam und selbst nicht abspringen und öffnen wollte". Ohne **Gattergeld** hätte Michel nicht seine „Wahnsinnsgeschäfte" auf der Auktion von Backhorva machen können. Auch Samuel August konnte sich seinen Traum vom Kaninchen nur durch die vielen Gatter auf dem gemeinsamen Weg mit dem Großhändler Sörensen zum Kirchdorf leisten: „Dreizehn gesegnete Gatter!" Heute findet sich auf diesem ca. 5 km langen Wegstück (von Hamphorva nach Pelarne) kein einziges mehr. Sie mussten dort – wie fast überall – im zwanzigsten Jahrhundert mit zunehmender **Motorisierung** des Verkehrs verschwinden. Dem eilenden Autofahrer der heutigen Zeit darf kein Hindernis mehr im Wege stehen. Auf unserer Wanderung durch Åsens By passieren wir jedoch mehrere Gatter und denken vielleicht an all die kleinen Gatterjungen aus Astrid Lindgrens Geschichten.

Beim nächsten **Abzweig (2)** nehmen wir den rechten der beiden Wege, der mit „Tuta Källa" beschildert und mit gelber Farbe markiert ist. Der wunderbar weiche Waldboden des Pfades lädt uns ein, ein Stück barfuß zu laufen. Ein kurzer Abstecher bringt uns zur **Tuta-Quelle (3),** um die sich zahlreiche Legenden ranken. Etwa 500 m weiter stoßen wir auf einen **Abzweig zum Forstweg (4),** in den wir links einbiegen. Jetzt folgen wir wieder der orangefarbenen Wegmarkierung, die uns zur **Naturstation Ruppen,** bzw. **„Åsens Naturstation" (5)** führt.

Der See Ruppen ist einer der interessantesten Vogelnist- und -rastplätze der Umgebung, an dem sich im Frühjahr unzählige Zugvögel treffen. Die Naturstation am Südufer des Sees ist eine neu erbaute, achteckige Blockbauhütte mit großer Terrasse, von der aus man einen fantastischen Blick über den See hat. Die Hütte selbst ist als Übernachtungsmöglichkeit nutzbar und kann über Åsens By gebucht werden. Im Außenbereich befindet sich ein schöner Rastplatz mit großer Feuerstelle.

Wir nehmen von der Hütte kommend einen kleinen Pfad nach links mit gelber Markierung und folgen dem Schild „Naturskogen". Durch dunklen Fichtenwald laufen wir ein Stück dicht entlang des Sees. An mehreren Stellen gibt es Zugangsmöglichkeiten zum Wasser. Der Uferbereich eignet sich wegen Schilf oder Steinen aber nicht sehr gut zum Baden. Allmählich kommen wir auf schmalem Pfad weiter nach rechts und es beginnt der Anstieg durch einen Urwald mit Totholz und beeindruckenden Ameisenhaufen. Hinweistafeln informieren uns in schwedischer Sprache über Geografie, Pflanzen- und Tierwelt. Am Ende des Anstiegs erreichen wir ein Rodungsstück, in dem die Wegqualität stark gelitten hat. Leicht verliert man die orangefarbenen Markierungen aus dem Auge. Es geht quasi querfeldein. Mit etwas Mühe erreichen wir jedoch wieder den **Abzweig zum Forstweg (4)** an genau derselben Stelle, wo wir auf dem Hinweg zum See den gelb markierten Pfad nach links verlassen hatten. Dasselbe tun wir nun spiegelverkehrt, sodass unser Wanderweg auf der Karte eine 8 formt. Auf dem Schotterweg folgen wir nun wieder der orangefarbenen Markierung in Richtung Freilichtmuseum.

Die ersten Gebäude, die wir erreichen, sind moderne Rekonstruktionen von **mittelalterlichen Blockhütten (6),** in denen häufig Kurse und Vorführungen stattfinden. Auch diese Hütten können zur Übernachtung genutzt werden. Ins eigentliche Dorf hinein wandern wir durch ein typisches Gatter. Entlang des Weges sehen wir verschiedene Nutztiere, Bauerngärten, unterschiedliche Zauntypen und Heustocken – kleine Pfahlkonstruktionen, die in den Boden gestoßen werden und auf denen das Heu zum Trocknen aufgehängt wird. Von innen können wir das kleine **Museum Teklas Haus (7)** besichtigen, dessen Herzstück die Küche ist. Im Außenhaus finden wir Informationen zur Holz-, Textil- und Farbverarbeitung.

Bevor wir unsere Tour im Café Södergarden mit schönen Außensitzplätzen und gemütlichem Innengastraum beenden, machen wir noch einen kleinen Abstecher entlang der grün markierten Wegschlaufe. Sie führt uns recht steil bergauf zu einem lohnenden **Aussichtspunkt (8)** oberhalb des Museums, von wo aus man einen schönen Rundblick über die Landschaft genießen kann. Im oberen Bereich sind die Wegmarkierungen sehr spärlich

Kristins Küche – Teklas Küche

Ein Aufsatz von Astrid Lindgren heißt: **„Es begann in Kristins Küche".** Darin beschreibt sie, wie die Tochter des Kuhknechts ihr Märchen erzählte und dadurch ihre „Kinderseele in Schwingungen versetzte". Ganz viele ihrer Geschichten spielen in Küchen oder erzählen von der Essenszubereitung. Immer stehen ein Küchenschlafsofa und ein Klapptisch in der **Küche,** und immer gibt es eine Türe zum Wohnzimmer und meistens einen schwarzen Herd. Wasser stand in Eimern zur Verfügung, die am Brunnen gefüllt werden mussten. Anhand der Biografie ihres Vaters können wir gut eine sehr wesentliche Entwicklung der Küchen um 1900 nachvollziehen: Der kleine Samuel August steht auf der offenen Herdstelle und bewundert den Mond. Üblicherweise hatten die Küchen eine ungefähr kniehoch gemauerte, **offene Feuerstelle,** auf der man mithilfe von Dreibeinen oder fest installierter Haken die Töpfe über das Feuer stellte oder hängte. Der große Rauchfang verjüngte sich nach oben hin und ging nahtlos in den breiten Schornsteinkanal über.

Als Samuel August später in Näs lebte, gab es keine offene Feuerstelle mehr in der Küche, sondern einen großen schwarzen gusseisernen **Herd,** wie man ihn auch in Teklas Küche bewundern kann. Es lässt sich gut erkennen, wie die alten Feuerstellen für die „modernen" Eisenöfen geringfügig umgebaut wurden. Kommen wir heute in ein altes småländisches Haus, verrät ein Blick auf die Herdstelle viel über dessen Alter. Gusseiserne **Öfen** wurden ab Ende des 19. Jahrhunderts in verschiedenen Eisengießereien in Serie hergestellt, und noch heute findet man in vielen alten Häusern einen solchen **Husqvarna-** oder **Norrahammer-Herd.** Dieser brachte neben der verringerten Brandgefahr große Erleichterung für die Hausfrau: Die Küche wurde viel weniger verqualmt und verrußt, das Wasserschiff lieferte quasi dauerhaft warmes Wasser. Getreide und Hülsenfrüchte konnte man am Herdrand bequem ausquellen lassen, und vor allem konnte man im Backrohr des Gussofens spontan und einfach Kuchen und Kleingebäck backen, ähnlich wie heute im elektrischen Backofen. Es entwickelte sich eine regelrechte **Tee- und Kaffeekränzchen-Kultur.** Nicht zuletzt konnte der gusseiserne Ofen gut die Wärme halten und das Wasser in der Wassertonne gefror nicht mehr in der Nacht, wie es Samuel August in der Kindheit noch erlebt hatte.

Ursprünglich hatte man neben der offenen Feuerstelle nur einen in den Kamin hinein gemauerten **Backofen.** Dieser musste mehrere Stunden eingeheizt werden. Nach dem Ausaschen wurde darin vor allem Brot, aber auch andere herzhafte Speisen, Kuchen und Kleingebäck

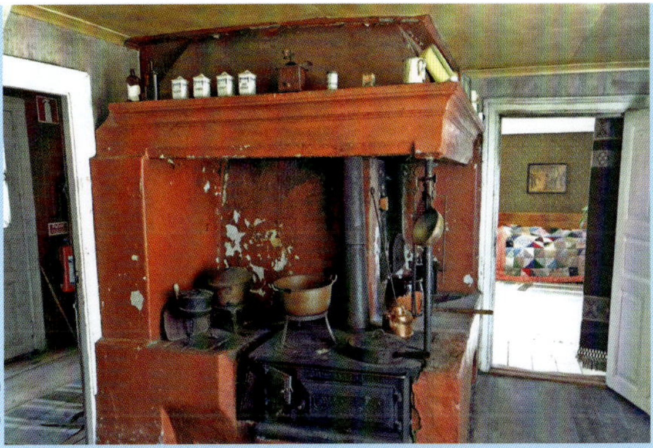

204_wSsL_haw

gebacken und zuletzt Obst, Pilze und Kräuter getrocknet. Das viele Holz, das man zum Einheizen brauchte, musste gut ausgenutzt werden. Teils nutzte man die großen, alten gemauerten Backöfen auch später zum **Brotbacken** noch weiter. Auch Astrid Lindgrens Mutter Hanna tat dies in Näs alle zwei Wochen. Nur an sehr wenigen Häusern ging die große Herdmodernisierungswelle vorbei. In der Erzählung der Kinder von Bullerbü hören wir von der alten Kristin im einfachen Waldhaus, die den Kindern Waffeln in einem Eisen backt, das sie noch in das offene Feuer hält. Heute findet sich in ganz Småland kaum eine Küche mehr mit funktionstüchtiger offener Herdstelle. Eine Ausnahme bildet hier das **Museumshaus** in Krogstorp bei Bullerbü.

und auch nicht immer eindeutig gesetzt. Es besteht aber keine Gefahr, sich zu verlaufen, da die Häuser von Åsens By immer im Blickfeld bleiben.

Wir haben bei unserer Wanderung verschiedene ausgeschilderte Wege kombiniert, die uns am interessantesten schienen. Die Tour ist aber auch frei veränderbar oder kann abgekürzt werden. Insgesamt sind die Wege gut ausgeschildert und einige davon auch kinderwagengeeignet. Der von uns gewählte Weg kann nicht mit dem Kinderwagen gegangen werden.

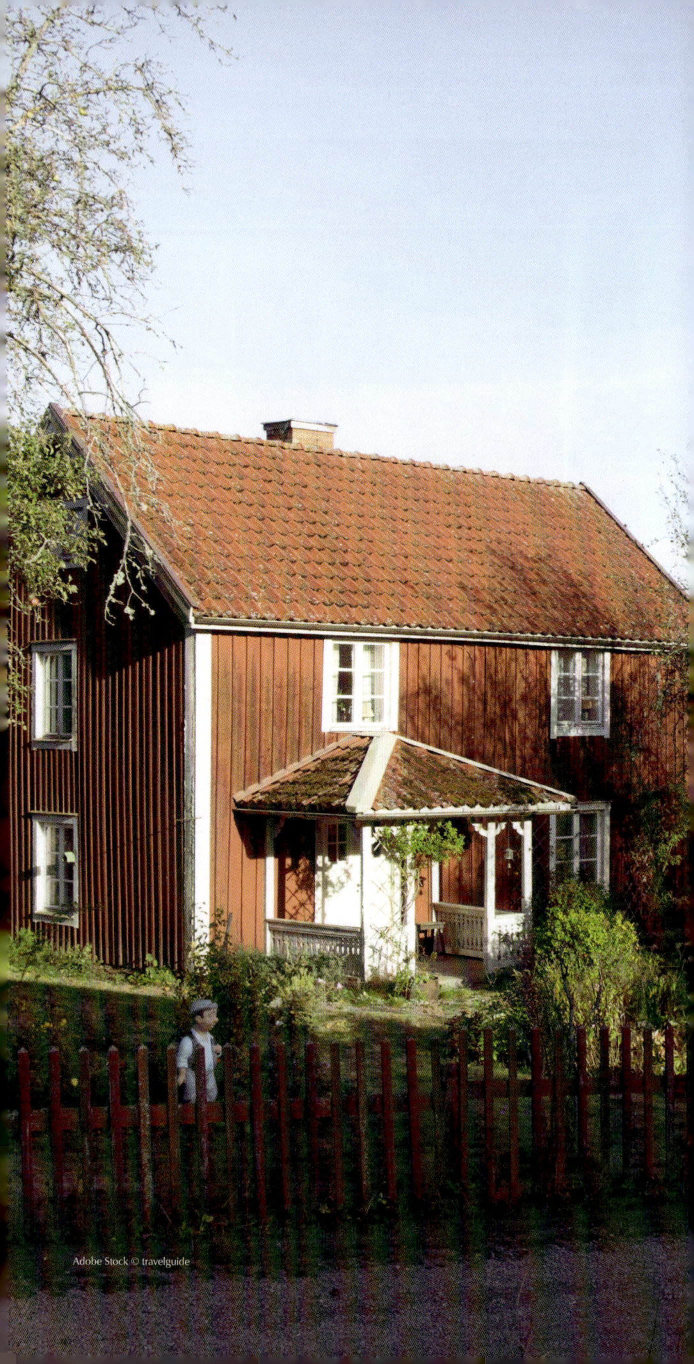

Anhang

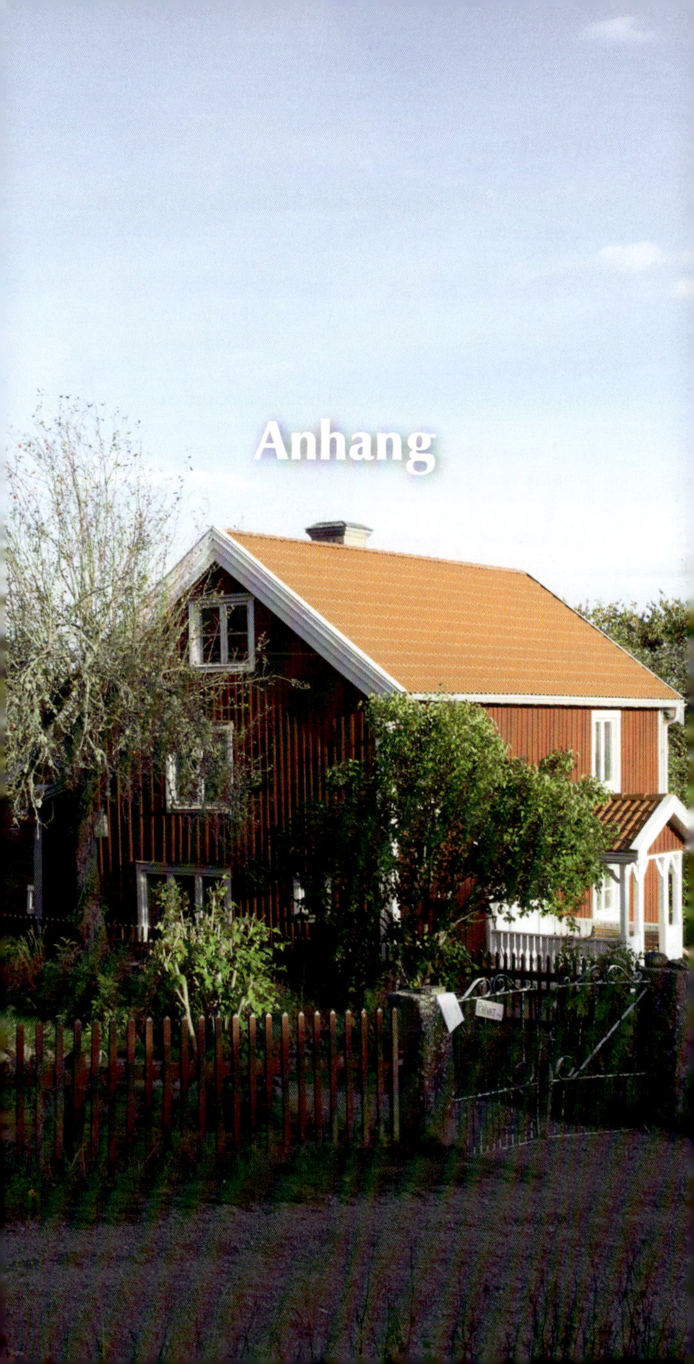

Wortliste

Geografische Begriffe, die bei der Orientierung auf Karten oder unterwegs hilfreich sind:

Land(et)	Land, Staat
Län(et)	Provinz, Bundesland, (Verwaltungsbezirk)
Stad(en) (auch stan)	Stadt
Kommun(en)	Kommune/Landkreis (Verwaltungsbezirk)
Trakt(en), område(t)	Gegend, Umgebung
Samhälle(t)	Ort, Ortschaft, je nach Zusammenhang auch die Einwohnerschaft bzw. abstrakt: die Gesellschaft
By(n)	Dorf
Gård(en)	Hof, Bauernhof
Herrgård(en), säteri(et)	Herrenhof, Herrensitz
Slott(et)	Schloss
Torp(et)	Kleines Einzelhaus, Häuslerhaus
ladugård(en)	Scheune
Trägård(en)	Garten
Kvarn(en)	Mühle
Bo(et)	Gebäude
Hav(et)	Meer
Sjö(n)	See
Göl(en)	Weiher, Teich, Tümpel
Ö(n), holme(n)	Insel
Å(n)	Fluss
Bäcke(n)	Bach
Vik(en)	Bucht
Näs(et)	Landenge, Landzunge
Berg(et)	Berg
Fjäll(et)	Gebirge
Kulle(n), backe(n)	Hügel
Ås(en)	Bergrücken, Kamm

Skog(en), fors(en)	Wald
Äng(en), Slåtteräng(en)	Wiese, Mähwiese
Bete(t), betesmark(en), hage(n)	Weide, Weidefläche
Åker(n)	Acker, Ackerland
mark(en)	Boden, Erde, Fläche
Tomt(en)	Hausgrundstück
Väg(en)	Weg, Straße
Riksväg(en)	Reichsstraße, große Landstraße
Motorväg(en)	Autobahn
Gata(n)	Straße (innerorts)
Gränd(en)	Gasse
Stig(en), led(en)	Pfad, Steig, Wanderweg
Järnväg(en)	Eisenbahn, Schienen
Spår(et)	Gleis
Bro(n)	Brücke
Vägbom(en)	Schranke
Tåg(et)	Zug
Bil(en)	Auto
Cyckel(n)	Fahrrad
Båt(en)	Boot
Plan(et), flygplan(et)	Flugzeug
Mack(en)	Tankstelle
Parkering(en) Parkeringsplats(en)	Parkplatz
Flygplats(en)	Flughafen
Hamn(en)	Hafen
Station(en)	Bahnhof

Liste mit häufigen Abkürzungen

N, N:a	Norr(a)	Nord-, nördlich
S, S:a	Söder, södra	Süd-, südlich
V, V:a	Väster, västra	West-, westlich
Ö, Ö:a	Öster, östra	Ost-, östlich
St, St:a	Står, ståra	Groß
L, L:a	Liten, lilla	Klein
K:a	Kyrka	Kirche
Skt:a	Sankta	Sankt, Heilig (selten)

Register

K

L

M

N

O

Kartenverzeichnis

Übersichtskarten

Wanderkarten

Tour	Name	km	Kondition	ÖPNV	Kinderwagen
1	Die „Hügel von Bullerbü rauf und runter“	10,4	mittel	bedingt	bedingt
2	Die „Käsekuchenklamm“	8,6	schwer	bedingt	bedingt
3	Die Wolfsgrube von Krogstorp, Stolparp und Norrlida	9,6	mittel	bedingt	bedingt
4	In den lichten Laubwäldern von Lönneberga	7,2	mittel	nein	nein
5	Draisinenfahrt bei Hultsfred	2 x 11,7	leicht	ja	nein
6	Mariannelund-Runde 1	4,6	leicht	ja	ja
7	Mariannelund-Runde 2	9,8	leicht	ja	bedingt
8	Von der Hultasäge zum berühmten Runkesten	16,3	schwer	ja	nein
9	Von Pelarne zum Försjön	18,6	schwer	ja	nein
10	Norra Kvill Nationalpark	4,6	mittel	nein	nein
11	Vom Katthult-Hof zum Stångån	8,5	mittel	nein	nein
12	Auf den Spuren von Astrid Lindgrens Kindheit	8,4	leicht	ja	nein
13	Der Ökolandwirtschaftsbetrieb „Ingebo Hagar“	6,7	leicht	ja	nein
14	Etappenwanderung entlang des Höglandsledens	18,5	schwer	ja	nein
15	Norrland-Feeling im Moor	8,5	mittel	ja	nein
16	Skuruhatt und Skurugata	3,2 / 5,8	mittel	nein	nein
17	Rundwanderung um das Naturschutzgebiet Södra Bråta	9,8	mittel	nein	nein
18	Hasselö vor Västervik	11,5	leicht	ja	nein
19	Auf Smålands Gipfel – der Tomtabacken	9,3	mittel	nein	bedingt
20	Auf dem John-Bauerleden bei Gränna	7,0	mittel	ja	nein
21	Das Kulturreservat Åsens By	8,8	mittel	nein	bedingt

Badestelle	Anknüpfung an Astrid Lindgrens Geschichten
ja	Wir Kinder von Bullerbü / Das entschwundene Land / Pippi Langstrumpf
nein	Sammelaugust
bedingt	Als Michel „Das große Aufräumen von Katthult" veranstaltete und die Maduskan in der Wolfsgrube fing / Die Schafe auf Kapela / Sammelaugust
ja	Michel aus Lönneberga
ja	Als Michel auf der Festwiese von Hultsfred ein lustiges Leben führte / Das entschwundene Land
nein	Als Michel den Kopf in die Suppenschüssel steckte / Als Michel eine Heldentat vollbrachte, dass ganz Lönneberga jubelte und alle seine Streiche vergeben und vergessen wurden / Kerstin und ich / Klingt meine Linde
ja	Als Michel den Kopf in die Suppenschüssel steckte / Als Michel eine Heldentat vollbrachte, dass ganz Lönneberga jubelte und alle seine Streiche vergeben und vergessen wurden
ja	Rupp Rüpel, das grausigste Gespenst aus Småland / Als Michel Klein-Ida an der Fahnenstange hochzog
ja	Die Kinder aus Bullerbü / Das entschwundene Land
nein	Ronja Räubertochter
nein	Michel aus Lönneberga
bedingt	Das entschwundene Land
nein	Meine Kuh will auch Spaß haben
ja	„Als Michel das Fest für die Armen gab" und die Maduskan in der Wolfsgrube fing
bedingt	Die Prinzessin, die nicht spielen wollte / Die Schafe auf Kapela
bedingt	Die Brüder Löwenherz
ja	Als Michel drei tapfere Versuche machte, Linas Backenzahn zu ziehen, und danach Klein-Ida blau anmalte
ja	Ferien auf Saltkrokan / Kalle Blomquist
nein	Madita und Lisabet machen einen Ausflug / Gute Nacht, Herr Landstreicher
ja	Reisebericht „På luffen" in der Vimmerby-Tidning
nein	Das entschwundene Land / Es begann in Kristins Küche

Die Autoren

Hiltrud Schwetje-Wagner und **Dr. Andreas Wagner,** beide Jahrgang 1970, sind miteinander verheiratet und haben vier gemeinsame Kinder. Seit 2007 fahren sie mehrmals im Jahr nach Schweden, wo sie inzwischen zwei eigene Ferienhäuser besitzen. Eines davon liegt in Krogstorp ganz in der Nähe von Bullerbü (Sevedstorp), stammt aus dem 18. Jahrhundert und wird Stück für Stück zu einem bewohnbaren Museum weiterentwickelt (www.smaland-villa.de). Als Paar haben sie bereits gemeinsam ein Buch zu einem pädagogisch-gesellschaftlichen Thema geschrieben.

Hiltrud Schwetje-Wagner arbeitet freiberuflich als Instrumentalpädagogin in Trier. In ihrer Freizeit beschäftigt sie sich intensiv mit traditionellen Haushaltstechniken und Textilarbeit.

Dr. Andreas Wagner arbeitet im Schuldienst als Lehrer für die Fächer Musik und Geschichte und parallel als Regionaler Fachberater des Landes Rheinland-Pfalz und als Fortbilder für das Fach Musik. Neben der hauptberuflichen Tätigkeit leitet er einen kleinen Konzertchor, beschäftigt sich mit Imkerei, Bierbrauen, dem Garten und handwerklichen Arbeiten.

Dank

Wir danken allen unseren Kindern, Verwandten und Freunden, die fleißig mit uns Kilometer um Kilometer gelaufen sind, Touren ausprobiert und Streckenverläufe mit uns diskutiert haben. Besonderer Dank gilt unserer Freundin, Monika Weber, die sich der mühevollen Aufgabe des Korrekturlesens unterzogen hat. In Schweden haben wir Unterstützung erhalten durch das Besucherzentrum Astrid-Lindgrens Näs, die Astrid-Lindgren-Gesellschaft und zahlreiche Einzelpersonen, die uns im Gespräch wertvolle Hinweise gegeben haben. Last but not least sei der Reise Know-How Verlag genannt, der sich auf die Idee eines thematischen Wanderführers eingelassen hat und das Projekt von Anfang bis Ende umsichtig und professionell begleitet hat.